訳注 琉球入學見聞錄

原著者 潘　相
監　修 瀨戶口律子
　　　　上里　賢一
編　者 小塚　由博
訳　注 赤嶺　守／上里　賢一／金城ひろみ
　　　　小塚　由博／瀨戶口律子／丁　　鋒
　　　　原瀨　隆司

沖縄
(有)榕樹書林

まえがき

　2012年（平成24）4月から3年間、日本学術振興会科学研究費補助金を受けて、「琉球・中国言語文化交流史の研究─『琉球官話』と『琉球入学見聞録』の比較考証」（基盤研究（B）・課題番号：25284073）を課題とする共同研究が計8人のメンバーによりスタートした。テーマの完成を目指して、最初に着手したのが、『琉球入学見聞録』（潘相著）の翻訳作業である。この書にはいくつかの版本があるが、我々は早稲田大学図書館所蔵本を採用した。全四巻の構成となる。

　大東文化大学チーム（小塚・原瀬・丁・瀬戸口）と琉球大学チーム（上里・赤嶺・金城）の2組に分け、各分担者の専攻分野、またはそれに近い分野を考慮して割り振り、作業を開始した。

　『琉球入学見聞録』は清代乾隆29〈1764〉年、北京国子監で琉球国官生[(1)]の教官潘相〈1713─1790〉が著した書物である。琉球と中国は政治的にも経済的にも深い関わりがあり、明初には正式な交流が始まっている。中国の冊封使節が来琉し、帰国後に著した記録『冊封使録』については、これまで数10年にわたり原田禹雄氏が訳注に取り組み、2011年（平成23）には全11冊の使録訳注本が完成出版され、完結している。

　近年各種琉球・中国関連の学術論文には『琉球入学見聞録』が重要参考文献として登場するが、同書の訳注は手つかずのまま今日に至っている。その要旨については概ね認識されているが、訳注本が出版されていないため、書物の具体的な内容が充分に把握されているとは言えない。今回研究分担者の力を結集することにより、訳注本が完成して、不透明な点等が解明され、研究資料としての価値が顕著に高まったと思われる。

　中国の知識人が官生を指導する過程で知り得た琉球国の実態や、琉球国を実地に見聞した先人たちが著した冊封使録に包含される琉球社会の状況等が解明され、正史には記録されていない事柄等についてもうかがい知ることができる。これらの発見を正史及び関連分野の諸文献に比較して考察を加えることは、学問的にも意義深い研究となり、新たな方向性も自ずと見えそうである。

　出版に際して、琉球大学赤嶺研究室で詩文の研究会に参加していただいた若い研究者のみなさん（董宏民さん、平良妙子さん、前田舟子さん）、そして出版社榕樹書林の武石和実氏に大変お世話になり、我々一同深く感謝している。

　また、大東文化大学から特別研究費刊行助成金を得て、刊行の運びとなったことを記し、

－1－

まえがき

併せて深甚なる感謝の意を表したい。

〔注〕

（1）官生：国費留学生のこと。経費の全てを中国側が負担した。明代には南京国子監、清代には北京国子監で中国の礼節、官話等、主に伝統的な学問を学んだ。明・清時代の琉球では官生の他に「勤学」と呼ばれる留学生がいた。彼らは福州で学ぶ自費留学生だが、費用の一部は琉球王府から支給されていた。官生・勤学ともに帰国後は朝貢外交や琉球国内の官話教育に従事した。

2018 年 2 月

瀬戸口　律子

解説

1 潘相と成立時期

　潘相〈1713—1790〉は字を潤章、号を経峰と称した。湖南安郷県の出身である。乾隆6〈1741〉年抜貢生（官吏登用試験によって選ばれた者）となり、乾隆23〈1758〉年、充武英殿校書に合格した。その後国子監の依頼を受け、琉球の官生鄭孝徳等が乾隆25〈1760〉年国子監入学後、乾隆29〈1764〉年に帰国するまでの4年間、彼らの指導に当たった。その間彼ら留学生から得た資料や聞き取りの内容をまとめて著したのが『琉球入学見聞録』である。この書には、すでに刊行されていた冊封使録（『中山伝信録』[1]など）から著者が得た知識、情報等も引用されている。

　『琉球入学見聞録』が成立したのは18世紀の中頃である。官生の派遣は明末には一時期途絶えていたが、清代になって復活した。その後清朝は3代（康熙、雍正、乾隆）におよぶ隆盛期を経ており、琉球と中国の関係も良好であった。琉球は56年間に計10名の官生（梁成楫以下9名[2]）を派遣し、国子監で官話に加えて中国の伝統的な学問や文化を学ばせている。

　琉球国と中国の関係は、明朝洪武5〈1372〉年に正式な交易・交流を開始した。それ以来すでに長い年月が経過しており、両国の関係は冊封[3]体制の下に緊密さを増していた。

　琉球は万暦37〈1609〉年の島津侵入により、事実上独立国としての体制を失うが、その後も表面的には独立王国として中国との交流を続けていた。『琉球入学見聞録』の刊行が乾隆29〈1764〉年であることから、琉球の国情や政治、社会事情等について中国側はある程度の認識を有していたと考えられる。

　このような状況下で、著者は冊封使録が限定された範囲内での記録に止まり、現地の人々の生の姿を反映するものではないことに気づいたのであろう。そして官生との交流を通じ、琉球に対する理解を深め、真の琉球について確かめ、使録の不備を補おうとしたのではないかと推測される。

　潘相は琉球の官生を教える一方で、順天府（今の北京市）郷試や会試にも合格している。教え子の官生たちが帰国すると、国子監の教官を退き、その年の4月には皇帝の命を受け山東省登州府福山県の知県に就いた。極めて有能な人材であったようだ。

－3－

解説

2　内容について

　凡例にも示したように版本は数種存在するが、この翻訳作業には、早稲田大学蔵書『琉球入学見聞録』（汲古閣蔵板）を採用した。書物全体の構成は巻1から巻4の全4巻から成っている。内容は大きく、巻1：主として琉球の地理を紹介、巻2と巻3：琉球国の制度、土地制度と賦課・祭祀儀礼・教育・言語・文芸・歴史・風俗等多岐にわたる。巻4：前3巻と異なり、「芸文」という項目を立て、全体が詩文で占められているというように分けられる。それぞれの項目と内容は以下の通りである。

　　巻1：封爵、錫賚、星土、星槎、謹度
　　巻2：爵禄、田賦、制度、祀法、兵刑、風俗、土音、字母、書籍、誦声、賢王
　　巻3：奏疏、稟給、師生、官生、教規、答問
　　巻4：芸文

巻1

　封爵…琉球国の支配者について、太古の天孫氏（舜天）より始まり、英祖・察度（中山国）・第一尚氏・第二尚氏の各王の歴史を綴った上で、察度以降中国に朝貢し、冊封の詔勅を得、尚穆王の冊封に至るまでの歴史を簡単に述べる。

　錫賚…琉球各代の即位における中国への朝貢（年・月やその規模等）とその時の献上品、およびその返礼として中国の皇帝が琉球王に下賜した品物等について、それぞれ具体的に記録している。

　星土…琉球の地理及び島嶼について詳しく説明し、冊封使録等を引用して琉球国の歴史や地名にも触れている。

　星槎…中国の各代における琉球に関する調査記録や、実際に琉球に派遣された使者（冊封使等）が記録した琉球に至る航路や各島嶼の様子、また当時の社会状況等について述べる。

　謹度…琉球王府が守るべき法（暦・儀礼）や規則について述べる。とりわけ冊封の儀式に関する事柄が詳細な記述が多い。

－4－

解説

巻2

爵禄…琉球王朝の爵位や官吏の禄高等について具体的に記述。

田賦…琉球国の農耕と各種賦役、また琉球の産物や生物についての説明。

制度…琉球の制度、とりわけ冊封や朝賀の儀式に関する記述。首里城の建物の説明や天子館の状況、式典の具体的な内容の記述。

祀法…琉球国内のまつりごとがいつ、どこで、どのように行われていたのかを、具体的な廟名や祭られている人名等も交えて説明。

兵刑…琉球国の軍備（兵士の装備や各城塞の防備、軍隊の規模・種類等）および刑罰の種類に関する記述。

風俗…琉球人の容姿や性格に始まり、婚礼・食事・葬礼に関する説明、また年間の行事、名前の名乗り方、僧侶と寺、遊女、市場の様子などが記される。

土音…琉球語の語音を天文・地理・時令・人物・人事・宮室・器用・身体・衣服・飲食・珍宝・通用の12項目に類別し、合計389個の語彙に注音を付している。

字母…日本語の字母（イ、ロ、ハ、ニ…）の読音を借りて琉球語の語音を表している。

書籍…琉球国に伝わった、あるいは出版された漢籍（四書五経、古文真宝、近思録等）および琉球人の著作に関する記述。

誦声…琉球の官生とその従者は読書をする時の方法が異なることを指摘するとともに、さらに琉球刊本『大学』の一節を紹介。

賢王…琉球の歴代国王が成し遂げた功績とそれにまつわる故事、及び各時代の著名な人物を紹介。

巻3

奏疏…清朝への冊封の請願・謝恩や官生派遣の請願・帰国・謝恩等に関する上奏文や関連各部署の公文書に関する記述。

解説

稟給…琉球の官生に対する日用品（衣服・寝具）や食料の支給、琉球からの使者に対する
　　　返礼品等、その具体的な品物や支給の方法などについて歴史的な事例を挙げて説
　　　明。

師生…琉球の官生が北京国子監で学んでいた頃、その教育に携わった官職、「祭酒」18
　　　名、「司業」23 名（教習を含む）の名前を記載。

官生…琉球が官生制度を採用した明朝初期から清代に至るまで琉球国が派遣した官生に
　　　ついての詳細な紹介。

教規…教学の規則について先人が示した規則を紹介し、整理。

答問…長年にわたる先生と学生の問答集。学生の質問に対して具体的な論述で応じ、関
　　　連文献も示しながら詳しく説明している。

巻4

芸文…「芸文」の冒頭には、全体の序文とも言うべき潘相の文章があるが、潘相はこれに
　　　「序」とは言わないばかりか、如何なる題名も付していない。おそらく、「芸文」
　　　に収めた作品の中に「序」と題する潘相自身の3編の文章があり、これとの混同
　　　を避けるために、あえて名称を記さなかったと考えられる。本稿では、便宜のた
　　　めこの「序」を「芸文序」と呼ぶことにする。
　　　　「芸文序」によれば、「芸文」には「律賦（賦）、今・古詩（詩）、序、記、表箋題
　　　詞（駢体）」の作品が収められている。一見してわかるように、その内容は詩が圧
　　　倒的に多い。その作者は国子監で学習していた鄭孝徳、蔡世昌を中心にして、彼
　　　らの指導担当者（教習）であった潘相と国子監の関係者が多数をしめる。これに、
　　　皇帝の命を受けて琉球へ渡った冊封使とその従客、かつて官生や使節として北京
　　　へ行ったことのある琉球人らがいる。

上記のような構成項目になっているが、他の版本では若干順序が異なっている。

3　研究の状況と課題

琉球と中国の交流史を見る上で、明代嘉靖 13〈1534〉年から清代咸豊 16〈1866〉年

解説

に至るまで、11冊の使録が刊行されており、そのどれもが極めて重要な文献史料である。しかしそれらは来琉の冊封正使・副使という中国側高官の記録であり、琉球側からの目線をカバーしていない。一方官生たちからのヒアリング記録を中心にまとめた『琉球入学見聞録』は、琉球社会の現実的な側面を映し出しており、冊封使録とは異なる角度から琉・中関係の一端を伺い知ることができる好材料である。

　この書に対する評価が一定しない主な理由は、潘相自身が琉球の地を踏んだことがなく、官生たちからのヒアリングを主たる拠り所にしていることであろう。また、官生たちの知識にバラツキがあること、官生から提供された日本の資料を琉球の資料として見誤ったことなども問題点としてあげられる。

　そこで正史や使録との内容比較、誤りの修正等のより地道な研究を通してこれらの不備を補えば、正史では把握できない琉球王国の実相を浮き彫りにすることが可能となる。

〔注〕
（1）『中山伝信録』…徐葆光、康熙60〈1721〉年刊。和刻本や仏語に翻訳され、日本やヨーロッパにおける琉球認識にも影響を与えた。
（2）9名…阮維新、蔡文溥、鄭秉哲、蔡宏訓、鄭謙、梁允治、金型、鄭孝徳、蔡世昌（徐恭生の「琉球国在華留学生」（『福建師範大学学報』1987年第四期）による）。
（3）冊封…明・永楽2〈1404〉年（琉球武寧王）～清・同治5〈1866〉年琉球最後の国王尚泰の時迄、中国の冊封を受ける。

上里　賢一

訳注の凡例

編　者

一、本訳注は清・潘相の著した『琉球入学見聞録』について、現代日本語訳と語注を施したものである。

一、底本は早稲田大学図書館蔵（乾隆 29〈1764〉年序、汲古閣刻本、全 4 冊）本を使用したが、適宜台湾文献叢刊（第 299 種、清代琉球記録続集）本・『伝世漢文琉球文献輯稿』（鷺江出版社・2012 年）所収本（北京図書館本）等を参照した。なお図版については『國家圖書館藏琉球資料匯編下』（北京圖書館出版社・2000 年）によった。

一、語注は、項目ごとに設置することとし、記述はなるべく簡便にした。

一、異体字は正体字に直した。

一、誤字・誤植は断らずに訂正した。

一、原文の記述について、明らかな間違いと思われるものについては、注に指摘した。

一、括弧の種類については、次の通りとする。

　　訳者補足―（　）、原注訳―［　］、西暦―〈　〉、書名―『　』、作品名・引用文等―「　」。

一、原文は紙数の都合上原則として掲載しないが、巻 4 芸文の詩の原文については便宜上掲載した。

一、巻 4 芸文は、巻 3 までと多少構成を変え、詩は原文・読み下し・語釈・口語訳、それ以外（賦・序・記・駢体）は読み下し・語釈・口語訳とした。

-8-

訳注『琉球入学見聞録』／目次

まえがき ……………………………………………………………………… 1

解説 …………………………………………………………………………… 3

訳注の凡例 …………………………………………………………………… 8

訳注 …………………………………………………………………………… 11

    序文（11）・凡例（18）・採用書目（20）・図絵（22）

  巻1 ……………………………………………………………………… 27

    封爵（27）、錫賚（29）、星土（35）、星槎（40）、謹度（47）

  巻2 ……………………………………………………………………… 53

    爵禄（53）、田賦（54）、制度（57）、祀法（60）、兵刑（63）、風俗（65）、土音（68）、
    字母（81）、書籍（83）、誦声（89）、賢王（98）

  巻3 ……………………………………………………………………… 105

    奏疏（105）、稟給（114）、師生（118）、官生（120）、教規（126）、答問（133）

  巻4 ……………………………………………………………………… 147

    芸文序（147）、賦（149）、詩（160）、序（273）、記（286）、騈体（296）

あとがき …………………………………………………………………… 309

参考文献 …………………………………………………………………… 311

訳注者一覧 ………………………………………………………………… 313

訳注『琉球入学見聞録』序文・凡例・採用書目・図絵

序文

　嘗て越裳（えっしょう）（中国南部にいた民族）が馴雉を（中国のある）北に飛ばし（て中国に献上し）た際、『（韓詩）外伝』[1]はつぶさにその事を記録した。粛慎（しゅくしん）（中国東北地方に住んでいた民族）は中国とは遥かに離れていても（弓矢を献上し）、『（孔子）家語（けご）』[2]が詳らかにそれを記述したと聞いている[3]。（これらの書物は）長い間所蔵されて国家に珍重され、（その結果として）国家の学問は四方の夷狄に通ずることとなった。だから海に山に危険で果てしない路を経て、『山海経（せんがいきょう）』のような作品が域外に著されて風俗を観察し、風俗の書を海内に登らせるのと何ら異ならない。一家の言を誇るのではなく、皆同文の治を行き渡らせるのである。

　仰げばただ盛朝の徳化は遠く垣根を隔てることなく、聖主の徳柔は遍く行き渡って海外にまで届いている。琉球は小国ではあるが、皇帝陛下の恩恵を受けており[4]、来賓のように朝日を窺い、蒼雲を望んで入貢した。峰が飛んで来たのではないかと怪しんだとしても[5]、五丁[6]のような力持ちを必要とはせず、波は静かで立たず、ますます九版（九州）は平穏な状況であった。（そこで）陪臣を遣わして、業を成均（せいきん）（尭・舜の頃の学校の名称）に受けさせることを請願した。典属国（てんぞっこく）（役職名。降った蛮夷を掌る）は秦に在ってはその（蛮夷の）侍子を掌り、大鴻臚（だいこうろ）（外国接待役）は漢に在ってはその拝謁の儀礼を掌っただけではないのである。

　潘子潤章（はんしじゅんしょう）（名は相）は、圭璧をその身に帯び、珠璣を抱く人物で、慎重に言葉を選び、諭旨を九重にいただき、時に切に奮い起こして（精励し）、４年もの歳月が過ぎた。益を請い学業を請い[7]、弟子は既に日進月歩を遂げ、筆を執って言を述べ、先生もまた昼夜を問わず勤しんだ。思うに（彼は）教学の道半ばでありながら、すでに記載の全てを見わたして、その編集に力をつくし、巻帙としてしまった。それでも六合（天地四方）に思いを馳せ、八荒（世界）に辞を逞し、奇士の才情を極め、文人の筆墨をほしいままにした。

　魑魅魍魎（ちみもうりょう）は、「禹貢（うこう）の図」に集め刻まれ[8]、驪騄・騂騮（りりょく・かりゅう）[9]は、『穆天子伝（ぼくてんしでん）』に並べられている。胸をつらぬかれ、背を穿たれることが、羽飾りを付け（た美女を）両階に舞わせる[10]のと関係するだろうか、毫彘（ごうてい）[11]と羬羊（けんよう）[12]は、どうして珍しい宝物を捧げて服するに当たるだろうか。すなわち斉諧[13]が怪をしるしたとしても、既に荒唐無稽なことであり、鄒衍（すうえん）[14]が天を談じたとしても、また空虚で無用なことである。

　今（潘相の）作品を見ると、しっかりとした体裁がある。巻首に恩賜を重んじ（て記し）、先ず爵禄を揚げている。龍袞・鷺冕（りゅうこん・べつべん）（皇帝が着用する儀礼用の服や冠—皇帝を指す）は、圭（皇

－11－

訳注『琉球入学見聞録』序文・凡例・採用書目・図絵

帝が諸侯に与えるしるし）を荒服⁽¹⁵⁾（である琉球）にあつめさせ、鳳や鸞のような優れた人材
は、その光彩を海の一隅に輝かすこととなった。獒（犬）を西旅の国より献じられれば⁽¹⁶⁾、
その土地の状況によってまたその艱難を哀れみ、楛を南越の邦に賜い、厚往して頻りに徳
を施した。星宿が示すところ、歴々としてみな北極星（朝廷）の周りを巡り、土地が離れて
いても、到る所みな天子に朝貢した。そこで洪範九疇の八政⁽¹⁷⁾に倣い、五行（水・火・木・
金・土）に次ぎ、周室が分け与えた六等⁽¹⁸⁾をお手本として、庶位に施した。宜しきに従い、
習俗に従い、徐々に中華に染まっていき、兵（部）を作り刑（部）を作り、小さな邑にまで
行き届かせた。

　およそこの巨大な典籍は、つぶさに（事物を）掲載し広範に編纂したものである。もしそ
れ土訓や誦訓を地官に考察させれば、図と書とを合わせて記録させる。大行（人）と小行
（人）⁽¹⁹⁾を司寇⁽²⁰⁾に列すれば、形と声の分けるところを記録させる。虫篆鳥章（中国の古字）
は、蹏迒（ひづめの跡）⁽²¹⁾をみるようなもので、斉登楚穀⁽²²⁾は、みな封域によって異なる。必
ずしも倉頡⁽²³⁾の遺したものは、通訳を待って諭すとは限らない。然る後に詳細に教えを述
べ、つまびらかに学規をならべるのみである。

　試みに真心によって、ただ苦言を呈し、道理の一端を教えて考えさせ⁽²⁴⁾、（弟子が）厳然
として壁に寄りかかって立ち上が（り他人に席を譲）⁽²⁵⁾るのを目の当たりにしたりすれば、何
度もやり直したとしても⁽²⁶⁾どうして妨げようか。ますます養正（正しい教育）⁽²⁷⁾に盛んであ
る。これに先んじて経書を談じて北に座し、泮林（池のほとりの林）で芹や藻を採って憩
う⁽²⁸⁾。今南に向かうと、海嶠に絃歌の音色で礼楽を教化した⁽²⁹⁾。

　もとよりこの書を作った主旨は、事に仮託して事細かく記すことであり、その終わり（巻
四）に詩詞文章を載せ、吟詠を取りこぼさなかった。皇帝に謁見して朝貢し、氏・羌が至
り頌歌が盛んに演奏され⁽³⁰⁾、雷霆のように驚き⁽³¹⁾、淮・徐⁽³²⁾の者が集まって雅詩が作られ
るようになった。十五国風の外の作品を採録したとは言っても、またその影響を（『詩経』）
三百編中に継ぐものであり、まことに魚網に鋼があるように⁽³³⁾（確実で）、事物はその類に
拠ると言うべきである。

　ある人が「その見聞は、疑いがないと言えるのだろうか」と言う。（この書は）必ず実事
を経たものであり、概ね記述もでたらめではない。天門を宮殿に賦す場合、どうやって必
ずしも自ら行うことができようか、帝軌（帝王の軌範）を（伏）羲と軒（轅）の時代に記し
た時、実際に目撃したものか否かは分からない。その言事を調査・考察し、ただその聞く
べきところを聞き、条理に照らして行えば、まだ見ていないものを見るのと異ならない。
そこで時に（その）功績を上奏し、宮殿で皇帝の問いに答え、間近に尊顔を拝し、再三の
下問を受けることとなった。受けては玉の響くかのようで、語は必ず詳細で、自身の心を
得て、人任せにすることはない。そこで五岳⁽³⁴⁾が臥遊⁽³⁵⁾すべきところであることを知れば、
きっと天台で遠く賦したことであろう。劉歆〈？─23〉がもし（この書に）遇えば、きっ

－12－

訳注『琉球入学見聞録』序文・凡例・採用書目・図絵

と「七略」⁽³⁶⁾の書に載せたであろうし、郭璞〈276—324〉⁽³⁷⁾が出逢えば、必ず何度も注を付けたことであろう。

　年家友人仁和（杭州）の陸宗楷鼂川氏⁽³⁸⁾序す。時に乾隆甲申（乾隆29〈1764〉年）8月の朔。

───────────────

〔注〕

（1）『韓詩外伝』巻5に、越裳が白雉を周公に献上した記述が見られる。

（2）『孔子家語』辯別によると、武王が殷の紂王を滅ぼした後、肅慎が楛矢・石砮を献上した記述が見られる。

（3）徐陵「在北齊與楊僕射書」（『徐孝穆集箋注』巻2）に「方今越常藐藐、馴雉北飛、肅紛茫茫、風牛南偃」とあり、注に上記『韓詩外伝』『孔子家語』の文章を引用している。

（4）『詩経』小雅・露湛に「湛湛露斯」とある。天子から受けた恩恵。

（5）杭州霊隠寺の霊鷲峰のこと。東晋の僧侶慧理がこの峰を見て「これは天竺の霊鷲峰の小嶺ではないか、どうしてここまで飛んできたのか（此爲天竺靈鷲峰小嶺、不知何代飛來人）」と怪しんだ故事に基づく（『武林霊隠寺誌』巻1）。

（6）古代蜀王国にいたとされる伝説上の5人の力士。山を動かすことが出来た、という（揚雄『蜀王本紀』）。

（7）『礼記』曲礼上に「請業則起、請益則起」とある。学業や利益を請う時には起立して請願の意。

（8）『春秋左氏伝』宣公3年に「昔、夏之方有德也、遠方圖物、貢金九牧、鑄鼎象物、百物而爲之備、使民知神姦。故民入川澤山林、不逢不若。螭魅罔兩、莫能逢之」とある。

（9）騄駬・騕騵はともにいにしえの名馬の名。『穆天子伝』に見られる。

（10）『書経』虞書・大禹謨に「帝乃誕敷文德、舞干羽于兩階」とある。皇帝の文化が遠国に届くよう勤め、親善の酒宴の間に、羽根飾りを付けた美女を舞わせること。

（11）『山海経』西山経に見られる。猪のような獣。

（12）『山海経』銭来山に見られる。羊のような獣。

（13）斉諧は怪を志した人物の名前とされる（『荘子』逍遥遊）。

（14）鄒衍…戦国時代・斉の人。陰陽家。鄒衍が天を談じた話は『史記』孟子・荀卿列伝に見られる。

（15）荒服…五服の1つ。五服とは京畿を中心に5百里四方ごとに分けた地域。甸服・侯服・綏服・要服・荒服の順に遠い。

（16）『書経』周書・旅獒に「西旅献獒」とある。西旅は異民族の国名。

（17）夏の禹王が天帝より授けられたとされる9つの大法が洪範九疇。その1つが八政（食・貨・祀・司空・司徒・司寇・賓・師）。

（18）六等…君・卿・大夫・上士・中士・下士のこと。『孟子』万章下に見られる。

（19）大行人、小行人…ともに賓客を接待する官職のこと。

（20）司寇…刑罰をつかさどる官。

（21）原文「踠阮」とは「踠迒」のことか。許慎「説文解字叙」に「黄帝之史倉頡、見鳥獣踠迒之迹、知分理之可相別異也」とある。

（22）斉や楚の国の穀物等の収穫物。「登」はみのり。その土地の収穫物のこと。

（23）蒼頡…伝説上の人物。漢字を発明したとされる。

（24）『論語』述而に「舉一隅、不以三隅反、則不復也」とある。理論の一端を教えて、別の3つの一端に気づかないようならば、それ以上教えない、という意味。

（25）『礼記』孔子閒居に「子夏蹶然而起、負牆而立、曰、弟子敢不承乎」とある。弟子が師に質問し終えた

－13－

後、壁を背にして立ち上がり、他の弟子に席を譲ること。

(26)『周易』蒙卦に「蒙、亨。匪我求童蒙、童蒙求我。初筮告、再三瀆、瀆則不告。利貞」とある。「初筮告、再三瀆」とは良い結果が出るまで何度も占いをやり直すこと。

(27)『周易』蒙卦に「再三瀆、瀆則不告、瀆蒙也。蒙以養正、聖功也」とある。

(28)『詩経』魯頌・泮水に「思樂泮水、薄采其芹」とある。また「翩彼飛鴞、集于泮林」ともある。

(29)『論語』陽貨に「子之武城、聞弦歌之聲。夫子莞爾而笑曰、割雞焉用牛刀。子游對曰、昔者偃也、聞諸夫子。曰、君子學道則愛人、小人學道則易使也。子曰、二三子、偃之言是也。前言戲之耳」とある。

(30)『詩経』商頌・殷武に「昔有成湯、自彼氐羌、莫敢不來享、莫敢不來王」とある。

(31)『詩経』大雅・常武に「震驚徐方、如雷如霆、徐方震驚」とある。「常武」は周の宣王が徐夷や淮夷に親征し、反乱を平定したのを賛美した詩。親征の報を聞き、徐の人が混乱して大騒ぎする様子。

(32)『詩経』大雅・常武に「率彼淮浦、省此徐土」とある。

(33)『墨子』尚同上に「古者聖王爲五刑、請以治其民。譬若絲縷之有紀、罔罟之有綱、所連收天下之百姓不尚同其上者也」とある。

(34)五山…中国の5つの名山。泰山・華山・衡山・恒山・嵩山のこと。

(35)劉宋の宗炳が家で寝そべりながら五岳を楽しもうとし、嘗て目にした名山を家の壁に描いた故事。『宋書』宗炳伝。

(36)『七略』…前漢の劉向とその息子劉歆が著した図書目録。

(37)郭璞…東晋の人。地理書『山海経』に注釈を施したことでも知られる。

(38)陸宗楷…字は健先、号は鳧川。浙江仁和の人。雍正元〈1723〉年の進士。翰林院検討を授けられ、のち国子監祭酒〈1746年〉、礼部尚書〈1769年〉となった。なお、潘相も彼から教えを受けている。潘相『約六斎制義』に序文有り。本書巻3「師生」を参照。

李光時跋・王鍾泰序[1]

　吾が師たる（湖南常徳）安郷（県）の潘相経峰先生は、早くに歳貢[2]となって国子監に入ったが、孝養を尽くすために家に戻った。（その後）一意専心、経古を窮めること20年、すでに檄を奉じて都に入り、観補亭（保）[3]・陸鳧川（宗楷）の知遇を得て推挙され、琉球国の官生に教えることとなり、そのまま進士となった。文名は芸林を騒がせ、民を斉・魯に治め、三預分校して気類は感応し、得た士人はすべて老宿となった。模範解答の全稿に、知らないことを知るとするものはなかった。（これらは）みな伝誦され、奉じて模範とされた。

　嘗て次のように語っている。「学問を志す者が読む書物は、ただ『小学』『近思録』を四子六経の入門書とし、史書は『史記』『漢書』を熟読し、古文はただ韓（愈）柳（宗元）で、顧みて自ら（己に）恥じるようなら、まだ業を終えることは出来ない」と。民政の余暇に熱心に詩を詠じ、少しも手を緩めようとはしない。著作の『周易尊翼』『周礼提要』『春秋尊孟』『礼記釐編』[4]などの書は、その中で作られたもので、欽定の諸経を深く自得させることに努めている。『琉球入学見聞録』『曲阜県志』『本史法編』は1国1邑の事実を掲載し、恭しく聖天子の治教徳威を記し、その留伝は極まりなく、その文章は諸史にはないも

-14-

のばかりである。後に功の高き者として名を収めることとなった。先生の制義（八股文）を読めば、その理由を知ることが出来るであろう。戊戌（乾隆43〈1778〉年）の春日、弟子の（山東）済寧の李光時[5]跋。

わが師が制義（『約六斎制義』のことか。『潘子全集』所収）を刊刻した時、『馮夔颺稿』[6]の例に倣ったのは、師友を旁行に並べることが不敬になることを恐れ、評閲者の姓字を記さなかったのだと始めて聞いた。これは部外者が（関係を）知らないことを慮ったのである。そこでわたくし鍾泰に命じて古人の師友記に倣い、その末尾に跋文を作らせたのである。我が師の文章を定めた者は、国子監では、総憲で吉林の観公［保。補亭］、現司農で三韓の全公［魁。穆斎］[7]、大司馬で仁和の陸公［宗楷。鳧川］、司成で桐城の張公［裕犖。樊川］[8]がいる。郷試[9]では、武進の閣部の劉文定公〈1711—1773〉［綸。縄菴］[10]、宗伯で鉄嶺の介公［福。受茲］、現少宰で嘉善の謝公〈1719—1795〉［墉。金圃］[11]がいる。会試[12]では、金匱の大司寇の秦文恭公〈1702—1764〉［蕙田。味経］[13]、現大宗伯で吉林の徳公［保。定圃］、大司徒で銭塘の王文荘公〈1717—1776〉［際華。白斎］[14]、現太常卿で大庾の戴公〈1728—1789〉［第元。箕圃］[15]である。陸公（陸宗楷）・王公（王際華）はとりわけ厳密に取捨して慎んで批評を行う。秦公（秦蕙田）には序文[16]があり、当時久しく朝廷で論ぜられた。

最も親しい友人は、永嘉の張顗斎［元観］[17]、桐城の張函暉［若霍］[18]、江陰の金志遠［鑑］、浦江の戴桐峯［望曤］、侯官の林心芝［人槐］[19]、善化の張漱渠［汝潤］、辰陽の李麓堂［衡一］、湘潭の張慶西〈1721—1803〉［九鉞］[20]である。家に居る時、陽湖の黄芝園［宮］、湘郷の黄揆一［宜中］[21]、澧州の黄伯税［棠］、同里の熊南湖［腴］とは切磋琢磨して更に専念し長い月日が過ぎた。そこで（制作された）数百篇のうち、ただ90余首が存在しているが、1首が場合によっては再三再四改竄されることもあり、（今日まで）30余年を経た。

甲申（乾隆29〈1764〉年）以後、官を斉魯に歴任し、心を民政に尽くし、再び時文（科挙の文章）を重視しなかった。学校を3科に分け、同僚とともに主司（科挙の試験官）・学使（学政）となり、本房（答案を批閲するための部屋）で士に接したことは、諸州県の歳科童試10回余り続き、学業を請う者に教えた。意興が勃々とわき上がるのを禁じ得ず、また若干首を得た。

時に現湖北撫軍で掲陽の鄭公〈1709—1782〉［大進。謙基］[22]、現司空で奉天の徐公［績。樹峯］[23]、現山東撫軍で長白の国公〈?—1782〉［泰。拙斎］[24]、清苑の朱公［岐。克斎］、桐城の姚公〈1731—1815〉［鼐。姫伝］[25]、丹陽の吉公〈1721—1794〉［夢熊。渭崖］[26]、烏程の費公［南英。道峯］、新安の汪公〈?—1782〉［永錫。暁園］[27]、休寧の黄公［軒。小華］[28]、蕪湖の韋公［謙恒。約軒］[29]、任邱の李公〈1721—1781〉［中簡。文園］[30]、

-15-

訳注『琉球入学見聞録』序文・凡例・採用書目・図絵

仁和の孫公［廷槐。芥園］⁽³¹⁾、蔡公［応彪。崧霞］⁽³²⁾、帰安の潘榕堂［汝誠］⁽³³⁾、銭塘の周衢尊［嘉猷］⁽³⁴⁾はともに口々に賞賛した。

　文中の総評旁批はみな諸老手の作である。例えば、金壇の閣部の于文襄公〈1714―1779〉［敏中。耐圃］⁽³⁵⁾、江夏の総憲の崔公〈？―1780〉［応階。吉升］⁽³⁶⁾、制府の訥殷の富公〈？―1774〉［明安］⁽³⁷⁾、方伯で呉江の陸公〈1723―1785〉［耀。朗甫］⁽³⁸⁾及び孔止堂［継汾］、孔紅谷［次涵］で、民部（戸部）はみなただ経学によって互いに往復した。抜貢の師銭塘の倪公〈？―1743〉［国璉。稺疇］⁽³⁹⁾及び業を受けた師が早逝したために、いまだ門弟の名を見るに及ばない者がかなり多く、均しくその題跋を載せていない。ただ、琉球官生鄭孝徳⁽⁴⁰⁾〈1735―？〉［紹衣］、蔡世昌⁽⁴¹⁾〈1737?―1798〉［汝顕］が出版費を寄付して下さり、そこで（この序文を）記すよう依頼されたのである。庚子（乾隆〈1780〉年）秋日、門人（山東）福山の王鍾泰⁽⁴²⁾記す。

〔注〕

（1）テキストには題名が無く、便宜的に名付けた。台湾文献叢刊本や北京図書館本にはこの文章は見られないが、『潘子全集』所収本（国立国会図書館蔵所収本。乾隆33〈1768〉年、謇文書屋蔵板）には見られる。内容は潘相の人となりと交遊・業績・作品等に関する説明がなされており、その関係から『琉球入学見聞録』にも多少言及がある。また潘相の師友に関する記述が多く、本書でも登場する人物も多く見られるため、掲載することとした。また、この文章のみ版心に「琉球入学見聞録」の題名が刻まれていない。また、版組も異なる（21字×9行→24字×10行）

（2）歳貢…貢生に選ぶこと。国子監で学ぶことを許された者を貢生という。生員（秀才）から選ばれる。

（3）観保…字は伯容、号は補亭。満洲正白旗の人。乾隆2〈1737〉年の進士。翰林院編修。のち国子監祭酒、礼部尚書等となる。本書巻3「師生」参照。また巻4「芸文」に作品を収める。

（4）みな『潘子全集』（国立国会図書館蔵）に収められる。

（5）李光時…彼については、朱保烱・謝沛霖『明清進士題名碑録索引』（上海古籍出版社・1980年）に見られ、山東済寧の人で乾隆45〈1780〉年の進士という事以外は詳細不明。

（6）馮夔颺…開州知府。雍正5〈1727〉年に『開州志略』2巻を編纂した。「馮夔颺稿」については詳細不明。

（7）全魁…字は斗南、号は穆斎。満州鑲白旗の人。乾隆16〈1751〉年の進士。乾隆21〈1756〉年、冊封正使として副使の周煌とともに来琉。同24〈1759〉年、国子監祭酒となる。本書巻3「師生」参照。

（8）張裕犖…字は幼穆、号は樊川。安徽桐城の人。乾隆13〈1748〉年の進士。翰林院編修を授けられる。のち国子監祭酒となる。本書巻3「師生」参照。また巻4「芸文」に作品を収める。

（9）郷試…科挙試験の1つ。原則として、童試（県学の試験）に合格した者（秀才と称される）を対象に行われる試験。各省の省都で行われた。合格者は「挙人」と呼ばれ、首都北京で執り行われる会試の受験資格が与えられる。

（10）劉綸…字は如叔、号は縄菴。諡は文定。江蘇武進の人。乾隆元〈1736〉年、博学鴻詞科に挙げられる。潘相『周易尊翼』に序文有り。

（11）謝墉…字は昆城、号は金圃。浙江嘉善の人。乾隆17〈1752〉年の進士。翰林院編修。礼部侍郎等を歴任。本書巻4「芸文」に作品を収める。

（12）会試…科挙試験の1つ。郷試に合格した者が、北京において行われる中央試験。合格した者は、そのす

－16－

訳注『琉球入学見聞録』序文・凡例・採用書目・図絵

ぐ後に行われる「殿試」（皇帝臨御の試験）によって順位が付けられ、「進士」と称される。その合格者のうち、第1位を「状元」、第2位を「榜眼」、第3位「探花」と呼んだ。

(13) 秦蕙田…字は樹峰、号は味経、諡は文恭。江蘇金匱の人。乾隆元〈1736〉年の進士。礼部侍郎、工部尚書、刑部尚書等を歴任した。

(14) 王際華…字は秋瑞、号は白斎。諡は文荘。浙江銭塘の人。乾隆10〈1745〉年の進士。翰林院編修を授けられ、侍講学士となる。以後要職を歴任し、没して後太子太保を贈られた。

(15) 戴第元…字は正字、号は箕圃。江西大庾の人。乾隆22〈1757〉年の進士。庶吉士となり、後翰林院編修を授けられた。乾隆27〈1762〉年、江南郷試副主考官。四川道監察御史、太僕寺少卿等を歴任した。

(16) 『約六斎制義』に彼の序文が見られる。

(17) 張元観…字は肇上、号は顚斎。浙江永嘉の人。乾隆9〈1744〉年の挙人。国子監助教。また巻4「芸文」に作品を収める。

(18) 張若霍…字は景約、号は函暉。安徽桐城の人。国子監学正、助教。本書巻3「師生」参照。また巻4「芸文」に作品を収める。

(19) 林人槵…字は心芝、福建侯官の人。乾隆12〈1747〉年の挙人。本書巻3「師生」参照。

(20) 張九鉞…字は慶西、号は紫峴。湖南湘潭の人。

(21) 黄宜中…字は揆一。潘相『礼記叢編』に序文有り。

(22) 鄭大進…字は誉捷、号は謙基、諡は勤恪。広東揭陽の人。乾隆元〈1736〉年の進士。湖南按察使兼布政使等を歴任した。

(23) 徐績…字は樹峯。漢軍正藍旗の人。

(24) 国泰…姓は富察氏。満軍鑲黄旗の人。刑部主事、山東按察使、山東巡撫等を歴任したが、乾隆47〈1782〉年に弾劾されて罪を得、獄中で死を賜った。

(25) 姚鼐…字は姫伝、室名は惜抱軒。乾隆28〈1763〉年の進士。桐城派の代表的な文人の1人。

(26) 吉夢熊…字は毅揚、号は渭崖。江蘇丹陽の人。乾隆22〈1757〉年の進士。庶吉士となり、翰林院編修を授けられる。兵科給事中、通政司参議、福建学政等を歴任する。

(27) 汪永錫…字は孝伝、号は暁園。浙江銭塘の人。乾隆19〈1754〉年の進士。庶吉士となり、翰林院編修を授けられる。会試の同考官や郷試副考官を任されることが多かった。また、侍講学士、礼部侍郎、江西学政等を歴任する。

(28) 黄軒…字は日駕、号は小華。安徽休寧の人。乾隆36〈1771〉年、恩科によって状元となり、翰林院修撰を授けられる。

(29) 韋謙恒…号は豹軒。安徽蕪湖の人。乾隆28〈1763〉年の探花。

(30) 李中簡…字は廉衣、号は文園。河北任邱の人。乾隆13〈1748〉年の進士。庶吉士となり、翰林院編修を授けられる。

(31) 孫廷槐…号は芥園。浙江仁和の人。乾隆7〈1742〉年の進士。

(32) 蔡応彪…号は崧霞。浙江仁和の人。乾隆2〈1737〉年恩科の進士。

(33) 潘汝誠…号は榕堂。浙江帰安の人。乾隆2〈1737〉年恩科の進士。

(34) 周嘉猷…号は衢尊。浙江銭塘の人。乾隆22〈1757〉年の進士。

(35) 于敏中…字は叔子、号は耐圃、諡は文襄。江蘇鎮江の人。乾隆2〈1737〉年恩科の状元。翰林院修撰を授けられる。文華殿大学士兼戸部尚書にまで至る。

(36) 崔応階…字は吉升。湖北江夏の人。国子監生。順天府通判、安徽按察使、山東巡撫、刑部尚書等を歴任した。

(37) 富明安…姓は富察氏。満洲鑲紅旗の人。戸部郎中、広西按察使、山西布政使等を歴任した。

(38) 陸燿…字は青来、号は朗甫。江蘇呉江の人。乾隆17〈1752〉年の挙人。内閣中書、戸部郎中、雲南大

訳注『琉球入学見聞録』序文・凡例・採用書目・図絵

理知府等を歴任する。潘相『礼記矕編』、『事友録』に序文有り。
(39) 倪国璉…字は子珍、号は称疇・穀疇。浙江仁和の人。雍正 8〈1730〉年の進士。吏科給侍中。
(40) 鄭孝徳…琉球国の官生。乾隆 25〈1760〉年より乾隆 29〈1764〉年の間に官生として北京に滞在した。本書巻 3「奏疏」に彼の帰国に関する奏文が見られる。また巻 4「芸文」に作品を収める。
(41) 蔡世昌…字は汝顕。那覇久米村の人。紫金大夫。後に高島親方となる。乾隆 23〈1758〉年に官生となり、北京に留学。また巻 4「芸文」に作品を収める。
(42) 王鍾泰…詳細不明。山東福山の人。『壺海生草』6 巻有り。また蕭榕年撰『四書引左彙解』（乾隆 39〈1774〉年刊）の校閲者として名が見られる。

凡例[1]

　謹んで案じるに、隋の大業元〈605〉年、海師の何蛮が上言した。「海上に煙霧のようなものが有り、幾千里あるか分からないほどである。つまり（これが）流求である」[2]と。流求の名は、始めてここに表れたのである。隋以降、これを招聘しても服さず、これを討伐しても服さなかった。その事実で歴代の史書に見られる出来事は、薦紳先生でも説明する事は難しいことであろう。明の初めより、始めて朝貢を通じ、子弟を（中国の学校に）入学させ、徐々に華風に染まり、やや旧習を変化させていった。聖清が受命するに至って、その威霊は諸国を震わせ、文教は各地に広がっていった。皇綸（皇帝の意）は何度も賜われ、宸翰（皇帝自筆の書）は幾度も頒布された。2 年に 1 度の朝貢の令を定め、幾度も入監（留学して国子監に入ること）の恩をお与えになった。（それから）120 余年、その国の政・俗は聖化に浴し、進歩向上して日に日に雅に向かい、朝鮮国と比べても殆ど引けを取らなくなった。
　嘗て冊封使について歴々考察したところ、使者が（派遣先から）朝廷に帰国した時には、皆使録の進呈があった。顧みるに、厳しい日程で慌しく、言語は通じ難く、見聞は少なく、諸詢も簡略で、おおむね旧例や誤りによって（記録）するという問題が見られる場合が多い。ただ、国朝の編修の徐葆光〈1671—1723〉[3]の『中山伝信録』、侍講の周煌〈1714—1785〉[4]の『琉球国志略』は、考証を心がけていて、大変詳細で明確なものである。臣はそこで（国子監に）入学していた陪臣鄭孝徳・蔡世昌とともに過ごすこと 4 年、条目ごとに質問した。またその国人の程順則〈1663—1734〉[5]らが編纂した諸本は、大変異同が多いものである。そこで何度も校訂を加え、分けて義例とした。その文章は比較的簡便であるが、その事跡もまたよく備わっている。
　思うに昭代の声教が比類なく盛んな様子を記すことで、来学の士人を不昧にさせないようにし、入学の事例に至っては、広くその奏文や尺牘（書簡）を蒐集して記録し、その稟賜（賜りもの）を記し、その族姓を記した。およそ教学の規矩、進呈の詩賦および各芸文、

-18-

訳注『琉球入学見聞録』序文・凡例・採用書目・図絵

その他それに関連する事柄も、また種類別に附入した。遠国の君臣に九天の慈恩を感じ、六舘（国子監）の鼓鐘を聴き、周（公旦）・孔（子）を慕わせて⁽⁶⁾蛮夷を教化し、未来永劫ともに文明の恩恵を受けさせた。だから後の北学（経学）の者もまた真偽を考察する場合には、（史料の）欠損や遺失に気を病むことはない。総べて４巻、およそ千万言、みな見聞してこれを分類して編纂したものであり、故に「琉球入学見聞録」と名付けた。

　事実を記録する作品には、必ず図絵があるものである。ここに謹んで「星野図」、「国都図」、「島嶼図」、「封舟図」、「針路図」、「伝経図」を描いたのは、分度を定め、彊域を分別し、安瀾（穏やかな波）を記録し、同風（風俗が同じなこと）をしるすためである。その他、名勝には誇張が多く、器物もまた粗末であり、見聞もまだ確かではないが、欠如しているよりかはましであろう。

　諸記録の順番であるが、義例は１つではない。思うに琉球の王爵はわが王朝より下し、使者を派遣して冊封している。故に「封爵」を巻首とした。「厚往薄来」（与えるものが多く、見返りが少ない）の交流は、我が国の（外国）懐柔の策であり、近年未だ類を見ないものである。故に「錫賚」をその次にし、さらに「土貢」を付け加えた。九州の内外は、皆我が保<ruby>章<rt>ほしょうし</rt></ruby>氏（日月星辰を司る役人）がその星土を掌っている。故に分野を括り、輿地などの項目を「星土」という。冊封使臣は閩省（福建）より船に乗り琉球に至るが、すべてが琉球の地というわけではない。故に名づけて「星槎」と呼び、さらに「島蹟」を付け加えた。正朝を奉じ、封典を受ける場合は、当該の国王の礼儀は極めて厳粛である。故に「謹度」を次とした（以上巻１）。

　その王を補佐し土地を守る者として官吏がいる。故に「爵禄」を次にした。その君と臣がこの地を治め、養い、教化することで、その地に風俗が成り立っている。故に「田賦」、「食貨」、「制度」、「祀法」、「兵刑」、「風俗」と続ける。風俗の同類を記録し、故に続けて「書籍」とし、風俗の異類を記録して、故に「土音」と続ける。「字母」、「誦声」そして「教條」も付随する（以上巻２）。

　<ruby>舜天<rt>しゅんてん</rt></ruby>⁽⁷⁾〈1166─1237〉より以降、皆入学の事例がある。およそ入学に際しては必ず朝廷に請願し、部署で討議する。故に「奏疏」が重んじられる。学ぶにも食料や用品が必要となる。故に「稟給」がその次である。（官生が）学ぶ際には（国子監）祭酒・司業・博士等の官がその事を管理する。教習してその教えをもっぱらにし、子弟は明朝より今に至るまで姓氏の考察すべき人物が存在する。故に続けて「師生」とする。在学は４年間、その規範を厳にし、その疑議を解明する。故に続けて「教規」、「問答」とする（以上巻３）。

　進呈の詩賦および一切の唱酬・紀・序の文章に至っては、皆盛典に記録し、広く唱和するに足りるほど存在している。故に「芸文」をもって終わりとする（以上巻４）。

　諸録の記載は、我が列聖および我が皇上の盛典を挙げ、隋・唐・元・明の後に列挙したりしているように、全く体裁が整っていない。この書では専ら本朝を主体にして、大書特

－19－

訳注『琉球入学見聞録』序文・凡例・採用書目・図絵

書することとし、前代の事実に至っては、逐次小引中に記すこととしたが、まだ遺漏があるかもしれない。琉球の土音については、諮問を受けた。『（中山）伝信録』に掲載されているものはたいへん誤謬が多く、『琉球国志（略）』はみなそれを削除して記録していない。ここに官生（琉球の国費留学生）に逐一分析させ、誤りを訂正した。「字母四十七」に至っては、また詳細に調査して、つぶさに書中に配列した。おそらくまだ琉球の書籍は、諸録に載せられていない。誦読の音声でその国（の発音）に適う者は、すべて今まで見聞きした事がない。今官生が携えてきた書物について、人が誦える音声に従い、分別記録したところ、言語が通じなくても、心は同じであることが分かった。その司法が著した教条もまた一則を付載し、もって異聞を広めることとした。

　入学の事例は、諸録は概略であり、檔案もたくさん遺されている。今特に詳細に蒐集の手を加え、陛下の仁愛を記したいと思う。併せてこの書物を国子監の典籍庁に保存し貯蔵して、その中に編入しようと思う。こい願わくは後世これをお手本とする場合は、弁理（分別し処理すること）に容易であらんことを。

───────────────

〔注〕
（1）底本には凡例の頁の順番が正しくない部分が存在する。上記陸宗楷の序文の最終葉の次に凡例の４葉目が来ており、続く凡例が３葉目で終わっている。なお、前述『潘子全集』所収本でも同類の乱丁が見られる。今、他本と比較して順番を訂正して翻訳した。
（2）『隋書』列伝46・東夷・流求国に見られる。
（3）徐葆光…字は亮直。江蘇長州の人。康熙51〈1712〉年の進士、翰林院編修を授けられる。康熙58〈1719〉年、冊封副使として来琉。その時の実地調査に基づいて『中山伝信録』を著した。本書巻4「芸文」に作品を収める。
（4）周煌…字は景垣。四川涪州の人。乾隆2〈1737〉年の進士。翰林院編修。乾隆21〈1756〉年、冊封副使として来琉。後に『琉球国志略』を著した。本書巻4「芸文」に作品を収める。
（5）程順則…字は寵文。那覇久米村の人。のち名護親方となる。5度中国に留学し、琉球に初めての学校「明倫館」を創設した。
（6）『孟子』に「陳良楚産也、悦周公・仲尼之道、北學於中國」云々とある。
（7）舜天…歴史上、琉球で最初の王朝の開祖とされる国王。

採用書目

『欽定明史』、『大清会典』、『淵鑑類函』、『大清一統志』、『隋書』、『南史』、『唐書』、『宋史』、『元史』、『明実録』、『明一統志』、『明会典』、『韓文考異』、『柳子厚集』、杜佑の『通典』、『資治通鑑』、『朱子綱目』、『朱子文集』、『朱子遺書』、鄭樵の『通志』、馬端臨の『（文献）通考』、『歴代儒先語録』、『太学志』、『国学礼楽録』、『福建通志』、『寰宇記』、『広輿記』、『廿

訳注『琉球入学見聞録』序文・凡例・採用書目・図絵

一史約編』、『池北偶談』、『朱竹垞集』、明・陳侃の『使録』（『使琉球録』）、高澄の『操舟記』、郭汝霖の『使録』（『重編使琉球録』）、蕭崇業の『使録』（『使琉球録』）、夏子陽の『使録』（『使琉球録』）、胡靖の『記録』（『琉球記』）、張学礼の『使録』（『使琉球紀』）『中山紀略』、汪冊使（汪楫）の『疏鈔』（『冊封疏鈔』）『中山沿革志』『使琉球雑録』『海東吟稿』、林冊使（林麟焻）の『竹枝詞』、海冊使（海宝）の『使琉球詩』、徐冊使（徐葆光）の『中山伝信録』『使琉球詩』、周冊使（周煌）の『琉球国志略』、『集事淵海』、『嬴虫録』、『星槎勝覧』、『職方外記』、『殊域周諮』、『天経或問』、『天文大成』、『朝野僉載』、『四訳館考』、鄭若曽の『日本図纂』、『高麗史』、『高麗通鑑』、『高麗史略』、『海東諸国記』、日本の『東鑑』［即ち『吾妻鏡』］、『越嶠書』、『安南志略』、琉球の各経書の刻本［以下は皆琉球の書］、『中山世纘図』、『中山世鑑』、『閩游草』、『官制考』、『指南広義』、『執圭堂草』、『観光堂草』、『澹園集』、『要務彙編』、『四本堂集』、『五雲棠集』、『何文声集』、『鄭利賓集』、『翠雲楼集』、『中山詩彙集』、鄭孝徳の『太学課芸』、蔡世昌の『太学課芸』

図絵

▲伝経図

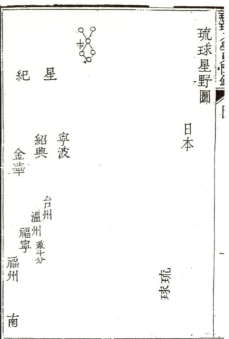

▲琉球星野図

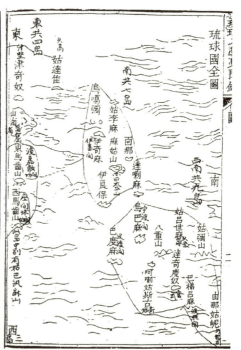
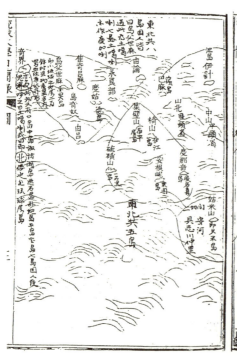

▲琉球国全図

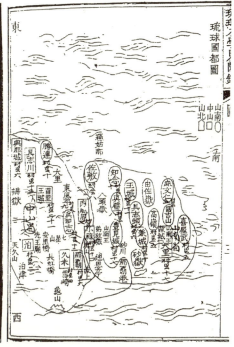

▲琉球国都図

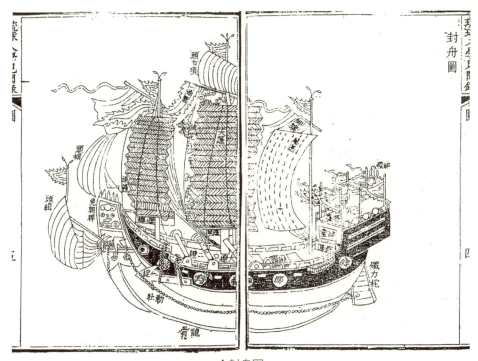

▲封舟図

訳注『琉球入学見聞録』序文・凡例・採用書目・図絵

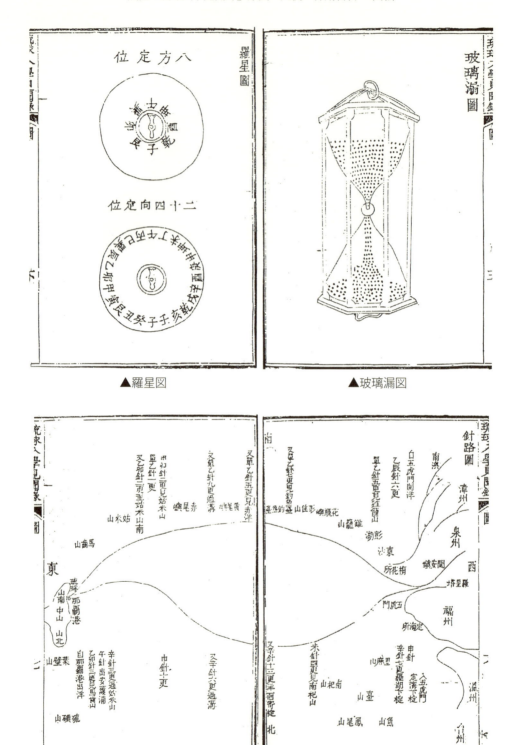

▲羅星図　▲玻璃漏図

▲針路図

『琉球入学見聞録』巻1

封爵

　昔、西戎の遠方は癸を貢ぎ、南海の越裳国は雉を献上した。その地方を各自に守らせ、末永く屏藩と為る。琉球は南海の辺鄙地に在り、僅か弾丸の如く小さい。宋・元以降、始めて王統の系譜が残っている。政権の変動と姓氏の更迭は頻繁であった。唯だ、思徳金王［即ち尚円王、諡は龍慶雲君］は国を有し、10余世代を伝え、200年を経た。尚貞王以来、益々名声を有す。我が列聖の寵霊と皇帝の威徳に由る懐柔安撫の国策こそ、其の国に安定と発展を永く齎した。琉球は古来、「守礼の邦」と称され、其の上、仁義も篤いと聞いている。上法を奉じて自ら全うし、藩衛者と目されるべきか。臣は嘗て図録を調べ、世代を考した。

　琉球は初めに流虬と称される［『中山世鑑』に「隋使羽騎尉の朱寛は国に至り、浩々たる海面から虬龍が海中に浮かぶ如き地形を見て、流虬の名にした」とある］。隋・唐と宋は流求と云う［『隋書』に「流求は海島の中に在り、王の姓は歡斯、名は渇利兜である。国民は王を可老羊と、王后を多拔茶と呼ぶ」『唐書』に「流鬼」と云い、『韓柳集』にみな「流求」と云う］。元代は瑠求と云い［『元史』に「瑠求は漳州、泉州、福州に境界を接し、澎湖諸島と向い合う」］、勅命で琉球国に定めた［洪武5年の勅書で琉球と称した］。

　太古時代、初め1男1女が生まれ、自ら夫婦となった。阿摩美久と云い、3男2女が誕生した。長男の天孫氏は国主の始まり、次男は諸侯の始まり、3男は百姓の始まりであった。天孫氏は25代、1万7802年も続いたというが、あまりに荒遠で信じられない。（そのため）今は舜天を始祖と判断する。舜天は日本人皇室の後裔である大里按司の朝公の子で、浦添の按司である。宋の淳熙14〈1187〉年、天孫氏の王系は衰え、逆臣の利勇は君主を殺し、自らを王に立てた。舜天は利勇を討伐し、諸按司は舜天を奉り、王に擁立した。舜天は51年間在位して卒した。子の舜馬順熙が嗣位し、11年で卒した。子の義本が嗣位し、11年後譲位し、北山に身を隠した。人々は天孫氏の後裔英祖を王に擁立し、40年で卒した。

　子の大成が嗣位し、9年で卒した。子の英慈が嗣位し、5年で卒した。子の玉城が嗣位したが、無道の為、諸按司は朝会に来ず、国は3つに分かれた。玉城は中山王を号し、大理按司は山南王を称し、今帰仁按司は山北王を称した。玉城は23年で卒した。子の西威が嗣位し、14年後卒した。人々は西威の世子を廃し、浦添按司の察度[1]を奉り、中山王に

－27－

擁立した。察度は浦添間切謝那村の奥間大親の子であった。明の洪武5〈1372〉年、行人の楊載は勅命を奉じて宣諭に派遣されて来た。察度王は弟の泰期を遣わし、表を奉り、土地の物産を入貢した。中山が始めて中国に通じた。その後、山南王の承察度と山北王の帕尼芝も夫々朝貢した。中山と山南はまた子弟を明の国子監に入学させた。洪武31〈1398〉年、朝廷から始めて中山王と大臣に冠服を下賜した。中山王察度は在位46年後、卒した。子の武寧は使者を遣わし、明に国王の死を告げた。

永楽2〈1404〉年、行人の時中を遣わし、察度王を祀り、武寧に王位を継承する詔を下した。此れ以降、王が代ると冊封を願い出て、朝廷から正副使を遣わして冊封するのが定則になった。武寧は無道のため、山南王の佐鋪按司である思紹の子の尚巴志は義兵を率いて山南、山北を攻め、武寧を滅した。尚巴志は父の思紹を王に立て、使者を遣わして、朝廷に武寧の死を告げ、武寧を父と称した。成祖は武寧を祀り、思紹に王位を継承する詔を下した。思紹は依然として中山王とされ、（中山王の封号は）今日まで因襲している。思紹は在位16年で卒した。子の巴志が嗣位し、初めて朝廷から尚の姓を下賜された。尚巴志は18年で卒した。子の忠が嗣位し、5年で卒した。

子の思達が嗣位し、5年で卒した。子の金福が嗣位し、4年で卒した。子の泰久が嗣位し、7年で卒した。子の徳が嗣位し、9年で卒した。子の世子は幼く、人々は彼を廃し、尚円を王に奉った。尚円の字は思徳金で、北夷伊平［即ち葉壁山］の生まれ、先祖は不明。義本は北山に隠居し、円は義本の子という説がある。また、葉壁に天孫嶽という古嶽があり、故に円が天孫氏の後裔という説もある。尚円の誕生時に奇瑞があり、成長後、内間里主と為り、後に御瑣側に登用された。人徳が高く、民心が懐いて、王に擁立された。尚円が在位して7年で卒した。

弟の尚宣武（1477年、6ヶ月ほど在位）が摂位して1年、円の子である真に王を奉り、50年で卒した。子の清が嗣位し、29年で卒した。子の元が嗣位し、17年で卒した。子の永が嗣位し、16年で卒した。世子が居ないため、人々は尚真王の孫である懿の子の寧（謚は康翁）を王に立てた。嘉靖40〈1561〉年、倭人が琉球に侵攻し、国王と群臣を連行した。尚寧王は2年間拘留されたが屈せず、帰国して復位した。併せて、在位32年で卒した。世子は居なかった。人々は尚豊［謚は宗盛］を王に立てた。尚豊は尚永の弟にあたる尚久の子で、在位20年で卒した。子の賢（謚は秀英）が嗣位し、7年で卒した。弟の質［謚は直高］が嗣位した。その時、我が皇清が天命を受け建国した。順治5〈1648〉年戊子、聖人が出て逆乱が平定され、四海内外、天下統一となった。琉球は諸属国を率先して帰順した。そして、冊命を恭承し、南荒を守り、歳事を修め、末永く爵服関係を築くようになった。

以下、列聖と我が皇帝が下賜した冊封式典を謹んで記録する。

順治6〈1649〉年、琉球国王の世子尚質が使節を遣わし、表を奉り、進貢にきた。同11〈1654〉年、勅命に従い、前明の勅印を上納して、冊封を願い出た。兵科愛惜喇庫哈

番[2]の張学礼、行人司行人の王垓を正副使に命じ、一品の麒麟服を賜り、儀仗と駅馬の利用と天文官1人と南方の医者2人の随行も許された。詔書1通と金箔銀印1個を持参した。福建に到着後海船を造り、将兵200名が同行となったが海上が大荒れにより、途中で戻った。聖祖仁皇帝が登極後、学礼などを叱責して、再度、渡琉に遣わした。康熙2〈1663〉年に来琉した。尚質を琉球国中山王に冊封する詔を宣告した。詔は順治11〈1654〉年のものだったが、敕は康熙元〈1662〉年である。康熙7〈1668〉年、尚質王は在位21年で卒した。世子の尚貞が嗣位した。康熙21〈1682〉年、尚貞は冊封を願い出た。朝廷は翰林院検討の汪楫と中書舎人の林麟焻を命じ、正副使に充てた。楫などに詔を下す懇願を承諾した上、船を修理する大工や職人の随行も許された。海神祈祷文を含む祭祀文を2通作成し、俸禄を2年分支給した。同22〈1683〉年6月に琉球国に到着、故尚質王を祀り、尚貞を琉球国中山王に冊封する詔を宣告した。

　康熙48〈1709〉年、尚貞王は在位して41年、卒した。嫡孫の尚益が嗣位し、3年で卒した。世子の尚敬が即位した。康熙56〈1717〉年、尚敬は初め曽祖父と父の喪を告げ、冊封を願い出た。翌年6月、翰林院検討の海宝と編修の徐葆光を正副使に任命し、彼らは琉球に赴いた。同58〈1719〉年6月に來琉し、故尚貞王と尚益王を祀り、尚敬を琉球国中山王に冊封する詔を宣告した。乾隆16〈1751〉年、尚敬王は在位39年卒した。世子の尚穆が嗣位し、使者を遣わし哀を告げた。3年後、使者を派遣して襲封を願い出た。同20〈1755〉年5月7日、翰林院侍講の全魁と編修の周煌を正副使に命じた。翌年7月8日に来琉し、故尚敬王を祀り、尚穆を琉球国中山王に冊封する詔を宣告した。

〔注〕

（1）察度…三山時代の中山国王、在位46〈1350—1395〉年間。初めて明朝との交流を開始し、冊封体制を確立した。

（2）愛惜喇庫哈番…満州語の官職名、清朝中央六部の員外郎、従五品。

錫賚［付、土貢］

　（『詩経』の）「采菽」の詩には、天子が諸侯に路車・乗馬・元袞（竜の模様の縫い取りをした黒い服）・礼服が下賜された、とあり、更に「これ（諸侯）に何を与えようか、また何をこれに贈ろうか」と言っている[1]。（一方）進貢（貢物を献上する）には、年ごとに定められたきまりがある。古の先賢の王は、多くの僻地を懐柔して統治するのに、諸侯が帰国の際は手厚い贈り物をし、来朝の際はその献上品を少なくして身軽にさせるよう、常々配慮していた。もし四夷（四方の異民族）が進貢する際、ただ服食や器物のみで、珍品を貴ばず、

『琉球入学見聞録』巻1

単に遠方の品を宝としなければ、天子はねんごろに教え諭す。

　また、諸侯に下賜する数を考慮して、献納の文書の欠落があれば、これを問いただすのである。琉球は明の初めより国王が進貢の使者を送り、元旦に朝廷を訪れ、天寿を慶び、勅諭に謝し、登極（皇帝が即位する）を賀し、進香に儀礼があり、東宮（皇太后）を冊立して謹賀し、（琉球国王が）冊封を請い、冊封を謝するのに礼儀があり、（琉球の）子弟を明国に派遣して学問を修めさせるのに通例があった。

　（進貢は）1年間に2回或は4回に及ぶことがあり、後にその年限を定め［成化11〈1475〉年に、2年に1回進貢することが決められた］、進貢に随行する従者を選り分けた［宣徳元〈1426〉年には、正、副使が都（北京）に来る際、20人の従者を伴うことが許可された。そのほかの従者は、全員、閩（福建）に留め待機させた。成化11〈1475〉年には、来朝する人を100名に制限し、増員しても5名の超過は許可しないことにした。また、正式の進貢以外の「附貢」の物は密輸することを認めず、併せて途次に騒擾することを禁じた］。

　その恩賜の基準には「常賜」（通例の恩賜）があり、また「特賜」（特例の恩賜）がある。臣がこれを調べたところ、洪武7〈1374〉年に、琉球国王に「大統暦」（明朝の暦）および文綺（美しい織物）や紗羅が下賜された。正・副使、通事、従者には、いずれも下賜があった。（洪武）9〈1375〉年には、刑部侍郎の李浩に命じて、文綺・陶器・鉄器が下賜された。また陶器7万個、鉄器千個が下賜された。その国の市馬（馬を買うこと）については、この国では紈（しろぎぬ）、綺（あやぎぬ）を貴重なものとしないため、賜り物には多く磁器や鉄器が用いられる。洪武10〈1377〉年から崇禎12〈1639〉年までの間、およそ遣使の入貢、入謝は、180余回におよんだ。酒宴を開いたり賜りものを与えたりするのは常例のことである。

　「特賜」としては、（洪武）15〈1382〉年に幣帛の加賜があり、尚佩監（奉）御[2]の路謙に往復の護送をさせた。（洪武）16〈1383〉年には、王に鍍金の銀印、幣帛72疋が下賜された［山南王に下賜されたものも同様］。（洪武）25〈1392〉年、閩人で操船に長けた者に三十六姓を明国との往来に利するために下賜された［今日では、金・梁・鄭・林・蔡の5姓を残すのみである。また万暦年間には、毛・阮の2姓が下賜された。万暦の時、国王はかつて附奏して次のように述べた、「洪武年間に、閩人三十六姓を賜い、書物が読める者には「大夫長史」の官職を授け、以って朝貢時の官吏とした」また、「海に習熟した者には「通事」の官職を授け、総じて指南の補佐とする」と］。

　（洪武）31〈1398〉年には、王に冠帯および臣下の冠服が下賜された。永楽元〈1403〉年、使者を派遣し、絨・錦・綺・幣を賜い、また冠帯・衣服を賜った。永楽2〈1304〉年には、正使である「行人」を遣わすのがちょうど察度王を祭る時に当たったので、布帛が贈られた。また新国王には冠服が下賜された。宣徳元〈1426〉年には、国王は使者を派遣し、長陵（北京、明の成祖と皇后の徐氏を埋葬した陵墓）に進香し、海舟1隻を賜った。宣徳

『琉球入学見聞録』巻1

3〈1428〉年には、国王に金織紵・絲・紗・羅・絨・錦が加えて下賜された。

宣徳7〈1432〉年、行在工部に命じ、国王の使者に海舟1隻が提供された。正統元〈1436〉年には、大統暦を、また国王および王妃に白金彩幣を賜った。正統6〈1441〉年には、東影山に他国に行って貢物を購入しようとして遭難した通事の沈志良等を帰国させた。景泰5〈1454〉年には、鍍金の銀印が下賜された。

天順元〈1457〉年には、明王朝発行の銅銭の「鈔貫」が下賜された［王は、貢物を贈る際次のように言った。「本国の王府が失火し、倉庫の銅銭に延焼した。そのため、永楽、宣徳の間の例に照らし、持参した貨物は銅銭によって給与されることを請う」と。礼部が「銅銭は中国内で用いるものなので、給与することを許可するのは難しい。宜しく鈔貫で見積もって、旧例に照らしてその六割を京庫より生絹で分け与え、残りの四割は福建布政司に文書を送り、貯蔵の紵・絲・紗・羅・絹・布などの品々を収めさせ、時価に従って与えることとする」と申しつけ、これに従った。

成化10〈1474〉年には、なお紗・絹を贈った。その貢物の価値によって、貢使の沈蒲志等が旧制のように銅銭で分け与えるよう要請したが許されなかった］。成化11〈1475〉年、皇太子冊立の詔勅があり、国王および王妃に錦幣が下賜された。

成化14〈1478〉年、使者を派遣して国王尚真を冊封し、冠服・金鑲の犀帯（金をちりばめた犀の皮で作った帯）と、国王および王妃に綵幣が下賜された。弘治3〈1490〉年、天子の命が下り、来京の人員5名を増し、口糧20名分を加増することになった。弘治16〈1503〉年、福建の守臣に、広東から送られてきた、当該国（琉球）の貢物を購入しようとして暴風に遭い、漂流していた呉詩等152人を保護するよう命が下った。

嘉靖13〈1534〉年、貢使の「在京5日に1回の外出禁止令」が廃止された。［朝鮮国王の李懌〈1506—1544在位〉からの要請であった］。嘉靖42〈1563〉年、内地（明）への漂流者を送還することに王からの勅褒があり、鍬幣（鍬は1000文）が下賜された。隆慶3〈1569〉年、隆慶5〈1571〉年、再び国王が日本に連れ去られた内地（明）人を帰国させた事に対して勅褒があり、銀幣が下賜された［この後、連れさられた人を送還すると、いずれも過去の例にならい奨賞された］。万暦4〈1576〉年、命が下り、従前のように貢使に給賞するほか、毎月5日に鶏・鵞・米・麺・酒・果物が支給された。

万暦23〈1595〉年、命が下り、当該国への派遣には飄風の哈那等に憂慮が払われた。天子より下される教えはまことに皇恩厚きものである。然るに航海には、献上馬の貢物が多く、それらは土産（琉球の産物）ではなかった［察度王〈1359年即位〉の入貢の物には、『中山世鑑』によれば「貢物は馬・刀・金銀酒海（蒔絵の盃）・金銀粉匣（蒔絵の化粧箱）・瑪瑙・象牙・螺殻（螺鈿の材となるヤコウ貝の貝殻）・海巴（キイロダカラ貝の貝殻。通貨にする）・櫚子扇（和扇子）・泥金扇・生紅銅錫・生熟夏布（芭蕉布の1種）・牛皮・降（真）香・速香（香の1つ）・檀香・黄熟香・木香・蘇木・烏木・胡椒・硫黄・磨刀石（砥石）であった」と

-31-

『琉球入学見聞録』巻1

ある]。

そして果ては、すなわちマラッカやジャワにまで（貢物とする品物を）買い入れに行くに
至った。万里の航路を進み、強風の中では頻繁に飄溺（難破沈没）に遭遇し、力もまたここ
にやや失われてしまう。恭しんで我が列聖及び我が皇上の天景の命を受けるに逢い、わが
天子は万邦に君臨して、諸国を分け隔て無く慈しまれ、その恩綸は頻りにお与えになり、
その下され物は幾度にも及んでいる。「馬やその（土地の）産物ではないものを献上しては
ならないとされ、謝恩の貢物はかならず正規の貢物として、しばしば貢期をとどめ、煩雑
さを回避するよう命が下った。一方、官生の入学には、禀給（政府の米穀の給与）のほかに、
さらに帰国の賞、また加恩の賞や錫類の賞があり、わが天子の大いなる湛恩は水のように
深いものであり、万古の時を超え、その恩沢の炎は君臣をめぐり、深みを増し、感激をも
たらす。つつしんで典礼を共にし、時が永きにわたり続き、ますます慎ませる。臣は故に
慎んでこの篇をしるし、わが天子の仁が果てしなく、天をきわめ、地をおおい、凡そ活気
のある様子で、恩恵があまねく行き渡っている姿を明らかにしようと思う。

　順治6〈1649〉年、尚賢の弟である尚質が使者を派遣して入朝し、緞（どんす）・錦・
紬・紗・羅30疋を、王妃には20疋が下賜された。正、副使には、紬・緞の表裏（あわせ）
が、通事と従者には緞・紬の表裏が下賜された。それぞれ差がある［進貢の人数は150人
を過ぎず、正、副使・従者15名の入京を許し、その他は閩（福建）に留め置かれ、賞をい
ただいた］。（順治）11〈1654〉年、尚質を国王に封じた。王印1つを賜い、緞幣30疋、
王妃に緞幣20疋を賜う。康熙4〈1665〉年、琉球は貢物を進めたが、（福建福州を流れる
閩江の河口の）梅花港（現在の長楽区梅花鎮）付近で沈没した。その分の補貢（再び進貢するこ
と）は免除とした。（康熙）5年には、進貢品は土産のものに限った［瑪瑙・烏木・降香・
木香・象牙・錫・速丁香・檀香・黄熟香はいずれも献上を免除された］。硫黄は閩（福建）
の倉庫に貯蔵した。

　（康熙）20〈1681〉年に命が下り、琉球には硫黄・紅銅・海螺殻の進貢を中止、その他
の貢物は免除することになった［金銀罐・金銀粉匣・金銀酒海・泥金彩画屏風・泥金扇・
泥銀扇・画扇・蕉布・苧布・紅花・胡椒・蘇木・腰刀・大刀・鎗・盔甲・鞍・絲綿・螺盤
はいずれも進貢を免除された］。康熙21〈1682〉年、国王および王妃に文幣あわせて50
疋が、また故王に銀、絹が下賜され、同時に諭祭を賜った。御書として「中山世土」の4
文字を賜った。（康熙）24〈1685〉年、王に緞20疋、併せて表裏52疋が加賜された。（康
熙）28〈1689〉年、進貢船2隻分の人数200名は許可し、接貢船の税を免除し（船は）合
わせて3隻を例とした。（康熙）31〈1692〉年、官生梁成楫等の帰国を賜った。礼部は奏
して酒宴1回を賞給することを許可した。各々に雲緞、紬布などの品々が賞与された。乗
伝して手厚く給与され帰国した。（康熙）32〈1693〉年、海螺殻を進貢することが免除さ
れた。［この後、熟硫黄1万2600斤・紅銅3千斤・白剛錫千斤を通常の貢物とすること

－32－

『琉球入学見聞録』巻1

を定めたほか、加貢もあったが、（内容は）定まっていない］。（康熙）41〈1702〉年、台風
で回貢船が破壊された。漁師が柯那什・庫多馬の2人を海から引き上げ救助した。命が下
り、役所が2人の生活の手助けをし、2回の貢船に乗せて帰国させた。併せて、閩浙総督
と福建巡撫に糾し、船の修理をしっかり行わせるよう求めた。そうやって遠路はるばる訪
れた進貢使の至情に報いた。

　（康熙）46〈1707〉年、琉球国の進貢船が、台風の被害を受けた清国の商人18名を同
乗させて帰国させた。（康熙）52〈1713〉年、命が下され、台風被害にあった琉球国の難
民30名を福建の柔遠駅（現在の福州市台江区にある）にて保護し、進貢船に同乗させ帰国さ
せた。その後の事については、前例に沿ってすすめられた。

　（康熙）58〈1719〉年、尚敬を王に封じた。国王に文幣30疋、王妃に文幣20疋が下賜
された。（康熙）59〈1720〉年、国王は王舅向龍翼および紫金大夫程順則を派遣し、すぐ
さま入貢して封建の儀に謝した。加えて金鶴などの貢物をした［徐葆光の『中山伝信録』
は次のように記録する。「金鶴2件・銀座一揃い・盔甲（甲冑）1副・護手護臁一揃い・金
靶鞘腰刀2本・銀靶鞘腰刀2本・黒漆靶鞘腰刀20本・黒漆靶鞘衰刀10本・黒漆洒金馬
鞍一揃い・轡鐙一揃い・金彩画囲屏風4架・扇500本・土綿200疋・紋蕉布200疋・土
苧布100疋・白剛錫500斤・紅銅500斤。旧例に胡椒があったが、今回は無いため、剛
錫を代わりとする」と］。

　（康熙）60〈1721〉年、王に緞疋を加賜し、正副使以下にも各々加賞した。差有り。雍
正元〈1723〉年、進貢頭号船の人員（の乗る船）が岩礁に衝突し沈没した。旨を奉じて二
号船の貢物は使節に持ち帰らせて、京師（北京）に進貢することが許可された。なお、督
撫（総督と巡撫）に命じてただちに賞給し出発させた。

　雍正2〈1724〉年、皇帝は王舅の翁国柱を招いて接見し、乾清宮において御書扁額は
「輯瑞球陽」の四字とし、国王に玉・緞等の物を賜った［琺瑯爐餅盒1分・白玉盒1対・
漢玉玦（帯玉）1件・白玉鎮紙2件・三喜玉盃1件・青玉爐1件・白玉提梁罐礶1件・漢
玉魖螭虎筆洗1件・青玉三喜袍挿1件・白玻璃大碗4件・白玻璃蓋碗6件・磁胎焼金琺瑯
有蓋靶碗6件・青花白地龍鳳蓋碗12件・青花白地龍鳳蓋鍾10件・藍磁碟12件・霽紅碟
12件・霽紅碗10件・填白八寸盤12件・緑龍六寸盤20件・青花如意五寸盤20件・青団
龍大碗12件・五彩宮碗14件・緑地紫雲茶碗10件・紫檀木盒緑端（渓）硯1方・棕根盒
緑端硯1方・上用緞20疋とした］。また翁国柱に銀百両、上用（天子御用達）の緞八疋が
賞与された。また病故した官生蔡宏訓を憐み、銀300両を賜った。

　雍正4〈1726〉年、紫巾官向得功を招き、乾清宮において王に玉・緞等の品々が下賜さ
れた［内造（官製）の緞20疋・玉方鼎1件・玉双龍水注1件・漢玉方壺1件・玉五老双寿
杯1件・玉異獣花挿1件・玉荷葉盤1件・玉龍鳳方盒1件・玉魖虎双寿碗1件・玉雲喜卮
1件・玉磬1架・白玻璃碗4件・藍玻璃蓋碗6件・青龍紅水7寸盤12枚・霽紅白魚7寸

－33－

『琉球入学見聞録』巻1

盤 20 枚・青花如意 5 寸盤 20 枚・緑地紫雲茶碗 10 件・青龍暗水大宮碗 12 件・五彩蟠桃宮碗 14 件・霽紅盤 12 枚・霽紅蓋碗 10 件・霽藍盤 12 枚・紅龍高足有蓋茶碗 6 件・青花龍鳳蓋碗 12 件・青花龍鳳蓋鍾 10 件・琺瑯爐瓶盒 1 分・紫檀木盒緑端硯 1 方・杏木盒緑端硯 1 方、また、得功に内造の緞 8 疋・銀 100 両、通事官に緞 4 疋・銀 30 両を賞した］。命が下り、沿途にて加賞し供給させ、王が貢物を加えてこれを謝恩とすることを許す。

　雍正 6〈1728〉年、正式の進貢がなされ、入学の官生鄭秉哲等は帰国許可を要請し、礼部が帰国の許可を（皇帝に）上奏した。都通事の例に照らし、大彩緞各 2 疋、裏各 2 疋、毛青布各 4 疋が賞給され、跟伴（随行の人員）の 2 名にはまた例に照らし、毛青布が各 4 疋賞与された。礼部は賞給のために宴を 1 度行った。兵部は勘合（割り符）と駅馬を与えた。皇帝の旨を奉じ、官生等各人には内庫緞 2 疋、裏 2 疋が加賞された。従者等には各人に緞を各 1 疋が加賞された。（雍正）8〈1730〉年、皇帝の旨を奉じ、「琉球国のこの年の貢物は雍正 10〈1732〉年の正式な進貢とみなし、雍正 10〈1732〉年の貢物は雍正 12〈1734〉年の正式な進貢とみなし、雍正 11〈1733〉年はかならずしも貢使を先に派遣する必要はない」とした。

　雍正 10〈1732〉年、王舅向克済に玉・磁器が賞与された［黄玻璃瓶 1 対・紅玻璃瓶 1 件・緑玻璃瓶 1 件・白玉筆擱 1 件・白玉雙龍舫 1 件・漢玉雙喜杯 1 件・紅瑪瑙水盛 1 件・牛油百福寿盒 1 件・銅琺瑯花瓶 1 件・銅琺瑯茶盤 1 件・瓊石荷葉舫 1 件・青緑鼎 1 件・綵漆小円盤 8 件・哥窰四繋花嚢 1 件・藍磁瓶 1 件・霽紅瓶 2 件・霽青膻（胆）瓶 2 件・哥窰瓶 1 件・官窰雙管瓶 1 件・填白雙円瓶 1 件・彩紅磁小瓶 1 件・青花磁桃式盒 1 件・五彩套盃 1 副・五彩酒鍾 4 件・洋紅酒鍾 4 件］。

　乾隆 4〈1739〉年、勅が下り、国王が使節を派遣して慶賀の忠誠を尽くしたことを称えた。そして「永祚瀛壖」の御書を使節に賜い、併せて国王および王妃に文綺等の品物を賜った。（乾隆）6〈1741〉年、王は謝恩として礼物を進呈した。乾隆 7〈1742〉年に正式に進貢を行い、礼物を献上した。乾隆 9〈1744〉年に正式に進貢した。乾隆 15〈1750〉年、国王は官を派遣して、内地の漂流した人民を送還した。（皇帝の）旨を奉じ、嘉を褒めたたえ、王に緞 14 疋を賜った。併せて督撫に命じて、その官吏を厚く褒賞させた。

　乾隆 16〈1751〉年、進貢船に搭乗させて内地の漂流民 39 人を送還した。（皇帝の）旨を奉じ、常例のほかに緞 14 疋を国王に加賜し、併せてその官伴（官吏の随員）を厚く賞した。乾隆 19〈1754〉年、尚穆を王に封じ、詔勅を賜い、文幣はこれまでの例と同様とした。乾隆 22〈1757〉年、王は使者を派遣して冊封に謝した。金鶴等の品々を加え、前例と同様に次回に正式な進貢をすることが許可された。乾隆 24〈1759〉年、王は官生を派遣し入学させた。その際に囲屏紙 3 千張・細嫩の芭蕉布 50 疋を進呈した。（乾隆）26〈1761〉年、官生は恭しく皇太后の万寿を慶賀し、額ずいて（皇太后の乗る）安輿を迎えた。旨を奉じて各人に緞 4 疋・貂 4 張が賞された。（乾隆）29〈1764〉年に官生等は帰国し、

-34-

『琉球入学見聞録』巻1

旨を奉じて、雍正6〈1728〉年の例に沿って加恩の賞給がほどこされた。

〔注〕
（1）『詩経』小雅・魚藻之什「采菽」の詩の冒頭に「采菽采菽、筐之筥之、君子來朝、何錫予之、雖無予之、路車乘馬、文何予之、玄袞及黼」とある。
（2）尚佩監…明の内使監（宦官の職）の1つ。『明史』によると、尚佩監には9人の奉御が置かれている。

星土

　『周礼』では保章氏が星土[1]を掌握している。同書の疏では「蛮貊島夷はすべて揚州分野に属し、琉球国は島夷に属している」と言っている。『隋書』（巻81・東夷伝・琉求国）には「琉球国は海島の中にあり、建安郡の東側、船で5日間で到着し、土地が多く山は洞窟である」と。『元史』（巻210・外夷・瑠求伝）には「（琉球）国は漳州、泉州、福州の以東、澎湖諸島と相対し、西南の北岸はみな山である」『中山世鑑』は「宋景定〈1264〉5年、西北諸島はようやく中山に進貢を始めた。咸淳2〈1266〉年丙寅、北夷大島は配下と称し進貢した。元延祐元〈1314〉年、国王玉城が継位すると人々の暮らしは衰退し、政治は荒れ果て、統治者は女色と狩りに夢中になった。各按司は朝貢にも来ず、国は3つに分裂した。大理按司は佐敷、知念玉城、具志頭、東風平、島尻、喜屋武、摩文仁、真壁、兼城、豊見城等11国［これによると国は村や県なども称した］を占拠し、山南王と名乗った。今羽地、名護、国頭、金武、依江、大宜味、恩納の7つ地域をまとめ、今帰仁按司は山北王と称した。中山には首里、玉城、那覇、泊、浦添、北渓、中城、越来、読谷山、具志川、勝連、首里三平（西平、南平、真平地）等数ヶ所の地域のみである。明朝洪武庚午年、南夷宮古島、八重山島がようやく中山に進貢を始めた。永楽癸卯年、尚巴志[2]が始めて山南、山北を平定し、国家は1つに併合され、中山王と称したのである。その星野分度や地図帳等の資料はすべて残されていない」。

　康熙58〈1719〉年、聖祖仁皇帝は地理や測量に精通した内廷八品の官平安、監生の豊盛額を冊封使海宝・徐葆光[3]とともに測量させ、その割り出しを確定させた。徐葆光はさらに注意深く記録し、その地域や地形等についても考察を加え、疑問のある場合は絵図にして朝廷に献上した。内廷で新刊された『朝鮮』『哈密』『ラサ』等の属国の絵図の後には39府、三十六島もその中に附されている。

　北に葉壁[4]に恃み、尾閭[5]はその後ろを控えており、敵の攻めは漈（漈は即ち尾閭である。臺灣淡水の外海も同然）で落とす。南は那覇に据え、馬加[6]がその前に鎮り、船は座礁に懼れる（後ろに詳しい）。琉球は真に海上にある鉅大な守りである。恭しく列聖の詔書と皇帝

－35－

の勅諭を拝読し、毎度毎度、国王に「唯、皇帝の寵栄に尽くし、末永く宗廟を守り、頼る属国とする」と諄々と命じておる。天覆う地被る洪恩に対して、山川に誓い、これほど偏狭の地である。この扶桑地から国土を守るには、益々忠純の励みになる。北の辺境を守護し、南の島々を安定ずる。世々代々王位に居り、我が聖天子の大いなる使命を謹んで奉ずる。

　琉球の限界と揚州は過去の測量では北京は北極大地から40度出ている。福建は北極大地から26度3分出ている。現在琉球は北極大地から26度2分3釐出ており、その地勢は福州正東南に3里余寄っている。過去の測量では福建は北極の中線から東に46度30分傾いているが、今測ると琉球は北極中線から54度東に寄っており、福州の東西とは互いに8度30分隔たっている。200里ごとにまっすぐに海面1千700里と推測でき、凡そ船だと60里を1更[7]とする。福州から琉球久米島までは40更、合わせて3千里で南や北をめぐって行くと、その距離はわずかに遠まわりすることになる。そこでようやく以前ちょっとでも動くと万里と言っていたのはすべて臆測にすぎない。

　夏子陽[8]の『使琉球録』には「〈一統図〉から見れば東南に位置し、閩から見れば閩の東北に位置する。従って5月（旧暦）西南の風に乗って行けば、必ず10月（旧暦）の東南の風に乗ってくる。然るに冊封使は乙針を多用すれば、まっすぐ久米島を目指し、遠く中山国だと推測し、東北方面のようだとするが、これはやはりこのことについて解決できる人を待つ必要があると思われる」

　国は三省に分かれ、中山は中頭省、山南は島窟省、山北は国頭省とし、ともに35府[9]に分かれ、土地名は間切府[10]でそれぞれ村落に属しているのを村頭、土地名を母喇首里という。近くにある府は、泊、那覇、久米で、すべて官吏が住み田畑は無く、間切の数には入っていない。

　　　首里村には21の村や県がある。﨑山、金城、内金城、新橋、赤平、儀保、西儀保、末
　　　吉、山川、新川、殿川、寒川、大中、鳥崛、汀白次、赤田、姑場川、桃原、当蔵、真
　　　和地、立岸。
　　　泊には東境、西境の2つの村県がある。
　　　那覇には6つの村県がある。東県、西県、泉﨑、若狭町、辻山、渡地、久米。
　　　その村県には、東門村、西門村、北門村、南門村（大門村）の4つの村がある。
　　　久米の外に35府がある。真和志には、識名、国場、牧志、天久、松川、与儀、亀田、
　　　安里、湊川、古波蔵、仲井間、上間という12の村県がある。
　　　南風原には、宮平、津嘉山、内嶺、本部、喜屋武、神里、平川の村県がある。
　　　東風平（9）：東風平、富盛、志多伯、世名城、友寄、高良、山川、宜寿次、当銘。
　　　西　原（16）：幸地、小橋川、安室、桃原、我謝、翁長、平郎、小那覇、棚原、末吉、

『琉球入学見聞録』巻1

　　　　　　　石嶺、嘉斗刈、小波津、与那城、呉屋。
浦　添（11）：浦添、伊祖、牧港、安波茶、沢岻、屋富祖、城間、西原、内間、勢理
　　　　　　　客、前田。
宜野湾（12）：宜野湾、謝名、普天間、新城、具志川、城田、嘉數、安仁屋、伊佐、喜
　　　　　　　友名、野嵩、我如古。
中　城（19）：中城、姑場、熱田、当間、島袋、粤間、和宇慶、屋宜、津灞、安谷屋、
　　　　　　　伊集、渡口、喜舎場、添石、瑞慶覧、新垣、安里、中順、比嘉。
北　谷（12）：北谷、浜川、砂辺、野国、野里、玉代勢、屋良、桑江、嘉手納、平安
　　　　　　　山、伊礼、前城。
読谷山（12）：読谷山、高志保、喜名、宜間、渡具知、大湾、伊良皆、渡慶次、波平、
　　　　　　　長浜、瀬名霸、根波。
勝　連（10）：勝連、神谷、比嘉、平敷屋、平安名、内間、新垣、亀島、浜村、南原
与那城（6）：仲田、平安座、安勢理、上原、池宮城、伊計。
越　来（10）：越来、照屋、安慶田、湖屋、上地、諸見里、山内、宇慶田、大古廻、中
　　　　　　　宗根。
美　里（18）：嵩原、高原、恩納、石川、古謝、伊波、野原、松本、田里、楚南、比
　　　　　　　屋根、与儀、宮里、知花、池原、嘉手苅、登川、山城。
具志川（15）：安里（真和志村と同じ）、上江洲、宇堅、祝嶺、中嶺、天願、高江洲、田
　　　　　　　場、田崎、安慶名、江洲、大田、栄野比、川崎、兼嘉叚。

以上が中山省である。山南省に属しているのは以下の通りである。

大　里（17）：与那原、与古田、湧稲国、板良敷、仲程、与那霸、稲福、上与那原、大
　　　　　　　城、宮城、古堅、目取真、島袋（中城）、南風原（南風原府）、高宮城、真
　　　　　　　境名、当真。
玉　城（11）：玉城、中村渠、富里、糸数、垣花、富名腰、前川、当山、和名、奥武、
　　　　　　　志堅原。
豊見城（17）：豊見城、饒波、長堂、翁長（西原）、真玉橋、盛島、奥平、高嶺、儀保、
　　　　　　　我那霸、渡嘉敷、高安、伊良波、名嘉地、田頭、保栄茂、嘉数。
小　禄（11）：小禄、上原、当間、宮城、大嶺、儀間、湖城、具志、多加良、安次嶺、
　　　　　　　赤嶺。
兼　城（10）：兼城、座波、照屋（越来）、嘉数（宜野湾豊見城）、波平、武富、安波根、
　　　　　　　糸満、潮平、志茂田。
高　嶺（5）：大城（大里）、真栄里、国吉、与座、屋姑。

『琉球入学見聞録』巻1

佐　敷（8）：佐敷、新里、屋比久、手登根、外間、津波、与那嶺、小谷。

知　念（10）：知念、敷名、久手堅、山口、鉢嶺、久高、外間（佐敷）、知名、安座真、
　　　　　　　下敷屋。

具志頭（6）：具志頭、波名城、中座、喜納、新城（宜野湾）、与座（高嶺）。

麻文仁（5）：麻文仁、米次、石原、松嶺、小渡。

真　壁（8）：真壁、田島、真栄平、糸洲、宇栄城、古波蔵（真知志）、新垣（中城）、
　　　　　　　名城。

喜屋武（5）（南海に面している）：喜屋武（南風原）、上里、福地、山城（美里）、束邊名。

金　武（5）：金武、宜野座、奥松、漢那、祖慶。

恩　納（9）：恩納、安富祖、名嘉真、山田、真栄田、仲泊、古良波、谷茶、富津喜。

名　護（9）：名護、屋部、世富慶、安和、喜瀬、幸喜、松堂、許田、宮里（美里）。

久　志（11）：久志、松田、辺野古、嘉陽、宜作次、瀬嵩、汀間、松浜、田栄良、川
　　　　　　　田、宇富良。

羽　地（6）：池城、屋嘉、伊指川、真喜武、源河、謝敷。

今帰仁（11）：今帰仁、親泊、謝名（宜野湾）、中城（中城府）、運天、﨑山（首里）、玉
　　　　　　　城（玉城府）、平敷、仲宗根、呉我、天底、我部（計12ある）。

本　部（7）：伊野波、浦﨑、波久知、崎浜、瀬底、伊豆味、謝花。

大宜味（5）：屋嘉比、喜如嘉、田湊、根路銘、津渡。

国　頭（4）：国頭、辺土名、伊地、宇郎。

　　三省の他に36の島嶼がある。
　　東の4島は、姑達佳［久高］、津竒奴［津堅］、巴麻［浜島］、伊計［池島］。
　　西には3島あり、東馬歯山は間切一。渡嘉敷［豊見城］。西馬歯山は間切一。座間
味。他に姑巴汎麻山がある。姑米山［久米島、琉球国の西80里にあり、五穀、綿花、
紬、紙、ろうそく、螺、魚、鶏、豚、牛、馬を産す。福州から琉球国に至るにはこの
島を指針とする］は間切二。安河・具志川仲里がある。
　　西北の5島には、度那竒［度名喜島］、安根峴［粟国島］、椅山［伊江島］、葉壁山
［伊平屋島］、硫磺山［黒島。硫黄を採取している家が10軒あり、人々はみな硫黄の
発する気にあって目が（すっきり見えない）］、近くに灰堆山、尤家埠、移山奥がある。
　　東北の8島［琉球人は島父世麻と呼び、ここを過ぎると、土噶喇という。土噶喇は
度加喇ともいう］には、由論、永良部、度姑［徳島］、由呂、烏竒奴、佳竒呂麻、大島
［小琉球の管轄。200余の村県があり、物産豊富で、四書五経、唐詩等の書籍所有］、
竒畍［別名鬼界、その他に口島、中島、諏訪瀬島、悪石島、臥蛇島、平島、宝島の計
7島あり、琉球の人はすべて土噶喇と呼び、倭ともいう。琉球の島には属していない

ので載せない］などがある。

　南の７島には、太平山、伊竒麻［伊喜間］、伊良保、姑李麻［古裏間］、達喇麻、面那、烏噶弥がある。

　西南には９島あり、八重山、烏巴麻［宇波間］、巴度麻［波渡間］、由姑那呢［与那国］、姑弥、達竒度奴［富武］、姑呂世麻［久里島］、阿喇姑斯古［新城］、巴梯呂麻［波照間］。

　［汪楫[(11)]の『冊封琉球使録』には、「琉球国の三省、領土の面積が５千里に達し、東西は長く、南北は狭い」と言っている。徐葆光は琉球の里数によって中国の10里を１里と定めている。南北に440里で、東西はみな海である。周煌『琉球志』はそれに拠っているため、２人の官生はともに間違って認識してしまった。

　島嶼については、徐録では水路は南北３千里で、東西600里と言っている。前代の史籍で記載されている諸々の島嶼ついては、現在はすべてその名が残っていない。澎湖島は台湾と接近しているが、琉球に属している島ではない。彭家山、釣魚台、花瓶岐、鶏籠山、小琉球、太平山等はすべて中山省から２、３千里にも離れているので、昆山の鄭子若が著した『琉球国』では、それは那覇港及び歓会門[(12)]の左側を示しているが、これは大きな間違いである］

〔注〕
（１）星土…天文暦法の二十八宿と全国地理分野の対照関係を指す。
（２）尚巴志…〈1422―1439 在位〉首里城を拠点として 1416 年北山を、1429 年南山を平定し、統一政権を樹立し、この統一王朝を「第一次尚氏王朝」と呼び、琉球王国が成立した。
（３）徐葆光…『中山伝信録』を著す。江南蘇州府長洲県の人。この書は康煕 60〈1721〉年に出版され、中国の人々に琉球観を形成させた。
（４）「葉壁」は「伊平屋島」を指す。
（５）「尾閭」は「由呂」を指す。
（６）「馬加」は「中三重城から臨海寺へ曲るマガリ角のあたりをマガヤーとよんだ（中略）、マガヤーの名は福建の船員によく知られており、馬加とか馬加鎮とよばれた」（原田禹雄「『中山伝信録』新訳注版」、榕樹書林、1999 年、340 頁）。
（７）１更…夜の時間を計る単位のことを「更」という。初更から５更まであり、日没から日の出までを５等分にし、１更は約２時間のこと。
（８）夏子陽…『使琉球録』を著す。江西省広信府王山県の人。万暦 34〈1606〉年に副使王士楨とともに冊封正使として渡流、尚永の諭祭礼と尚寧の冊封礼を挙行し、同年帰国。清廉で有能な人物だと伝えられる。
（９）府…いくつかの村を直轄した制度。
（10）間切府…古琉球から近代に至る行政区画。古琉球においては複数のシマをくくって「間切」とし、近世では複数の村によって構成された。
（11）汪楫…『冊封琉球使録』を著す。安徽省休寧県の人。江蘇省の江都県に寄籍した。『明史』の編纂にも

『琉球入学見聞録』巻1

　　従事。尚貞の冊封正使として渡琉した。帰国後三篇からなる冊封使録を完成して、これを聖祖仁皇帝
　　（康煕帝）に奉呈した。
（12）歓会門…首里城の正門。尚真王代〈1477―1526〉に建立された。

星槎[1]［付、島蹟］

　周官では小行人が、使者として四方に行けば、必ず記録を1書にまとめ、王に使命の始
末を報告しなければならないとある。天下の事物を周知する所以である。漢代・唐代以降、
広く船を馳帆させ、事物を尋ねることが、海外諸国にも及ぶようになる。隋の煬帝の大業
3〈607〉年、羽騎尉の朱寛に命じて、航海をして風俗を異にする地（流求）をたずね求め
させた。海軍司令の何蛮もともに航海した。その国（流求）に到着したが、言葉が通じず、
一人をとらえて帰国した。翌年、（朱）寛はまた、命をうけてその国へゆき、帰順を求めた
が、従わなかった。武賁将の陳稜は、崑崙の軍人の言葉の通じる者を連れて行ったが、帰
順せず逆に戦いとなり、（陳）稜にやぶれて、男女千人が捕虜となった。その後、遂に通交
が絶えた。

　元の世祖の至元28〈1291〉年、海船副万戸の楊祥は、6千の軍を率いて、往って降伏
させることを進言し、金符を給せられ、詔を賜って出洋した。大洋に出て、たちまち1つ
の島を占領したが、軍陣が些か頓挫し、瑠求（琉球）に着かないうちに、引きあげてしま
った。成宗の元貞3〈1297〉年、福建省の平章政事の高興が、琉球を征服することを上言
し、省都鎮撫の張浩らを派して征伐させ、130人をとりこにした。帰順の命に従わないこ
とは、もとのままであった。

　明の洪武5〈1372〉年、洪武帝が行人の楊載を派遣して詔諭すると、中山王察度及び山
南王・山北王が使節を派遣して入貢するようになった。9〈1376〉年、刑部侍郎の李浩を
派遣して馬を購入させた。15〈1382〉年、尚佩監奉御の路謙を派遣して使節（泰期）を国
まで送らせた。永楽元〈1403〉年、太宗は行人の辺信・劉亢を遣わし絨綿・綺幣を頒賜
し、2年、時中を派遣して武寧を封じて王とした。13〈1415〉年、行人の陳季芳を派遣
し、山南王（汪応祖の世子他魯毎）を封じて王とした。22〈1424〉年、行人の周彝を遣わし
尚思紹を諭祭した。洪熙元〈1425〉年、中官の柴山を遣わし尚巴志を封じて王とした。宣
徳7〈1432〉年、宣宗は内官の柴山に勅をもたせて遣わし、王に人を日本に派遣し朝貢を
諭すよう命じた。翌年、日本ついに来朝す。正統7〈1442〉年、給事中の兪忭・行人の劉
遜を遣わし尚忠を冊封することを命じた。12〈1447〉年、給事中の陳伝、行人の万祥を
遣わし（尚）思達を冊封することを命じた。景泰2〈1451〉年、左給事中の喬毅［『殊域
周咨』は「陳謨」と記す］、行人の童守宏［「童」を別に「董」と記す］を遣わし尚金福を

－40－

冊封することを命じた。6〈1455〉年、給事中の厳城［「殊域周咨」は李秉彝と記す］、行人の劉儉を遣わし尚泰久を冊封することを命じた。天順6〈1462〉、吏科右給事中の潘栄、行人司行人の蔡哲を遣わし尚徳を冊封することを命じた。成化7〈1471〉年、兵科給事中の管［別に「官」と記す］栄、行人司行人の韓文を遣わし尚円を冊封することを命じた。弘治17〈1504〉年、武宗が即位し、行人の左輔を遣わし国に至らせ詔書を頒賜させた。嘉靖11〈1532〉年、吏科左給事中の陳侃、行人司行人の高澄を遣わし尚清を冊封することを命じた。高澄はじめて『操舟記』を著し、陳侃はじめて『使録』（『使琉球録』）を著す。『使録』に、「13〈1534〉年5月8日广［以再の切］石より出洋し、18日を要して那覇に至る。9月20日（那覇）を出帆し、9日を要して定海に至る」と記している。朝廷に戻り、「海中、風濤の危険に遭遇し、多く神の加護を受けた、その諭祭を乞う」ことを上奏し、許された。国王、謝恩使を派遣し、謝恩使は陳侃が餽金40両を受け取らなかったことから、皇帝にその収受を特に許すよう請うている。

37〈1558〉年に給事中の郭汝霖と行人の李際春を派遣し、尚元を冊封することを命じた。郭汝霖『使録』（『重編使琉球録』）は、「40〈1561〉年5月29日に梅花より出洋し、11日を要して那覇に至る。10月18日に（那覇）を出帆し、11日を要して五虎門に入る」と記している。朝廷に戻り、汝霖等は餽金[2]40両の収受を断ることを諭旨でもって許される。ついで遠い旅程の労いとして、各々に銀と幣が下賜された。

万暦4〈1576〉年に戸科左給事中の蕭崇業と行人司行人の謝杰を派遣し、尚永を冊封することを命じた。蕭崇業『使録』（『使琉球録』）は、「7〈1579〉年5月22日に梅花より出洋し、14日を要して那覇に泊る。10月24日に出洋し、9日を要して定海に入る」と記している。

29〈1601〉年に兵科右給事中の夏子陽と行人司行人の王士禎を派遣し、尚寧を冊封することを命じた。夏子陽『使録』（『使琉球録』）は、「34〈1606〉年5月24日に梅花より出洋し、8日を要して那覇港に至る。10月21日に出洋し、11日を要して五虎門に至る」と記している。崇禎2〈1629〉年に戸科左給事中の杜三策と行人司司正の楊掄を派遣し、尚豊を冊封することを命じた。三策の従客胡靖『録』（『杜天使冊封琉球真記奇観』）は、「6〈1633〉年6月4日に梅花より出洋し、6日を要して那覇港に至る。11月9日に出洋し、12日を要して五虎門に至る」と記している。

封舟は夏至の後、西南の風に乗って琉球に到り、冬至を過ぎた後、東北の風に乗り福州に戻る。しかし北風はきびしく、南風の穏やかさとは比べにならない。それ故、帰航はすこぶる困難である。福州に帰航する封舟の中で、それを無難に乗り切ったのは蕭崇業のみである。出帆の期日は10月24日であった。海船の熟練者がみな口を揃えて、冬至の前後早い時期か遅い時期かによるのではなく、10月20日過ぎの東風の順風に乗るのが最も安全である、といっている。冬至前後となれば、風の勢いは日増しに増し、波も船より高く

-41-

うねるようになる。正月は颱颶（暴風）が最も多く、時期的には望ましくなく、絶対に舟航するべきではない。2月は霧が多く、順風でも山（島）に近づいても、それが見えず、逆にそれに接近しすぎることもある。また蟄居していた龍が多く海に出て、その龍が船の傍らに起ち、海水を2、3丈も沸き立てることもある。清明（節）以降は、地気が南から北に移るので、南風が常となり、霜降以後は、地気が北から南に移るので、北風が常となる。逆に颶颱が起こるようになり、1・2・3・4月は颶風が多く、5・6・7・8月は颱風が多い。颶風は突発的に起こり、すぐに止む。颱風は徐々に起こり何日も吹く。9月になれば北風が吹き始める。それが幾月も続く。俗に「九降風」という。時に颱風となり、またそれが颶風の如く、立て続けに起こることもある。颶風は何とか凌げるが、颱風に至っては凌ぐのが難しい。

　10月になると、北風が多くなる。また颱風と颶風が不定期に発生するので、舟人はその間隙をぬって往来する。颶風が起こる前は、およそ空に黒点が現れる。その時は急いで帆をたたみ、舵を頑丈に固定して、時が過ぎるのを待つ。対応が少しでも遅れるようなことがあれば、舟は転覆する。颱風が起こる時には、天辺に切れ切れの虹が片帆ように現れる。これを「破帆」という。それが半天に広がり、かぶと蟹の尾のようになったものを「屈鱟」という。これが北方に現れたならば、他方に現れた時より風はより激しいものとなる。また海面がにわかに変わり、米糠のように汚れ、海蛇が浮遊するようになれば、これは颱颶の前兆である。12月21日から始め、1日を来年の1月とし、21日に風が起これば、1月には風が多く吹く。2日は2月として、その後はそれにみな準じる。ある1日に風が、1回、2回と吹けば、それに準じる月にもまた、颱が1、2回発生することとなる。俗に「暴期」として伝わるのは、その当日を指すのではなく、その前後3日を指す。その日は、箕、畢、翼、軫の四宿にあたり、風をおこすことの因縁となる。これを避けた方がよい。ないがしろにすべきではない。

　海船2隻、五虎門から姑米[3]に至るには40更、姑米から定海に至るには50更を要する。1更は60里で、砂漏をもってこれを定める。砂漏は玻璃（ガラス）瓶を用いる。中央が細口、両端が大腹のもので、一方に砂を盛ってこれを満たし、両方の口を向い合せ、中の細い管から砂が通るようにしてあり、羅針盤の上に逆さに立て掛け、砂が漏れ尽くせば、またこれを逆さに立て掛ける。一昼夜を通して約24漏で、2漏半で1更とする。風が穏やかで船足が遅ければ、漏を刻んでも、1更にはならない。風が疾く、船足が速ければ、漏れを刻んでなくても、すでに60里を超えていることがある。これを「過更」という。または木枋（木片）を船首から海中に投げ入れ、人が走って船尾まで行き、人と木片が同時につくと「合更」という。人が木片より早いと、「不及更」といい、人が木片より遅れることを「過更」という。船尾に羅針盤を置き、位置の確認は山（島）をもって基準とする。

　福州から琉球に行くには、五虎門を出て、鶏籠山、花瓶嶼、彭家山［平佳山ともいう］、

－42－

釣魚台、黄尾嶼、赤尾嶼、姑米山、馬歯山[4]、以上の島々を過ぎるが、それらはみな南に偏在し、夏至にその北側を過ぎ、西南の風に乗って、辰・巽の方へ舵をとり、南よりに進みながら、やがて正東に向かい、那覇港に入る。琉球から福州に帰るには、姑米山を出て、温州の南杞山、台山、里麻山［一名霜山］に向かう。それらの島々は北に偏在することから、冬至に東北の風に乗じて島の南側を乾・戌等の針路をとり、はじめ北よりに進みながら、やがて正西に向かい、定海所に入り五虎門へと進む。福州と琉球は東西で相対しており、（福州から出発した船は）北に向かいやすく、南寄りになりにくい。明代において北よりにならず無事（那覇港に）到着したのは夏子陽のみである。その他は卯の針路を多用し北上しすぎてしまっている。「指南広義」[5]は、卯の針路を用いることを主張しているが、これは信じるに足りない。『徐録』（『中山伝信録』）や『周志』（『琉球国志略』）はこれを詳しく述べている。

　思うに、我が朝廷の聖なる徳と天帝の威厳は広く世界にとどろき、神霊もあらたかである。これまでに派遣された4度の使節は詔勅をもって、いずれも困難を恐れず、冊封の儀礼を無事成就し、冊命に恥ずるものはいない。各々その山川、景勝の地を訪れ一編の記録を残し、御覧に呈している。私自身も以下、類輯するが、「（いづれも皇帝の加護を受け）東風が順調に吹き、海浪が静かで穏やかである」ことが見てとれる。これは偽りのない事実である。

　順治11〈1654〉年、張学礼・王垓に尚質の冊封を命じ、康熙元年に往かせることとした。張学礼等は康熙2〈1663〉年4月に乗船した。船の長さは18丈、寛さは2丈2尺、深さは2丈3尺である。6月7日に梅花から出洋し、9日に分水洋を過ぎ、11日に山のような巨大な魚を見た。12日には米糠洋を過ぎたが、梅花を出洋後、1つも島影を見ていない。15日に山（島）の北部が見えた。19日に龍潭に近い伊蘭埠に停泊した。2龍が現れ、大帆柱が倒れ、鉄のたがを失った。数度船を山の南部に向け航し、25日温鎮を経由して那覇港に至った（計19日）。11月11日、冬至、12日に乗船。14日出洋し、姑米山を過ぎた。16日に颶風が激しく吹き帆柱が半分から折れ、落雷で帆柱が切断された。18日さらに勒索が切断され、舵が浮いた。19日に風が止み、舵を起こした。21日に奇異な鳥が戦台に集まり、23日に浙江の山（島）が見えた。24日に五虎門に到着［計11日］。

　康熙22〈1683〉年、汪楫・林麟焻に尚貞の冊封を命じる。鳥船2隻を用いた［長さ15丈、寛さ2丈6尺］。6月23日に出帆。2匹の魚が先導し、おびただしい数の鳥が上空を飛びまわった。24日酉の刻に釣魚台を通過し、25日赤嶼を過ぎた薄暮れ時に、黒水溝を祭った。26日馬歯山を通過して那覇港に至った［計4日］。11月24日に出帆し、27日に姑米山を通過。28日夜の初鼓（午後8時頃）、颶風が激しく吹き、大きな帆柱の鉄のたがが13個切れ頂縄も切れ、金拴にも1尺余の亀裂が入ったが、12月2日に南杞山が見え、4日に定海に碇泊した［計11日］。

『琉球入学見聞録』巻1

康熙58年〈1719〉、徐葆光・海宝に尚敬貞の冊封を命じる。商船2隻を用いる［長さ10丈、寛さ2丈8尺、深さ1丈5尺］。5月22日に五虎門を出洋。五虎門からの出洋は、これより始まった。24日、米糠洋を過ぎた頃、2羽の大きな鳥が帆柱にとまった。29日に葉壁山（伊江島）が見えた。針路を東南に取り読谷山に向け進め那覇港に至った。6月1日上陸［計10日］。59年2月16日、出帆し日が落ちて姑米山が見えた。17日に二龍が現れ、海水を沸き立てた。20日黒水溝を通過し、21日は霧が多くたちこめ、鳥が帆柱に集まった。22日、つがいの燕が帆柱にとまり、24日に魚山に着いた。日が落ちて鳳尾山に至った。27日に盤山が見え、日が落ちて1更して台山に至った。28日夜に颶風が起こり、舵で進み、29日に霜山に至り、日の出に定海所に着いた［計15日］。

乾隆21〈1756〉年、全魁・周煌に尚穆の冊封を命じる。民船2隻［長さ11丈5尺、寛さ2丈7尺5寸、深さ1丈4尺、上棚6尺を付け足している。前艙〈ふなぐら〉9、中艙8、後艙7、水櫃〈ひつ〉2、水桶2があり水620石を貯水できる］を用いる。6月10日、五虎門を出帆し、官塘を過ぎ士門に進み出洋する。夜、鶏籠山を見る。11日、日が落ちてから釣魚台が見えた。連日、3、4匹の大魚が船の左右を挟んで游ぎ、海鳥が帆柱の上を旋回していた。12日、赤洋を見て、この日の夜に黒水溝を通過し、海を祭った。13日、姑米山が見えた。姑米人が山に登って烽火をあげ、船中でも火を灯してこれに応えた。14日、姑米山の頭目が小舟数10隻を率いて島の西側に曳航し、碇を下した。15日、島の北側に曳航して、岸から約3、4里離れた所に碇を下した。22日、大風が起き、24日、風が激しく吹きまくり、夜の4鼓（午前2時頃）には激しい雷雨に見舞われ、碇索が10数本、1度に切断され舵が外れた。さらに龍骨が岩礁に触れて折れ、船底に水が浸水してきた。その時俄かに神火が現れ、帆柱の先に向かって飛んでいき、招風旗が焼けて落ちた。また海面には煙霧が立ち込め、1燈が浮かび出てきた。まるで煙霧のなかの燈火のようであった。みなが「天妃の救いだ」と言った。しばらくすると、船身が真直ぐ岸に向かい、船底に岩礁が突き抜け動けなくなったが、それでも船は沈むことはなく、何とか上陸することができた。

22〈1757〉年正月30日出帆する。馬歯山の安護浦に至り碇を下す。4日、澳を出て姑米山を過ぎ、5日夜、黒水溝通過の際、海を祭った。7、8、9日霧が発生し山（島）が見えず碇を下した。10日朝、白虹が現れ、霧が晴れ、台州の石盤山が見えた。正午頃、また大霧となり白虹が見え東北の風が吹き碇を起こして進む。温州南杞山が見えた。11日に羅湖に至り碇を下す。12日定海所に進み碇を下す。13日、五虎門に進む。

島のまわりはすべて海に囲まれている。海は西に黒水溝を隔てて閩海と接している。福建を出洋して琉球に至るには、必ず滄水を経て黒水溝を過らなければならない。琉球は古くは「滄溟」と呼ばれている（「溟」は「冥」に通じ、幽玄の意である）。また東溟ともいう。琉球は固より巽の方角にあり、確かにその東溟という呼称に符合している。黒水溝は中外

『琉球入学見聞録』巻1

の境にあり、溝を過ぎる際に必ず先にこれを祭る。琉球は、東は日本薩摩洲と隣接している。［「指南広義」では「要是麻」と記している］。常に交易しており船で往くことができる。北は野古（屋久島）を望み、直接高麗とも通航が可能である。南は台湾、澎湖島、淡水の後方にある溜山に逼る。それはまるで葉壁（伊平屋諸島）の後方にある潦水と同じで、尾閭、沃焦の地に属している。三十六島は海中に砂洲が見え隠れしながら断続して存在しており、「草蛇灰線」[(6)]「馬跡蛛絲」[(7)]のようである。

　海水の干満には度（法則）があり、朝に満ちてくるのが「潮」で、夕べに満ちてくるのが「汐」である。「山海経」は、それは海鰌が出入するために起こるとしている。浮屠氏は神龍の変化によるものだとしている。抱朴子は両方の水が互いにおし合いぶつかり合って起こるとしている。だとすると、必ず疾風暴雨があって始めて、その水の張る勢いを得ることができるはずである。盧肇は、日が海から出る時に、海水が激しくぶつかりあって潮汐が起こるといっている。また「高麗図経」は、天は水を包み、水は地を承け、地が沈めば、水が溢れ、地が浮かべば水がひくとしている。これらの説はみな信じるに足らず。独り邵子が海潮は月の喘息に応じていると述べている。余襄公は水が月に応じ、それぞれに度（法則）があり、月が卯酉に臨めば、水は東西に満ち、月が子午に臨めば、水は南北にひくとしている。福州や各省の潮もみな同じである。琉球は福州と較べ毎潮すべて3辰（約6時間）遅れている。望日には、福州では午時（正午頃、或いは午前11時～午後1時）に潮が満ち、琉球では戌時（午後7時～9時）に満潮となる。それ以後は次第に遅れていく。

　三省（中山、北山、南山）の山は以下の通りである。崎山［その上には望仙閣があり、下に雩壇がある。壇の側には茶亭があり、亭の傍には石巌がある。また「東苑」と称する堂があり、書額は汪楫が揮毫したものである］、升簥山、石虎山、亀山、勒馬巌、万松嶺［万歳嶺とも称される。「崇呼」〈万歳し、あがめたっとぶ〉の意である］、泊山、天久山、奥山、鶴頭山、辻山［旧時の演武場で女の集まる場所である］、波上［8月15には、ここで潮時を待つ、中山八景の1つである］、雪崎山［洞があり、憩いの場ともなり、正月、3月、5月、9月には男女が集まり拝祷する］、亀山［雪崎山の東北にあり、前記の亀山と同名である］、識名山［東苑八景の1つ］、七星山、壷家山、中島［芭蕉が多く、中山八景の1つである］、浦添山、姑場山［姑場嶽のこと、以上が中山］、石火山、小禄山、儀間山［垣花村があり、米倉が多い］、大嶺、高嶺［山南王の故城である］、国吉山、桜島山［以上が山南］、金武山、恩納山、名護山［名護嶽とも称す］、佳楚山［宇勝嶽とも称す。国の最高峰である］、運天山［稲田が多い。以上北山］。属島の山は以下の通りである［およそ島とはみな山のことである。ここでは島中の小山の有名なもの、いくつかを摘書する］。清水山、菊花山、永名山［みな大島にある］、筑山［太平島〈宮古島〉にある。その土地では七姑山と称されている。山の上には碧于亭がある］、金城山［姑米山にある。松・杉が蔽い、下には甘泉があり、崖からまっすぐ下に流れ落ち、滝のようである。以上外島］。

－45－

『琉球入学見聞録』巻1

　水泉の利は以下の通りである。瑞泉［王城の歓会門の内にある。鄭孝徳などの記がある］、龍潭、奇泉、吉泉、笠泉、泊津［西に流れて海に入る］、那覇港［首里の西、10里にある。大洋に直接達し、港中に「馬加」と称される巨石があり、周りはすべて鉄板沙で、この岩礁は鉄よりも堅く、岩礁面は穴があいていてぼこぼこしている。沿岸はすべてそうした岩礁である。潮が満ちると岩礁は海に沈むが、船が誤って触れると、粉砕されてしまう。国の人はこれをもって「金湯」⁽⁸⁾だとしている。南北に海を跨ぎ、長堤が築かれ、2つの砲台が設置されている］、漫湖［那覇港の停水の所である。水中に奇怪な一石がそそり立ち、久米村に向かい合っている］、日泉、旺泉、天真泉、無漏渓［宋の淳祐年間に、渓に害をもたらす悪い蛟がおり、義本王が、宜野湾の妻章氏をもって生贄にすることを欲したが、その娘の真鶴が身を捨て母に代わろうとしたことから、神がこの行為に心打たれ蛟を滅し、王は王子にその娘を娶らせた］、玉泉［祈雨するところである］、饒波、玉湖、砂川、楽平泉、恵泉、芳泉、富蔵河、諸喜泉、轟泉、手水、許田湖、大栄川、親川泉、獲剣渓、運天江［運天津とも称す。舟の多くが此処に泊る。以上は国中〈本島〉にある］、白川、上行瀑［姑米山の瀑で、この瀑は落ちてまた上り、山の脊をめぐり、傍から溢れて四方に注いでいる］、面那水、赤瀬、温泉。

　橋梁の主だったものは、以下の通りである。龍淵橋、天女橋、観蓮橋、臨海橋、泉崎橋［双門に月が懸かると、月光が澄みわたり、一面碧水が広々とたたえ、まるで玻璃の世界のようである。中山八景の1つ］、金城橋、泊橋、真玉橋、石火橋、大里橋。

　名勝の地、天使（冊封使）の題する八景は以下の通りである。崎泉夜月、臨海潮声、唐栄竹籬、龍洞松涛、筍崖夕照、長虹秋霽、城嶽霊泉、中島蕉園。また迎恩亭［明の洪武年間に武寧王が詔勅を迎える場所として建てたものである］、卻金亭［明の嘉靖年間に冊封使陳侃が建てたものである］、息思亭［嘉靖年間の冊封使郭汝霖の「息思亭説」がある］、灑露堂［旧天使館内にある］、東苑［崎山にあり、汪楫の記がある］、茶亭、同楽苑、観旭峯、神木、全宮、戯馬台、翠巌、白金巌、龍洞［八景の1つ］、金峯洞、嶮石、受剣山、山南故城［山南王後裔の那姓の者が住んでいる］、山北故城、山南王弟故城、佐敷殿、尚円王旧宅、麻氏隠居、毛家園、澹園（蔡温別荘）、碧於亭、山北王塋［今帰仁運天村にある。土地の人は「百按司墓」と呼んでいる］、尚円王祖塋［葉壁山にある。島内に山があり、游龍がうねっているかの如くである］、中山王祖塋［王城の西南にある。張『録』（張学礼『使琉球紀』）に「塋の中には塚がなく、〈中山王祖塋〉と刻んだ石碑がある。その前には五峰が相対し、その左右には砂と水が相映え、前山は広くひらけている」と記す］などがある。

〔注〕
（1）典拠は、尭登位の30年、西海に浮かび出て四海を繞り、12年にして天を1周したという故事。
（2）望舟宴で贈られる宴金（慰労金）のこと。冊封使は、その収受を常に断っていた。

（3）久米島のこと。姑米山ともいう。
（4）慶良間諸島のこと。
（5）「指南広義」は、程順則〈1663—1734〉が康熙47〈1708〉年に中国福建省の福州琉球館（柔遠駅）で版行した那覇—福州間の航海に供するための指南書である。
（6）草蛇がうねって通った跡。
（7）馬が通った跡、クモが糸を引いた跡。
（8）金城湯地のこと。守りを固くしていることの喩え。

謹度(1)

　天威を畏れる（かしこまる）ことで、小国は国を保つことができる。天威を畏れるということは、節を定め、侯度を謹み妄りに振舞わないことである。琉球は中朝に心服し、代々職貢を修め、明朝において詔勅により、すでに「守礼の邦」と称されている［『池北偶談』に「冊封使が命を受け、御書を下賜することを請い、該国は「守礼の邦」の4文字を得た」、とあるのは誤りである］。その忠順はよみすべきで、王城の坊榜にこの額が光り輝いている。我が国の文治は遠く敷かれ、皇恩は百数十年も被い、広く世界を薫陶する。一時の蜃気の蛟穴も、今は繁華な地と変わり、花のような美しい島と化し、多くの星が燦然とならび輝き、春の野を環っている。心服し、天朝を奉じる者は、敬い節度をもち、和みそして雅に、その侯度を謹しめば愧ずることはないであろう。

　正朔については、「時憲書」を遵い奉じている。貢使が（福州から）暦を持ち帰る以前に、通事官を設け、予め「万年書」によって推算し暦を作って利用している［暦には以下の五九文字が書かれている。「琉球国司憲書官謹奉教令印造選日通書権行国中以俟天朝頒賜憲書頒到日通国皆用憲書共得凛遵一王之正朔是千億万年尊王嚮化之義也」（琉球国司憲書官、謹んで教令を奉じて〈選日通書〉を造る。かりに国内で使用し、皇帝からの時憲書の下賜を待つ。時憲書が至る日をもって、それを国内で使用し、皇帝の正朔に従う。千万億年、皇帝を尊び、教化に帰する義である）］。

　冬至、元旦に国王は皮弁冠服を身に着け、珪をもって陪臣を率いて北に向い皇上の万々歳を賀して、三跪九叩の礼を行う。皇上の万寿聖誕（生誕日）には王は陪臣を率い北に向い元旦の礼と同じく祝す。

　乾隆21〈1756〉年、冊封の礼。先に世子は王位を継いで3年が経過していた。国中の臣民の結状(2)を取り、臣下を派遣し表文をもたらし冊封を請うた。礼部はその議を上聞し、特命をもって正副2員に、東珠頂帽と一品の麒麟服を下賜し［当初は、副使には白沢が下賜されていたが、康熙59〈1720〉年に等しく麒麟服が下賜された］、詔勅を下して派遣した。冊封使は駅站を次いで福建に往き、登舟した。

－47－

『琉球入学見聞録』巻 1

　那覇港に至ると、世子は高位の陪臣を派遣して迎えた。数百の舟が封舟を卻金亭の下まで引き寄せ、浮橋を直接亭の階段の所まで渡した。陪臣は整列し、儀仗・鼓吹は亭の左右に集まり、龍亭（詔勅を納める御輿）を迎請した。登岸すると、衆官が先導し、世子は礼服で道の左側で跪き迎えた。世子が迎恩亭の中の香案[3]の前まで進み、三跪九叩の礼を行い、恭しく皇上の聖躬の万安を伺ったので、使臣は謹んで「聖躬の万安」を告げた。礼が終わると、天使館に案内され、そこに詔勅・節[4]・国王印を奉安した。世子がご機嫌伺いのため天使館を訪れたので、相対して拝礼し、献茶が終わると、世子が帰るのを見送った。諭祭の日の前日、長史等の官が廟堂に水をまいて掃き清め、廟の中に香案を設けた。司香 2 人が開読台を中堂の滴水（軒先）の西端に設け、開読位を東南に向けて設置した。先王の神主位は露台の東端に西向きに設け、世子の俯伏する位置は神主位の下に北向きに設け、世子の拝位は露台の中に北向きに設置した。衆官の拝位は世子の後方左右に設け、奏楽位は衆官の拝位の下に北向きに設けた。諭祭の日の黎明に法司官以下、各官が金鼓・儀仗を率いて天使館に集まり、参見がおわると、龍亭を天使館の中堂に進め入れることを請うた。捧軸官が諭祭文を捧げて龍亭内に奉安した［彩亭 2 つ、祭絹と祭銀を載せる］。楽が奏でられ、引礼通官が「排班」と唱えると、各官は三跪九叩の礼を行い、礼がおわると、天使は導かれて安里橋に至る。

　世子は素衣に角帯の装束で、衆官を率いて橋頭の道の左側で跪いた。そこで龍亭が暫く止まると、世子と衆官は身を起こし、天使は前に進み出て、龍亭の左右に分かれて立った。引礼通官が「排班」と唱えると、世子は衆官を率い三跪九叩の礼を行い、礼がおわると、世子が先導して、廟の東の角門（側門）から中に入り、先王の神主の側に立った。龍亭が中門から入り廟内の中堂に至ると、天使がその左右に立った。宣読官と展軸官は西の側門から入り、開読台の下に至って、東に向かって立ち、司香は香案を掲げて龍亭の前に置き、香を添えた。世子が露台に上り、衆官を率いて三跪九叩の礼を行い、終わると、また神位の下に立った。捧軸官が廟の東側の門から入り、天使が諭祭文を授けると、捧軸官は中門から出ていき、開読台に上り、香案の右に立った。

　展軸官は香案の左に立ち、宣読官が開読位につくと、世子は衆官を率いて故王の神位の下で西北に向かって俯伏した。引礼通官が「主祭官、位置につかれよ」と唱えると、天使が故王位の前に進み、香をあげ、献爵を行うが、礼は行わない。引礼官が「開読」と唱え、読み終わると、引礼官が「帛を焚け」と唱える。世子は身を起こして焚帛所へ至り、捧軸官が膳黄[5]を捧げ帛を加えて焚いた。焚き終えると、捧軸官が諭祭文を捧げて中央の門から中に入り、龍亭の中に奉安した。世子は衆官を率いて露台に回り、三跪九叩の礼を行い、恩を謝した。

　礼が終わると、天使は故王の神位の前に進み、一跪三叩の礼を行った。その際、世子は衆官を率いて神位の側で俯伏する。礼が終わると、班を退け、世子は神主を捧げて廟の東

− 48 −

『琉球入学見聞録』巻1

側の門から廟内に入り、東寄りの神座に奉安した。出て天使に感謝し、一跪三首の礼を行うと、天使もこれに答拝する。世子は出て衣替えをし、天使も服を易えた。世子は揖し[(6)]、前堂に至る。天使は東側に、世子は西側にいて、みな四拝する。拝が済むと安坐するが、正使は東側に、副使は西側に、ともに南に向きに坐した。世子が西側に東北に向かって坐す。音楽は奏でない。世子が親ら酒と茶を天使に献ずるが、天使はそれを辞す。紫金大夫がかわりに献ず。天使が世子に献ずると、世子もまた辞す。引礼通官がかわりに献ず。儀礼の席が終わると、天使は滴水の前に至り興に乗る。世子は階段を下り揖別[(7)]し、衆官は門外で跪送した。この日、世子は官吏を天使館に遣わして感謝する。次の日、天使が官吏を王城に遣わして答謝した。

　冊封の日の前日、所司は幄を張り天使館に綵[(8)]を結んだ。龍亭を3座、綵亭2座を準備し、使節の通過するところは全て綵を結んだ。板閣1楹を造って闕庭とし、王城の御庭の中に設置し、中央に殿陛を設け左右に階段を設置した。御案（机）5卓を闕庭の中に設け、中央の御案には節を奉じ、左の御案には詔勅、右の御案には国王印、左端の御案には王に下賜する幣、右端の御案には王妃に下賜する幣を奉じた。香案は闕庭の前に設置し、司香2人を香案の左右に配した。世子が賜品を受ける位置を香案の前に設けた。宣読台を殿前の滴水の左に設けた。世子の拝位を露台の中央に設置し、陪臣の拝位を世子位の後方左右に幾列も設けた。世子の左右には引礼官2人が立ち、衆官の左右には賛礼官が2人立った。儀仗を王殿の左右に並べ、奏楽位を衆官の拝位の後方に設けた。冊封の日の黎明に、法司官以下、衆官がみな礼服を着用し、天使館の外で待機した。

　金鼓・儀仗の準備が完了すると、天使は門を開き参見を終えると、龍亭を天使館の中堂に迎え入れることを請う。正使は節、副使は詔勅を奉じ、捧印官が随行して、各々それらを龍亭の中に奉安する。捧幣官が緞匹を奉じ左右の綵亭に置いた。楽が奏でられ、排班し、衆官は三跪九叩の礼を行い、終えると王城へと先導する。世子は衆官を率いて守礼の門の外で俯伏して待ち、龍亭が暫し止まると、世子と衆官は身を起こす。天使は前方に進んで龍亭の左右に立つ。引礼官が「排班」と唱えると、世子は衆官を率いて三跪九叩の礼を行い、詔を迎える。礼が終わると、世子が先導して国門（歓会門）より入り、殿の下に立った。

　龍亭が奉神門に至ると、執事が節の衣を取り、節を奉じて正使に、詔勅を奉じて副使に、印を奉じて捧印官に授け、捧幣官が緞幣を分けて捧持して随行する。闕庭の中央に至ると、各々御案の上に奉安する。天使は分かれて左右に立ち、捧詔官と捧勅官は殿陛の下に立ち、宣読官は開読台の下に立ち、司香が香案を挙げて御案の前で香を添えた。楽が奏でられ、引礼官は世子を案内して東の階段から闕庭に上がり、衆官は各々の拝位についた。世子が香案の前に進むと楽が止まる。引礼官が「跪」と唱えると、世子・衆官、みな跪いた。

　引礼官が「上香」と唱えると、御案の右に立つ司香が香を捧げ、腰をかがめて世子の左側に進み、世子は3度香をあげ終えると身を起こす。楽が奏でられ、引礼官が世子を案内

－49－

『琉球入学見聞録』巻1

して、露台に出て拝位につくと、衆官を率いて三跪九叩の礼を行い、詔を拝した。礼が終わると、身を起こす。楽が止まる。副使が前に出て、中央に立ち、捧詔官・捧勅官が東側の階段から上る。楽が奏でられ、副使は詔を取り捧詔官に、勅を取り捧勅官に授ける。両官はそれを高く挙げて殿陛を下り、そして宣読官とともに宣読台に上り、詔・勅を奉じて御案の上に置いた。引礼官が「跪」と唱えると、世子・衆官みな跪く。引礼官が「開読」と唱える。楽が止む。

　捧詔官・捧勅官は次々と詔・勅を広げ、宣読官が読み終わると、引礼官は「平身」と唱える。世子・衆官はみな身を起こす。楽が奏でられる。捧詔官・捧勅官は各々詔・勅を奉じ、殿陛を上り、副使が御案の上に奉安した。捧詔官・捧勅官は東の階段より下りる。国王は衆臣を率いて三跪九叩を行い、冊封の礼を謝す。終わると、身を起こす。楽が止む。

　天使が宣命の文「皇帝の勅使が爾国王及び王妃に緞匹を賜る」を読み上げた。引礼官が国王を案内して東の階段から上り、法司官が随行する。賜予の位置に至り跪く。楽が奏でられる。正使は国王の緞匹を取り、副使は王妃の緞匹を取って一々国王へ授けた。国王は高く挙げ、法司官が跪いて受け取り御案に置いた。終わると、身を起こした。引礼官が国王を元の位置まで案内し、国王は衆官を率いて三跪九叩を行い下賜を謝した。礼が終わると、身を起こし、楽が止む。天使が「清字（満文）・篆文が出来上がり、別に新印⁽⁹⁾を鋳造し、皇帝の勅使が爾国王に下賜して受け取らしむ」と宣命を読み上げた。引礼官が国王を案内して東の階段より上り、法司官が随行する。賜予を受ける位置まで行き跪いた。楽が奏でられる。天使が印を取り親授する。国王は高く挙げ、法司官が跪いて受け取り御案に置いた。終わると、身を起こした。引礼官が国王を元の位置まで案内した。国王は衆官を率いて三跪九叩を行い賜印を謝した。礼が終わると、身を起こし、楽が止む。引礼官が国王を案内して東の階段より上り、香案の前に至り跪く。国王は詔勅を伝国の宝として国に留めることを要請した。法司官が前代の詔勅を捧持して、一々天使にその確認を求め、済むと、天使はその要請を許した。副使は詔・勅を奉じ国王に親授する。国王は身を起こして、それを御案に奉安する。法司官が旧印を国王に渡し、国王はそれを跪いて天使に呈す。天使は旧印を御案の上に併置する。楽が奏でられる。

　引礼官が国王を元の位置まで案内する。国王は衆官を率いて三跪九叩を行い、恩礼を謝した。終わると、身を起こす。正使が節を取ると、執事が節に衣を被い、御案の上に置いた。詔・勅・印・幣は法司官等が捧持して内殿に入った。節の御案と旧印の御案は闕庭にそのまま置き、各々に官員を派遣して守護させた。国王は天使に御書を拝するよう要請し、案内して殿閣に上り、天使は御書を瞻拝した。礼が終わると、国王は天使に更衣を要請し、ともに北殿に向った。楽が奏でられ、四拝する。礼が終わると、安坐し、お茶を献じた。それは前儀（諭祭）の通りであった。儀礼の席が終わると、国王が先導し、御案の前に至り、正使が節を、副使が印を奉じ、各々龍亭の中に奉安した。

-50-

『琉球入学見聞録』巻1

　ついで天使は奉神門を出で、国王と揖別をし、各々輿に乗った。国王が先に衆官を率いて歓会門外に出て、龍亭が来るのを待ち、跪送する。天使が至ると、輿を下りて国王と揖別する。衆官がみな跪送する。この日、国王は官吏を天使館に遣わし謝した。次の日、天使が官吏を王城に遣わし答謝した。数日後、国王は群臣を率いて王府の中で北面して謝恩の礼を行った。

　2日後、天使館を詣で、拝謝した。国王は皮弁［常服黒紗帽、両端が斜めに広がりそっている］を戴き、蟒衣(10)・玉帯を着し、衣裳に佩を結び垂れている。国王は16人で担ぐ輿に乗り、鼓吹は8人、鳴金4人、方棍2人、紅隔路2人、旗12人、鉄叉2人、曲鎗2人、狼牙鈎2人、長鈎4人、鉞斧4人、長桿鎗32人、月牙叉4人、鶏毛帚12人、馬尾帚2人、大刀2人、黄繖2人、花繖2人、看馬4人、提爐2人、黄緞団扇2人、緑球団扇2人、印箱2人、衣箱2人、紅桿鎗4人、長腰刀4人、黒腰刀2人、長砍刀4人［以前は武官が銅の仮面をかぶり、漆塗りの甲を着し、刀を帯びているのが数10人いたとされているが、今はない］、大掌扇1人、金爐2人、［以下は全て近侍の小童が執り行う。察度奴示（里之子）らである］金葫蘆2人、緑珠兜扇2人、小鵝毛扇4人、蠅払2人、金漆匣2人、法司官より以下、みな従い行く。紫帕の者20人、黄帕の者100余人。国王が通る泉崎橋の堤の上の道に久米村人が盆花数10種を並べ、朱色の囲いを廻らし、その中に麒麟の形をしたものを置き、そこに「龍に非ず、彪に非ず、熊に非ず、羆に非ず、王者の瑞獣なり」と記してある。

　那覇人は下天妃宮の前に大松数株を植え、筑山数堆を造り、白鶴2、子母鹿3、4を作り、池の上には大きな葡萄棚を拵え、池の中には彫った鯉数匹を浮かべ、竹垣を廻らしている。傍に木坊を立て、そこには「偕楽」と記し、坊柱には長板が掛けてあり「鹿は楽しみ遊び、鳥は白く輝き、魚はしなやかに躍る」と記している。国王が帰ると片付け、国王がお出ましになると、また元のように設ける。国王は先に更衣処に至り、長史を天使館に遣わして詣でを告げる。王轎が頭門に至ると、巡補官が跪いて轎を儀門まで進めるよう請うた。国王は下りようとしたが、巡補官は跪いて轎を儀門まで進めるよう再び請うた。国王は滴水の前に至り、轎より下りた。天使は前に出て迎接し、揖して大堂に上った。そこで拝を交え、一跪三叩首の礼を行った。礼が終わると、天使が国王の更衣を請い、揖譲して席に上る。すべて前儀の通りである。儀礼の席が終わると、国王は告辞し、一揖した。天使は滴水の前まで送り、ともに一揖し、国王は轎に乗ると一揖し、天使もまた一揖した。王轎が儀門に至り、巡補官が跪送した。

　使臣のために7つの宴が催される［諭祭、冊封、中秋、重陽、餞別、拝辞、望舟］。諭祭の宴は奏楽がなく、花を飾らず、天使・世子ともに粛容として各々、堂上の席につく。随弁は左側の廊廡に控え、国相がそれに付き添った。従客は右側の廊廡に控え、紫金大夫がそれに付き添った。みな各々席があり、高座となっている。両廂及び堂の左右には全半臠

－51－

給の者と口月糧の者が分かれて坐り、長史・大夫等がそれに付き添った。通事は天使の傍にいて通訳し、特に席は設けられていない。冊封の宴は、奏楽があり、花を飾る。中秋の宴には演劇がある。重陽の宴では龍舟の競渡を観る。餞別は前記の通りである。拝辞の宴が終わると、国王は先に世子第（宅）に至り、座を設け、三献をもって別れとする。望舟の宴が終ると、王は対面して金扇一握を贈って別れとする。登舟後、国王は陪臣を率いて迎恩亭に詣で、恭しく節・印を見送り、跪いて聖安を請う。ともに前礼の通りである。ついで、国王は法司官・王舅等を（中国に）遣わして表文を齎し、恩を謝し、常貢の他に貢物を加えた。これまで贈ってきた宴金2封—合計192両、使臣に欽賜し収受させることを奏請した［前2回は収受を許したが、今回は許されなかった］。

　天使が初めて天使館に入ると、陪臣は3班に分かれて天使に謁し、みな一跪三叩頭を行う。事を申し述べる際は、必ず長く跪いた。座るよう命じられ茶を賜る。天使には毎日供応（食料の給与）があり、その内容は実に豊かである。国王はまた紅帕をかぶった察度奴示を遣わし瑞泉の水を各々2石、運ばせた。朔（1日）・望（15日）及び5・10の両日には、国王は陪臣を遣わし機嫌伺いをして食料を送り、謁することは前儀のとおりである。随弁2人にも毎日供応があり、また全廩給・半廩給・口糧・月糧⁽¹¹⁾といった豊かな食料を準備し、その随行の人員を応接している［以上、封爵典例を記す］。

────────────────────

〔注〕
（1）謹度とは「侯度を謹む」のことか。侯度とは邦君、諸侯の守るべき法度。
（2）尚清の請封に対して、明の朝廷は嫡子ではなかったことから難色を示し、以後王府は請封に際し、国中の重臣以下、主要臣下による国王推挙の連名の保証書を提出するようになった。この保証書を結状という。
（3）香炉・燭台・供物などをのせる机。
（4）節は羽や旄牛など編まれた皇帝が派遣する使者に与えられた符信。
（5）諭祭文の写しのこと。
（6）胸の前に手を組み合わせ上下させながら会釈すること。挨拶儀礼のひとつ。
（7）胸の前に手を組み合わせ上下させながら会釈し別れること。
（8）紅、黄、緑などの色彩のある絹の花がたに結んだ飾り付け。
（9）清朝から下賜された新印（琉球国王印）は右半分に漢字篆書で「琉球国王之印」と刻まれ、左半分に満文で「lio cio gurun i wang ni doron（琉球国の王の印）」と刻まれていた。
（10）蟒緞のこと。清朝は明朝のように皮弁服を下賜することはなく、蟒の紋様の織り込まれた反物を下賜し、王府はその蟒緞を皮弁服のように仕立ていた。
（11）全廩給は毎日、米3升・酢・塩・菜種油・豆味噌1皿・豚肉2斤・生魚2斤・乾魚2斤・鶏1羽・鶏卵5個・蔬菜1斤・豆腐1斤・酒3杯・小蝋燭2本・薪3束、半廩給は毎日、米2斤・酢・塩・菜種油・豆味噌各1皿・豚肉1・乾魚1斤・鶏1羽・蔬菜1斤・豆腐1斤、酒2杯・薪2束、口糧・月糧は毎日、米1升5合・酢・塩・菜種油・豆味噌半皿・豚肉1斤・塩魚1斤・蔬菜1斤・豆腐半斤・酒1杯・薪1束支給された。

『琉球入学見聞録』巻2

爵禄

　王は公を臣とし、公は大夫を臣とし、大夫は士を臣とし、天子が統治をして、諸侯が正封するのは古来よりの制度である。昔を振り返ってみると、爵位は公・候より貴いものはなかった。今の王もまた爵位である。琉球の王は爵であり、賜（たまもの）は中朝（中国の朝廷）よりなされる。臣下の秩禄としては、ただ洪武年間に閩（福建）人三十六姓の知識人に下賜され、大夫や長史の官を授け、もって朝貢の際の司とした。海について学習した者に通事官の職を授け、指南の備えとした。今、考えられることは、程復〈1330－?〉・葉希尹が国王の要請に従い、塞官および通事の職を兼ねるよう命ぜられたり、右長史王茂・左長史朱復［江西の人］が、王の要請に従い、国相となることを命ぜられたり、他にもみなその自ら任命することを許されたのは、属国として当然の待遇であった。臣が其の官制について考えるに、官には品があるが、必ずしも品に適任者がいる訳ではない。官には職分があるが、必ずしも（それぞれの）職がその事を専ら行なうわけではない。しかも地位の序列が異なれば、禄米もそれぞれ異なり、思うにまた凜然たる名器にいつわりなし、と言うことでもある。

　国王は初め位を嗣ぐと、「権国事」（仮の国王）と称す。冊封使を要請する時には、「中山王の世子」（世継ぎ）と称す。冊封を受けた後、始めて王を称することになる。

　王国の官には、王子［1郡あるいは2郡、あるいは世領の1郡を統治し、某間切の按司と称す]・按司［1つは王子および貴臣遥領の按司、1つは各土着世業の按司である。あるいは朝列の臣に授けたり、あるいは王の婿を充てたり、みな共に首里に常住させる。王子・按司は品階に関わりなく、才徳のある者が国相の職を授かる]・国相（宰相）[左右2名、正一品]・法司官［3名、従一品]・紫巾官紫金大夫加法司品衛［正二品]・紫巾官紫金大夫［従二品]。耳目官［4名、正三品]・正議大夫加耳目官衛［従三品]・吟味官［徐葆光『中山伝信録』は「賛議」とする]・正議大夫［ともに正四品]・御瑣側・那覇官・中議大夫・史長・都通事・察侍紀官［ともに従四品]・正殿遏闥理官［正五品]・副通事［従五品]・正殿勢頭官［正六品]・加勢頭官［従六品]・里之子親雲上［正七品]・筑登之親雲上［従七品]・正殿里之子［土名は察度奴示。正八品]・里之子座［従八品]・正殿筑登之［正九品]・筑登之座［従九品]、久米府は「紫金大夫」[4名]・正議大夫・中議大夫・都通事官を設ける。紫金内から選ばれた1人が総理唐栄司となる。正中議・都通の内から2名を選んで長

史とし、専ら朝貢儀礼をつかさどり、その府事をかねて治める。大事があると、すなわち総理司が諸大夫を集めて会議を行い採決し、皆久米の秀才で漢文を習う者がその職に任じられて、これ（議決）を回す。各府の旧制は、按司を派遣してこれに携わらせた。重い権限をもち、戦で兵を動かして（権力を掌握して）以降は、令を改めて首里に居を集め、遠くからその地を支配させた。毎歳察侍紀1名を派遣して、その府事を治めさせた。属島には、世襲の頭目がおり、王はこれに黄帽を与えて酋長とした。また中山の黄帽官を派遣してこれに携わせた。監撫使と呼ばれ、3年に1度、人を交替させた。土地の者はこれを「在番役」と呼んだ［徐葆光『中山伝信録』には、元候・郡候・郡伯・邑伯等の官が記載されているが、今日では皆無くなった］。禄米は三等で、米俸がある。その時に応じて与えられ、官を辞めればもらえなくなる。采地（知行地）があり、あるいは1郡2郡、あるいは1邑か数邑、あるいは畝を計る。子孫は段階的に削減され、曽孫になると削減されなくなり、その後は、永久に世禄として与えられる。功米［俗になまって切米と呼ばれる］があり、功績の大きさでその額が決められる。俸米・采邑のほかに、数百石が加えられたり、あるいは数10石が加えられたりする。生きている間だけ支給される者がいたり、一代限りで支給される者がいたり、永久に代々支給される者もいる。

田賦［付、食貨］

およそ居民の財は必ず天地の寒暖・燥湿、広谷大河の違いにより制度が異なる。琉球の地は炎天の辺境にあり、常に温暖で寒くなることは滅多にない。冬の最盛期にも凍結や降霜はなく、雪も滅多に降らない。草木は常に青く、蚊は冬になっても生き続ける。穀物は10月に田植えを行い、5・6月に収穫する。7・8月の後は台風が多く発生し、苗を傷つけて駄目にしてしまう。そのため、田（に植える種）は1種類に限られる。米は王族と官家のみしか口にすることができない。一方、民は番薯（サツマイモ）しか口にすることができない。田畑を作れば、必ず賦税が求められるが、均しく「下の下」という。中朝（中国の朝廷）に入貢してより、交易によって物の有無を補い、その国用に供した。我が列聖が窮藩（琉球）に心を傷めて下さり、方貢の馬をしばしば免除し、船舶の海禁を弛め、物資はますます豊富になった。その土産で進貢に充てたり、献上品にしたり、贈り物にしたりするものは、枚挙に暇が無い。浙・閩（浙江と福建）の人がどこかの市で遭遇すると、互いに誹謗して「琉球の品物だ」と言う。その土（地）柄はその通りであった。しかしながらつまらないものを献上したとしても、情は物に余るものがある。また、ましてや猥琑荒怪（猥雑で怪しい）さが山経・海志（『山海経』のような山海の異物を記した書）の範疇を超えているとすればなおさらである。飛車・帑矢・豹鼠・鯷魚（おおなまず）のようなものでも、もとより昆吾刀や火浣布とともに、等しく棄てるべきものではない。（そこで）月令（月毎の行事）

『琉球入学見聞録』巻2

を観て、土（地の）宜しきを弁じ、田畑の制度を定め、賦役の軽重を区分し、農耕の収穫を考察し、民の用を察し、およそ鳥獣・草木・蔬菜・果物で財力となる物は悉くここに記載した。

　田には公田があり、私田がある。王府の公田は民がこれを耕作する。米が倉に納められるのに、年ごとに決められた量がある。各官に与えられた知行地の公田は、また民がこれを耕作し、官民はひとしく分配する。公費に上納すべき分は官の分の半分から出し、民には求めない。2項（頃）の田畑はみな売買することはできない。私田とは、すなわち民が応募して開墾したものを云い、畝ごとに計量して官米として納める。世業（代々受けつぐ田地）としてみなし、売買を許可している。その価値は最も高いもので畝あたり約2、3百金である。平時上下は各々その土地によって計算し、他の取り立てはない。代が変わっても封地を請う場合は、あらかじめ各府および属島の穀米や苧麻布を分け与えて数年蓄積し、慰労の宴会の諸費用に供す。事が終われば、そこで終了する。力役の法は毎年、各地地頭が戸数に比して人員を派遣し、事あれば、名目に応じて役を受け、1人当たり2日間の役である。大きな仕事は全員に割り当てる。官府の小役人は采地の耕作人で、官の秩禄を見て、多寡を決める。月に1回これを更新する。鶏豚・薪・米については、また米の石高を計り、適時これを供給する。

　穀の種類には、稲・赤秔（うるち）米・黄小米（アワ）・黍（キビ）・粱（オオアワ）・麦［3種ある］・菽（豆）・麻・芝麻（ゴマ）・番薯（サツマイモ）［茎・葉・蔓があり、痩せた地で栽培可能で、生でも煮ても食べることができる。民はこれらを糧としている。思うに、これらは中国国内に多く見られるもので、徐葆光『中山伝信録』では（琉球の産物だと）知られていない。別の土地の産物だと考えていたからであろう］がある。

　貨（貴重品）の種類には、絲［黒みを帯びている。乾隆28〈1763〉年、国王が上奏して、内地（中国国内）でこれまで同様、購入出来るよう求めた。礼部が前例を引いて、訂正して上奏したところ、（皇帝は）旨を奉じて「特に加恩し、これを許可する」とした］・棉（綿）［生産量は少なく、価格は極めて高い］・綢（緞子）［土綢・繭綢である］・棉布・絲布［絲は経、麻は緯。一名「羅布」ともいう］・蕉布（芭蕉布）［芭蕉の皮の繊維を取りだして、絲にしてこれを織る］・麻布［各布はみな花紋（華やかな模様）が交互に組み合わされ、さまざまな色も組み合わされている。また、5色を使いこれを染める］・草蓆（むしろ）・茶［時々産出する］・塩・酒［国内で焼酒を産し、味ははなはだ強烈である。太平山で紅酒が生産され、「太平酒」という。八重山で生産されるのは「蜜林酒」である。トカラ（列島）では醇酒が生産される。米粒を女性が口の中に入れ咀嚼し、吐き出して作る（口嚙み酒）。形状は乳酪（ヨーグルト）のようで、味はかすかに甘みがある。これを土中に埋め年を経て取り出し焼酒とする。味はこの上もなく芳醇である］・油・蠟・燭・椶（シュロ）・糖・煙（タバコ）・扇・金［滅多に無い］・銀［延べ棒状あるいは弾丸状の大きさで、多くは日本か

『琉球入学見聞録』巻 2

ら来る。閩（福建）の人はこれを「球餅」という。旧餅 1 両で紋銀は 8 銭に相当する。新餅 1 両で 7 銭に相当する）・銭 ［自前で鋳造した小さな銭で、鉛・鉄・銅を混ぜて用いる。大きさは鶩鳥の目のほどもない。輪郭や文字はない。1 貫が 100 で、長さは 1 寸ほどであるが、あるいは 30、あるいは 50、あるいは 110 でそれぞれ 1 貫とする。紙で巻いて封をし、印を押す。また、私的に銭を鋳造する者もいる。中国の銭は甚だ少ない。あるいは日常は日本の「寛永通宝」等の銭を使う）・珠 ［螺（巻き貝）と蚌（二枚貝）の中間の大きさで丸くて光沢はない）・蘇鉄・刀・漆器・石・珊瑚・松紋・硫黄 ［貢物に当てる）・紙 ［棉紙である。清紙、護寿紙、また花紙もあり屏風の表装に使う）・筆 ［鹿の毛で作る。筆管は非常に短い］がある。

　鳥獣・草木・蔬菜・果実は往々にして中国と同じだが、獣には驢馬・騾馬・兎・獐（のろ）・虎・豹・犳（山いぬ）・狼・熊・羆はいない。異なるのは蔬菜の種類で、紅菜（テングサ）、鶏脚菜（トサカノリ）・麒麟菜（紅藻類。トサカノリの 1 種）・松露・辣蕎（唐辛子）で、果実の種類では、蕉実 ［芭蕉の花が咲くと、1 つの穂が数尺あり、紫紅色となって花弁が落ち、実を結ぶと手の指のようで、つまんで開けば緑色で、取ってこれを草や糠で覆えば黄色となる。味は薯（いも）のように甘く、名づけて「甘露」という］がある。

　草の種類には、雷山花・山蘇花（リュウキュウトリノスシダ）・吉姑羅 ［垣根に植え、火を防ぐ。「福禄木」とも呼ぶ］・木の種類は樫 ［一名「羅漢杉」という。木目は堅く油性に富み、これを梁の柱に用いる］・福木 ［四季を通じて萎れず、その実は橘のようで、食べられる］・呀喇菩（テリハボク）［葉の模様は対のつづれで織物の様である。真ん中は、日に照らすと透き通り、黄金色となる。花は梅のようで、実は絞り油がとれる。福木と共に「君子樹」と呼ばれる］・鉄樹（ソテツ）［一名「鳳尾蕉」また「海椶櫚」ともいう。葉は力強く張り、鉄のようにのび、羽が生えるような姿が鳳凰の尾のようである。根は食べることが可能で、粉末にして食糧とする］・福満木・地分木・梯沽 ［木は極めて高く大きく、葉は柿の様である。どの葉も芽吹く時、「品」という字の形となり、節目に対して生ず。4 月の初めに開花し、朱紅色である。長さは 1 尺あまりで、どの幹もまっすぐに伸びる。花は数 10 枚が集まって咲き、花葉は紫木筆の様に光沢を放った。太平山に生息する］・阿咀呢 ［連なった蔓は堅く、垣根にすることも出来る程である。葉で蓆を作り、根で索を作ることが出来る］がある。

　竹の種類には、観音竹 ［群生し、長さは 1 尺あまり、幅は 3、4 寸で紫色である］がある。

　禽の種類には、古哈魯・麻石（メジロ）・烏鳳・恨煞・容蕊・石求読・莫読史がある。

　魚の種類には、佳蘇魚（カツオ）［カツオ[(1)]をおろして干物とし、温水にくぐらせ、芭蕉の葉に包んで弱火でじっくり煮込み、薄く切り身にして醤油だれに漬け込むとすこぶる美味である］・海馬（タツノオトシゴ）［魚の姿で頭は馬の形］がある。

『琉球入学見聞録』巻2

　介（甲殻）の種類には、緑螺［大きさは盆や瓷ほどあり、常に貢物に充てる］・寄生螺［巻き貝の殻の中にすむ小さな蟹。火を近づけると、体を半分現し、冷えるとまた中に入る］・海膽（ウニ）［背にとげがあり、蝟（はりねずみ）のようである。海底を這いまわる。しおづけにして食す］がある。

　虫の種類には、四脚小青蛇（カナヘビ）［およそ、蛇はみな毒をもち、かまれると即刻死に至る］がある。

　案ずるに、諸記録には見慣れない産物が多数記載されているが、ここでは僅かにその最も珍しいものを上に挙げた。

〔注〕
（1）原文は「馬交魚」（サワラ）とする。

制度

　先王の制では、荒服（遠地異民族）の者も王とする。その国の制度は、みなその利便を許し、強いて同化させることはない。『隋書』は琉球について「王の住む所は波羅檀洞といい、塹柵が三重にも囲まれ、流水がめぐり、棘を植えて垣根とする」[1]と言っている。その時は棟宇（家屋）の制は、思うにまだ整ってはいなかった。（しかし）今では垣根と門は華麗で巨大となり、階段と建造物は立派である。詔勅を奉じて、館舎や使臣の滞在する場所は尤も厳かで深い。その衣冠や簪纓は、またその卉服［植物繊維の着物］を着ていた昔とは全く異なるのである。

　わが王朝の「朝会大典」（諸侯・家臣が朝廷に参集する時の法令）では、諸々の属国が各々その国の着物を身に着けることを認めている。そのため、『王会図』（『職貢図』[2]）があり、服装はそれぞれ異なる。素晴らしいことである。『周易』の「比」卦の五爻の爻辞に「比（人々が天子に親しむ様子）を顕かにするのは吉である[3]」とあり、その象伝（注釈）に「寧からざるもの方に来たる（不安に思っている者も集まってくる）」と言っているのは、この占いを称している。

　王城は中山省の首里にあり、周囲3、4里である。馬が通る道はあるが、城壁はない。万松嶺より東に数里ほど上ると広く整備された大道がある。坊があり、牓に「中山道」とある。南には安国寺が，その向かいには世子（王、諸侯の後継ぎ）たちの屋敷がある。中ほどには石で積み上げた高台があり、その中には一群の鳳蕉が植えられている。さらに進むとまた坊があり、牓には「守禮之邦」とある［万暦年間に作られた語］。道の左には天界寺があり、その西南は王の住まいである。向かいは大美殿である。更に進むと歓会門がみえる。

『琉球入学見聞録』巻2

そこが王の府城である。城は山頂に高くそびえ、粗砥石で築かれている。まるで壁のように削り磨かれ、色は黒く青みがかっていて、石が重なり合っている。遠望するとまるで髑髏で築かれているようだ［『隋書』では、その形状から誤って王の居城にはたくさんの髑髏をあつめて作られているとする(4)]。城外の石崖には、左に「龍岡」、右に「虎崟」と刻まれている。城の四方の門は、前門は西に面し、これが歓会門で、後門は東に面し、これが継世門である［汪楫『冊封琉球使録』には、世子が位を嗣ぐ時にはこの門から入る、とある］。左の門は南に面し、水門である。右の門は北に面し、久慶門である。歓会門の上の崖には門があって西北に面しており、牓には「瑞泉」とある［徐葆光が「中山第一」の4文字を碑に記す］。左右の小門が2つある。これを通って王宮に入る。さらに進むと楼閣があり、西に面しているが、牓には「刻漏」とある［上に銅壺があり、水滴を落としている］。さらに進むと、門があって西北に面しており、これが広福門で、王府の門である。王殿は山頂にあり、前は奉神門で、左右に3つの門があり、それぞれが向かいあっている。門と宮殿はいずれも西に面しているが、「時間を決めて、西に向かって礼拝し、真心を傾ける」という意味である。宮殿は9間ありそれぞれ左右の脇の部屋が1間ずつある。宮殿の前には月見の高台があり、建穹亭がこの上を覆っている。中段の階は7段あり、石の欄干で囲まれている。花鳥が彫られており、非常に巧みな彫刻である。殿の上には、楼閣があり、そこは「御書楼」である。建物は高くそびえて壮麗であり、大きな梯子段が柱のように立っている。中央に聖祖仁皇帝（康熙帝）の御書（天子の書）を奉じ、左側には世宗憲皇帝（雍正帝）の御書を奉じ、右側には我が皇上（乾隆帝）の御書が奉じられている。下は王の聴政の席である。中壁には「上古伏羲画卦像」が掛かり、「龍馬負図」はその前に設けられている［汪楫『冊封琉球使録』は孔子の像と記す］。絹色は古いながらも趣があり、かすかに剥蝕（剥げ落ち）が見られるので、最近のものではない。宮殿の庭は方形で広さは数10畝あり、3本の道に石積みがなされ、四角いレンガで舗装されている。左の棟は北に面しており、南楼がある。窓には一面に簾が掛かり、楼閣の隅には1畝ほどの空き地が設けられ、蟠松と鳳蕉が奇石の間に交互に植えられている。汪楫が「聴濤」と題している。右の棟は南に面しており、そこは北宮である。扁額に「忠順可嘉」（忠順嘉す可し）とある［これもまた昔に作られた語である］。宮殿の建物はいずれも堅牢でかざり気がなく、柱の土台には1間に20個あまりの石が使用されている。家屋の梁がたいへん低いのは、山城であり海からの強風に備えてのことである。世子の邸宅は安国寺の南にあるが、このほかに世子の御殿が中城にある。
_{なかぐすく}

　天子使節の新しい館は那覇にあり、迎恩亭からおよそ1里のところにある。この建物は、南に面している。我が朝廷の建物を模したものである。旧館はその西南にあり、或いは「彌世公館」という。那覇には更に公館が2か所あり、那覇の銭（通貨）・穀（食糧）・訴訟・牢獄を管理する役所である。姑米島（久米島）にも公館が2か所ある。

－58－

『琉球入学見聞録』巻2

冬至と元旦は王が皮弁（白鹿の皮で作った冠）をつけ、圭（玉器）を携え、拝歳して徳となし、遥かに万歳を祝賀する。礼が終わると、王は宮殿に上って群臣の朝賀を受けるが、これはまさに我が朝と同じである。班ごとに一礼、拝跪、三拝して立ち上がり、一礼、拝跪、更に三拝して立ち上がり、また一礼する。拝礼が終わると、それぞれの官は常服に着替える。王がまたゆったりした錦衣に着替え、五色の錦の帽子をかぶり、宮殿の2階に座す。群臣は階下に跪き、「太平曲」をうたう。身分の低い者は楽曲にあわせ、歌に和す。身分の高い者は、觴（さかずき）を高くかかげ、王の長命を祝う。王は官の等級に応じて、酒肴を賜う。毎月の望（満月）の日には、諸臣は茶を賜わり、久米の大夫に茶や酒が下賜される。上元（元宵節。旧暦1月15日）と王の生誕日も同様に執り行われる。各官はともに王の生誕の日に、功績を計り、栄進をきめる。大きな喜び事があると、俸給が増やされるが、それぞれ差がある。およそ王が政務をとる際には、群臣は皆国服を着用し、もみ手して、手を打って拝す。先王の廟の前を通り過ぎる時は、必ず馬から降りて、通行する。庶民が高位の役人に会うと、男女ともくつを脱いで道端にひれ伏し、通り過ぎるのを待って、そこから離れる。もしも高位の役人が座っていると、その前を通り過ぎるときは、両手を地につけて、蟻のように這って通る。

男子は15歳になると、頭のてっぺんを剃り落とし、4割くらいを残して、小さな髷を結ぶ［明代には、頭のてっぺんの髪は剃り落とさず、網の頭巾も被っていなかった］。短い簪を1本挿し、長い簪を1本挿す。簪は、王と妃はともに金のものを使う。国王は龍頭、王妃は鳳頭である。高貴な役人は花金簪、次いで金頭銀柱、または銀である。妻は夫にならう。庶民は銅で、庶民の女性は玳瑁を使用する。いずれも簪の飾りを下にして髷に逆さから挿し、（飾りが）額にかかるようにする。

国王は烏紗帽を被り、まるで2つの翅（はね）が羽ばたくような姿になっており、台に向かって金朱の冠の紐があごに垂れかかる。また皮弁の冠を着けて、政務がない時には5色の錦の帽子を被ることもある。臣下の帽子は樫の木を細く削って中骨とし、薄布で覆い、前は7層か9層、後ろは11層か12層。紅錦花（の模様）がもっとも高貴で、次いで紫、黄と紅が続き、緑がその下である。医官・楽工および官吏・役人は片帽を被るが、これは黒絹で作る。帽子のてっぺんと下の端に貼りつけて6角形を作る。天笠は麦の茎や藤の蔓で作る。また、皮の笠もあり、黒漆を塗り、その裏は朱塗りにする。

衣服は、王は蟒袍（龍を描いた袍）を身に着け、犀の角や白玉を腰に付ける。官・民の衣服（うわぎ）は、男女とも左右の襟を前で合わせ、ゆったりした着物を着る。袖は幅が2尺ほど、長さは指を隠さない程度である。右面を残し、片方の端を合わせる。男女ともみな襟を立てている。上に1つボタンが、胸の右に帯がある。衣を両側で合わせて、ボタンや帯はない。これを「衾子」（打ち掛け）という。肌着は短くて小さい。昔は肌着も袴はなかったが、今日ではある。上着は、男子はこれをたたんで持ち歩く。そのほか、長帯があり、長さ1丈

－59－

『琉球入学見聞録』巻2

4、5尺、幅は5、6寸で腰に巻く。錦花模様がもっとも高貴で、次に黄色地に龍蟠の模様、次に赤地に龍蟠の模様、次にいろいろな色が混ざった模様。七品から九品の者は冠・帯ともに六品と同じである。女は帯をつけず、両手で襟を押さえて歩く。国家の柱である王は靴を履く。貢使が中国にやってきて、はじめて靴を履き、帰るとすぐこれを脱ぐ。臣民は、靴はなく、男女とも草履を履く、これを「三板」と呼ぶ。細い草で編んで靴裏をつくり、その上に横板を平らに張り、真ん中を短い縄で左右に分ける。足をその中に入れ、親指と人差し指の間をなわに掛ける。靴下（足袋）はかなり短く、くるぶしまでしかない。分け目を作って親指（と他の指）とに分け、草履を履く時に着用する。

　王が乗る肩輿（肩で担ぐ輿）は、中国を模したものである。国相以下の乗る轎（かご）は高くても3尺を超えず、座席に趺坐し、四方をむしろで囲み、遠くから見ると籠や樽のようである。或いは羅漢杉を彫刻して、金をはめ込んで漆を塗り、錦で縁取った絵に、ちぢみ絹を覆っているものもある。いずれも、2人の人夫が長い丸太の棒を籠のてっぺんに通して担ぎ上げるのである。

――――――――――――――――――

〔注〕
（1）『隋書』巻81・東夷伝・流求国
（2）『職貢図』…周辺諸国が中国に対して進貢する様子を描いた図。梁の蕭繹が作らせたとされるが、原本は存在せず、後世の模本が数種類残っている（完本ではない）。『王会図』ともいう。
（3）『周易』「比」に「顕比、王用之驅、失前禽。邑人不誠。吉」とある。
（4）『隋書』巻81・東夷伝・流求国に「王之所居、壁下多聚髑髏以爲佳」とある。

祀法

明朝洪武8〈1375〉年、福建で琉球の山河を愛でる祭礼を催した。我が国の国威は定まっていないが、山の神や海の神を奉じ、祭祀を守り、厚い礼を以て神を祭る。我が国では学問が徐々に普及しており、儒教が尊ばれる。制度も徐々に整ってきた。前世にはなかったことである。しかし、年間の祭祀にはまだ混乱が見られ、規則に合わないところもある。私は祭祀の法を整理して我が国の法令制度に合わせるため、間違っているところは是正し、祭祀の方法と成り立ちを明らかにする。そうすれば混乱を招くこともないだろう。

　国王は社壇で山河の祭祀を行っている。10月に種をまき、同時に龍王の像を迎え入れる。龍舟に乗り、祭壇を設置して祭祀を行う。豊見城の雨壇で雨乞いの祈祷を行う。官吏に命じて首里の崎山東苑雨壇でも雨乞いをさせる。日照りが続いているため、夫々の寺社の僧に雨乞いをさせ、国王自ら出向いて祈りを捧げるのだ。天尊廟[1][雷神廟のこと]も雨乞いの場所である。5、6月の収穫後には各地に「蝋祭」[2]を命じる。1年の祭祀は"教樹

『琉球入学見聞録』巻2

藝之河摩美久正"に始まる。5月と9月には御嶽で山の神、海の神および護国神の祭祀を行う。国王の継承時期には冊封を受け、自ら御嶽に赴いて祭祀を行う。八頭嶽、佳楚嶽、名護嶽、思納嶽のいずれにも祠があり、御嶽と合わせて五岳[3]という。さらに城嶽［泉は旺泉と呼ばれ、中山八景の1つ］姑場嶽、蘇姑那嶽、砂嶽であり、すべて祠で祭祀を行う。関帝廟、水母廟で時期に応じて祭祀をとり行う。

　孔子廟は康熙13〈1674〉年、久米村泉崎橋の北側に建てられた。廟は南に向いており、壁と門は朱色、左右両側には下馬牌[4]が立てられている。内檽の星門が3つ、庭の面積が10余畝[5]、上には拝台が設置されている。大殿が3間、中央には聖像が祭られている。さらに位牌が設置され、両側には2つの神棚がある。そこには4つの配祀の神像が設置されている。そして、主像があり、その手には経書［詩、書、易、春秋］1巻が握られている。中樑には「万世師表[6]」と書かれた額ぶちが掛かっている。56年に明倫堂が復建した。祠も建てられ「啓聖」と4人の配父が祭られている。啓聖の位牌には古い呼び名が用いられている。殿堂には未だ12哲[7]は祭られておらず、両側の部屋には昔の先哲も祭られていない。乾隆22〈1757〉年、経冊使は各地の廟の祭祀規則を国王に任された。国王は大臣に命じ、等級によって崇祀と式典を定め、祭り方は内地（中国）に準じ、本国にない祭品については地元産で代替する。3日斎戒するが、その1日前には礼儀作法を習い、祭品を準備する。当日になると法司官[8]（三司官）を派遣して孔子廟を祭祀するが、紫金大夫[9]は啓聖祠を祭祀する。これはいずれも「三跪九叩[10]」の礼を以て行い、神に祭品と祭礼を捧げる。

　天妃[11]は宋、元の時代にその名が与えられた。『会典』[12]によると、四海の龍神にはそれぞれ名がある。東海のそれは、「顯仁龍王之神」、西海は「正恒龍王之神」、南海は「昭明龍王之神」、北海は「崇禮龍王之神」である。按司が祭祀を行う時、天妃は海神とも称される。

　康熙19〈1680〉年、海神天妃を勅封して「護國庇民妙靈昭應弘仁普濟天后」とした。20〈1681〉年、福建提臣万正色の願いに応じ、詔勅を発して「昭靈顯應仁慈天后」とした。59〈1720〉年、冊封使海宝等の願いに応じ、琉球が怡山院[13]で「天妃」を祭る事を了承した。そして、地方官が春と秋の祭祀を許可し、祀典に編入した。

　乾隆2〈1737〉年、福建総督の郝玉麟の願いに応じ「福佑羣住」の4字を皇帝が裁定して授けた。22年4月、冊封使（全）魁等の願いを承諾した。その後、天妃（海の神）を祭る祈報文2篇を分け与え、天妃という称号を書き記した。怡山院での天妃の祭祀は「護國庇民妙靈昭應弘仁普濟福佑羣生誠感咸孚天后」と封じた。そして、その意図を公布し、南海神を祭る祈報文2篇を祭祀し、河岸のはるか遠くから拝んだ。その国はとても信仰心に厚く、廟の建物はきらびやかで、その1つには那覇天使館[14]の東側にあって、「下天妃官」と呼ばれている。他の1つは久米村にあって、「上天妃宮」と呼ばれ、もう1つは久米島にある。時期折々の祭祀は極めてうやうやしく誠実に行い、歴代皇帝はこれを与え、いずれ

－61－

『琉球入学見聞録』巻2

も扁聯がある。

　天孫氏の長女は君君、次女は祝祝といい、国家の守護神である。それぞれが天神と海神である。寺院には三首六臂の女神が存在し、手には日月を持っているので、それを「天滿大自在天神」という。汪録（汪楫『使琉球雑録』）には「名辨戈天」とあり、祭祀が非常に隆盛であったと伝えられている。

　1年の先王廟の祭祀には、自分自身で祭祀する場合と官使を派遣して3日間祭祀をとり行わせる場合がある。音楽は「天孫太平歌」を用いる。円覚寺、天王寺、天界寺内には、総本家の香灯を供える。時祭、月祭、お盆がある。三日斎では、命日特に陰暦の1日と15日には、先王の廟に茶を献上し、舜天およびその総本家の王位に関してはすべて祭祀をとり行う。舜天は中央より南向きに置かれる。その他は左右両側に分立させ、東西に向いていて合計30体ある。円覚寺には総本家尚円が祭られ、その中央に神棚がある。中央の左側に尚貞、尚益、右側には尚龍、尚敬が祭られる。左側の神棚の中央は尚稷、左側には尚清、尚豊が、左側には尚永、尚質が祭られる。右側の神棚の中央には尚真、左側には尚元、尚賢、右側には尚寧が祭祀されている。

　天王寺内の仏堂の左側にも神棚が設置される。そこには尚稷、尚久が祭られ、その横に位置する2つの神主は王妃である。右側にある4つの神主すべて王妃である。天界寺内には尚懿神主が祭られている。その他すべて女性の神主で、王妃および王女の中で稼いだ者たちである。諸々の寺院や廟はいずれも僧侶に見守られている。

――――――――――――――――――――

〔注〕
（1）天尊廟…雷神廟のこと。近世の若狭町の西側、波之上大道に面した廟。
（2）蠟祭…道教の神である九天広元雷声普化天尊を祈り、久米村の管轄であった。
（3）五岳…泰山（山東省西部に位置する中国を代表する山の1つ）、華山（陝西省にある）、衡山（湖南省にある）、恒山（山西省にある）、嵩山（河南省にある）のこと。
（4）下馬牌…馬から降りる時、足をかける石のこと。下馬石。
（5）畝…地積の単位。ムー。畝（市畝）の通称。中国の1ムーは6.667アール、1/15ヘクタール、日本の1畝（せ）はほぼ1アール。
（6）万世師表…万世の師表。
（7）12哲…12人の哲人。
（8）法司官…「法司」ともいう。法司のトップは「三司官」で、国王・摂政の次に「三司官」という順位で、琉球王国内の最高行政官である。
（9）紫金大夫…久米村の最高位階で、称号は親方。紫の帕をかぶるところかせこの名称が定着した。品秩は従二品。
（10）三跪九叩…三跪九叩。両膝でひざまずき三拝する動作を3回繰り返す。これは清代における礼の最高形式である。
（11）天妃…天体を運行する法則。天綱という。
（12）『会典』…1つの時代の典制を記録したもの。

『琉球入学見聞録』巻2

(13) 怡山院…地名。閩江の河口亭江鎮にある。怡山院に到着すると進貢船は一旦そこで碇泊し、閩安鎮の官吏の検査を受ける。

(14) 天使館…冊封使一行の宿泊所のこと。当時は冊封使のことを「天使」といい、その宿泊所を「天使館」と呼んだ。現在の那覇市東町にあった。

兵刑

　琉球は広大な海洋の険しさや、鉄板のように堅い鉄板沙の堅牢さを頼み、（また）三首六臂の女神で海水から塩を作り、米から沙を作った天神によっている。そのため往々にして師兵（軍隊）については忌み避けるが、その先祖を顧みると、三王（中山・山北・山南）が覇権を争い、日々戦を求めた。尚徳王〈1461─1469 在位〉の時には喜界島の乱〈1466 年〉が、尚真王〈1477─1527 在位〉の時には八重山の乱〈1550 年〉が、尚清王〈1527─1555 在位〉の時は、烏父島（奄美大島）の乱〈1537 年〉が起きた。これらはいずれも兵を派遣して平定した。尚寧王〈1589─1620 在位〉の世に至ると、倭人に辱めを受けた（1609 年に薩摩藩に敗北し、1610 年に薩摩に連行された）。しばらくして釈放されて帰国し、軍隊は廃止すべきではないことを悟った。（一方で）刑章（刑法）に至っては、中国が極めて厳格であることを知った。思うに、「明罰勅法（罰を明確にして法を勅す）」[(1)] という意である。

　城池（城の堀）は首里のみが礪石で石垣が築かれている。その高さは 4、5 丈で、幅は 4、5 里、わが中国の高い建物を模して、内城とする。いずれも石垣はなく、他に間切および各島の城と名の付く中では、まことに城郭をもっていない。那覇港の中に巨石があり、「馬加」と呼ばれている。周囲はすべて鉄板砂で、その砂は堅く、鉄の硬さを超え、透き通るような美しさで、嶮しくごつごつしている。沿海は皆そうである。潮が満ちると没し、船が誤って触れると座礁し、破損しないことはない。南北沿海に長い堤防が築かれている。2 つの砲台が並んで置かれ、兵隊がこれを守っている［姑米山（久米島）および馬歯山（慶良間諸島）にも砲台があり、煙台と呼ばれている。往来する船舶のために、狼煙を挙げる場所である］。那覇の見世館［地元では「親見世」と呼ぶ］は、毎年、属島の頭目・酋長を館内で労ったり、罪ある者はここで罪を決めたりする場所である。そのため、ここに兵をおいて守備している。

　琉球国は、鉄は少ないが鎧・兜と刀は堅牢で鋭い［『隋書』に「刀は薄くて小さく、多くが骨や角で補強し、麻布を編んでかぶとを作り、或いは熊皮や豹皮を使う」[(2)] とある］。さまざまな矛や戟はいずれも脆弱である。弓は長さが 7 尺あまりで、地に立てると家屋の軒の高さほどで、射れば百歩あまりに達する。箭は中国のものよりやや短いが、射れば必ず地に突き刺さった。矢は必ず下方の狭いところで引き、弦を引いて矢を放つが、いずれも、ゆがけ（弓引く時の道具）とゆごて（弓射る時の肘当て）を用いるのは、古くからのやり方で

－63－

『琉球入学見聞録』巻2

ある。火薬の砲筒は、多くが銅製で、船艦との水上戦に備えるものである。辻山の側に演武場があり、武官職には儀衛使・武備司があり、他は皆文官が兼職する。兵制は古き制度に倣い、5戸で「伍」を編成し、5つの伍がまた各々統括される。親雲上（中級士族）や筑登（筑登之親雲上。下級士族）以下は、皆弓矢を習う。家には刀、かぶとがあり、有事の際は、百夫長・千夫長のように、おのおの民を率いる［『隋書』に「琉球国には、4、5師（軍）があり、諸洞を統率する。洞には小王がおり、諸村を統率する。村には鳥了帥があり、みな戦いに長けた者でこれを編成する。刀や矛・弓・箭・剣の武器がある。国王は木獣に乗り、左右の者がこれで運んで進むが、これに従うのは数10人に過ぎない。小王が乗るのは、獣の形に彫られたものである。琉球国の者は攻撃を好み、強くてすばやく、速く走り、滅多に死なないし、負傷してもよく耐える。諸洞では、おのおのの部隊を編成しているが、お互いに助けあうことはない。2つの陣営が当たると、勇者3、5人が進み出て、騒がしく飛び跳ねて、互いに相手を罵り辱める。弓を射かけて攻撃し、敵わなければ、軍全員が撤退してしまう。戦が終われば、人を遣って礼を述べ、すぐに互いに和解する。戦死者を引き取り、ともに集まってこれを食す。その上、髑髏を王の前に並べると、（その戦功で）王より冠が与えられ、軍隊の帥（司令官）となった。周煌『琉球国志略録』に「諸洞とは恐らく今日の間切で、小王とは恐らく按司で、鳥了帥は恐らく庇椰の類いであろう」と言う］。

　国の中には官庁を設けておらず、訴訟を受け付ける場所はないが、法の執行は甚だ厳しい。身分の高いもの、例えば法司や紫巾官が犯罪をして法に抵触すれば、地べたに座らせるが、縄はかけない。罪が軽ければ、太平山に流刑とし、終身獄につなぐ。長官の父子兄弟で法を犯した者は、大目に見て庇うことは全くしない。庶民で罪のある者は、大夫が法司に諮問し、法司はその罪の軽重を判断する。重（罪）の者は或いはその腹を裂き、軽い者は、遠地に追放とするが、いずれも獄にはつながず、遠地に留めおく。また、罪が軽ければ、自分から部屋に閉じこもらせ、家を出ることがないようにする。期間は、あるいは3年間、あるいは2年間で、その後これを赦すのである。近頃では、またムチを打つ道具が設置さされたが、頻繁には使われない［重い罪を犯した者は、多くが自ら首を刎ねて海中に身を投じる。敢えていたずらに命請いの弁明はしない］。淫を犯す者で、夫のいる女子、妻のいる男子はいずれも死刑。妻のいない男子も減刑しない。死刑には3種ある。1つは手足を切り、喉を切って殺す刑。1つは斬首の刑。1つは槍で刺し殺す刑［木の杭（くい）で十字架を作り、手足を縛り、心臓を槍で刺す。死後は杭に刺して曝し首にし、杭が倒れると刑を終える］。軽い刑には5種類ある。1つは流刑［島に流し、帰還させない。年限を限り、過ちを改めようとしても、悔い改めなければ、より遠くの島に追いやる。重罪の者は手足を縛り、丸木船に乗せて、西馬歯山（座間味島）に流す。あちこちに流刑とし、域外の島まで流し、死ぬまで漂流させる］。もう1つは曝し（日にさらす）の刑。もう1つは夾刑

-64-

『琉球入学見聞録』巻2

（夾棍を使い、罪人の両脚を挟む刑）。もう1つは枷の刑（罪人に首枷をはめる）［罪軽き者は数10斤、重き者は数百斤におよぶ］。もう1つは笞の刑［窃盗が最も厳しく、初犯は笞刑若干回、夾刑1回、曝日刑1回であり、再犯、三犯は段階的に増やす。或いは即刻斬首か、或いは即刻域外の島に流す］。

─────────────

〔注〕
（1）『周易』「噬嗑」の象伝に「先王以明罰勅法」とある。
（2）『隋書』巻81・東夷伝・流求国

風俗

象・寄・鞮・訳(1)にはみな（それぞれ）安居（安定した住居）・和味（口に合った食物）・宜服（適した服装）・利用（便利な道具）・備器（整った器物）がある。聖王はその教えを修正してもその風俗はかえず、その政を統一してもその宜しき（部分）はかえない。思うにこの中で、これを教化するはかりとする。だから「道徳を統一して風俗を同化させる」(2)というのである。

琉球人には背が低い者が多く、崑崙（西域の国）人のようである。今はまた身長が高く風貌のあがる人物もいるが、首里・久米・泊・那覇の四村に多い。姑米山（久米島）にも威容でひげの整った民がおり、民の質は驍健で、飢えや寒さに堪え、労苦に堪え、倹約家で勤勉［旧録（陳侃『使琉球録』）に「勤勉ではない」と記すのは誤りである］、貧しくても盗みを働く者は少ない［旧録に「盗まず」(3)とするが、また誤りである。昔は道に（金が落ちていても）拾う者はなく、夜も戸を閉めなかったことは張録（張学礼『使琉球記』）の記述の通りである。（しかし）今は異なる］。（生活は）質素であり官位を有する家でも毎日粗食である。女は機織りに勤しみ、畑仕事をする男たちよりも勤勉である。女は15歳になるとすぐに針で手の甲に入れ墨を施す。年々増加してゆき中年になると（入れ墨で）真っ黒になる。（その入れ墨は）四角かったり丸かったり、虫や蛇や葉や花のような紋様である。結婚の際は酒肴や宝物を贈って結納する。男女が互いに相手を好めば、すぐに夫婦となる。嫁入り道具が整わない時には、父母が急ぎこれを送る。夫の家の衣服はやはり白であるが、国の風俗では忌むことはない。

男はなお血気盛んで、少しでも不平があれば歯茎をむき出しにして目を大きく見開き、しばらくは（怒りを）解くことができない。或いは争って刀を持ちこれをさし、逆手で力を込めてその腹を切る。屋内は狭く飾り気がないが、砑粉花箋(4)および書画を飾る事が多い。表間に神棚を作り、主（神）を立て香炉を設ける。貴家では祠堂を立てて、室内にムシロ

－65－

『琉球入学見聞録』巻2

を敷くが、内は草薦（こもくさ）をつつみ、布で縁取りをしていることが多い。名付けて「脚踏棉」（タタミ）という。客が来ると、靴を脱がせて上がらせるが、座席はみな地べたで椅子はなく、平等にみな正座する［昔の跪坐（踵を立てて正座する）。今高麗でもそのようにする］。或いはお膳は卑幼と均しく、前に跪服して坐らせ、その後席に腰を下ろさせる。器（うつわ）は古の俎豆（そとう）に似ており、お膳は6器・8器を超えない。1人に1つ小さなお膳で、妻子は一緒に食事をしない［今はまた必ずしもそうとは限らない］。器として水・火（冷・熱）用の鑪（さかだる）があり、表が銅、裏が錫（青銅）でできており、1つは水に置き、1つは火に置く。盛りつけるのに台の二層を使い、黒漆の箱が3、4つあり、その中に茶器が収納されており、出かける時には携帯する。茶碗の色は黄土色で、青緑色の花草が画かれている。茶を湧かす方法は、抹茶に少しばかり米粉を混ぜて茶碗に入れ、茶碗半分の湯を沸かして注ぎ、小竹帚（茶筅の1種か）でかき混ぜ、茶碗一杯にするまで泡を立て（ブクブク茶）、客をもてなす。

　慶事があれば、親類知人は酒2壺を用意してお祝いする。喪があれば、また近隣の人々が集まって送り、人が死ぬと（亡骸を）清め、布帛を巻き葦草で包む。棺桶の大きさは4尺（約120cm）ばかりで、亡骸の足をまげてこれをおさめる。士人の家では木主（位牌）に（戒名を）題するが、最近では多くは家の儀礼にならう。庶民の家の位牌は、僧侶が（戒名を）題す。男なら「円寂大禅定（えんじゃくだいぜんじょう）」、女なら「禅定尼（ぜんじょうに）」という。考・妣⁽⁵⁾の名称はない。墓はみな山に穴を掘り、また三和泥を築く。埋葬した後、石を積み重ねる。墓前には、女であれば棕（シュロ）葉や扇や白巾をかけ、男であれば白布、笠、立杖、草履、木靴をかける。皆それぞれ花を筒に刺し、香炉を置く。旧俗ではいつも棺を開けて見られるようにしていたが、近頃はそれを改めている。

　元旦の数日はお祝いをし、（1月）16日には墓参りをする。この月は女子たちが蹴鞠や羽子板の遊びをする。2月12日、井戸を浚って新水を汲んで顔を洗う［病を避けると言われる］。3月3日、草餅を作ってご馳走する。2・3両月はみな吉日をえらんで麦神をお祭りする。5月5日、舟の競争をする。6月、吉日をえらんで蒸糯米飯（餅米を蒸したもの）を作りご馳走する。（5・6）両月はともに吉日をえらんで稲神をお祭りする。お祭りをしない間は、稲は家には入れない。7月13日の夜、篝火を門にならべて祖神をお迎えする。15日、お盆のお祭りが終わり、これを送る。8月10日（より）15日（まで）、蒸糯米飯に赤小豆を混ぜて（赤飯）ご馳走する。白露（旧暦8月前半）の前後3日は天孫（氏）を守る。9月、紙鳶（凧）を揚げる。12月8日、糯米糕（蒸し餅）を作り、棕の葉で包み、ご馳走する。名付けて「鬼餅」というのは、また駆儺（厄払い）の意味である。24日、竈（神）を送る。正月5日、竈を迎える。1・3・5・9月は吉月と名付け、婦女はみな沿岸の雪の崎⁽⁶⁾の洞窟に行き、水神に拝して幸福を祈る。朔（1日）と望（15日）には、婦女が新潮を汲んで竈に献じ、天后宮前の石神に及ぶ。海を渡る者は、家で長竿を立てて、小さい木舟

－66－

を置き、その上に桅（帆柱）・柁（かじ）・帆・櫓をすべて備えつける。別に薄い木片の風車5枚を作り、船首に安置し、風を待つ。帰ればすぐに之を撤収する。思うに五両旗の名残であろう。

　国の者は平時名字を名乗らず、地名で名乗る。祖父・子孫・兄弟みな同名である。或いは貢使・謁使に充てる者は、姓名を手版の上に書くことを請われる。或いは国内で功績を挙げた場合は、その名を上に記し、旁らに別に「某子の幾男」と注す。功績が有った者は王から姓を賜わって始めて姓を称す。実際には各々に私姓がある。その図譜は王城に収蔵されており、紫巾官（高級官僚）が国史院（国史を編纂する機関）に入れて掌握している。僅かに首里・久米だけに姓があるわけではない。しかし、二府の人はその親類の氏名を聞かれても、皆言葉を濁す。地名を尋ねると、すらすらと答える。姓名とは唐（中国）の名称であって、中国（人）を称して唐人［漢人と同じ］と言う。庶民で功績を挙げた者には、王が姓を与えて士分とした。

　国に道士・尼姑（尼僧）はおらず、ただ僧侶だけがいる。僧にはまた序列があり、「房頭」より「法印」を歴て、「座師」に至る。人は最も尊敬する。寺院としては、円覚寺・天王寺・天界寺が首里の三大寺である。このほかに安国寺・仙江院・蓮華院・興禅寺・広徳寺・建善寺・慈眼院・天慶院・万寿寺・手水観・万松院・大日寺・神宮寺・松寿院・臨海寺・護国寺・波上寺・広厳寺・海蔵寺・法音軒・龍翔寺・善興寺・龍渡寺・普門寺・西福寺・東寿寺・東禅寺・清泰寺・聖現寺・神徳寺・崇元寺・神応寺・松山軒・和光寺があり、ある寺は弁才天女［すなわち斗姥元君(7)］、ある寺は仏および金剛（仁王）等の神々をお祀りし、あるいは石を神とみなし、あるいは神像がなかったりするが、願い事はみな一石を奉じてお祈りする。僧侶は番字（梵字）に通じており、また四書に通じて詩句を作った。さらに、男巫・女巫がいた。

　土妓（遊女）の多くは紅色の衫を着ており、俗に「紅衣人」と呼ばれた。また「侏省」［中国の所謂「傾城」］とも言う。その親戚兄弟は、やはり外客と序列がある。往来で、良家の婦人が路を行くときには、手に尺布を持ち区別している。馬に騎乗する男女はともに鞭を使用しない。官家の女人が馬に乗る時は、襟を立てて顔を隠す。多くは鞍に横乗りし、両足は一方の鐙に乗せる。人は控えて徐行する。市場には男がおらず、女性で市をなしている。市場の物産はただ魚・塩・米・野菜および質の低い陶木器ぐらいなもので、時々地元の織蕉・棉布があるが、極めて粗悪で、価格も安くない。道中では荷物を肩に掛けたり背負ったりする者はいない。およそ柴・薪・米・豆百斤を運ぶ者は、女人はみな頭に草で編んだ輪っか（ガンシナ）を被ってその上に荷物を乗せ、手を垂れて袖を曳いても、（乗せたものが）1つも堕ちることはない。

『琉球入学見聞録』巻2

〔注〕
（1）寄・象・鞮・訳…四方の少数民族のこと。『礼記』王制に「東方曰寄、南方曰象、西方曰狄鞮、北方曰譯」とある。
（2）『礼記』王制の語。
（3）陳侃『使琉球録』・国俗に「其人儉而不勤、貧而不盜、渾僕而有等」とある。
（4）砑粉花箋…透かしの模様の入った手紙や詩を記すために彩った便箋。
（5）考・妣…古代中国で父母が死んだ際に付ける。「考」は父、「妣」は母。『礼記』曲礼下に「生曰父、曰母、曰妻、死曰考、曰妣、曰嬪」とある。
（6）雪の崎…現在の那覇市若狭町にあった岬。
（7）斗姥元君…斗母元君ともいう。道教の神。仏教でいう摩利支天のこと。

土音

皇帝は建国後、典籍を考察し、『同文韻統』及び『西域同文志』を御撰した。遠方異域の言語を重訳し、その音義を考究した。訳館の諸生にその文字を訳し、義釈したが、琉球だけはそれに入っていない。乾隆庚辰（25〈1760〉）年、皇命を奉し、琉球の入学官生の教習となる。癸未（乾隆28〈1763〉年）年、進士となる際、皇帝に謁見した。皇帝から琉球語音について聞かれたが、敢えて軽率に答えなかった。聖懐を察して、更に考訂した。聖前での官生の帰国報告の際、皇帝から再び聞かれ、詳細に上奏することができた。皇帝はご満悦で、（知県に[1]）登用された。（琉球語語彙を）分類して、1冊に編纂した。訳者大家の指摘を待ち、また教習に任命された恩栄を誌すものである。

「皇上、朝廷」の読みは吾国と同じ。
「冊使」は阿几噶加那子〈ajiganashi〉[2]。
「國王」は倭急那敖那〈wokinaawauno〉、または哭泥華〈kuniwau〉。
「妃」は倭男札喇〈wounaNjara〉。
また「王」は御主加那志〈usyuganasii〉、「妃」は御妃。
女人から「妃」を呼ぶのが倭男札喇加那子〈wounaNjaraganasii〉。
「琉球」は烏吉逆呀〈ukinia〉。
また「王」は兄嘉那實〈shuNganashi〉、「王妃」は翁那嘉辣〈uNnagara〉。
「王子」は阿樓瓜〈oonokwa〉。
「公子」（ぼっちゃん）は呀吉哩〈yakini〉。

天文類

天〈廳・テン・tin〉

日〈虛・ヒ・hi〉

月〈此吉・ツキ・tsuki〉

星〈弗失・ホシ・fushi〉

風〈哈子・カゼ・kazi〉

雨〈阿霉・アメ・ame〉

雷〈堪理・カミナリ・kaN(mina)[3]ri〉

雲〈窟木・クモ・kumu〉

雪〈欲吉・ユキ・yuki〉

電（稲妻）〈福禮・ホデリ fu d (r)ii〉

霜〈失木・シモ・shimu〉

下雨（雨降って）〈阿霉福的・アメフッテ・amefutti〉

下雪（雪降って）〈欲吉福的・ユキフッテ・yukifutti〉

霧（霞）〈哈絲蜜・カスミ・kasumi〉

露〈七欲・ツユ・tsiyu〉

霞（黄金）〈噶喀泥・コガネ・kogani〉

雹（霰）〈阿那禮・アラレ・arari〉

明日〈阿雜・アシタ・acha〉

起風（風吹き）〈噶子弗吉・カゼフキ・kazifuki〉

天陰（天曇って）〈廳窟木的・テンクモッテ・tinkumutti〉

天晴（天晴れて）〈廳花力的・テンハレテ・tinhariti〉

天河（天河原[4]）〈廳哈阿拉・テンカハラ・tinkaara〉

後日（明後日）〈阿撒的・アサテ・asati〉

大後日（四日明後日）〈欲哈阿撒的・ヨカアサテ・yukkaasati〉

地理類

地〈齒・チ・chi〉

土〈齒止・ツチ・tsuchi〉

山〈牙嗎・ヤマ・yama〉

川〈哈哇・カハ・kawa〉

江（河原）〈哈哇辣・カハラ・kawara〉

河〈哈哇・カハ・kawa〉

海〈勿蜜・ウミ・umi〉

『琉球入学見聞録』巻2

水〈媚吉・ミズ・miji〉
氷〈庫兀利・コホリ・kuuri〉
路〈蜜至・ミチ・michi〉
岸（陸）〈倭咯・ヲカ・woka〉
石〈伊石・イシ・ishi〉
井（井戸）〈咯・ヰカハ・kaa〉
泥〈毒露・ドロ・duru〉
沙（砂）〈息拉・スナ・sina〉
灰〈懷・ハヒ・hai〉
磚（敷瓦）〈十吉哈拉・シキガハラ・shikigaara〉
瓦〈咯辣・カハラ・kaara〉
遠（遠さ）〈徒撒・トホサ・tuusa〉
近（近さ）〈恥咯撒・チカサ・chikasa〉
長（長さ）〈那咯撒・ナガサ・nagasa〉
短（短さ）〈因夾撒・ミジカサ・injasa〉
前〈麥・マヘ・mai〉
後〈窟使・ウシロ・kushi〉
左〈虛答歷・ヒダリ・hidari〉
右〈蜜吉歷・ミギリ・migiri〉
上〈哈蜜・カミ・kami〉
下〈使木・シモ・shimu〉
東〈熏咯失・ヒガシ・hiNgashi〉
西〈逆失・ニシ・nishi〉
南〈閩南蜜・ミナミ・miNnaNmi〉
北〈及答・キタ・kita〉
府（間切）〈麻吉歷・マギリ・magiri〉
村〈母拉・ムラ・mura〉
州〈収・シウ・shu〉
里〈撒毒・サト・satu〉
橋〈花失・ハシ・hashi〉
過水（水渡）〈蜜子哇答巳・ミヅワタス・mizuwatasu〉
行船（船通）〈混利搭兀巳・フネトホス・huNnitausu〉
渡（船渡）〈混利哇搭巳・フネワタス・fuNniwatasu〉
琉球地（沖縄）〈屋其惹・オキナワ・ukinia〉

『琉球入学見聞録』巻2

巴麻（間と読む[5]）〈ma〉

泊〈土馬爺・トマリ・tumai〉

辻〈失汁・ツジ・tsuji〉

久米（久米村）〈苦念搭・クメムラ・kuneNda〉

喜屋武〈腔・キヤン・kyan〉

時令部

春〈花魯・ハル・haru〉

夏〈那即・ナツ・natsi〉

秋〈阿吉・アキ・aki〉

冬〈弗欲・フユ・fuyu〉

冷（冷さ）〈灰撒・ヒエサ・hisa〉

熱（熱さ）〈阿子撒・アツサ・atsusa〉

陰〈因・イン・in〉

陽〈藥・ヤウ・yau〉

晝〈虚魯・ヒル・hiru〉

夜〈攸陸・ヨル・yuru〉

朝〈阿撒・アサ・asa〉

晩〈邦・バン・ban〉

時〈土吉・トキ・tuki〉

氣〈其・キ・ki〉

年〈土失・トシ・tushi〉

節〈失子・セツ・shitsu〉

正月〈芍倭刮止・シヤウグワツ・shaugwachi〉

二月〈膩刮止・ニグワツ・nigwachi〉

三月〈三刮止・サングワツ・sangwachi〉

四月〈失刮止・シグワツ・shigwachi〉

五月〈共刮止・ゴグワツ・guNgwachi〉

六月〈六骨刮止・ロクグワツ・rukugwachi〉

七月〈失止刮止・シチグワツ・shichigwachi〉

八月〈瞎知刮止・ハチグワツ・hachigwachi〉

九月〈空刮止・クグワツ・kuNgwachi〉

十月〈蓐刮止・ジフグワツ・jugwachi〉

十一月〈蓐亦止刮止・ジフイチグワツ・juichigwachi〉

『琉球入学見聞録』巻2

十二月〈蕗膩刮止・ジフニグワツ・junigwachi〉

初一（一日）〈之搭之・ツイタチ・tsuitachi〉

初二（二日）〈福子憂・フツカ・futsuka〉

初三（三日）〈之搭之密憂・ツイタチミカ・tsuitachimika〉

初四（四日）〈之搭之唷喀・ツイタチヨカ・tsuitachiyoka〉

初五（五日）〈之搭之一子憂・ツイタチイツカ・tsuitachiitsuka〉

初六（六日）〈之搭之美憂・ツイタチムイカ・tsuitachimuika〉

初七（七日）〈之搭之南喀・ツイタチナヌカ・tsuitachinaN(no)ka〉

初八（八日）〈之搭之約喀・ツイタチヤウカ・tsuitachiyouka〉

初九（九日）〈之搭之酷古盧喀・ツイタチココノカ・tsuitachikukunuka〉

初十（十日）〈之搭之突喀・ツイタチトヲカ・tsuitachituuka〉

十一（十一日）〈蕗亦之泥止・ジフイチニチ・juichinichi〉

十二（十二日）〈蕗膩泥止・ジフニニチ・juninichi〉

十三（十三日）〈蕗三泥止・ジフサンニチ・jusannichi〉

十四（十四日）〈蕗育喀・ジフヨカ・juyuka〉

十五（十五日）〈蕗古泥止・ジフゴニチ・jugunichi〉

十六（十六日）〈蕗魯古泥止・ジフロクニチ・jurukunichi〉

十七（十七日）〈蕗十之泥止・ジフシチニチ・jushichinichi〉

十八（十八日）〈蕗滑之泥止・ジフハチニチ・juhachinichi〉

十九（十九日）〈蕗酷泥止・ジフクニチ・jukunichi〉

二十（二十日）〈瞎子喀・ハツカ・hatsuka〉

二十一（二十一日）〈瞎子喀止・ハツカイチ・hatsuka(i)[6]chi〉

二十二（二十二日）〈泥肉泥泥止・ニジフニニチ・nijuninichi〉

二十三（二十三日）〈泥蕗三泥止・ニジフサンニチ・nijusannichi〉

二十四（二十四日）〈泥蕗蕗喀・ニジフヨカ・nijuyuka〉

二十五（二十五日）〈泥蕗古泥止・ニジフゴニチ・nijugunichi〉

二十六（二十六日）〈泥蕗魯古泥止・ニジフロクニチ・nijurukunichi〉

二十七（二十七日）〈膩蕗失止泥止・ニジフシチニチ・nijushichinichi〉

二十八（二十八日）〈膩蕗滑止泥止・ニジフハチニチ・nijuhachinichi〉

二十九（二十九日）〈膩蕗酷泥止・ニジフクニチ・nijukunichi〉

三十（三十日）〈三蕗泥止・サンジフニチ・sanjunichi〉

人物類

人〈虚毒・ヒト・hitu〉

『琉球入学見聞録』巻2

唐人（唐の人　人[7]）〈駄樓周　虚毒・タウノヒト　ヒト・touno(hi)chu hitu〉

大夫（太夫）〈帖夫・タイフ・teifu〉

長史（冊使）〈察姑事・サクシ・sakushi〉

通事〈吐子・ツウジ・tuuji〉

正使（長史）〈芍匙・チヤウシ・chaushi〉

副使〈呼匙・フシ・hushi〉

臣子（臣下）〈聲略・シンカ・shinka〉

祖（大主）〈烏弗首・オホシユ・ufushu〉

父（男親）〈烏吉略奴屋牙・ヱキガノオヤ・ukiganuuya〉

母（女親）〈烏那姑奴烏呀・ヲナゴノオヤ・unagunuuya〉

兄〈西察・センジャ・sidza〉

弟〈屋毒・オト・uttu〉

子（子等）〈寡・コラ・kua〉

女兒（女児等）〈烏那姑寡・ヲナゴコラ・unagukua〉

夫〈烏毒・ヲット・utu〉

妻〈吐止・トジ・tuji〉

婦（嫁）〈晴美・ヨメ・yome〉

孫（お孫）〈烏麻略・オマゴ・umaga〉

朋友（友達）〈盧失・ドシ・rushi〉

你（お前）〈呀・ウラ・ya〉

我（吾）〈往・ワレ・waN〉

男〈烏吉略・ヱキガ・ukiga〉

女〈烏那姑・ヲナゴ・unagu〉

親戚〈喂街・シンセキ・ueika〉

姉（御姉）〈姑西察烏乃・コセンジヤヲナリ・ʔusiidzaunai〉

妹〈屋毒烏乃・オトヲナリ・uttuunai〉

伯（伯父）〈洗察渾局・センジヤオヂ・siidzauNchu〉

叔（叔父）〈屋多渾局・オトヲヂ・uttouNchuu〉

姪（甥）〈威・ヲヒ・ui〉

小孩子（童）〈哇辣比・ワラベ・warabi〉

丈人（舅）〈思毒・シュウト・shitu〉

壻（婿）〈慕穀・ムコ・muku〉

師父（師匠）〈食芍・シシヤウ・shishau　また夫子[8]・フシ・fushi〉

徒弟（坊主練修）〈波子人侍・バウズレンシユウ・bouzurinshu〉

－73－

『琉球入学見聞録』巻2

醫生（医者）〈亦煞・イシヤ・isha〉

僕（供）〈塗末・トモ・tumo〉

頭（女童）〈烏那姑哇辣倍・ヲナゴワラベ・unaguwarabi〉

客人（客）〈恰谷・キヤク・kyaku〉

主人（亭主）〈梯述・テイシユ・tiishu〉

日本人（大和人）〈亞馬吐虛毒・ヤマトヒト・yamatuhitu〉

高麗人〈柯列虛毒・カウライヒト・koureihitu〉

大（多さ）〈烏灰撒・オホサ・uhuisa〉

小（小ささ）〈枯撒・コマサ・kuusa〉

貧（貧相）〈薰述・ヒンス・hinshu〉

富（金持ち）〈喂格・カネモチ・weikii〉

親雲上〈牌金・ぺいきん・paikin〉

人事類

作揖（礼儀）〈禮及・レイギ・riigi〉

洗浴（浴びて）〈阿美的・アビテ・ab(m)iti〉

上人洗面（表洗ひ）〈烏木的阿來・オモテアラヒ・umutiarai〉

下人洗面（面洗ひ）〈此辣阿來・ツラアラヒ・tsuraarai〉

拳頭（手突く）〈蹄子拱・テツク・tiitsukun〉

打架（喧嘩）〈蒙羅・モド・muNd(r)o〉

脱衣（衣脱ぐ）〈輕花子的・キヌヌグ・kinhadziti〉

殺（殺し）〈枯魯止・コロシ・kurushi〉

醉（醉って）〈威蒂・ヨッテ・uiiti〉

睡（寝て）〈寧蒂・ネテ・ninti〉

起來（起きて）〈烏機的・オキテ・ukiti〉

疼（痛んで）〈呀的・ヤンデ・yadi〉

行路（歩き）〈阿之・アルキ・achi[9]〉

等待（待って）〈麻之・マッテ・machi〉

病（病んで）〈呀的・ヤンデ・yadi〉

生（生きて）〈亦吉之・イキテ・ikichi〉

死（死んで）〈失直・シンテ・shichi〉

傷風（風邪）〈哈那失機・ハナセキ・hanashiki〉

好（清らさ）〈求喇煞・キヨラサ・kyurasa〉

不好（悪さ）〈挖煞・ワルサ・wasa〉

『琉球入学見聞録』巻2

買（買うて）〈科的・カウテ・kouti〉
賣（売って）〈屋的・ウッテ・utti〉
言語（言葉）〈枯毒八・コトバ・kutuba〉
上緊走（早く行け）〈准（排）⁽¹⁰⁾姑亦急・ハヤクイケ・paikuiki
夢〈亦梅・イメ・ime〉
痩（痩せて）〈挨的・ヤセテ・yaiti⁽¹¹⁾〉
肥（肥えて）〈快的・コエテ・kuaiti⁽¹²⁾〉
早起（朝起き）〈阿撒烏機・アサオキ・asauki〉
暁得（知って）〈失之・シッテ・shichi〉
不暁得（知らん）〈失藍・シラン・shiran〉
回去（戻り）〈木毒利・モドリ・muduri〉
坐（敷き）〈識吉・シキ・shiki〉

宮室類

宮〈密牙・ミヤ・miya〉
屋〈牙・ヤ・ya〉
門（戸）〈濁・ト・joo〉
戸（戸口）〈花失利窟歯・ハシリグチ・hashiriguchi〉
牕（窓か）〈麻毒喀・マドカ・maduka〉
墻（垣）〈哈吉・カキ・kaki〉
亭〈提・テイ・tii〉
園（庭）〈逆哇・ニハ・niwa〉
階〈奇裁・キザハシ・kizai⁽¹³⁾〉
瓦房（瓦葺き家）〈哈喇弗吉牙・カハラブキヤ・kaarafukiya〉

器用類

弓〈欲密・ユミ・yumi〉
箭（矢）〈依牙・ヤ・ya〉
担箭（桶）〈塔阿谷・タアゴ・taagu〉
木杓（柄杓）〈你不・ニーブ・niibu⁽¹⁴⁾〉
脚踏棉（畳み）〈蕁子⁽¹⁵⁾・タタミ・chatami〉
棹（櫂）〈列・カイ・k(r)ei〉
浴桶〈阿美塔阿谷・アビタアゴ・amitaagu〉
椅子（椅）〈依・イ・ii〉

『琉球入学見聞録』巻2

風鑪（風炉）〈哈子魯・カゼロ・kaziru〉

戥子（秤）〈花喀依・ハカリ・hakari〉

天平（天秤）〈廳平・テンビン・tinbin〉

刀（包丁）〈和竹・ハウチヤウ・houchuu〉

刀鞘（直鞘）〈絲古撒耶・スグサヤ・sugusaya〉

轎子（籠）〈喀谷・カゴ・kagu〉

木套（足下駄）〈阿失雜・アシダ・ashidza〉

傘〈哈撒・カサ・kasa〉

床（御床）〈捫臧・ミツァン・miNzan〉

燈（灯籠）〈吐盧・トウロウ・tuuruu〉

面桶（面盥）〈此喇塔阿來・ツラタラヒ・tsuratarai〉

鍋〈那倍・ナベ・nabe〉

鍋葢〈那倍弗答・ナベフタ・nabefuta〉

瓦罐（甕）〈哈阿美・カメ・kaame〉

掃箒（箒）〈和吉・ハウキ・houki〉

舡（船）〈弗你・フネ・funi〉

筭盤〈述奴班・ソロバン・suruban〉

油盞（油皿）〈思子吉・スツキ・suzuki〉

梳（櫛）〈撒八吉・サバキ・sabaki〉

索（網）〈此那・ツナ・tsuna〉

斧頭（斧）〈由吉・ヨキ・yuki〉

湯盆（浴甕）〈阿美搭阿美・アビガメ・amigaame〉

竹籠（竹手籠）〈他吉踢依盧・タケテロウ・takitiiruu〉

筯（箸）〈花失・ハシ・hashi〉

鎖〈賒洗・サス・sasu〉

烟筒（煙管）〈奇失禮・キセル・kishiri〉

荷包（房）〈呼作・フサ・huusa〉

茶鍾（茶碗）〈茶碗・チヤワン・chawan〉

飯碗（御飯碗）〈翁班麼喀倚・オバニマカリ・uNbanmakai〉

銅罐（薬罐）〈壓光・ヤクワン・yakwan〉

爧簽（蝋立て）〈羅塔低・ラフタテ・routati〉

圍棋（碁）〈古・ゴ・gu〉

香爐〈柯盧・カウロ・kouru〉

箱子（箱）〈滑谷・ハコ・haku〉

『琉球入学見聞録』巻2

磁盤 (鉢)〈華止・ハチ・hachi〉

木盤 (折敷)〈烏失吉・オシキ・ushiki〉

匣 (箱)〈滑谷・ハコ・haku〉

水注 (水入れ)〈梅子利・ミヅイレ・mizu(i)ri〉

鏡子 (鏡)〈哈哈密・カガミ・kagami〉

洒壺〈撒吉並・サケビン・sakibin〉

女短簪 (短簪)〈因渣饑花・ミヂカカンザシ・inja(sa)jiihwa[16]〉

女長簪 (長簪)〈那喀饑花・ナガカンザシ・nagajiihwa〉

酒杯 (杯)〈煞喀子吉・サカヅキ・sakazuki〉

象棋 (将棋)〈充機・シヤウギ・shouNgi〉

甲 (鎧)〈欲魯依・ヨロイ・yurui〉

盔 (兜)〈哈不毒・カブト・kabutu〉

弦〈子魯・ツル・tsuru〉

鎗 (槍)〈挨・ヤリ・yai〉

盆 (盥)〈大莉・タラヒ・tarai〉

瓶〈炳・ビン・bin〉

梲 (柱)〈花失辣・ハシラ・hashira〉

舵〈哈滯・カヂ・kaji〉

櫓〈爐・ロ・ru〉

絃 (三味線)〈三審・サミセン・saNshin〉

篷 (帆)〈呼・ホ・hu〉

帶〈烏比・オビ・ubi〉

書 (書物)〈失木子・シヨモツ・shimutsu〉

畫 (絵)〈椅・エ・i〉

字〈日・ジ・ji〉

筆〈弗的・フデ・fudi〉

墨〈思密・スミ・sumi〉

紙〈哈比・カミ・kam(b)i〉

硯〈息子利・スズリ・suzuri〉

扇子〈窩吉・アフギ・ougi〉

屏風〈妙不・ビヤウブ・b(m)yaubu〉

花瓶〈花那炳・ハナビン・hanabin〉

香盒 (香入れ)〈柯以禮・カウイレ・kouiri〉

玉帶〈塔麻烏比・タマオビ・tamaubi〉

『琉球入学見聞録』巻2

金杯〈輕撒喀子吉・キンサカヅキ・kinsakazuki〉

身體類

頭髮（髪）〈哈喇子・カシヅ・karadzi〉

眉〈麻由・マユ・mayu〉

眼（目）〈美・メ・me〉

耳〈密密・ミミ・mimi〉

鼻〈花納・ハナ・hana〉

舌〈失渣・シタ・shicha〉

口〈窟止・クチ・kuchi〉

齒〈滑・ハ・ha〉

鬚〈虛及・ヒゲ・higi〉

手〈蹄・テ・ti〉

脚（膝）〈虛煞・ヒサ・hisa〉

身體（胴）〈魯・ドウ・d(r)uu〉

心（肝）〈氣木・キモ・kimu〉

頭（首）〈科倍・クビ・kubi〉

奶（乳）〈恥・チ・chi〉

額〈虛渣衣・ヒタヒ・hichai〉

臍〈呼述・ヘソ・hushu〉

指頭（お指）〈威倍・オユビ・uibi〉

腿〈木木・モモ・mumu〉

衣服類

衣服（衣）〈衾・キヌ・kin〉

帽〈膜子・マウズ・mouzu〉

帶〈烏必・オビ・ubi〉

褲子（袴）〈花喀馬・ハカマ・hakama〉

手巾〈梯煞之・テサジ・tisaji〉

被（布団）〈烏獨・ウードゥ・udu〉

帳子（蚊帳）〈喀着・カチャウ・kacha〉

氈〈木身・モウセン・muushin〉

枕〈嫣寡・マクラ・makkua〉

褥子（布団）〈福冬・フトン・fudun〉

－78－

『琉球入学見聞録』巻2

襪（足袋）〈塔必・タビ・tabi〉

靴子（革靴）〈寛古・カハグツ・kwaNgu(tsu)⁽¹⁷⁾〉

鞋（草履）〈煞色（巴）⁽¹⁸⁾・サバ・saba〉

笠〈喀煞・カサ・kasa〉

汗衫（胴衣）〈毒巾・ドウギヌ・duugin〉

綢（絹）〈亦周・イト・ichu〉

緞（緞子）〈動子・ドンス・duntsu〉

紗〈煞・サ・sa〉

羅〈羅・ラ・ra〉

布〈奴奴・ヌノ・nunu〉

綿衣（綿入れ衣）〈哇答一利僉・ワタイレギヌ・watairigin〉

裙（下裳）〈喀喀密・カカミ・kakami〉

飲食類

飯（御飯）〈翁班・オバン・uNban〉

酒〈煞機・サケ・saki〉

煙（煙草）〈塔八孤・たばこ・tabaku〉

油〈庵答・アブラ・aNda〉

醤（味噌）〈彌述・ミソ・misu〉

醤油〈芍由・シヤウユ・shauyu〉

米〈窟美・コメ・kume〉

鹽（真塩）〈麻叔・マシホ・mashu〉

豆腐〈拖福・タウフ・toufu〉

茶〈茶・チヤ・cha〉

肉〈失失・シシ・shishi〉

菜（野菜）〈亞色・ヤサイ・yasa(e)i〉

索麺（素麺）〈索関・サウメン・soumin〉

蒜〈灰魯・ヘル・huiru〉

西瓜〈西刮・スイクワ・sikwa〉

冬瓜〈失布衣・シブイ・shibui〉

薑（生姜）〈芍喀・シヤウガ・shauga〉

黒豆〈枯魯馬関・クロマメ・kurumami〉

蕉實（芭蕉成り）〈巴煞那衣・バサナリ・basanai〉

番薯（薩摩藷）〈番子母・ハンツンイモ・fantsuimu〉

『琉球入学見聞録』巻2

豆芽菜（豆菜）〈馬米那・マメナ・mamina〉

餅〈木之・モチ・muchi〉

魚〈亦由・イヲ・iu〉

蝦（海老）〈色・セ・se〉

吃飯（朝飯）〈喀煞美・アサメシ・ʔasame[19]〉

珍寶類

金（黄金）〈枯喀泥・コガネ・kugani〉

銀〈南夾・ナンジヤ・nanja〉

錢〈井・ゼニ・jin〉

銅〈阿噶喀泥・アカガネ・akagani〉

鐵〈窟礫喀泥・クロガネ・kurugani〉

錫〈息子・スズ・sidzi〉

玉〈撻馬・タマ・tama〉

石〈亦石・イシ・ishi〉

硫磺〈由哇・ユワウ・yuuwaa〉

琥珀〈枯花古・コハク・kuhaku〉

通用類

甜（甘さ）〈阿媽煞・アマサ・amasa〉

酸〈西煞・スッパサ・sisa〉

鹹（塩辛さ）〈什布喀喇煞・シホカラサ・shibukarasa〉

淡〈阿花煞・アハサ・ahasa〉

黄（黄色）〈奇魯・キイロ・kiiru〉

紅（赤さ）〈阿喀煞・アカサ・akasa〉

青（青さ）〈窩煞・アオサ・ousa〉

白〈失魯煞・シロサ・shirusa〉

紫〈木喇煞吉・ムラサキ・murasaki〉

黒〈窟魯煞・クロサ・kurusa〉

念書（墨習って）〈西米那喇的・スミナラッテ・suminaratti〉

香（香ばしさ）〈哈巴煞・カウバシサ・kabasa〉

臭〈窟煞煞・クササ・kusasa〉

說話（物語）〈木奴喀達里・モノガタリ・munugatari〉

不敢（止めさ）〈揚密撒・ヤメサ・yaNmisa〉

『琉球入学見聞録』巻2

喜歡（誇らしさ）〈福古喇煞・ホコラシサ・fukurasa〉
笑（笑って）〈瓦喇的・ワラッテ・waratti〉
啼（泣き）〈那及・ナキ・naki〉
歌〈屋達・ウタ・uta〉

　以上は凡て入学した官生らが毎日口頭で話し、書面で書いているものであり、徐葆光の
『中山伝信録』[20]と大いに異なっている。

─────────────────

〔注〕
（1）潘相は謁見後、山東登州府福山県知県（県知事）に任命された。『琉球入学見聞録』巻3「教習」を参
　　　照。
（2）『沖縄語辞典』按司様 az(j)iganas(=sh)ii。此処は中国から来る冊封使を琉球の按司と見なす。ローマ字
　　　は寄語漢字の解読音であり、括弧内は訳者が標示した読むべき正音である。
（3）「ミナ」（mina）が脱落。
（4）『沖縄語辞典』に「銀河 tiNgaara」とある。
（5）「間」（ma）は麻の発音。
（6）「イ」（i）が脱落。
（7）「人」の寄語が重複。
（8）「夫子」は漢字音。
（9）『琉球語彙』に「to walk atchoong」とある。
（10）「准」は「排」の誤字。
（11）『琉球語彙』に「lean yaite」とある。
（12）『琉球語彙』に「fat quaitee」とある。
（13）『沖縄語辞典』に「階段 kizai」とある。
（14）『沖縄語辞典』に「柄杓 niibu」とある。
（15）「蓐子 腳踏綿」の誤り。「蓐子」は中国語で敷布団。此処は「畳」の音。『沖縄語辞典』に「畳 t(>chi)
　　　atami」とある。
（16）『沖縄語辞典』に「簪 z(=j)iihwaa」とある。
（17）「ツ」（tsu）が脱落。
（18）「色」は「巴」の誤字。
（19）『沖縄語辞典』に「飯 mee」とある。
（20）『中山伝信録』巻6「琉語」を収録し、本書「土音」の主要参考書となっている。

字母

　陶宗儀が云う、「琉球国が進貢の際に上程した表文は木簡である。高さ約8寸、厚み3
分、幅5分。赤漆塗りして、錫を押し込み、革紐で結んで、横書で文字を彫った。書体は
今では使用し無くなった科斗文だ」と。更に「日本国に字母（仮名）四十七有り、通じれ

『琉球入学見聞録』巻2

ば音義が分かる。草書の連写体か蒙古文字のようだ。日本文字で書いた中国の詩文は、読めないが筆勢が縦横往来して，龍蛇のような躍動感を有し、まるで唐代の書家懐素の遺風だ」と云う。此れは琉球にもある天然文字で、即ち汪楫『使琉球雑録』には「皆草書体で隷書無し」としている。其の文字は舜天時代から有り、日本国書体により、字母（仮名）四十七個を制し、依魯花（「伊呂波」のこと）と称し、中国の三十六字母に似ている。2字で1音としたり、1字で3音としたり、3字で1音としたりして、5、6字をもって1音となる場合もある。例えば「春色」の2字、「春」は「花魯（haru）」の2音であり、「ハロ⁽¹⁾」2字を書き、即ち「春」となる。「色」は「依魯（iru）」2音であり、「イロ」2字を書けば、即ち「色」となる。これは2字で1音の例である。村名の「泊（tumai）」は「船を停泊する」意味で、「土馬伊（tumai）」と読み、1字3音となる。村名「喜屋武」は「腔（kyan）」と読み、3字1音である。又例えば「君」は「コ」「ン」2字で「コン」を読んで「空」とする。または仮名の右上に点点（濁点）を加え、「サ」に加点して「ザ」となり、「渣 za」と読む。「ス」に加点して「ズ」となり、「凄（zi）」と読む。また平上去入四声の破読法がある。故に四十七の仮名が千百の読みに変化できる。此の点が諸仮名と組み合わせ可能の他に、徐葆光『中山伝信録』に云う「ン」が「媽（ma）」と読むこともある。以下の字母（伊呂波）の音は中国人の発音により、入学した官生の発音と多くは一致しない。例えば、「ハ」は本来「花」の入声だが、文中では「花（ha）」と読むため、大差が無い、文末になると入声を読む。他に「ロ」は「壊（ro）」と読むが、実際に「魯（ru）」と発音、「楼（ru）」は実際に「奴（nu）⁽²⁾」と発音。「ヨ、ユ」は「攸（yu）」「欲（yu）」を読むが「禾（yo）」となる。「ツ ム」は「自（tsu）」、「某（mo）」だが「即（tsi）」、「木（mu）」としている。これは誤りである。「シ ヒ モ」は本来「實（shi）」、「須（hi）」、「莫（mo）」と読むが「志（chi）」、「蜚（fi）」、「毛（mau）」に誤っているのは大きな間違いである⁽³⁾。

　以下は本来の読みを示しながら説明を附す。

　イ［依 i］　ロ［本来は壊 ro の発音、魯 ru に誤る］　ハ［花 ha］　二［義 ni］　ホ［夫 fu］　ヘ［揮 hi］　ト［都 tu］　チ［癡 chi］　リ［利 ri］　ヌ⁽⁴⁾［本来は樓⁽⁵⁾no と発音、奴 nu に誤る］　ル［禄 ru］　ヲ［烏 u］　ワ［哇 wa］　カ［喀 ka］　ヨ［本来は攸 yu と発音、禾⁽⁶⁾yo に誤る］　タ［達 ta］　レ［力 ri］　ソ［蘇 su］　ツ［本来は自 tsu と発音、即 tsi に誤る］　ネ［你 ni］　ナ［那 na］　ラ［喇 ra］　ム［本来は某 mo と発音、木⁽⁷⁾mu に誤る］　ウ［無 u］　ヰ［沂 i］　ノ［奴 nu⁽⁸⁾］　オ［烏 u］　ク［姑 ku］　ヤ［耶 ya］　マ［馬 ma］　ケ［基 ki］　フ［呼⁽⁹⁾hu］　エ［而 e］　テ［梯 ti］　ア［牙 a］　サ［沙 sa］　ケ［基 ki］　ユ［本来は欲 yu と発音、禾⁽¹⁰⁾yo に誤る］　メ［霉 me］　ミ［米 mi］　シ［本来は實 shi と発音、志 chi に誤る］　ヱ［意 i］　ヒ［本来は須 hi と発音、蜚 fi に誤る］　モ［本来は莫 mo と発音、毛 mau に誤る］　セ［世 shi］　ス［使 su］。

－82－

『琉球入学見聞録』巻2

〔注〕
（1）「ハロ」は琉球語「春（ハル）」の発音であり、「ル」を「ロ」と読む。
（2）ｒをｎで発音するのが潘相の安郷方言の反映。
（3）以上の用例は殆ど琉球語3母音（お行はう行に、え行はい行に変化）と日本語5母音の混同例で、誤りではない。
（4）「ヌ」は「ノ」の誤字。
（5）「樓」はroを読み、ｎをｒで発音するのが安郷方言の反映。
（6）「夭」と「攵」は間違って逆にされた。
（7）「木」と「某」は間違って逆にされた。
（8）「ノ」は「ヌ」の誤字。
（9）「呼」の下に仮名「コ」が脱落。
（10）此処はｏがｕに合流する琉球語3母音原則に反する解釈となっている。

書籍

　聞くところによると、琉球の文廟［孔子廟］の両側の部屋には、それぞれ経書が蓄えられている。通例では久米村の子弟で優秀な者を採用して、15歳を「秀才」とし、12歳を「若秀才」とする。久米村では大夫・通事の中から1名を選んで「講解師」とし、学校で教育させた。月の初めには『聖諭衍義』⁽¹⁾を読んだ。3・6・9がつく日には、紫金大夫⁽²⁾が講堂に赴き、中国伝来の典籍を整理し、諸生の勤勉・怠惰ぶりを観察する。月ごとに芸文を課し、その能力に優れる者を選んで推薦した［徐録（徐葆光『中山伝信録』巻五）に言う、「秀才は毎年12月に4書題・作詩1首、或いは8句或いは4句で試験を行う。有能な者は順次昇進させる」と。（しかし）実際にはそのような例は無かった］。8歳で入学した者は、通事の中より1人を選んで「訓詁師」とし、天妃宮（海の女神を祀った宮殿）で教育を行った。首里には郷塾を3ヶ所設置し、また久米村の者が師となった。ほかの村の者はみなその国書［すなわち法司教條］を読み、国字を学び、寺を塾とし、僧侶を師とした。近頃那覇などの村でもまた家塾を作ることが多くなった。

　経書を読む場合、書は内地で購入することが多かった。ただし通常は二十二史などの書物は携えてこなかったので、歴史書は殆ど無かった。国王が前後して刊行したものとして、四書・五経・『小学』・『近思録集解便蒙詳説』・『古文真宝』・『千家詩』があり、板木は王府に所蔵され、申請すればすぐに見ることが出来た。私が見たのは、四書・『詩経』・『書経』・『近思録』・『古文真宝』の白文であり、小註の脇には、みな鈎挑（レ点。返り点）が付いているが、もともと鐫刻されているものであり、（後で）読んだ時に筆で註を添えたものではない。諸録にいうように、また未だ日本の諸僧号を見たことはない。また『四訳館考』

『琉球入学見聞録』巻2

（清・江蘩の著）には、「日本には四書・五経及び仏書、白楽天の集が有り、みな中国より入手したものである」というが、いまだ宋儒の書が有るのを聞いたことが無い。その上（琉）球板の『近思録』は、しばしば『明一統志』、邱瓊山〈1420—1495〉(3) の『家礼』（『文公家礼儀節』）、梅誕生(4) の『字彙』を引いており、これは明末に版刻されたもののようである。

恐らく三十六姓とはもともと閩（福建）の人であろう。朝貢の往還の際、（船の発着点でもある）閩に場合によっては3年も留まる場合もある。閩にはまた在留館もある。在留館の通事付きの従者には、秀才の身分を借りて閩に入り、師に教えを請う者が多い。ある者は閩に数年間滞在し、その後帰国するが、日々閩人と友人となるため先儒の書物を知る事が出来た。携えて帰国して刊行し、旁に琉球の文字（送り仮名）を付け、これを使って学習した。琉球人の読法は、日本人のよくする所ではない。その上前明の弘治〈1488—1505〉・万暦〈1573—1620〉の正朔（暦）を遵守して用いることは、しばしば序文に見られ、また絶対に倭人の書ではない。今このようなわけで、目を通した書物で、その小さな異同について記録すると、下記の通りとなり、さらに琉球国の人が著した書物もまた付け加えた。

書物の伝・注は、みな功令に遵い、字画は全て（国子）監本に拠り、板は大きく、紙は堅い。校讐は精確ではなく、時に誤字も多く、また或いはわずかに異同がある。例えば『書経』は10巻に分け、虞（書）2巻、夏（書）1巻、商（書）1巻、周（書）5巻とする。その辺幅にそれぞれの篇名が刻まれている。集伝を（四書の）集注の位置に置き、経文の下は音注を除き、伝中の字に音注がある。例えば「尭典」では、伝内に取られた『説文』（の引用）は、双行であり、（冒頭「説文」の）注に「後漢許慎叔重作」と記す。「今文」の下に、注に「伏生所授、馬・鄭等所注」と記す。「古文」の下に、注に「孔壁所藏、安國所傳」と記す。以下皆これに倣う。また、別本は、その版刻は最も早いもので、正文の傍には琉球の文字の解釈がある。

『詩経』に異文はないが、ただしやはり集伝を集注の位置に置いている。

四書の外籤に「文字訓詁」の4字あり。『論語』為政編巻末に聖像（孔子像）があり、（その）上の横額に「万古儒宗」と記し、下の賛に「上律下襲、祖述憲章、高堅前後、日月宮牆、金聲玉振、江漢秋陽、今古一人、春秋素王」とある。前に「至聖孔子像」、後に「後學余象珍贊」と題す。下の絵の聖像の間に、旁らに4像が描かれており、室内に几案があり、さらに麒麟が描かれている。上部の隅に「劉氏刻像」という四字がある。旁聯に「天地大、日月明、煥乎六經事業。宗廟美、百官富、巍然萬仞宮牆」とある。雍也篇巻の後ろに曾子像があり、上の横額に「一貫傳眞」とある。下の賛に「戰競成性、宏毅任仁、道發忠恕、學衍明新、一貫神悟、三省功深、杏壇木鐸、衣鉢傳眞」とある。前に「宗聖公曾子像」、後に「後學余象珍贊」と題す。下に賢像が描かれ、案上に「大學」の2字がある。旁聯に「大學宏綱、明德新民、止至善。孝經要道、天經地義、秉民彝」とある。下論(5)の末尾に子思の像がある。上の横額に「家傳道脉」とある。下の賛に「大哉聖道、至矣中庸、位育參贊、

『琉球入学見聞録』巻2

丕顯篤恭、川流敦化、費隱誠明、無聲無臭、君子中庸」とある。前に「衍聖公子思像」、後に「後學余象珍賛」と題す。下に賢像を描き、案上に「中庸」の2字がある。旁聯に「大道現前、作述中庸、新事業。聖祖在望、傳聞詩禮、舊箕裘」とある。

『大学』の末尾には朱子の像がある。上の横額に「誠意正心」とある。下の賛に「義理精微、蠶絲牛毛、心胸恢廓、海濶天高、豪傑之才、聖賢之學、景星慶雲、太山喬嶽」とある。前に「徽國文公朱熹像」、後に「後學呉澄賛」と題す。下に賢像が描かれ、旁聯に「太道亘乾坤、閩南鄒魯一脉、聖德同日月、海内儒宗四家」とある。

『孟子』の公孫丑篇の巻末に、孟子の像がある。上の横額に「命世亜聖」とある。下の賛に「學宗孔聖、名世自任、黜伯崇王、闢邪衞正、養氣知言、居仁由義、太山巖巖、壁立萬仞」とある。前に「亞聖公孟子像」、後に「後學余象珍賛」と題す。下に賢像を描き、旁聯に「闢異端功利之談、獨陳王道。發性善仁義之旨、有功聖門」とある。離婁の巻末になると、さらに文昌君（文昌帝君）像もある。上の額に「文章司命」とある。賛に「大道之宗、斯文之主、翼然煥然、炳矣蔚矣、黼黻帝王、經緯天地、烜烜精華、增光六籍」とある。後に「後學余象珍賛」と題す。下に神像が描かれ、旁聯に「氷鑑無私、三千禮樂皆魁首、文章有用、五百英雄待點願［疑うらくは（「願」の字は）「頭」の字に作るべきである］」とある。萬章篇の巻末に、また1人の像が描かれており、上の横額に「余明臺刻行」とあり、下に「四經六籍、承學宜知、字詳音反、畫辨差池、文塲無誤、黨塾不迷、大魁天下、從此楷梯」とある。下に人馬の像が描かれ、几案上に「大魁四書」の文字がある。旁聯に「芸館校讐、五夜藜光輝北極、儒林矜式、四方文教振中天」とある。

［臣が按ずるに、官生たちはみな「四書は尚真王〈1477―1527 在位〉の時に刻されたが、（これは）明の正徳〈1506―1521〉の時であり、渡来してからまた久しい」と言う。但し、琉球には（科挙の）科目が無く、また海外の一隅の刻であるが、やはり「大魁天下」（科挙試験で主席となる）及び「英雄待點頭」等の語がある。琉球の人は文昌（帝君。学問の神様）を祀らないが、やはり文昌の像がある。『古文真宝』でもまた「大魁」と言う。まるで内地にこの版本があり、琉球人がそれに倣って版刻し、わざわざ旁に琉球の文字を添えたかのようだ。ただその末尾の1像は、余明台が自らその刻書の功績を述べている。明台はもしかすると象珍の別号なのかもしれない。四書の絵像は、すでに不謹慎であり、また復聖顔子（顔淵）の像がなく、子思を「衍聖公」と称し、その上文昌像を付随させ、これを最後にしている。賛および聯もまた風雅ではない。明の時の内地でもきっとこのような書物はないであろう。刻書の時に余明臺はたまたま冊封使の従客となり、ひそかに私見として教えたものだったのではないのか。しかもその時琉球人は校讐に精確ではなく、更にこれによって誤りを加えただけである］。

『近思録集解便蒙詳説』はあわせて24巻。上の枠には諸書をまじえて引き、解釈の下文はとても博雅であった。跋語は所謂貝原（益軒）〈1630-1714〉[6]氏の「備考」であり、字

『琉球入学見聞録』巻2

遯叟（宇都宮遯庵(7)〈1633—1707〉）の「鼇頭」(8)である。下の枠には葉采（南宋の人。『近思録集解』の編者）と刻まれており、集解の後には、また琉球人の解語が刻まれている。所謂『便蒙詳説』は、初めの1冊は陪臣によると毛通事が誤って携えて持ち帰ってしまったとのこと。だからその（書物の撰者の）姓氏を考えるすべは無いが、その巻末に題跋があり、「書便蒙詳説後」（便蒙詳説の後に書す）と題してあった。その文章中に「『近思録集解』は海内に行われること久しい。その羽翼たる者を顧みると、2つある。貝原氏の「備考」と、宇（都宮）遯叟（庵）の「鼇頭」であり、（その）考察の精竅［まさに「竅」に作るべきである］（詳しく調べること）さは、極めて読書人に有益である。近頃私もみだりに粗野な言葉で解説を作ったが、ああ、浅才薄識で誤りももとより多く、二公に肩を並べたとは言い難い。聊か童蒙の便になるだけのものである。乙亥（元禄8〈1695〉年）冬10月朔、簗［まさに「梁」に作るべきである］田忠（簗田勝信(9)）謹んで識す」と記している。その後に小さく「武陵書林」の4字がある。恐らくは、また内地の版元に倣い、「林」を「陵」に彫り間違えただけであろう。

　下の枠に刻まれているのは、第2巻の「誠無爲」の白文と朱（子）の傍注で、既に琉球の文字（送り仮名）が刻まれている。後にまた「便蒙解」（初学者用の解説）があり、次のように記している。「コ［琉球の「庫」の字（以下読みのみ記す）］レ［力］通書ニ［義］於テ［梯］誠幾通ノ［奴］章ト［都］云凡ソ［蘓］通書ハ［花］圖説ト［都］表裏ヲ［務］ナ［那］シ［「志」の字。志は「實」と読む］テ［梯］言リ［利］誠ハ天命ノ［奴］性眞實無妄ノ理ナ　無爲トハ寂然トメ(10)（シテ）［霉］動カ［喀］ズ［使］。［二点（濁点）を加えて「日」の字とする。思うに、琉球の字母は四十七あるが、字母でこれを表すことが出来ない音は゛（濁点）を（文字の）上の隅に加えて読む。徐録（徐葆光『中山伝信録』)(11)の所謂「諸音をくっ付ける」］ト云ガ［「喀」の字とよく似ているが、音は微妙に高い。なので「ハ」（濁点のことか）を隅に加えて読む］如シ［志］一念モ［毛。「莫」と発音する］心ノ［奴］發ラ［梯］ザ［卅］（サ）は「沙」の字。また「沙」の字の発音とよく似ているが、微妙に異なり、冫（濁点）を卅の字の隅に加えて分別する］ル［祿］時ハタ［達］ダ［「達」の発音とよく似ているが、微妙に異なり、「答」と読む］天性ノ［奴］實理ノミ［米］ニ［義］テ［梯］ス［使］コ［庫］シ［志］モ［毛。莫と読む］營ミ［米］爲ス［使］コ［庫］ト［都］ナ［那］キ［基］ナ［那］リ［利］其本ハ［花］眞ニ［義］〆［霉］静ナ［那］リ［利］ト［都］言ル［祿］モ［毛］亦コ［庫］ノ［奴］意ナ［那］リ［利］註朱子曰實理　性ノ［奴］本體眞實ノ［奴］理ハ［花］是天命ノ［奴］自然ノ［奴］ミ［米］何ノ［奴］人力ヲ［務］以テ［梯］作爲ス［使］ル［祿］コ［庫］ト［都］ア［你］ラ［梯］ン［力］ヤ［耶］此ガ［喀の平声］即チ［癡］人ニ［義］在リ［利］テ［梯］太極ノ理ナ［那］リ［利］」［後みなこれに倣う］と。

　『古文真宝』は（徐州）永陽の黄堅（宋末元初の人）によって編輯され、三山で林以正が重

－86－

定し、至正丙午（元・至正26〈1366〉年）孟夏に、盱江（広西）の鄭本士文が序文を制作し、弘治15〈1502〉年孟冬に青藜斎が雲中（山西大同府）の有斐堂に寓して重刊した。前、後集20巻、全27体、312篇。前集は245篇、後集は67篇。私が目を通したものは、後集の上巻は辞・賦・説・解・序・記の6種類に分かれており、序文を含めて74頁。下巻は箴・銘・文・頌・伝・碑・辨・表・原・論・書の11種類で、併せて76頁。その目録は「秋風辭」の下、1行注で「前漢武帝」の4字、2行注で「七丁目」の3字がある。「漁父詞」の下、1行注で「屈平」の2字、2行注で「八丁目」の3字がある、というようになっている。丁目とは頁の事である。後此に倣う。

　辭は全3作品。「秋風」・「漁父」・「歸去來」。賦は全6作品。「弔屈原」・「阿房宮」・「秋聲」・「前赤壁」・「後赤壁」・「憎蒼蠅」。説は全5作品。「師説」・「雜説」・「名二子説」・「稼説」・「愛蓮説」。解は2作品。「獲鱗」・「進學」。序は6作品。「春夜宴集」・「昌黎文」［李漢］・「送孟東野」・「送李願」・「送薛存義」・「滕王閣」。記は12作品。「蘭亭」・「獨樂園」［司馬君實］・「醉翁亭」・「晝錦堂」・「喜雨亭」・「岳陽樓」・「子陵詞堂」・「黃岡竹樓」・「待漏院」・「諫院題名」・「袁州州學」・「思誠記」［陳師道］。箴は5作品。「大寶」・「程子四箴（「視箴」「聽箴」「言箴」「動箴」)」。銘は5作品。「陋室」・「克己」［呂與叔］・「西銘」・「東銘」・「古硯銘」［唐子西］。文は2作品。「北山移文」・「弔古戰塲」。頌は3作品。「得賢臣頌」・「大唐中興頌」［元次山］・「酒德頌」。傳は5（3）作品。「五柳先生」・「(種樹) 郭橐駝」・「讀孟嘗君傳」［按ずるに「讀孟嘗君傳」を伝の体とするのは誤りである］。碑は1作品。「韓文公廟」。辨は2作品。「桐葉封弟」・「諱辨」。表は3作品。「(前、後) 出師」・「陳情」。原は2作品。「原人」・「原道」。論は2作品。「仲長統樂志論」・「過秦論」。書は5作品。「上張僕射」・「爲人求薦」・「答陳商」・「與韓荊州」・「答張籍」。

　国人の著作に『續図記』、『中山歴伝世系』［姓名系伝を編輯］、王弟向象賢〈1617―1676。羽地朝秀〉が著した『中山世鑑』、久米村の人程順則が著した『中山集』、『閩遊草』、『燕遊草』、『中山官制考』、『指南広義』、曽益〈1645―1705〉(12)の著した『執圭堂草』、蔡鐸〈1645―1725〉(13)の著した『観光堂遊草』、鐸の子蔡温〈1682―1762〉(14)の著した『澹園集』『要務彙編』、蔡文溥〈1671―1745〉(15)の著した『四本堂集』、蔡応瑞(16)の著した『五雲堂集』がある。何文声にもまた詩集(17)があり、徐葆光が序文を制作した。金堅や鄭国観(18)にも詩集がある。首里の人周新命〈1666―1716〉(19)に『翠雪楼集』がある。

　『指南広義』はすべて漢文で、琉球の文字（送り仮名）は付いていない。康熙47〈1708〉年に鐫刻され、自序があり、閩人の陳元輔（字は昌其）が序文を制作している。「海島圖」、「針路條記」、「傳授針法本末考」、「天妃靈應記」、「請天妃安享祝文」、「登舟祝文」、「入廟祝文」、「天妃誕辰及節序文」、「祭天妃儀注」、「周公指南地羅二十四位圖」、「定更數之法」、「開洋下針祝疏」、「風信考」、「逐月暴風日期」、「許眞君傳」、「授龍神行日」、「出行通用言忌日」、「論用往亡日」「百事吉日」「大吉時」「行船通用吉忌日」「逐月行船吉日」「四時占候風雲准

備緩急物件」「潮汐論」「月華出時訣」「定寅時歌」「太陽出沒歌」「太陰出沒歌」「定四正四隅之法」「正隅對念法」「二十四位順念法」「觀星圖」「四時調攝飲食雜忌」「養心窮理謹」「戒戲謔」「戒浪飲食」「禁作無益河口」「柔遠驛記」「重建天妃樓記」「土地祠記」「祭祠文崇報祠記」を載録している。あわせて全59頁。皆入貢における往来の航海諸法を記録し、天朝の福沢によって海が穏やかで盛況な様子を記している。

　『澹園集』7巻は、乾隆丁卯（12〈1747〉）年に鐫刻されている。自跋、紫金大夫曽恂（徳侯）の跋、閩人劉敬（興両）の序がある。その目録は、「客問録」「家言録」「圖治要傳」「俗習要論」「一言録」「養翁片言醒夢要論」「内有一心靈應圖」「以心制氣圖」「心氣爭鬪圖」「以氣制心圖」「察俗要訣圖」「左壁銘」「右壁銘」で、あわせて数千万言。皆儒先に依拠し、経・史を引いて述べている。繰り返し説いて人から血気を取り除き、正気を保たせる。その跋文に次のように言っている。「もし（血）気を攻め、正心を操る工夫がなければ、聖経や賢伝について日々講論したとしても、まことに自分の所有ではなく、後生陥穽に墜ちてしまうだろう。そこで『澹園全集』を著すのに、みな（血）気を攻めて（正）心を操ることを基本とした。そのようにして手直しすれば、高き段階に登り、その人物や（著した）書物は、まことに海外の傑出者となる。しかし、理屈が多く物事に固執すれば、言葉も浅く幼稚で、無意味なものになり、全く用いる所を知らない。恐らく、学ぶ時に師承がいなかったために、文法を学ばなかったのであろう」と。『要務彙編』中に「重修南北砲台記」があり、序文がある。芸文（巻4）を見よ。

〔注〕

（1）『聖諭衍義』…六諭（明・洪武帝の6つの教訓）の解説書。明・范鋐撰。康熙4〈1665〉年に刊行。程順則が中国より琉球に持ち帰り、薩摩藩に献上した事で知られる。

（2）紫金大夫…久米村の位階の1つ。従二位。

（3）邱瓊山…邱濬、字は仲深。広東瓊山の人。瓊山先生と称された。景泰五〈1454〉年の進士。礼部尚書・文淵閣学士となる。

（4）梅誕生…梅膺祚、字は誕生。安徽宣城の人。明末の人。

（5）『論語』の20篇のうち、「学而第一」～「郷党第十」までを「上論」、「先進第十一」以降を「下論」という。

（6）貝原益軒…江戸中期の儒者。筑前の人。はじめ陸象山・王陽明の学問を学び、のち朱子学を学んだ。

（7）宇都宮遯庵…杉村顕道『儒海』（大久保書院・1975年）によると、名は的、岩国の人。岩国藩の儒者。松永尺五の弟子。

（8）本文の上の空白に施した注釈のこと。

（9）梁田勝信…名は忠、号は毅斎。『儒海』では字を勝徳とする。江戸の人。梁田蛻巌〈1672-1757〉の兄。程朱学派。

（10）送り仮名の記号の「〆（シテ）」のこと。以下同じ。

（11）徐葆光『中山伝信録』巻6。「字母」に「四十七字之末、有一字作二點、音媽。此另是一字、以聯屬諸

『琉球入学見聞録』巻2

音爲記者。共四十八字云」

(12) 曽益…久米村の人。号は虞臣。康熙 2 〈1663〉年に福州に 2 年滞在して学問や礼を学んだ。のち浦添間切祖地頭、さらに長史となった。康熙 22 〈1683〉年、謝恩都通事、康熙 27 〈1688〉年に正儀大夫として北京に赴いた。最後には紫金大夫にまでなった。

(13) 蔡鐸…字は天将、号は声亭。20 歳で通事となり、23 歳で中国に渡り学問に励んだがすぐに病気となって帰国。のち進貢正儀大夫として中国に渡った。久米村の人。蔡温の父。

(14) 蔡温…久米村の人。27 歳の時に福州に渡り、2 年ほど学問を学んで帰国。尚敬王の時に国師に任ぜられた。35 歳の時、正儀大夫となり、尚敬王の即位を請う使者として北京に赴き、交渉にあたった。

(15) 蔡文溥…字は天草、号は如亭。康熙 27 〈1688〉年官生として北京に赴く。康熙 31 〈1692〉年帰国。のち講解師兼訓詁師となった。最後には紫金大夫にまでなった。本書巻 2 「賢王」参照。また巻 4 「芸文」に作品が収められる。

(16) 蔡応瑞…久米村の人。蔡文溥の父。

(17) 採用書目に「何文声集」有り。また、徐葆光に「題中山何文声詩集」(『奉使琉球詩』)有り。

(18) 鄭国観…鄭孝徳の父。巻 2 「賢王」参照。

(19) 周新命…字は熙臣。大里間切目取真地頭。通事となり、福州に 7 年滞在して学問に励んだ。のち正儀大夫となった。詩集に「翠雲楼詩箋」(『中山詩文集』)がある。

誦声

　琉球人が読書する時、官生だけは漢文の誦習法を習い、其の従者たちは依然として自国の方法を採る。或いは文書の順序により、或いは逆順で交錯させ、或いは 2 字連続、或いは逐字に停頓、或いは字母(仮名)を用い、1 つ正文であり、1 つ語尾である。或いは数字母を語尾とする。また 1 虚字に対して読む場合と読まない場合がある。1 実字は場合により読み方が異なる。刊刻した本は、偶に白文小注の傍らに琉球仮名の本文を彫りいれる。或いは勾挑(返り点)と語尾表現(文末表現)を彫りいれる。たとえ中国の本を入手しても、琉球刊本と同様に訓点を添える。

　例えば「大学」2 字はダ［タは本来達 ta と読み、゛(濁点)を加えると裂[1]da と読む］イ［依 i］ア［牙 ga］カ［喀 ka］。「之道」2 字はノ［奴 nu］ミ［米 mi］ツ［即 tsi で、自 tsu と読む］ハ［ハは本来花 ha と読むがここで四声読法により、花の入声と読み、襪 wa で発音］。此れは文に沿っての両字連読法で、ハはその語尾表現である。

　先ず「明徳」はメ［霉 me］ト［都 tu］ク［姑 ku］ヲ［烏 u］。此処は上の「明」字をア［牙 a］チ［癡 chi］ラ［喇 ra］カ［喀 ka］ニ［義 ni］ス［使 su］ル［魯 ru］ニ［義 ni］と読む。文末の「在」はア［牙 a］リ［利 ri］と発音。此れは逆順で読み、また逐字に停頓する。ヲ［烏 u］、ニ［義 ni］、ス［使 su］、ル［魯 ru］、ニ［義 ni］は皆語尾である。「在止於」の「於」は読まない、他の場所の「於」、「乎」は読む場合もある。「能静」の「静」はカ［喀 ka］ラ［喇 ra］リ［利 ri］と読む。下の「静」は又カ［喀 ka］ニ［義 ni］シ［志

－89－

shi は實 shi と読む］テ［梯 ti］と読み、此れも一字多読となる。

　以下は琉球刊本『大学』の１節を転録し、併せて『聖経』の全文上論首章の読み方を詳細に記録する。

大學之道

　大學、ダイアカ[(2)]；之道、ノミツハ。併せてダ［裂[(3)]dai］イ［依 i］ア［牙 a］カ［喀 ka］ノ［奴 nu］ミ［米 mi］ツ［自 tsu］ハ［襪 wa］と読む。

在明明德

　明德、メトタ[(4)]。明、アチ[(5)]ラカニスルニ；在、アリ。併せてメ［霉 me］ト［都 tu］タ[(6)]［姑 ku］ア［牙 a］チ［癡 chi］ラ［喇 ra］カ［喀 ka］ニ［義 ni］ス［使 su］ル［祿 ru］ニ［義 ni］ア［牙 a］リ［利 ri］と読む。

在親民

　民、タミヲ；親、アラタニスルニ；在、アリ。併せてタ〈達 ta〉ミ〈米 mi〉ヲ〈烏 u〉ア牙［a］ラ［喇 ra］タ［達 ta］ニ［義 ni］ス［使 su］ル［祿 ru］ニ［義 ni］ア［牙 a］リ［利 ri］と読む。

在止於至善

　至善、シゼンニ；止、トロマロニルニ[(7)]；在、アリ。併せてシ［志 shi、音は實 shi］ゼン［神 jen］ニ［義 ni］ト［都 tu］ロ［魯 ru］マ［馬 ma］ロ［魯 ru］ニ［義 ni］ル［祿 ru］ニ［義 ni］ア［牙 a］リ［利 ri］と読む。

知止而後有定

　止、トルマルコトヲ；知、シイテ；而、シカシテ；后[(8)]、ノチ；定、サタマルコト；有、アリ。併せてト［都 tu］ル［祿 ru］マ［馬 ma］ル［祿 ru］コ［庫 ku］ト［都 tu］ヲ［烏 u］シ［志は實 shi の音］イ［依 i］テ［梯 ti］ノ［奴 nu］チ［癡 chi］サ［沙 sa］タ［達 ta］マ［馬 ma］ル［祿 ru］コ［庫 ku］ト［都 tu］ア［牙 a］リ［利 ri］と読む。

定而后能靜

　定、サタマテ；而、シカル；后、ノチ；能、ユク；靜、シツカラリ。併せてサ［沙 sa］タ［達 ta］マ［馬 ma］テ［梯 ti］シ［志 shi］カ［喀 ka］ル［祿 ru］ノ［奴 nu］チ［癡 chi］ユ［天は欲 yu の音］ク［姑 ku］シ［志 shi］ツ［即 tsi］カ［喀 ka］ラ［喇 na[(9)]］リ［利 ri］と読む。

靜而后能安

　靜、シツカニシテ；而、シカル；后、ノチ；能、ユク；安、ヤソシ。併せてシ［志 shi］ツ［即 tsi］カ［喀 ka］ニ［義 ni］シ［志 shi］テ［梯 ti］シ［志 shi］カ［喀 ka］ル［祿 ru］ノ［奴 nu］チ［癡 chi］ユ［禾 yu］ク［姑 ku］ヤ［耶 ya］ソ［蘇 su］シ［志 shi］と読む。

安而后能慮

　安、ヤソシテ；而、シカシテ；后、ノチ；能、ユク；慮、ヲモンハカリ。併せてヤ［耶 ya］ソ［蘇 su］シ［志 shi］テ［梯 ti］シ［志 shi］カ［喀 ka］シ［志 shi］テ［梯 ti］ノ［奴 nu］チ［癡 chi］ユ［禾 yu］ク［姑 ku］ヲ［烏 u］モン［孟 mun、二字合わせ一字音と為す］ハ［花 ha］カ［喀 ka］リ［利 ri］と読む。

慮而后能得

　慮、オモンハカリ；而、シカル；后、ノチ；能、ユク；得、イタリ。併せてオ［烏 u］モン［孟 mun］ハ［花 ha］カ［喀 ka］テ［梯 ti］シ［志 shi］カ［喀 ka］ル［祿 ru］ノ［奴 nu］チ［癡 chi］ユ［禾 yu］ク［姑 ku］イ［依 i］タ［達 ta］リ［利 ri］と読む。

物有本末

　物、ワ⁽¹⁰⁾；本末、ホマツ；有、アリ。併せてワ［哇 wa］ホ［夫 fu］マ［馬 ma］ツ［即 tsi］ア［牙 a］リ［利 ri］と読む。

事有終始

　事、ワサ；終始、エヲ⁽¹¹⁾シ；有、アリ。併せてワ［哇 wa］サ［沙 sa］エ［意 i］ヲ［烏 u］シ［志 shi］ア［牙 a］リ［利 ri］と読む。

知所先後

　先後、ゼンクスル；所、トクヲ；知、シルトチ⁽¹²⁾ハ。併せてゼン［神 jen］ク［姑 ku］ス［使 su］ル［祿 ru］ト［都 tu］ク［姑 ku］ヲ［烏 u］シ［志 sh］ル［祿 ru］ト［都 tu］チ［癡 chi］ハ［襪 wa］と読む。

則近道矣

　則、スラワチ；道、ミツニ；近、チカシ。併せてス［使（su）］ラ［喇（ra）⁽¹³⁾］ワ［哇（wa）］チ［癡（chi）］ミ［米（mi）］ツ［即（tsi）］ニ［義（ni）］チ［其（chi）］カ［喀

(ka)] シ [志 (shi)] と読む。「矣」は読まない。

古之欲明明德於天下者

古、イニシ；之、ノ；明德、メトク；天下、テンカ；明、アチ⁽¹⁴⁾ラカニ；欲、ホスル；者、ハ。併せてイ [依 i] ニ [義 ni] シ [志 shi] ノ [奴 nu] メ霉 [me] ト [都 tu] ク [姑 ku] テン [廳 tin] カ [喀 ka] ア [牙 a] チ [癡 chi] ラ [喇 ra] カ [喀 ka] ニ [義 ni] ホ [夫 fu] ス [使 su] ル [祿 ru] ハ [襪 wa] と読む。

先治其國

先、サツ；其、ソノ；國、クニ；治、ヲサメル。併せてサ [沙 sa] ツ [即 tsi] ソ [蘇 su] ノ [奴 nu] ク [姑 ku] ニ [義 ni] ヲ [烏 u] サ [沙 sa] メ [霉 me] と読む。

欲治其國者

其、ソノ；國、クニ；治、ヲサメテ；欲、ホスリ；者、ハ。併せてソ [蘇 su] ノ [奴 nu] ク [姑 ku] ニ [義 ni] ヲ [烏 u] サ [沙 sa] メ [霉 me] テ [梯 ti] ホ [夫 fu] ス [使 su] リ [利 ri] ハ [襪 wa] と読む。

先齊其家

先、サツ；其、ソノ；家、イ；齊、トトノ。併せてサ [沙 sa] ツ [即 tsi] ソ [蘇 su] ノ [奴 nu] イ [依 i] ト [都 tu] ト [都 tu] ノ [奴 nu] と読む。

欲齊其家者

其、ソノ；家、イ；齊、トトノ；欲、ホスル；者、ハ。併せてソ [蘇 su] ノ [奴 nu] イ [依 i] ト [都 tu] ト [都 tu] ノ [奴 nu] ホ [夫 fu] ス [使 su] ル [祿 ru] ハ [襪 wa] と読む。

先脩其身

先、サツ；其、ソノ；身、ミヲ；脩、オサメム。併せてサ [沙 sa] ツ [即 tsi] ソ [蘇 su] ノ [奴 nu] ミ [米 mi] ヲ [烏 u] ヲ [烏 u] サ [沙 sa] メ [霉 me] ム [某 mu] と読む。

欲脩其身者

其、ソノ；身、ミヲ；脩、オサメニト；欲、ホスル；者、ハ。併せてソ [蘇 su] ノ [奴 nu] ミ [米 mi] ヲ [烏 u] ヲ [烏 u] サ [沙 sa] メ [霉 me] ニ [義 ni] ト [都 tu] ホ [夫 fu] ス [使 su] ル [祿 ru] ハ [襪 wa] と読む。

先正其心

先、サツ；其、ソノ；心、ククル；ヲ⁽¹⁵⁾、タタス。併せてサ［沙 sa］ツ［即 tsi］ソ［蘇 su］ノ［奴 nu］ク［姑 ku］ク［姑 ku］ル［禄 ru］タ［達 ta］タ［達 ta］ス［使 su］と読む。

欲正其心者

其、ソノ；心、ククル；正、タタス；欲、ホスル；者、ハ。併せてソ［蘇（su）］ノ［奴（nu）］ク［姑（ku）］ク［姑（ku）］ル［禄（ru）］タ［達（ta）］タ［達（ta）］ス［使（su）］ホ［夫（fu）］ス［使（su）］ル［禄（ru）］ハ［襪（wa）］と読む。

先誠其意

先、サツ；其、ソノ；意、イカクノヲ；誠、マクトニス。併せてサ［沙 sa］ツ［即 tsi］ソ［蘇 su］ノ［奴 nu］イ［依 i］カ［喀 ka］ク［姑 ku］ノ［奴 nu］ヲ［烏 u］マ［馬 ma］ク［姑 ku］ト［都 tu］ニ［義 ni］ス［使 su］と読む。

欲誠其意者

其、ソノ；意、イカクノヲ；誠、マクトニセテ；欲、ホスル；者、ハ。併せてソ［蘇 su］ノ［奴 nu］イ［依 i］カ［喀 ka］ク［姑 ku］ノ［奴 nu］ヲ［烏 u］マ［馬 ma］ク［姑 ku］ト［都 tu］ニ［義 ni］セ［世 shi］テ［梯 ti］ホ［夫 fu］ス［使 su］ル［禄 ru］ハ［襪 wa］と読む。

先致其知

先、サツ；其、ソノ；知、チヲ；致、チ⁽¹⁶⁾ハムノ。併せてサ［沙 sa］ツ［即 tsi］ソ［蘇 su］ノ［奴 nu］チ［癡 chi］ヲ［烏 u］チ［癡 chi］ハ［襪 wa］ム［某 mu］ノ［奴 nu］と読む。

致知在格物

知、チヲ；致、ムリハ；物、ム⁽¹⁷⁾ノコトニ；格、イタルニ；在、アリ。併せてチ［癡 chi］ヲ［烏 u］ム［某 mu］リ［利 ri］ハ［襪 wa］ム［某 mu］ノ［奴 nu］コ［庫 ku］ト［都 tu］ニ［義 ni］イ［依 i］タ［達 ta］ル［禄 ru］ニ［義 ni］ア［牙 a］リ［利 ri］と読む。

物格而後知至

物、ムノコト；格、イタルテ⁽¹⁸⁾；而、シカルヲヲ⁽¹⁹⁾；后、ノチ；知、チ；至、イタル。併せ

-93-

てム［某 mu］ノ［奴 nu］コ［庫 ku］ト［都 tu］イ［依 i］タ［達 ta］ル［禄 ru］テ［梯 ti］シ［志 shi］カ［喀 ka］ル［禄 ru］ヲ［烏 u］ヲ［烏 u］ノ［奴 nu］チ［癡 chi］チ［癡 chi］イ［依 i］タ［達 ta］ル［禄 ru］と読む。

知至而后意誠

　知、チ；至、イタル；而、シカルヲ；后、ノチ；意、イカクノ；誠、マクトアリ。併せてチ［癡 chi］イ［依 i］タ［達 ta］テ［梯 ti］シ［志 shi］カ［喀 ka］ル［禄 ru］ノ［奴 nu］チ［癡 chi］イ［依 i］カ［喀 ka］ク［姑 ku］ノ［奴 nu］マ［馬 ma］ク［姑 ku］ト［都 tu］ア［牙 a］リ［利 ri］と読む。

意誠而后心正

　意、イカタ[20]ノ；誠、マクトアリ；而、シカルヲ；后、ノチ；心、ククル；正、タタス。併せてイ［依 i］カ［喀 ka］ク［姑 ku］ノ［奴 nu］マ［馬 ma］ク［姑 ku］ト［都 tu］ア［牙 a］リ［利 ri］シ［志 shi］カ［喀 ka］ル［禄 ru］ヲ［烏 u］ノ［奴 nu］チ［癡 chi］ク［姑 ku］ク［姑 ku］ル［禄 ru］タ［達 ta］タ［達 ta］ス［使 su］と読む。

心正而後身脩

　心、ククル；正、タタシテ；而、シカル；后、ノチ；身、ミ；脩、ヲサマル。併せてク［姑 ku］ク［姑 ku］ル［禄 ru］タ［達 ta］タ［達 ta］シ［志 shi］テ［梯 ti］シ［志 shi］カ［喀 ka］ル［禄 ru］ヲ［烏 u］ノ［奴 nu］チ［癡 chi］ミ［米 mi］ヲ［烏 u］サ［沙 sa］マ［馬 ma］ル［禄 ru］と読む。

身脩而后家齊

　身、ミ；脩、ヲサマテ；而、シカルヲ；后、ノチ；家、イ；齊、トトノテ。併せてミ［米 mi］オ［烏 u］サ［沙 sa］マ［馬 ma］テ［梯 ti］シ［志 shi］カ［喀 ka］ル［禄 ru］ヲ［烏 u］ノ［奴 nu］チ［癡 chi］イ［依 i］ト［都 tu］ト［都 tu］ノ［奴 nu］テ［梯 ti］と読む。

家齊而后國治

　家、イ；齊、トトノテ；而、シカルヲ；后、ノチ；國、クニ；治、ヲサマル。併せてイ［依 i］ト［都 tu］ト［都 tu］ノ［奴 nu］テ［梯 ti］シ［志 shi］カ［喀 ka］ル［禄 ru］ヲ［烏 u］ノ［奴 nu］チ［癡 chi］ク［姑 ku］ニ［義 ni］ヲ［烏 u］サ［沙 sa］マ［馬 ma］ル［禄 ru］と読む。

國治而后天下平

　國、クニ；治、ヲサマテ；而、シカルヲ；后、ノチ；天下、テンカ；平、タイラカ。併せてク［姑ku］ニ［義ni］ヲ［烏u］サ［沙sa］マ［馬ma］テ［梯ti］シ［志shi］カ［喀ka］ル［祿ru］ヲ［烏u］ノ［奴nu］チ［癡chi］テン［廳tin］カ［喀ka］タ［達ta］イ［依i］ラ［喇ra］カ［喀ka］と読む。

自天子以至於庶人

　天子、テンシ；自、ユ[(21)]リ；以、ムテ[(22)]；庶人、シヲニ[(23)]；於、ニ；至、イタル。併せてテン［廳tin］シ［志shi］ユ［夭yu］リ［利ri］ム［某mu］テ［梯ti］シ［志sh］ヲ［烏u］ニ［義ni］ニ［義ni］イ［依i］タ［達ta］ル［祿ru］と読む。

壹是皆以脩身爲本

　壹、イ；是、シ；皆、ミナ；身、ミ；脩、ヲサマムルヲ；以、ムヲ；本、ム[(24)]ト；為、トス。併せてイ［依i］シ［志shi］ミ［米mi］ナ［那na］ミ［米mi］ヲ［烏u］サ［沙sa］マ［馬ma］ム［某mu］ル［祿ru］ヲ［烏u］ム［某mu］ヲ［烏u］ム［某mu］ト［都tu］ト［都tu］ス［使su］と読む。

其本亂而末治者否矣

　其、ソノ；本、ムト；亂、ミタレテ；而、シカシテ；末、ス；治、ヲサムル；者、ノハ；否、アラレ。矣は読まない。併せてソ［蘇su］ノ［奴nu］ム［某mu］ト［都tu］ミ［米mi］タ［達ta］レ［力ri］テ［梯ti］シ［志shi］カ［喀ka］シ［志shi］テ［梯ti］ス［使su］ヲ［烏u］サ［沙sa］マ［馬ma］ル［祿ru］ノ［奴nu］ハ［襪wa］ア［牙a］ラ［喇ra］レ［力ri］と読む。

其所厚者薄

　其、ソノ；厚、アツヲスル；所、トカノ；者、モノ；薄、ヲス[(25)]ヲシテ。併せてソ［蘇su］ノ［奴nu］ア［牙a］ツ［即tsi］ヲ［烏u］ス［使su］ル［祿ru］ト［都tu］カ［喀ka］ノ［奴nu］ム［某mu］ノ［奴nu］ヲ［烏u］ス［使su］オ［烏u］シ［志shi］テ［梯ti］と読む。

而其所薄者厚

　而、シカシテ；其、ソノ；薄、ヲスヲスル；所、トカノ；者、ムノ；厚、アキハ。併せてシ［志shi］カ［喀ka］シ［志shi］テ［梯ti］ソ［蘇su］ノ［奴nu］ヲ［烏u］ス［使su］ヲ［烏u］ス［使su］ル［祿ru］ト［都tu］カ［喀ka］ノ［奴nu］ム［某mu］ノ

［奴 nu］ア［牙 a］キ［基 ki］ハ［襪 wa］と読む。

未之有也

之、クレ⁽²⁶⁾;有、アラ;未、レタ。也は読まない。併せてク［姑 ku］レ［力 ri］ア［牙 a］ラ［喇 ra］レ［力 ri］タ［達 ta］。

子曰

子、セハ⁽²⁷⁾;曰、ノタマ⁽²⁸⁾ハク。併せてセ［世 shi］ノ［奴 nu］ノ［奴 nu］タマ［玉 yu］ハ［襪 wa］ク［姑 ku］と読む。

學而時習之

學、マナンテ;而、シカシテ;時、ドキ;之、クリヲ;習、ナラフ。併せてマ［馬 ma］那［ナ na］ン［恩 n 去聲］テ［梯 ti］シ［志 shi］カ［喀 ka］シ［志 shi］テ［梯 ti］ド［吐 tu］キ［基 ki］ク［姑 ku］リ［利 ri］ヲ［烏 u］ナ［那 na］ラ［喇 ra］フ［窩 u］と読む。

不亦説乎

亦、マタ;説、ヨロコハシカヲ;不、ザランヤ。併せてマ［馬 ma］タ［達 ta］ヨ［攸 yu］ロ［魯 ru］コ［庫 ku］ハ［襪 wa］シ［志 shi］カ［喀 ka］ヲ［烏 u］ザ［渣 za］ラ［喇 ra］ン［恩 n 去聲］ヤ［耶 ya］と読む。

有朋自遠方來

有、アリ;朋、ドモ;遠、イン;方、ボ;自、ヨリ;來、キタロ。併せてア［牙 a］リ［利 ri］ド［吐 tu］モ［磨 mo 去聲］イン［因 in］ボ［波 bo］ヨ［攸 yu］リ［利 ri］キ［基 ki］タ［達 ta］ロ［樓 ro 上聲］と読む。

不亦樂乎

亦、マタ;樂、タノマ;不、ザランヤ。併せてマ［馬 ma］タ［達 ta］タ［達 ta］ノ［奴 nu］マ［馬 ma］ザ［渣 za］ラ［喇 ra］ン［恩 n 去聲］ヤ［耶 ya］と読む。

人不知

人、ヒト;知、シラ;不、ズ。併せてヒ［虚 hi］ト［兜 to］シ［實 shi］ラ［喇 ra］ズ［淒 zu］と読む。

－96－

而不慍

　而、シカルヲ；慍、イカラ；不、ズ。併せてシ［實 shi］カ［喀 ka］ル［祿 ru］ヲ［烏 u］イ［依 i］カ［喀 ka］ラ［喇 ra］ズ［凄 zu］と読む。

不亦君子乎

　亦、マタ；君、コン；子、セ；不、ザランヤ。併せてマ［馬 ma］タ［達 ta］コン［空 kun］セ［世 shi］ザ［渣 za］ラ［喇 ra］ン［恩 n、去聲］ヤ［耶 ya］と読む。

法司教條一段云：
人間之道與申者、孝行題目候。孝行與申者、諸士百姓、共其身之行跡題目候。而家中人數、其外親類緣者至迄、睦敷取合、尤御奉公人者、國家之為、何篇入精、亦百姓等者、家業無油斷相勤、各父母為致安心候。儀孝行與申事候。若行跡不宜、或家中親族緣者之取合不睦敷、或遇奉公付而忠義之心立無之、或家業之勤致油斷。此樣之不屆有之候而者何分父母江衣食之類結構相備候。共父母安心無之候。以此心得、諸生百姓、孝行之勤、可致執行事。

［官生の注釈：與申…猶。題目…緊要。候…矣（文末語気を表す）の意。候而…而は次の文を起こす役割をもつ。緣者…友達など。至迄…に至っては、文頭にあるべきで文末にあるのが「虚字倒読」である。敷…語助字。取合…交接の意。御奉公…任官する。國家之爲…国家のため。何篇…どんな事でも問わず。入精…尽力すべき。油斷…怠る。候儀…者（……もの）の意。孝行與申事候…上述した孝行の事。付而…に居る、言わば御奉公に居る。不屆…弊病、落度。候而者…矣焉者。何分…ドレぐらい。江…於（〜において）、「父母」の上にあるべきである。結構…極めて良い。相備…奉上の意。父母安心無之…父母が安心しない。積…料度の意、「父母安心」の上にあるべきである。以此心得…このような気持ち。可致執行事…皆これに従って行動すべきである］。

〔注〕
（1）「裂」は「袋」の誤字。
（2）「アカ」は「ガク」の誤り。
（3）「裂」は「袋」の誤字。
（4）「タ」は「ク」の誤り。
（5）「チ」は「キ」の口蓋化音。
（6）「タ」は「ク」の誤り。
（7）「ニル」は衍字「トロマロ」は「トドマル」の音記。
（8）原文は「後」を「后」としている。以下同じ。「トルマル」も「トドマル」の音記。
（9）ｒをｎで発音するのが安郷方言の反映。
（10）「物」の仮名が脱落。

『琉球入学見聞録』巻2

(11)「終始」に「ヱオシ」の解釈に誤字がある。

(12)「チ」は「キ」の口蓋化音。

(13)「ラ」は「ナ」の誤字。

(14)「チ」は「キ」の口蓋化音。

(15)「ヲ」は「正」の誤り。

(16)「チ」は「キ」の口蓋化音。

(17)「ム」は「モ」の合流音。

(18)「テ」は衍字。

(19) 1 個の「ヲ」は衍字。

(20)「タ」は「ク」の誤り。

(21)「ユ」は「ヨ」の合流音。

(22)「ム」は「モ」の合流音。

(23)「庶人」(ショニン) のンが脱落。

(24)「ム」は「モ」の合流音。

(25)「オス」は「ウス」(薄 usu)。

(26)「クレ」は「コレ」、母音合流。

(27)「ハ」は「ノ」の誤り。

(28)「タマ」は対音字「玉」の単語音であり、対音で「ユ」が正しい。

賢王［付、良吏民］

　海外は荒れ放だいだが、土地には異色の人材もいる。その才能により一方の指導者となり、争いを制止し、人心安らかに保つ。人材を育て、民に倫理を知らしめる。「大道」について知悉していなくとも、見習う事はでき、概ね間違っていない。これはすべてが我が国の恩恵によるものであり、聖人の訓示に従い、時として勅諭奨励を受け、自ら奮励努力する。事を正しく処理し、精魂を傾け、思慮を尽くす。そこで使節を派遣して入貢させ、君主が国家を安定させる上での補佐役とした。優秀で功労ある臣子は、昔から絶えることがない。これ即ち「人の外に道無く、道の外に人無し[1]」であり、彼らの事績を記録して賞罰を定める際の規範とすることも可能となる。

　舜天は日本の天皇の後裔であり、父親は為朝で、大里按司となる。宋淳熙7年庚子の年〈1180年〉舜天15歳の時には、しばしば奇妙な兆しがあった。後に浦添按司となる。民はそのまつりごとによく従った。時は天孫氏の衰微期であり、逆臣の利勇[2]は君主を毒殺して自ら王となったが、舜天は彼を死刑にした。各地の按司は彼を王位に推挙し、賞罰の規準が明らかになったことで、人々の生活は安定し、国も繁盛した。文字の使用も始まった。

　英祖は天孫氏の後裔で、恵祖世の孫に当たる。出生時には、めでたい前兆があった。20歳の時には古典経伝[3]に通じ、人々は皆彼を師と崇めた。その後成長して伊祖按司となる。

－98－

『琉球入学見聞録』巻2

宋の宝裕の初め、義本王は臣下多数の推挙に応じ、彼を摂政に任命した。7年後義本王は退位し、英祖は北山国の人々に推挙され王となった。英祖王は農業を重視し、まつりごとにも明るく、西北諸島及び北の大島は次々と朝貢をし、国家は徐々に力をつけていった。

大成は英祖の嫡子で、元の大徳4〈1300〉年に王位を継承した。礼節を尽くして、人々と交流し仁義を重んじて行動したので、国は治まり人々の生活も安定した。英慈は大成の第二子で、元の至大の初め王位を継いだ。国を治めるには旧制度を重視し、その考えは深く計略的であった。

察度の父親は農民である。神女が下界に降りて交わった結果、察度が誕生した。性格は醇厚。最初は浦添按司となり、その人徳を慕って民はみな彼に従った。元の至正の中頃、西威〈1328?—1349〉[4]が死去した。その嫡子が幼く、母親である王妃のまつりごとが混乱を極めたので、人々は嫡子を廃除し、察度〈1321—1396〉[5]を王に推挙した。すると混乱も徐々に治まり、国家は豊かになった。明の洪武の初め、行人楊載[6]が中国皇帝の命で聖旨を公布し、察度は帰国の途次に中国へ進貢した。遠くの異国でも人々はみな皇帝の聖旨に震え上がり、宮古島、八重山島等、次々と朝貢した。明の太祖は金や銀で処理した印を授け、封じて中山王とした。中山王は文化教育に一貫して熱心であり、よく子弟や優秀な人才を勉強させるため、国子監に入学させた。太祖はまた閩人三十六姓[7]を朝貢のための通訳として授けた。文明が次第に開けてくると、日本人も察度を文不相応とする勇気がなかった。

尚巴志は思紹の息子である。最初父親の位を継承して佐敷按司[8]となり、賞罰を公正に適応して民を我が子のように愛しんだ。南方諸島の人々の多くは、彼に従った。山南王は驕り、極悪非道で、終日宴を催した。尚巴志は各按司と連合して、彼を攻撃し、同時に山北や中山をも攻撃した。そして山北王は自殺し、中山王は滅びてしまう。戦いの終結後に思紹が推挙されて王となった。

やがて山南王も滅び、元の延裕の中期に国土が三分割されたが、それ以来100年以上が経過し、明の永楽21〈1423〉年に統一されたが、やはり中山王と称した。尚という姓が始まったのはこの時からで、以来今日に至る。

尚円、字は思徳で金伊平の出身。父の尚稷は里主[9]となる。尚円の出生時には奇妙な吉祥の兆しがあった。24歳の時には、海を渡って中山に着き職に就く。尚金福は在位時、黄帽子に進級している。尚泰久は在位時に内部をきちんと治め、人々はみな彼を慕った。当時干ばつが続き、苗はことごとく枯れてしぼんだ。ただ、尚円の畑だけは雨が降らなくても湿っていたので、人々は驚き、不思議なことだと噂した。尚円は怖くなり、妻や子供を連れて14年間も隠居した。彼の徳行はますます光を放ち、その優れた能力を聞き及んだ中山王は、彼を黄帽官として召し抱えた。これが国王の側で仕える、今でいう「耳目官[10]」のことである。穏やかに議論し、すべての言動が理にかない、徳が高い彼を人々はなつか

『琉球入学見聞録』巻2

しんだ。尚徳は王位に就いてからの行動の多くが正義に反した。尚円は「国王が金銭を使うのを止めようとしない、人を殺す手を休めようとはしない」と諭した。尚徳は怒って彼の話を聞き入れず、尚円は再び隠とん生活に入った。尚徳の死後、世継ぎが幼少だったので、尚円が擁立されることになった。尚円は「世継ぎがいるのに、分不相応の王位を願うことはできない」と言った。すると人々は真王城で後継ぎを殺し、尚円を王位に迎えた。尚円はなおも固辞し続けたが、結局同意は得られずに、首里に赴いて王位に就いた。そして誤ったまつりごとを改革して民意に沿ったものにした。彼はよく山林に身を潜めたり隠れたりしたが、国家もきちんと治め、遠くの未開発地域の人々もみな彼に帰服した。

尚真は尚円の嫡子である。容姿端麗、俊敏、謙虚で向上心も強く、父の業務を継承した。刑法を完備して国をきちんと治め長く在位した。

尚清は尚真の王子である。聡明で利発、気性が強く、祖父、父親の偉業を振興させた。まつりごとの変革を進め、今日に至っても彼の当時の政策は生きている。東北に位置する属国大島は、遠くて険しい地理的な条件を理由にして、しばしば朝貢をしなかった。そこで尚清は大島を討伐し、朝貢を回復させた。

尚寧は尚真の孫である。万暦40〈1612〉年、日本が中山に侵入し、国王を日本へ連行し、1年も勾留したが国王は屈服しなかった。幕府の将軍慶長は彼を称賛して「このような気骨さはさすがに中国から王位を授けられただけのことはある」と言った。最終的には解放され、琉球に戻された。

尚質は尚賢の弟である。順治5年〈1648〉、聞くところによると我が国の世祖章皇帝[11]が北京で皇帝になったことを中国に聖人が現われたと喜んだという。そして、臣下を派遣し、従う意を表明、前明王朝の勅印を上納し、我が王朝からの冊封を求めた。皇帝は冊封使を琉球に派遣して冊封した。

尚敬は字を允中、農民出身で人々を労わり、特に礼節を尊び、言葉や振る舞いも穏健である。国の政務に関することはすべて自ら企画、決定し、長期にわたるその任務を全うした。海沿いの土地は塩分濃度が高かったので、国王(尚敬)は王府の金を捻出し、堤防および那覇等の小川の修築に当て、その結果、人々が干ばつで苦しむことは無くなった。人々を集め、山地や高地を開墾して、芋や麦を作り、松や杉も植えた。人々は自分が開墾した土地を代々所有ことができるようになったのである。中国を尊い、慎み深く、困っている人に対しては思いやりの気持ちで接した。中国との往来は絶えず、何度も勅諭や褒賞を受けた。尚敬は母親の「太妃」を尊い、あらん限りの孝行をした。気性は穏やかで、風格があり、妾は娶らなかった。世の中は安定し、尚敬の在位は最も長いものとなった。

馬順徳は頭按司という官吏に就いた。尚元王在位の時、二大島は兵を派遣して、しばしば那覇を攻撃したが、国王は自ら出向いてそれを鎮めた。国王が病に倒れて危険な状態に陥った時、馬順徳は天に祈りを捧げ、自身が国王の身代わりになって死ぬことを願った。

-100-

『琉球入学見聞録』巻2

そしてその願い通り死亡し、国王の病は好転した。馬順徳の息子は国王に官吏の位を授けられ、以後子々孫々に至るまで国頭の領主を務めた。

鄭迥は字を利山という。嘉靖の中頃、国子監に入学し、帰国後法司官の役職を務めた。三十六姓が法司の役職に就くのは、鄭迥をその始まりとする。万暦年間、浦添孫慶長[12]（察度王の後）は日本との関係を盛んにしたが、薩摩は挙兵して中山に侵入し、国王および鄭迥たちを日本へ連行した。2年間拘束されたが、鄭迥は服従することなく死亡した。

蔡堅は久米村出身で、紫金大夫を務めた。その初期に「聖像」（神仏の像）を画いている。地域の役人たちを伴って祭祀を行った。

尚象賢は尚質王の従弟にあたる。聡明で非凡な才能を有していた。甥の尚貞王を補佐して大きな功績を上げている。『中山世鑑』[13]を著した。

金正春は久米村出身、役職は紫金大夫、康熙年間、彼は国王に孔子廟の創設を請願している。そして久米村に廟が建てられることになり、大工や材料が集められた。2年後廟は完成し、その内部には彫塑した聖像が安置された。四配（顔回、曽参、子思、孟子）を設置、儒家の臣下に命じて儀式を取り行なわせた。

程順則字は寵文、久米村出身、官職は紫金大夫。朝貢使節に数回命じられた。勤勉で労をいとわず、啓聖祠の建立を願い、学び舎を創設した。また関帝廟を建立した。国の法制の多くは彼が作成したもので、著述も多い。〔詳細は書籍の項を参照〕

蔡温、字は文若、久米村出身。朱子学を尊び、まつりごとは誠心誠意、規則通りに行うことを旨とした。国王の信頼も厚く、法司官に任用されている。王府との縁戚関係で、首里に入居、数カ所土地の選定を世襲制にした。琉球の学者はみな彼を心から尊敬し、著作は数多い。〔詳細は書籍の項を参照〕。

蔡文溥、字は天章、康熙年間に国子監入学。帰国後、久米村および琉球の人々の教育に携わり、多くの人々がその教育を受けた。『四本堂集』を著す。

久米村には曽益という人物有り、字は虞臣、蔡鐸、字は声之（蔡温の父親）。蔡応瑞、字は□。鄭国観、字は利賓。首里の周新命、字は熙臣、他に何文声がいる。いずれも文筆の面で秀でている。

長田は富盛按司の部下で、清廉潔白、慈愛に満ちた人物である。糸数按司の妻は投石により死亡した。その子供の小按司は15歳になったばかりである。長田はその子を連れて与座村へ行き、従兄の慶留庇椰の家に匿まわれた。糸数はそのことを察知し、部下の志堅原に命じて捕まえさせた。慶留には慶路という息子がおり、慶路には乙鶴という娘がいた。その子に小按司の服を着せ、彼に代わって死なせた。その後の長田は復活し、慶留等は糸数が郊外で馬上遊びに興ずるのを知った。小按司と慶路の息子は兵士を道の両側に埋伏させ、糸数を殺害した。新たに権力を得た小按司は夫人として礼節をもって乙鶴を祭祀した。

鶴寿は平良按司の嫡子。妻は保栄茂按司の娘の乙達呂を娶る。鶴寿は3歳の時、母親を

-101-

『琉球入学見聞録』巻2

亡くし、間もなく保栄茂も死去。彼には息子がなかった。鶴寿は継母に毒を飲まされて、両眼とも失明してしまう。平良は後妻の話を信じ、鶴寿と乙達呂の婚約破棄を目論んだ。また鶴寿を八頭山の洞窟に追放し、彼の飲食を絶った。乙達呂はこのことを夢に見て、母親に知らせた。そして、鶴寿を探し出して家に連れ帰り、医者の治療を受けさせると、両眼ともに灯りが戻った。そこで鶴寿を平良の許に送り届けてことの真相を告げると、平良は目が醒めて、自分の後妻を追放しようとした。ところが、鶴寿が継母を留めるように懇願したので、平良は息子の真心に感動して、妻を追い出さず、乙達呂を鶴寿の嫁に迎えた。また鶴寿に保栄茂の按司職を継承させた。

謝納は大謝名庇椰の長男。大謝名は高平良によって毒殺され、謝納と彼の弟は僧侶になった。法名は慶運。彼はひそかに仇討ちを図り、ついに高平良を殺した。王府は彼の孝心を憐み、特別にその罪を免じた。

毛鶴、毛亀は中城按司。父親の国鼎は勝運按司。阿公の虚偽申し立てを信じた。国王は阿公に兵を与え、国鼎を殺害させた。毛鶴、毛亀は当時に12、3歳になったばかりであり、その日はちょうど母親の実家に出かけていた。この出来事を聞いた2人は、涙を流しながら母親に敵討ちを誓い、母親は2本の剣を2人の息子に与えた。2人は徒歩で勝連へ行き、阿公たちが酒に酔いつぶれるのを待って阿公を刺殺したのである。

列女は乙鶴、乙達呂だけではなかった。さらに身を捨てて母親を扶養する真鶴が神霊を感動させ、それが大蛇退治につながった。大里按司の妻は自分の息子を使って、先妻の息子（先妻の息子も争って死去）を助けたのである。

豊という婦人はこの日、亡夫の子供を抱いて二度と嫁には行かないと誓った。許氏は貞節を守ると心に誓い、髪を切って決意を明らかにした。未亡人となった蔡氏は、必死にお金を貯わえ、祖宗祠堂の修復に協力した。こうしたすばらしい故事はみな今でも広く伝わっている。

―――――――――――――――

〔注〕
（1）「人外無道、道外無人」…『論語』衛霊公「人能弘道、非道弘人（人 能く道を弘め、道 人を広むるに非ず）」の朱子の注に見られる。
（2）利勇…生没年未詳、天孫氏25世を殺した逆臣。『中山世鑑』によると、利勇は天孫氏25世に取り立てられ、権力をほしいままにしたが、主君を毒殺し、自ら中山王と称した。その後浦添按司の尊敦（舜天王）に滅ぼされたという。
（3）経伝…古典のこと。もともとは「経典」と古人がその本を解釈した「伝」を指した。現在では広く権威のある建物を指す。
（4）西威…英祖王最後の王、在位13年〈1337―1349〉10歳で即位。
（5）察度…中山王。在位46年〈1350―1395〉（至治1―洪武25）父は浦添間切謝名村の奥門大親、母は天女と伝承される。1350年英祖王統最後の王西威の世子を廃して中山王に推された。
（6）楊載…生没年未詳。琉球へ来た明の招諭使。

―102―

『琉球入学見聞録』巻2

（7）閩人三十六姓…「久米村三十六姓」のこと。『明史』巻323・琉球列伝によると、明の太祖が洪武25
　　〈1392〉年「閩中舟工三十六戸」を琉球に派遣、交易の便をはかったという記録がある。三十六姓は実
　　数ではなく、多数の意味。彼らは久米村（現在の那覇市久米村一帯）に居住、大多数が通事として琉球
　　と中国の交易に従事、大きく貢献した。

（8）按司…古くは琉球各地の政治的支配者。王府時代には位階名となる。

（9）里主…首里王府の位階名および称号。

（10）耳目官…国王の補佐官のこと。康熙7〈1668〉年より進貢正使として新たに登場する官名で正三品。
　　首里王府では申口方に属する。

（11）世祖章皇帝…明の太祖朱元璋のこと。

（12）浦添孫慶長…察度王の後

（13）『中山世鑑』…羽地朝秀（向象賢）著。尚質3〈1650〉年に書かれた最初の琉球の正史。『中山世鑑』
　　は史書として不備があるとされ、のちに蔡鐸によって漢文体に改訂され、さらに蔡温は中国の史書、実
　　録、冊封使録、その他の史料を使って同じく漢文体に改訂したのが『中山世譜』である。

『琉球入学見聞録』巻3

奏疏

臣が案じるに、琉球の（国子監）入学は、明の洪武25〈1392〉年に始まったが、（当時それに関する）疏文の呈上は不定で、もともとそうした上奏自体定例化されたものではなかった。世事は遠く久しく、今では奏疏で考察しうるものではない。わが朝の康熙23〈1684〉年に至り、冊封の使者を派遣し、（冊封の儀式が）終わった後、（琉球）国王が使者に面会し、子弟の入学の要請を願い出て、使者が（都に）戻り、それを代奏した。天子はこれを許し、その後それが冊封の度に恒例となった。凡そ冊封使の上奏がなされると、礼部や国子監の臣により、教習の推挙が審議決定され、それが終わると、推挙の上奏、（琉球）国王による官生の派遣入学及び帰国請願に関する上奏、帰国後の謝恩の上奏、今回のような定例化された官生の（皇太后の万寿慶典）迎駕の上奏がなされ、これらは皆記録として残されている。

康熙23〈1684〉年、礼部が謹んで天子に上言し、その上奏には以下のように記されている。琉球国より帰還した翰林院検討汪楫〈1636—1689〉、中書舎人林麟焻〈生没年不詳〉の上奏によると、中山王尚質〈1648—1668在位〉がみずから館舎に至り、「我が国は僻処の小さな土地で、常に鄙陋を恥じ入るところである。経学を身につけようとしても学ぶ場所はないが、教化を求める心はある。考えるに、明の洪武年間〈1368—1398〉には、常に本国の学生を国子監に入学して学ばせていただいた。今（また）陪臣の子弟4名を北京におくり課業を受けさせていただきたい」と申し出た。この案件が我が礼部に下り、国子監に諮問したところ、国子監より（以下の）回答があった。『太学志』には、「洪武25〈1392〉年秋、琉球国王が王子日孜及び陪臣の子を国子監に入学させており、それ以降、隆慶〈1567—1572〉・万暦〈1573—1620〉に至るまで、およそ14、5回続けて入学している。文教を慕う様子は、琉球は諸国に於いて最も篤実で、国を挙げて備え最も重視している」とある。

臣らが史籍を調べたところ、唐の貞観〈627—649〉年間に学府（国子監）を興し、新羅・百済がともに子弟を入学させている。琉球は明の始めに冊封されており、『（明）会典』（巻96・朝貢1）に、「大琉球国の朝貢は不定期であるが、王子及び陪臣の子が太学に入り修学し、厚遇を受けている」とあり、また、洪武〈1368—1398〉・永楽〈1403—1429〉・宣徳〈1426—1434〉・成化〈1465—1487〉年間以後、琉球の官生はともに国子監に入学して学んだとも記している。今、国王の尚貞〈1669—1709在位〉は、琉球は遠く離れ皇帝

—105—

『琉球入学見聞録』巻3

の徳を被り、文教に心を傾け、使者の汪楫らに代奏を請い、陪臣の子弟4人を北京に派遣し課業を受けさせたいと願っている。請願の通り、それを許し、その陪臣の子弟を国子監に入学読書させるべきであろう。（また、そのことについては）陛下の御裁断の下る日を待ち、（御裁断が下ると）国王に通達するということでよいであろう。

　陛下の諭旨を奉じたところ、「議に依れ（審議の通り処理せよ）」とあり、これを欽しんで承った。

　（康熙）29〈1690〉年、琉球国中山王尚貞は、使者を派遣して入貢し、あわせて官生の帰国について奏上し、ご恩沢により、帰国して孝養を尽くさせるといった、陛下の広いご仁愛をお示しくださるよう、以下のような請願をしている。国子監に入学した官生の梁成楫〈1668—1702〉らの啓（要請文書）によると、「成楫らは康熙25〈1686〉年、諭旨に遵い貢使とともに入京し、国子監に入り就学させていただいた。今に至るまで4年、陛下の御恩沢をもって、食料や衣服等を賜わり、成楫らがどんなに拝跪して感謝しても、天恩に報いることは出来ないほどである。まして（中国の）学問の淵源は深く、聖朝の法制は明らかで、終身その中に寝食することは、また成楫らの深く願うところではある。しかし貢使の毛起龍〈1652?—1755〉らが北京へと入り、家からの手紙を受け取り、父母が老衰し、息子が1日も早い帰りを切望している事を知り、成楫らは今、3年深く講究しているが、1通の（手紙に書かれた）父母の姿を（想像付けるにつけ）ますますその思いを切実に感じる次第である。これは（西晋の李密の）「陳情表」[1]で〈劉（李密の祖母）に報いる日が短い〉[2]と言うのと同じ所以である。額ずいて恩を賜り、帰国について上奏して下さることを祈る」とある。

　これを受け臣（尚貞）は以下のように察し按じる。康熙23〈1684〉年、冊封天使の汪楫らが臣の国の陪臣の子弟が入監して学ぶことを陛下に奏上し、臣は諭旨に従い、康熙25〈1686〉年に官生の梁成楫ら3人を遣わして貢使の魏応伯とともに入京させ、陛下が成楫等を国子監にて就学させ、かたじけなくも毎月食料を、季節ごとに衣服を賜り、正に成楫らはご厚恩を感じ、心を尽くして勉学に勤しんでいる。成楫の父は以前に何度も入貢し、万里の山海を越える経験をして辞退することはなかった。しかし老衰し今はみな年老いてしまい、奉養する者が必要となっている。臣（尚貞）もまたこの事を気にかけており、その上、梁成楫ら3人はともにまだ正室がおらず、（正室を得ることは）父母の願いであり、人が皆願うことである。臣の国の者は愚昧であることから、成楫らが国子監に入ったことにより、臣（尚）貞はその帰国後、臣下の者たちに忠を告げ、子には孝を告げ、陛下の一道同風の化を宣布し、それがさらに深まることを望んでいる。今、梁成楫らにより帰国して孝養を尽くさせて欲しいという請願がなされているが、陛下がお許し下さるかどうか、臣（尚貞）は（恐れ多く）敢えて上言をすることはしない。伏して陛下の御裁断をお祈りする次第である。

『琉球入学見聞録』巻3

　梁成楫らが帰国した後、（中山）王はまた謝表を呈上している[3]。表文には以下のように記されている。「琉球国中山王尚貞、謹んで表を奉じて上言する。伏して以（おもん）みるに、教化は中華に溢れ、教育の場を設けて洙泗（孔子の学問）の秘奥を開き、陛下のご威光を異域にまで及ぼし、経書をとって泮水（諸侯の学校。『詩経』魯頌・泮水）の光華を分けて下さった。「棫樸篇」[4]の中に「時に縹緗（書物）を展きて 夜月に歌ふ、杏花壇上、長く衣帯を垂れて春風を払ふ、喜びて儒林を動かし、歓びて海図に騰る」とある。恭しく皇帝陛下を思えば、文武に優れ、神聖であり、そのご威光は広く敷かれ、一代を利楽親賢[5]の内に置き、その文風は遠く遥かに伝播して、四方を四書礼楽の中に行き渡らせている。臣（尚）貞は海を隔てて思いを抱きながら、海洋を望んでただ慨嘆するばかりである。中山に封ぜられて印綬を頂戴して心を尽くし、蟻塚のような小さな土地で久しく帯紡の栄に浴している。（官生は）国学（国子監）に入って典章を奉じ、白虎観（経学の学問所）は駑駘（のろい馬）たる彼らをお忘れにならず教え導き、声音点画を用いてこれを教学し、節義文章を用いて、じきじきに説いてくださった。冬や夏の衣服は、内務府の蔵にある立派なものを授けて下さり、あわせて朝食や晩餐は、天厨の馳走を用意してくださった。そのご恩は深く海のようで、その施恩を忘れることはできない。その広いお心は天のようで、偉大な御恩情に報いることが出来ていない。3年の国子監での生活ではあったが、敢えて九邱八索の微言を得て、しかも一介の豎儒がなお幸いにして四書五経の大旨を学び得るところまで達し得た。しかしながら養親の念は切実で、深まる思いをもって文書を呈上し、何とも格別のご配慮を賜ることができ、また天闕より遠郷の詔を賜り、帰国して忠孝を説き、あまねく君父の尊崇を知らしめることができた。もとより粗末な品物ではあるが献上し、いささか臣下としての誠懇を表す。伏して、車書が統一され、玉帛が万方に行き渡り、地を分ける事はあっても民を分ける事は無く、至るところ珠璣が腕下に生じ、大才を得れば大用を得、誰もが錦繍を胸中とせずとも、行いは耳目股肱の臣であり、図書府（国家の蔵書庫）を出なくてもまた東西南北が翰墨の林とならんことを願う。臣（尚貞）は瞻天仰聖するにたえず、まさに激切屏営の至りである。謹んで表を奉り謝意を表して上奏する。

　康熙59〈1720〉年7月、琉球国より帰国した翰林院検討の臣海宝〈？―1729?〉、（翰林院）編修の臣徐葆光〈1671―1740〉が謹んで奏し上言する。臣らは旨を奉じて琉球（国王）を冊封した。儀式の後の宴において、国王が通事を通して次のような挨拶を述べた。「我が国は僻処の海外にあり、荒涼とした風土である。康熙25〈1686〉年に、官生の阮維新・蔡文溥〈1671―1745〉ら3名の入学読書を許す諭旨を奉じ、今わずかに文教を得ることができている。これもみな皇上のおかげである。これより30年来、（派遣を）要請する機会に恵まれなかったが、今幸いに天子が使者を我が国にお遣わしになったことから、前使の汪楫が入学読書について代奏して下さった旧例に照らして、遠人の文教を求める意を表すものである。もし諭允を賜り、前例に照らして再び官生を入学させて下さるならば、

－107－

皇上のお教えも益々広がることであろう」。臣らはまさにその要請に照らして奏文を作り代奏することとした。伏して陛下のご高閲による御裁断をお待ち致す。諭旨を奉じたところ、「担当部局により審議せよ」とのことで、欽しんで承った。

礼部が上奏し以下のように上言した。礼科（給事中）が抄出した琉球より帰還した冊封正使翰林院検討海宝・副使翰林院編修徐葆光らの前事（上記）の上奏が（礼）部に到り、臣らが調べたところ、康熙23〈1684〉年に、琉球に冊封の使者として遣わした翰林院検討汪楫らは、国王尚貞の陪臣子弟を入京させ入監修学させる請願を代奏し、その奏文が（礼）部に至った。礼部が請願について審議して覆奏したところ、「議に依れ（提案通りに処理せよ）」という諭旨を賜り、それは成案として残されている。今、琉球国王の（尚）敬〈1713—1751在位〉は、心を傾けて教化に努め、既に再び官生を入学読書させることを請願し、（それが叶えば）皇帝の文教が益々広がるとの言葉を発している。ぜひとも請願の通り、その官生らが北京に赴き入監読書することを許すべきであろう。（実際の）修学については、（官生）が京に至った日に再び審議して上奏すればよいだろう。康熙59〈1720〉年8月3日に上奏し、同月5日諭旨を奉じたところ、「議に依れ」とあった。

雍正元〈1723〉年10月9日、琉球国中山王尚敬が、聖朝の文教が広く万邦を被い、官生を派遣して太学に入り修学させていただいた事について謹んで奏上する。康熙60〈1721〉年6月13日、礼部の咨文を受け取ったところ、奏聞の事のためにするとあり、以下のように記されていた。主客清吏司の呈文によると、礼科が抄出した本部（礼部）の前事を上奏する文には以下のように記されている。冊封琉球国王使臣の翰林院検討海宝、編修徐葆光等臣が代奏した「本国云々」等と称する奏文（の審議事項）については、康熙59〈1720〉年8月3日に上奏し、本月5日に諭旨を奉じたところ、「議に依れ」とあり、欽しんで承った。欽遵して（礼科が）抄出し、それが（礼）部に到った。琉球国王には咨文でその内容を通達すればよいだろう、と記されていた。康熙61〈1722〉年11月、官生蔡用佐・蔡元龍・鄭師崇3名・貢使毛弘健等を派遣して北京に赴かせ修業させようとしたが、不幸にも海で（船が）沈没してしまった。伏して臣（尚）敬すでに聖祖仁皇帝（康熙帝）の恩を奉じるも、未だ諭旨に応ぜられていない。今、敢えて先皇（康熙帝）の遺旨に違うこと無く、再び官生鄭秉哲・蔡宏訓等3名を慶賀正使で王舅の翁国柱等に随行して派遣し、上京後、入監して読書させ、海外の愚陋の子弟が上国の優れた文化に触れ、経学の教えを授けていただければ、誠に望外の喜びであり、ただ臣の身だけではなく、聖訓を得て国を挙げてともに天朝の雅に浴し、慶びは無窮となるだろう。しかも我が陛下の文教は万邦にますます広がることであろう。その他に謹んで土地の産物である細嫩土蕉布50疋・囲屏紙3千張を献上する。まことにささやか過ぎて些か心配であるが、懇誠を表すものである。伏して陛下のご高閲を仰ぎご英断で施行されることを祈る。心からおそれかしこまる次第である。謹んで奏上する。

『琉球入学見聞録』巻3

　雍正2〈1724〉年12月15日、礼部臣謹んで奏上して要請する。臣等が審議した国子監祭酒の宗室伊尓登〈?―1633〉[6]等の疏（奏文）には以下のように記されている。「礼部は箚（公文）を琉球国の陪臣子弟鄭秉哲・鄭謙等に送って監に到らせた。臣等がその声音を尋ねたところ、些か漢語に通じていた。何を習いたいのかを問うと、みな八股文を学びたいと願っている。臣等は謹んで旧例に遵い、貢生の李著を選び、朝夕講義を行わせて、文芸を学習させ、国子監は現在博士が欠員になっていて補充も行われておらず、今学正1人を派遣してしばらく監督させることとした。博士が任じられるのを待って、例に照らして博士に（官生らを）管理させることとする。臣等は随時調査の上、教習の廩糧について礼部に咨文で通知し、考職等の項目は、官学教習の例に照らして処理することとする」。

　（国子監祭酒の）奏文は届いている。調べたところ、「康熙27〈1688〉年、琉球国の陪臣子弟梁成楫・阮維新・蔡文溥等が入監して修業した際に、礼部が審議して貢生1名を選んで教習させ、博士1名を派遣して専ら管理させ、国子監の堂官（長官）は随時調査の上、教習の廩糧について礼部に咨文で通知し、考職等の項目は、官学教習の例に照らして処理するとあり、それに基づき上奏し諭旨を得たところ、「議に依れ」とあり、それが記録として残されている。今、琉球国は陪臣子弟鄭秉哲等を派遣して入監し学問を行わせることとなり、（康熙）27〈1688〉年の例に照らして、貢生のうちで文学・言行ともに優れた者1名を選んで、心をつくして教育させることとしたい。また博士1人を派遣して専ら管理監督させ、国子監の堂官は随時教習の廩糧について礼部に咨文で通知し、考職等の項目は、官学教習の例に照らして処理することとしたい。その陪臣子弟鄭秉哲等の住居・四季の衣服および食料等もまた国子監の堂官が随時調査し、それぞれ必要な所に必要なものが備わっているか、不足や遅延、間違いがないようにさせ、皇上が遠方の人に恩恵を与える意を明らかにしたい。このために奏上し、伏して御裁断を得て施行できることを願う。謹んで奏す。本月17日、諭旨を奉じたところ、「議に依れ」とあり、これを欽しんで承った。

　雍正8〈1730〉年11月21日に、琉球国中山王、臣尚敬、修学中の官生が諭旨を奉じて帰国する件について、天恩を恭謝し謹んで上奏する。雍正7〈1729〉年4月4日に礼部の咨文を受けたところ以下のように記されていた。天恩厚く無上にして、親が日増しに老衰し、扶養の私事を遂げる帰国を乞うことのために（上奏）する。主客清吏司の案呈（提案文書）には以下のように記されている。本部（礼部）が上奏したに前事（上記）の奏文には、「国子監の咨文を受け取ったところ、琉球国の修業官生鄭秉哲〈1695―1760〉、鄭謙の呈文が引用されており、その呈文には「秉哲等は、雍正元〈1723〉年に国子監への入学を許す諭旨を奉じ、雍正2年に上京・入館し四年間、聖上の手厚い優遇を蒙り、食料・衣服・器物用品など無数の出費が計上され費やした。秉哲等は文教を求め、学業に専念し、その教化に潤うことを日増しに感じている。聖天子の文教が大いに広がり、愚蒙の私共も次第に啓発を受けている。経書を学習し奥義を深め、八股文を深く理解し、その学問も些か形

－109－

『琉球入学見聞録』巻3

を成し得るところまできている［臣が案ずるに、琉球国には科挙試験が無く、故に八股文を学ばない。教えるのは四書・五経・小学・近思録であり、学ぶのは詩・四六（文）及び論・序・記であり、四六は特に重視されている。鄭秉哲等は入学時に明言できずに、学ぶべきものを捨て、八股文のみを学んだ。3年後帰国し、何ら成果も挙げられず、国王の官生派遣の期待に反した。今回、鄭孝徳等は国子監に到着してからすぐ告知した故に、専ら正書を読み、古詩、律詩、駢文、散文の各体裁の文章作成を学ばせた。4年後帰国する時には、成果はまさに目を見張るものがあった］。駆策駑駘を願い、昭明法度を識りたいという思いは募るものの、近頃、貢使毛汝龍等が入京する際、家からの手紙を受け取り、両親は一層老衰したと知り、家に思う気持ちが切実になった。秉哲等は向日葵が陽に向かうように、聖学の精微を仰ぎ続けているが、郷思が雲に随うようにやってきて心を覆っている。聖上の浩蕩を仰ぎ、伏して思うに、聖上の孝治は顕出し、多方に恩恵を与えておられ、さらに聖上が遊子の親思いを垂念し、遠遊者が帰郷する懇願をお聴き止め、太宗の師恩により帰国して朝晩、両親の身辺で世話できる願いをお許しいただくことを跪いて祈る。「將父將母」（両親を養う）の典故に則り、「教忠教孝」（忠孝思想の教育）を弘げることを願う。秉哲等の帰郷が叶えば、焼香して天子の万寿を敬しく祈り、また天朝の威儀をもって、広く雅化を宣べたい。伏して上奏をお願いしたい」。

　（国子監では）この文書（鄭秉哲の呈文）を受け、それを貴部（礼部）に送り、貴部が上奏するかどうかについては貴部の先例にもとづく処理を待つ。（国子監からの文書）が礼部に届いたことから、調べてみたところ、康熙27〈1688〉年、琉球官生梁成楫等が上京し国子監に入学した際には、（康熙）38〈1699〉年の進貢使節入貢時に、該国の国王が帰養を要請している。礼部が審議して、都通事の事例に則り、餞別の宴を下賜し、駅站を利用して帰国させたことが成案として残されている。今、鄭秉哲等については、国王から要請する上奏はなされていないが、帰国扶養は人の子としての孝思であり、その上言辞が懇切でもあり、甚だしく同情に値し、願う通りにし、帰国させるべきである。帰国に際しては、都通事の前例に則り、大綵緞各2疋、裏生地各2疋、毛青布各4疋を与え、従者2名にも前例により毛青布各4疋を与えることとする。その下賜品は礼部が揃え、礼部で配布する。また餞別の宴を催し、駅站を利用して貢使毛汝龍等と共に帰国させる。諭旨が下るのを待ち、琉球国王には通知することでよいだろう。

　吾等が雍正6〈1728〉年3月2日、奏事担当の員外郎張文斌等に手渡して奏上してもらい、本日、諭旨を奉じたところ、「官生等各自に内庫から緞2疋、裏生地2疋を下賜し、従者等には各自官緞各1疋を下賜せよ」、とあった。これを欽しんで承った。上奏文と諭旨が礼部に至れば、その旨琉球国王に咨文をもって伝達すればよいだろう。このために咨文を（礼部は）併せて（琉球国王に）送る。御承知願い処理していただきたい。

　臣尚敬は礼部の咨文を受け、以下のように述べている。聖上の仁孝の心をもって、向善

－110－

『琉球入学見聞録』巻3

の風気を宏げるお気持ちを仰ぎ知り、鄭秉哲等が帰国扶養することができれば、2人の一家が慶ぶことだけではなく、挙国の臣民も天朝が「不遺の教化」をおこなうことに感激し、道々に歓声が挙がることであろう。臣尚敬は高深たる皇恩を蒙るも、その恩返しはできていない。謹んで常貢以外に、ここに嫩熟蕉布百匹と囲屏紙5千枚を備え、貢使向克済、蔡文河等にもたせ、表章をもって天恩に叩謝させる外、(帰国扶養について) 上奏し真意をお伝えしたい。臣尚敬は心からおそれかしこまる次第である。謹んで奏上申し上げる。[案ずるに、同日、国王さらに謝恩の表文を呈出した。康熙29〈1690〉年に梁成楫等の帰国に関する国王尚貞の表文はここでは省略する]。

　乾隆22〈1757〉年4月21日、翰林院侍講臣全魁、編修臣周煌〈1714—1785〉が謹んで国王の申し出により代奏する。臣等は皇恩を蒙り、親任され遠く琉球に出使いたした。冊封の儀を終え、帰国の準備をしていると、中山王尚穆が館に来て、送別の宴を設け、通事を通じて臣等に以下のように挨拶を述べた。

　「海の隅にある下国は何度も聖上の恩寵を受け賜わり、唯だ、弾丸のような辺境にあり、荒涼な風土である。文教を求める心はあるが、経典を学ぶ場所がない。先の康熙22〈1683〉年に、前冊封使汪楫等に願い出て、子弟4人が国子監に入学する件を代請していただき、礼部の議を経て諭旨が下され、官生阮維新等が入学した事例が成案となっている。続いて康熙59〈1720〉年に、前使の海宝等に前例にもとづき代奏していただき、再度派遣の御裁可を賜った。今、また幸いに天子が遣わした使臣が来琉したことから、遠方の人々が徳化を仰ぐ誠を申しあげ、再度、官生を入学読書させることができたら、下国(我が国)は感激至極である」。

　臣等はその申し出により上奏文を起草し代奏し、伏してご高閣をもって礼部に勅命し審議させ施行していただきたく謹んで上奏したところ、その日に諭旨を奉じ「該部(礼部)審議し上奏せよ」とあり、これを欽しんで承った。

　5月1日、礼部が諭旨を奉じて審議し上言するため上奏する。乾隆22〈1757〉年4月23日、内閣より抄出された翰林院侍講全魁・編修周煌の前事(上記)について上奏した奏文が礼部に届いた。康熙23〈1684〉年、冊封使臣の翰林院検討汪楫等、及び同59〈1720〉年、使臣の翰林院検討海宝等が冊封の儀を終え京に戻り行った国王の子弟の国子監入学要請の代奏については、礼部が審議し上奏したところ、「議に依れ」とあり、これを欽しんで承った。

　(両案件とも)国王により京へ官生派遣がなされ、礼部は箚(公文)をもって国子監での3年の読書終了後、帰国させたことが成案となっている。今、翰林院侍講全魁等の称する国王尚穆が徳化を仰ぐ誠を述べ、子弟の国子監への入学読書を懇願する件については、要請通りにすべきで、進貢の年に官生を派遣して来京させ、礼部が箚をもって国子監に修学を命じることとする。(そのことについては)陛下からの命が下るのを待ち、福建巡撫に公文で

－111－

『琉球入学見聞録』巻3

通知し、琉球国王に伝達させればよいだろう。謹んで上奏し、本日諭旨を奉じたところ、「議に依れ」とあり、これを欽しんで承った。

　乾隆23〈1758〉年10月11日、琉球国中山王尚穆〈1752—1794在位〉、諭旨を奉じ、官生を太学に入学読書させる件について上奏する。乾隆23年正月1日、福建等承宣布政使司の前事のことを知らせる咨文を受け取った。（官生の入学読書に関する通知は）巡撫から布政使に送られ、（布政使は）それを受理し、今貢船が帰国することから、それを付託することにする。それがために（布政使は）咨文でもって貴国王（琉球国王）に通知する。謹んでそれを受け、確認し処理をおこなわれたし。（国王は）それを受理した。臣尚穆は蟻塚のような小国でありながら藩封を受け遠く荒服の地にありながらも、幸いに天朝の文教が広く流布し、徳沢が遠方に及んでいる。今は皇恩をもって陪臣子弟が入学して経典を読み、聖訓を聞くことが許され、臣尚穆の感激が極まることがないだけではなく、国を挙げ人民も躍らんばかりに慶んでいる。謹んで官生梁允治、鄭孝徳、蔡世昌〈1737?—1798〉、金型など4人を、貢使毛世俊等と共に派遣し、上京して国子監に入学させる外、謹んで土産の囲屏紙3千枚、細嫩蕉布50疋を献上し、僅かな誠心を表す。また表文をもって申し上げる。聖上のご高閲を蒙り、礼部に命じ（事宜よろしく）処理していただけるよう伏して祈る。臣尚穆は心からおそれかしこまる次第である。謹んで上奏する。

　乾隆25〈1760〉年正月23日、国子監臣観保、全魁、陸宗楷、博卿額、吉泰、盧毅が諭旨を請うため上奏する。乾隆25年正月10日、礼部からの箚（公文）が届き、琉球国の子弟梁允治、鄭孝徳、蔡世昌、金型など4人が国子監に至り修学する。臣等の調べによると、雍正2〈1724〉年、琉球国の子弟鄭秉哲、鄭謙、蔡宏訓等が国子監に修学した際、礼部は審議して、康熙27〈1688〉年の前例に則り、貢生を1名選抜し教習させ、博士などの人員を管理役とし、国子監の堂官は随時（事例を）調べ、教習である貢生に関するすべての事項は、官学教習の慣例に照らし処理し、それが成案となっている。

　今、国王が派遣してきた官生梁允治等4人の国子監入学についても、旧例に照らし処理すべきで、臣等は共同で抜貢生の潘相を（教習に）決めた。潘氏は湖南安郷県の出身で、穏健温和であり、学問に優れている。彼をして朝晩、教授を行わせ、文芸の教習に充てることとする。又は博士の張鳳書を派遣し助教の林人椒をして管理させることとする。また臣等は教習である貢生に関する全ての事項は、官学教習の慣例に照らして処理することとする。命が下るのを待ち、臣等は咨文を吏部と礼部に送り、記録文書として残すこととする。そのため、ここに奏文を作成し具奏し、伏して陛下のご高閲を得て施行の指示を待つ。本日諭旨を奉じたところ、「承知した」とあり、これを謹んで承った。

　乾隆26〈1761〉年11月1日、国子監臣観保、全魁、陸宗楷、博卿額、張裕犖は諭旨を請うために上奏する。琉球国の修業官生の鄭孝徳等が呈文で以下の申し出をしてきた。孝徳等は藩属である琉球の者で、中国で輝かしい文化にふれ、聖上のご教育の生成を蒙り、

－112－

『琉球入学見聞録』巻3

太学で修業している。孝徳等は師に親しみ友を得て、夏冬両季には服を賜り、また館を給され食を授かり、日に礼樂を聴き、無上な幸せに感動している。幸いに聖母皇太后の70万寿に逢い、天下あまねく慶びに浸っている。旧例によると、太学で修業している諸生は聖母皇太后の鳳車を迎えることになっている。孝徳等は鳳車に依り、高々と歓呼して、ともに拝礼をおこないたい。

臣等の調べによると、外藩の臣下で太学にて修学中の者は、皇太后の万寿慶典に逢えば、臣等が諸生を引率して叩拝をおこなうことになっている。彼らが共に叩拝をおこないたいとする懇願は彼らの誠敬を表している。故に、上奏して諭旨を請うものである。若し許可が下されれば、朝賀の礼式に照らし、自国の服装を着て、一斉に拝礼させることとする。このため謹んで上奏する。諭旨を奉じたところ、「承知した。鄭孝徳等に賞を賜えよ」とあり、欽しんで承った。

乾隆28〈1763〉年11月26日、琉球国中山王臣尚穆は、謹んで修学の官生を帰国させ文教を広げるために上奏する。臣尚穆は辺鄙で弾丸のような地に居て、風土は荒涼としている。幸いにも、乾隆21〈1756〉年、天恩を蒙り冊封の儀が終り、天使が帰京する前、臣が館に赴き宴を設け、旧例にもとづき、天使全魁、周煌に代奏を願い、遠方の人々の徳化を求める誠を陳べ、再び子弟が国子監への入学派遣ができれば、感激の極りである。天使が帰京して代奏し、乾隆23〈1758〉年、官生鄭孝徳の国子監派遣の許可が下り、25〈1760〉年にその入監が記録として残されている。調べてみると、康熙23〈1684〉年と雍正2〈1724〉年にも前後して、官生が国子監に入学し3年を経て帰国した記録が残っている。官生鄭孝徳等は国子監での学習が既に4年を経ていることから、帰国を請う上奏をする。それがために表文を作成して、貢使馬国器〈1718—1797〉、梁煌等に預け、謹んで上奏し、官生鄭孝徳等の帰国により、益々聖上の文教を広げ、国民の雅俗を高めんとする。聖上のご高閲を賜り、礼部に命じて施行することを祈る。臣尚穆は心からおそれかしこまる次第である。謹んで上奏する。

乾隆29〈1764〉年2月4日、国子監臣観保、富廷、陸宗楷、張裕挙が琉球官生が帰国により教習を引見する件について謹んで上奏する。乾隆25〈1760〉年正月10日、礼部から箚（公文）をもって、琉球国の子弟の国子監に入学する通知があり、臣等が調べたところ、雍正2〈1724〉年に礼部が審議し、康熙27〈1688〉年の旧例に、貢生1名を選抜し、教習に充て、一切の事項は官学教習の慣例に依ることが許され、共同で湖南の抜貢生の潘相（を教習）に決定した。潘氏は穏健温和であり、学問が優れていることら、教習に充てるよう求め、吏部と礼部に咨文で通知し成案となっている。またつぶさに調べたところ、乾隆25〈1760〉年正月23日に上奏し、諭旨を奉じたところ、「承知した」とあり、これを欽しんで承った。

今、礼部の文を受けたところ、琉球国の修学中の陪臣（官生）が諭旨を奉じ帰国を許さ

—113—

『琉球入学見聞録』巻3

れたとある。国子監で調べたところ、潘氏は乾隆25年挙人に合格し、また乾隆28〈1763〉年進士に選ばれており、誠意をもって教育がなされ、優秀な学生を輩出ている。国子監に在籍の4年間、終始一貫（勤務に忠実）であった。八旗教習の慣例により、「緑頭牌[7]」を用意し、潘相を引き連れ引見させる。知県に登用するか教職に就くか、聖上の諭旨を待ち、諭旨が下った後に臣等が文書を吏部に送り、進士教習班の選定枠に戻す事とする。謹んで上奏する。本日、引見して諭旨を奉じたところ、「潘相を知県に任命する」とあり、これを欽しんで承った。

〔注〕
（1）『文選』巻37「陳情事表」
（2）「陳情事表」に「臣密今年四十有四、祖母劉今年九十有六、是臣盡節於陛下之日長、報養劉之日短也。烏鳥私情、願乞終養」とある。
（3）王士禛『居易録』巻22にほぼ同文を収めている。
（4）『詩経』大雅・棫樸の文ではない。詳細不明。
（5）『大学』に「君子賢其賢、而親其親、小人樂其樂、而利其利」とある。
（6）伊尓登…諡は忠直。清の王族。額亦都の第10子。明軍としばしば戦っていくつも武功を挙げ、二等伯に累進した。『清史稿』233・列伝20。本書巻3「師生」参照。
（7）緑頭牌…先が緑色をした細長い木の牌。皇帝に謁見する際に、その者の姓名や履歴等を書き記した。

稟給

漢・唐の外藩が子弟を派遣し太学に入学させたが、粗末な俸禄・食事を与えるに過ぎなかった。明代になり、琉球の子弟が雍（国子監）に入学するようになって、はじめて子弟たちに手厚い給与がなされた。かつて前明の「会典」を調べると、洪武25〈1392〉年、中山国から太学へ入学した王子日孜毎・闊八馬・寨官の子仁悦慈に衣巾と靴・足袋並びに夏服一揃い・貨幣5錠が与えられた。その秋には、また羅衣（うすぎぬの着物）をそれぞれ一揃いと靴・足袋・寝間着・ふとんが下賜された。山南王承察度〈1337—1396在位〉が入学させた従子三五郎尾および寨官の子実他盧尾・段賀志等に中山国の例と同様のものが下賜された。（洪武）26〈1393〉年、中山国から入学した寨官の子段志毎に夏服・靴・足袋、秋服それぞれ一揃い、従者に各々布の衣服を賜った。（洪武）29〈1396〉年、山南王が派遣し、帰省する官生の三五郎亹・実他盧尾に白金緑緞の裏表（あわせ）・貨幣を賜った。また、山南王が派遣し、入学する寨官子麻奢・理誠・志魯の3人および再入学して学業を終えた三五郎尾に衣冠・靴・足袋を賜った。（洪武）31〈1398〉年、中山国がこれまでの入学の旧恩に感謝するために派遣した、官生の姑魯妹に貨幣を賜ったが、差があった。永楽3〈1405〉年、山南国から入学した官生李傑に衣服を賜った。（永楽）4〈1406〉年、中

-114-

『琉球入学見聞録』巻3

山国から入学した官生の石達魯等に衣服・貨幣を賜ったが、差があった。(永楽) 8〈1410〉年、皇太子は入学してきた官生模都古等に巾衣・靴・寝具・帳具を賜った。この冬、皇帝は李傑等に冬着・靴・足袋を賜った。(永楽) 10〈1412〉年、中山国から官生の懐徳・祖魯古に夏物の襴衫(上着ともすそのつながった一重もの)・靴を賜った。(永楽) 11〈1413〉年、中山国からの官生鄔同久等3人に貨幣を賜った。模都古等3人が帰国する際には、衣服・貨幣を賜い、駅伝(馬車)が与えられた。留学する者は皆、夏・冬用の衣服を賜った。(永楽) 12〈1414〉年、皇太子は琉球官生益智毎等に羅布の着物をそれぞれ一揃いおよび襴衫・靴・足袋・寝具・帳帷を賜った。従者に対しても同じく賜った。皇帝は鄔同久等3人に衣服と貨幣を賜った。(永楽) 14〈1416〉年、琉球官生に夏用の衣服を賜った。成化 18〈1482〉年、南京国子監で習業する琉球官生の蔡賓等は役人より衣服・禄・飲食物を与えられたが、これは古くからのきまりに基づいている。正徳 5〈1510〉年、南雍(南京国子監)の琉球官生等に衣服・食糧等を賜ったのは先例に同じである。嘉靖 5〈1526〉年、琉球官生蔡廷美等に禄米・薪炭および夏・冬用の衣服を賜った。(嘉靖) 9〈1530〉年、帰国して結婚する蔡廷美等に貨幣や布が与えられたが、差があった。(嘉靖) 22〈1543〉年、琉球に帰国して結婚する官生梁炫等に資糧(帰国の費用と食糧)と駅馬が与えられた。(嘉靖) 29〈1550〉年、琉球官生蔡朝用等を南京国子監の光哲堂に配置し、四季ごとに衣服や品々を賜ったが、これは旧例と同じである。万暦 8〈1580〉年、南京国子監の琉球官生鄭週等に衣服・食糧を賜ったが、これも旧例と同じである。これらの賜った品々の先例を調べてみると、依然としてまだ周到で完全なものとは言えない。我が朝廷においては、聖主の大恩により、特命の琉球官生には光禄寺[1]が食物を与え、工部が衣服と器具を与え、戸部が食糧・紙・筆を与える。日ごとに食糧が供給され、月ごとに賜り物があり、四季折々には天子からの御下賜があった。下は従者に至るまで、隅々にまで行き届いている。我が皇帝は格別なご厚情で特別に工部に文書を発して、物品を与えるように命じ内務府[2]を通じて行わせた。このため各役所の物品は豊かでその上完備することになった。

天子の大恩はあまねく行き渡り、言い尽くすのは難しいが、書篇に詳しく記録し、将来これによって考察する者がいることを願う。

康熙 27〈1688〉年、琉球官生梁成楫等が入学する。礼部は官生を都通事の例に照らして待遇することを審議し承認した。1人につき、日ごとに鶏1羽・肉2斤・茶5銭(ほぼ20グラム)・豆腐1斤・山椒・醤油・野菜を一揃え給与し、年ごとに春・秋には綿緞(真綿緞子)の袍褂(礼服)・紬絲(つむぎ糸)・褌(ももひき)がそれぞれ1着、涼帽がそれぞれ1個、靴・足袋がそれぞれ1足、夏には紗の礼服の上着・うすぎぬの肌着・股引がそれぞれ1着、冬には緞子が表で裏が羊皮の礼服・綿襖(綿入れ)・股引がそれぞれ1着、貂の皮の帽子・靴・絨(厚手毛織物)の足袋・掛布団・敷布団・敷ござ・枕がすべて整っていた。従者にもみな賜わり物があり、毎月、朱・墨・紙・筆・銀が各々1両5銭分与えられた。

－ 115 －

『琉球入学見聞録』巻3

雍正2〈1724〉年11月、琉球官生鄭秉哲等が入学する。礼部は、官生・従者の一切の衣服・食料品は、康熙27〈1688〉年に梁成楫等に給与した時の例に照らして下賜することを承認した。

乾隆24〈1759〉年、官生梁允治等が12月に入京した。乾隆25〈1760〉年正月2日、礼部は上奏文で国子監に通知した。23日、本（国子）監が教習の奏上を採択した。2月8日、礼部の儀制司[3]は官生を送り入学させ、（国子監）博士等の官が帯同して拝謁し、後殿および文公祠（朱文公＝朱子）に拝謁し、講堂で師に拝した。

一、官生の食糧品等の事項は、ともに康熙27〈1688〉年に承認された例による。官生1名につき、進貢都通事の例に照らし、毎日それぞれ白米2升が与えられる。従者1人につき、毎日それぞれ白米1升が与えられる。国子監は季節ごとに人数を厳正に計算して、総石数を計算し、書類を戸部に回し、緊急用の白米を与えた。

一、官生の食物は、1人につき毎日鶏1羽・肉2斤・茶葉5銭・豆腐1斤・花椒5分（約45グラム）・醤油4両・胡麻油4銭・醤（みそ）4両・紹興酒1瓶・野菜1斤・塩1両・灯油2両を給与し、従者は1人につき毎日肉1斤・塩1両・菜10両が与えられる。

今回、乾隆25〈1760〉年2月6日、（以下の）光禄寺が通知した文書が承認された。「太官と珍羞[4]の両部署の案を呈示する。国子監が求めた官生の食物等は前例によることが承認された。乾隆21〈1756〉年7月の内に調査し、忠勇公[5]の奏上を経て承認された。本寺（光禄寺）より送り届けられる内庭で使用する豚肉の数量、鶏・鴨・鵝等の数は、膳房（厨房）が取り仕切る。あらゆる公女と皇族の娘の食料は、景山咸安宮・太医院等以外で定例に照らして供給し、その仕事はやはり光禄寺が執り行う。当然、本寺を通じて、各当該部署に文書を発し、必要な鶏や肉の数は、月ごとに本寺に諮り、厳格に計算して価格を決め、各該当の部署が本寺より配給された銭と食糧を受領することになり、全てもとの奏文に従い、起案通り処理する。今日、琉球官生梁允治等が国子監に入学して学習し、全体の鶏や肉の数は、おのずと奏上し承認された配給例に照らして、画一的に処理しなければならない。貴監（国子監）に発布した文書に応じて、それに照らし合わせて処理すべきである。茶葉・紹興酒・油・塩・醤（みそ）・野菜等の項目を計算して、本寺が従来通り毎月寄せられた書類に基づいて支給する以外に、支給すべき鶏や肉の数量については、毎月彼らが消費した零細な総数から小建や禁屠[6]の時を除き、一切併せて本寺に文書を発布して厳格に計算して銭や食糧を発給し、毎月3、9日のつく日に提出して印授をたずさえて受領する。なお、光禄寺が定めた鶏・肉の価格や費やした銀両に応じて勘定書を発行し、貴監の監査に照らすことも可能である」と。これを承認した。毎月銀を監督し、官生等が自ら使えるよう支給する。厨房の料理人と炊事夫については、毎月、寺が別に4両5銭を与え、かれらの自由な雇用に任せる。

一、官生の住房は、西棟を除いて住まわせる。後ろの建物は5間に分かれ、官生4人は

－116－

それぞれその1間に住む。その真ん中の1間は講堂である。母屋にある3間は、真ん中の1間に官吏の執務室が設けられ、堂官（長官）の部屋である。東の1間には（国子監）教習がここに住む。西の1間は食料品を貯蔵している。西の離れの小部屋2間は厨房で、料理人と炊事夫が各1名住む。東の離れの小部屋はそれぞれ従者が住む。湯殿・厠に至るまで整備されていないところはない。毎年4月の朔日（ついたち）に、国子監は内務府に文書を発し、（内務）府が官吏を派遣して、前後の涼棚（日よけ）を2列設置する。8月の終わりに取り払う。

　一、官生等の用いる品は内務府の広儲司[7]が御旨に従って届ける。雍正2〈1724〉年の例に照らし、必要な錫燭台4脚・錫灯台4脚・錫茶壺2個・錫酒壺2瓶・黄銅面盆（洗面器）4個・磁器大碗20碗・小碗20碗・小盆10枚・皿16枚・茶椀16個・酒盃10個・蓆10枚・白毛氈8枚・高卓6台・満卓4台・板凳（背なし腰掛）6個・椅子8脚・綿布門暖簾6枚・竹簾6枚・書収納用の竪櫃4本・火盆（火鉢）4個・広鉄鍋2個・小磁器皿6枚・水がめ4個・担ぎ坊棒付きの水桶一揃いを加増した。箸・木杓子・柳つるべ・ほうき・竹ほうき・鉄針金・鍋蓋・砂鍋・木瓢等の物も皆それぞれ備わっている。木器・磁器に破損が有れば内務府に申し出ると、府が随時補填する。毎日、必要な石炭は例に照らし、内務府の煤炭局が毎日30斤と白炭（石灰で白く染めた炭）3斤を届ける。毎月総計を確認して、役人がこれを届ける。冬から正月までは、1人当たり毎日それぞれ烤炭と白炭を5斤追加して届ける。10月末、3ヶ月分の総量を計算して役人に送り届けさせる。

　一、官生の衣服・帽子等は内務府の広儲司が御旨に従い届ける。官生1人につき、冬には貂皮の領袖で官用の緞子が表で滑らかな羊皮が裏地の礼服および紬の綿入れの内着それぞれ1着・染め上げた貂帽子各1個・鹿皮の靴で厚手の足袋のついた靴各1足［今回は鹿の皮靴が緞子の靴に改められた］が支給された。春・秋には、官用の緞子が表で杭州紬が裏地の綿入れ・官用の緞子が表で紬が裏地の綿の肌着・紬の内着がそれぞれ1着、織物の涼帽各1個・官用の緞子の靴各1足・馬皮の靴1足が支給された［今回は馬皮の靴も緞子の靴に改められた］。夏には、硬紗の礼服・羅紗襦袢中衣各1着が支給された。毎年春には、それぞれ紬の表で布が裏地の綿の掛け布団と敷き布団・紬の枕各1個が支給された。従者4人には、毎年冬に布が表で裏地が老羊皮の上着・綿入りの中衣各1着・貂皮の帽子各1個・馬皮を牛皮で補強した靴・布の足袋各1足が、春・秋にはそれぞれ布の礼服各1着が、夏には単衣の布の上着・布の内着各1着、雨纓（清代、礼帽の一つ）の涼帽各1個が、毎年春には綿の掛け布団と敷き布団・枕各1個が支給された。これらの物品の内、倉庫に保管されたものから受領し、支給されたもの以外に、倉庫にはない染めた貂の帽子・貂皮の帽子・厚手の毛織物製のひも付き涼帽・雨纓の涼帽は当該部門の長官等に催促し、各季節に、時期に合わせて購入するよう伝達された。これらの支給の衣服・帽子は、みな毎年2月、5月、10月に国子監が印授を携えて受領する。内務府は数量に合わせ役人を派遣し

『琉球入学見聞録』巻3

て送り届ける。

〔注〕
（1）光禄寺…宮廷内の祭祀や朝会、宴席や皇帝の膳食を掌る部署。
（2）内務府…清朝で宮廷内の事務を行う部署。
（3）儀制司…礼部の中にあり、祭礼や学校、科挙に関する事務を執り行う部署。
（4）太官・珍羞…太官署・珍羞署ともに光禄寺が管轄する部署。珍羞署は宮廷が備蓄する食用の動物や大祭
　　　の器物の準備や宴会時の料理の材料を管理する。
（5）忠勇公…富察傅恒〈1720?—1770〉のことか。満州鑲黄旗の人。乾隆帝の妃である孝賢純皇后の弟。
　　　乾隆12〈1747〉年に戸部尚書となる。乾隆14〈1749〉年に一等忠勇公（爵位の1つ）となった。
（6）小建・禁屠…小建は陰暦で29日までしかない月のこと。禁屠は畜類の殺生を禁止する日のこと。
（7）広儲司…内務府の中にある部署で、内務府が管理する貯蔵庫の出納を掌る。

師生

　学校で教えるということは、民衆の教育に責任を負う事である。「䬃師・旄人・鞮鞻氏」⁽¹⁾
の職があるが、それは大司楽総理の事である。明代に、琉球人が入学する時には、特に教
習を設けることなく、その教育方法も簡単なものであった。我が国の康熙27〈1688〉年
に、梁成楫が国子監へ入学してから、皇帝は特別に命令を下し、修了生の官生（学生）の
中から学業と行ないが優れている者を選び、1人を教官にして、専門的に講読に責任を持
たせ、博士等の官吏を派遣して管理させ、これを取りしきる官吏は常に視察を行う。これ
は周朝の旧規則である。明代初期には入学した学生のすべてが王府の子弟、高官の子弟で
あった。明代成化以後、ようやく三十六姓の人たちの派遣が開始されている。今やすでに
その多くを考証することはできないが、わずかに見ることができるものを記録し、後人の
補足補充を願うものである。

〈祭酒〉
　常錫布：満州正紅旗の人、康熙25〈1686〉年任［琉球梁成楫等が入学］。

　徳白色：満州正紅旗の人、26〈1687〉年任。

　円納哈：満州正鑲旗の人、27〈1688〉年任。

　王士禎：山東新城の人、戊戌進士、19〈1680〉年任。

　李元振：河南拓城の人、甲辰進士、22〈1683〉年任。

　翁叔元：直隷承平衛籍［江南常熟の人、丙辰進士］、24〈1685〉年任。

　曹　禾：江南江陰の人、甲辰進士、26〈1687〉年任。

　汪　霦：浙江銭塘の人、丙辰進士、28〈1689〉年任。

－118－

［『国学礼楽録』では、王士禎は 19〈1680〉年在任。22〈1683〉年以後は李元振が任にあたる。『池北偶談』の記載では梁成楫等は 23〈1684〉年に使臣を経由して入学を願い出た。当時、王士禎は「祭酒」となっている。（これは「国学礼楽録」の記録と一致しない）礼部に質問しても不明。とりあえず判断を保留する］。

伊尓登：満州正白旗宗室、雍正元〈1723〉年任［琉球鄭秉哲等が入学］。

塞　額：満州正白旗の人、己丑進士、2〈1724〉年任。

鄂宗奇：満州鑲藍旗の人、壬辰進士、4〈1726〉年任。

王図炳：江南婁県の人、禾辰進士、元〈1723〉年任。

王　伝：江西饒州の人、辛未進士、元〈1723〉年任。

張廷璐：江南桐城の人、戊戌進士、3〈1725〉年任。

蔡　嵩：江南南匯の人、禾辰進士、5〈1727〉年任。

（以上はすべて雍正期の祭酒）

観　保：満洲正白旗の人、乾隆丁已進士となる。14〈1749〉年に任、昇格後依然として国子監の管理を担当［その時、琉球鄭孝徳等が入学］。

全　魁：満州鑲白旗の人、辛未進士、24〈1759〉年任。

富　廷：満州鑲藍旗の人、丙午舉人、27〈1762〉年任。

（以上はすべて乾隆期の祭酒）

陸宗楷、浙江仁和の人、雍正癸卯進士、11〈1746〉年年任。

司業

宋古弘：奉天鑲白旗の人、康熙 25〈1686〉年任［琉球梁成楫が入学］。

彭定求：江南長州県の人、丙辰進士、24〈1685〉年任。

董　闇：江南呉江県の人、癸丑進士、24〈1685〉年任。

呉　涵：浙江石門県の人、壬戌進士、28〈1689〉年任。

（以上はすべて乾隆期の司業）

馬　泰：泰天正白旗の人、雍正元〈1723〉年任。

黄鴻中：山東即墨県の人、戊戌進士、元〈1723〉年任。

孫嘉淦：山西與縣の人、癸已進士、元〈1723〉年任。

彭維新：湖南茶陵州の人、丙戌進士、3〈1725〉年任。

王蘭生：直隷交河県の人、辛丑進士、4〈1726〉年任。

荘　楷：江南武進県の人、癸已進士、5〈1727〉年任。

博卿額：満州鑲紅旗の人、戊辰進士、乾隆 24〈1759〉年任［その時琉球鄭孝徳が入学］。

『琉球入学見聞録』巻3

蘆　　毅：貴州の人、進士、24〈1759〉年任。

吉　　泰：蒙古正白旗の人、任。

張祐犖：江南桐城県の人、戊辰進士、26〈1761〉年任。

派董率官

張鳳書：雲南建水州の人、禾戌進士、任博士。

林人樾：福建侯官県の人、修道堂助教。

張若霍：江南桐城県の人、正義堂助教。

鄥鳳翊：廣西陽朔県の人、禾甲進士、教授から博士教習に昇格。

（以上はすべて雍正期の司業）

鄭名闋：福建の人、康熙27〈1688〉年、教官補となるが、1年後離職。

除　　振：浙江寧波の人、拔貢生[2]、28〈1689〉年教官補。3年礼部から州一級副長官となることを決議。

李　　著：湖北公安県の人、拔貢生、雍正2〈1724〉年教官補となるが、数カ月で離職。

趙奮翼：陝西滝関県の人、拔貢生、3年間教習補を担当。任期満了につき、礼部で知県となることを決議。

潘　　相：湖南安郷県の人。乾隆6〈1741〉年、拔貢生、23〈1758〉年武英殿校書に合格し、25〈1760〉年琉球官生、鄭孝徳等が国子監に入学後、国子監の依頼により鄭孝徳の教官となる。同年、順天郷試験に第41位で合格。28〈1763〉年、会試に35位で合格した。29〈1764〉年、鄭孝徳等が帰国したため、教官の任を終了。同年4月皇帝の命により山東登州府福山県の知県となる。

〔注〕
（1）靺師・旄人・鞮鞻氏…それぞれ四夷の舞踊・楽曲・歌を掌る官（『周礼』春官）。
（2）拔貢生…官吏登用試験によって選ばれたもの。

官生　〔附、病故官生〕

　日孜毎、闊八馬は中山王察度の子（従子ともされる）で、明代洪武25〈1392〉年に初めて琉球から官生として派遣され国子監に入学している[1]。皇帝は詔をもって工部に国子監の前に王子書房の建造を命じ、そこに官生を起居させた〔帰国年は不明〕。

　三五郎尾は山南王の承察度の従子で、日孜毎、闊八馬と同年に入学し、29〈1396〉年に一時帰国するが、すぐに戻り学業を終えることを請うている。

-120-

『琉球入学見聞録』巻3

　仁悦慈は中山王察度の舅［諸書には寨官の子或いは父は寨官とする記録が存在する］で、中山王子に随行し入学している。

　実他盧尾、段賀志は山南国の寨官の子で、山南王子に随行し入学している。

　段志毎は中山国の寨官の子で、26〈1393〉年に入学している。

　麻奢、理誠、志魯の3人は中山国の寨官の子で、29〈1396〉年に入学している。

　姑魯妹は中山国の人で、入学の年は不明［諸記録には姑魯妹を女官生と誤って記載しているが、これは甚だ荒唐無稽である］。

　李傑は山南国の寨官の子で、永楽3〈1405〉年に入学し、3年後に帰国している［国子監における滞在年数については、以後これに倣う。各書には、また永楽8〈1410〉年冬、李傑等に冬衣を下賜するとある。これによると、6年間帰らなかったことになるが、いずれが正しいのかは未詳］。

　石達魯は中山寨官の子で、永楽4〈1406〉年に入学している［派遣人数は6人とされているが、他の5人については不詳］。

　模都古は中山の官生で、永楽8〈1410〉年に入学している。入学者は共に3人、帝及び太子もそれを厚くもてなしている。礼部尚書の呂震は「昔、唐の太宗が学校を興し、新羅や百済は皆その子弟を派遣して入学させているが、当時はわずかに食禄を与えるだけで、今日のよう厚く下賜品が支給されることはなかった」と言っている。帝は「遠方より中国の礼義を慕い子弟を入学させてくるのだから、必ず衣食を十分に与えるべきである。そうすれば喜んで学問に徹するようになる。太祖高皇帝は下賜品を給し、それを会典に記すよう命じている。それは、（帝として）つぶさに状況に応じ万物を作りなし取り残すことがないようにするということである。どうして、それに違うことができようか」と述べている。永楽11〈1413〉年に模都古が帰省を請うと、帝は「遠人が来て学ぶことは誠に美挙であり、親を思い帰国するのも、また人の情誼である。厚く下賜品を給し、それを称（たた）えるべきである」と述べた。よって衣幣を下賜し、及び帰国の道程の費用を各駅站に給した。［残りの2人については不詳］。

　鄔同志久は中山国寨官の子で、永楽11〈1413〉年に入学した［この年の入学者は3人、他に30人とする記録もある。残りの人々に関しては不詳］。

　周魯は中山寨官の子で［『池北偶談』による］、永楽11年に入学した［入学者は3人、残りの2人については不詳］。

　益智毎という琉球官生については入学の年不詳。

　蔡賓は琉球国中山省の久米村人である。久米村には、東門村、西門村、北門村、南門村（または大門村）と呼ばれる4つの村がある。古くは普門寺があり、普門地と称されたこともある。明の洪武年間に、閩人三十六姓が琉球国王に下賜され[2]、命によりこの地に居住した。万暦年間に至って、栄えていたのは梁・鄭・蔡・金・林の5姓のみである。また続

－121－

『琉球入学見聞録』巻3

いて阮・毛の2姓が下賜され久米村に居を構え、他の地に移り住むことはなかった。故に
この地を唐営と称した。その後、営中と称されたが、唐栄に改められた。村の中で最も地
位の高いものは総理唐栄司で主に朝貢のこと司った。

　蔡賓の祖先は福建省泉州府晋江県の出身である［南安県ともいわれている］。宋代の瑞明
殿学士の蔡襄の後裔は命を奉じて琉球に移住し、蔡賓はその4世にあたる。蔡賓は字を玉
亭といい、成化17〈1481〉年に入学し、22〈1485〉年国王の願い出により帰国してい
る。帝は「昔、陽成で太学の諸生は3年帰省しないものがいれば、それを追いやった。い
わんや、遠人で長く留まり帰国しない者がいればなおさらである。すぐに帰国させ、年取
った親の孝行をしたいという思いを遂げさせるべきである。(3)」と述べている。帰国後、蔡
賓は長史(4)の職を務め、弘治元〈1488〉年、蔡賓は貢使の皮揚那らに随行して上京し、「成
化年間に南京国子監にて就学した」と、上言している、今、吏部侍郎の劉宣時がその時の
祭主(5)であった。特別な取り計らいで劉宣時の門弟となることを請い許された。武宗が即
位すると、蔡賓はまた王舅の亜嘉尼施らに随行して馬及び方物を献上し、1年1貢を懇請
する上奏文をもたらしている(6)。礼部は「琉球は往時、貢期が限定されていなかったが、成
化11〈1475〉年に使臣の違法行為があり勅をもって2年1貢とされている。王舅等の入
貢は貢期を違え、上奏は自らの非を知りながら覆い隠しており、聞き入れるべきではない」
と議し上奏していたが、武宗はこれを特別に許している(7)。蔡賓はまた自費での貢船2隻
の修造を請うている。礼部は鎮巡官の検査により修造の必要性を認めないことを審議して
いたが、蔡賓は再要請を行い、武宗は2隻を解体しての修造を命じ、これまでの事例に拘
る厳しい措置を禁じている。蔡賓の子の進は字を益亭といい、正徳5〈1510〉年に国子監
に5人で入学している。その帰国の年については不詳。帰国後、通事の職に就いている
［残りの4人については不詳］。

　蔡浩、字は乾亭、蔡賓の従兄である蔡賓の孫にあたる。嘉靖5〈1526〉年、蔡廷美・鄭
富・梁梓ら4人と共に入学し、9〈1530〉年に共に帰国している。

　蔡廷美、字は璞亭、蔡浩の従兄にあたる。官職は長史を務める。嘉靖20〈1541〉年に
国王は貢使の殷達魯等を入貢させているが、蔡廷美はその際に共に派遣されてきている。
21年、蔡廷美は漳州人の陳貴を誘い帰国したが、その際に那覇港で潮陽船と利を争い衝突
し、互いに殺傷し死傷者が出ている。蔡廷美は陳貴等を旧王城に匿っているが、尽くその
貨物財物を没収したことから、陳貴等は夜逃げ出し、捕える際に抵抗し多くの死者が出て
いる。そこで陳貴等を賊として福建に移送している。蔡廷美は表文を齎し上京し、そのこ
とを伝えている。巡按御使の徐宗魯は三司官と共に審判し別状をもって上奏し、蔡廷美ら
に帝からの旨を待つよう命じた。旨を奉じたところ、「陳貴等は違法に外藩である琉球と通
じていることから(8)、国法をもって重く処罰すべきである。琉球も度々海商と通じ、今回
は貨物財物を奪い、恣に我が民を殺し且つそれを賊として罵り、その逆らいは甚だしく許

－122－

『琉球入学見聞録』巻3

されものではない。蔡廷美は本来拘留して重罪に処すべきであるが、琉球は元より朝貢の国であることから、しばらく帰国させ、もし反省して慎むことがなければ、ただちに朝貢を禁じるべきである。福建布政使に琉球にそのことを知らせるよう命ぜよ」と記されていた。

鄭富、字は貴橋、その祖先は福建省福州府長楽県の人である。洪武年間に、鄭義才が命を奉じて琉球に移り住み、長史の職に就いている。義才は字を元橋と称し、代々子孫は字に橋の文字を用いていた。13世に至り始めてそれを変え、蔡崇が字を升亭とし、子は盛亭、孫は輝亭と称している。その後みな亭の文字を字に用いていたが、10世代後さらに改めている。鄭富は鄭義才の6世の子孫である。官職については不詳。

梁梓の先祖は福建省福州府長楽県の人である。洪武年間に、梁嵩（字は子江）が命を奉じて琉球に移り住み長史の職に就いている。梁梓はその孫である。その世系については不詳。帰国後、梁梓は長史職を務めている。19〈1540〉年国王は梁梓を派遣し貢馬や方物を献上して海船4隻を建造することを請い許されている。

梁炫は、嘉靖15〈1536〉年に共に4人で国子監に入学し、22〈1543〉年に帰国した際には就学がすでに7年を越していた。梁炫の官職は正議大夫にまで昇り、32〈1553〉年には貢使に任じられている［その他の3人については不詳］。

鄭逈、字は利山、鄭義才の世系9世の孫で、鄭富の従曾孫にあたる都通事を務めた禄式橋の次男である。嘉靖44〈1565〉年に梁炤らと共に入学し、帰国後官職をかさね三司官にまで昇っているが、殉難をもって一生を終えている[9]［詳しくは良臣伝に記載されている］。

蔡㸡、字は燿亭、蔡廷美の長男で、鄭逈と共に国子監に入学し、官職は都通事を務めている。

鄭週、字は格橋、禄季の子の鄭逈とは腹違いの弟で、万暦7〈1579〉年に鄭迪・蔡常と共に入学し、帰国年は不詳。官職は長史を務めている。

鄭迪、字は憲僑、禄弟礼の長男で、官職は都通事を務めている。

蔡常、字は心亭、蔡廷美の弟廷貴の子、官職は不詳。

梁成楫、字は得遠、梁嵩の世系9世の孫で、祖の梁応材（字は紹江）は、正議大夫を務めている。父邦翰、字は艶江、官職は正議大夫にまで昇り、康熙21〈1682〉年の貢使を務めている。6人の子の内、成楫はその3男である。康熙27〈1688〉年に蔡文溥・阮維新と共に入学し、31〈1692〉年に帰国している。官職は都通事を務め、煌と烈の2人の子がいる。

蔡文溥、字は天章、蔡朝用の世系4世の孫である。朝用の子は延、延の子は国器、国器の子は応瑞・応祥で、代々紫金大夫・正議大夫の職に就き、貢使に充てられている。応瑞には5人の子がおり、文溥は長男である。志が篤く学問に励み、『四本堂集』を著してい

-123-

『琉球入学見聞録』巻3

る［第2巻を参照されたい］。官職を連ね紫金大夫に昇っている。子に其棟、孫に功熙がいるが、共に正議大夫を務めている。

阮維新、字は天受、その祖先は福建漳州府龍渓県の人。明の万暦年間に阮国（字は我萃）が毛国鼎と共に命を奉じて琉球に移り住んでいる。官職は正議大夫を務め、万暦34〈1606〉年に謝封使[10]に充てられている。その4世が維新である。梁成楫・蔡文溥と共に入学し、官職をかさね紫金大夫に昇ぼり、康熙53〈1714〉年に貢使を務めている。

鄭秉哲、字は□□[11]、鄭迵の弟の達元の孫である。達元の子は子孝、子孝の子は宗善・継喜、宗善の子は宏良、代々紫金大夫・正議大夫の職に就いている。宏良は子が5人おり、長男は秉均で、康熙戊辰〈1686〉年に派遣が予定されていたが航海途中、倒れた船の大椇に打たれて死亡。秉哲はその4番目の弟である。雍正2〈1724〉年に鄭謙、蔡宏訓らと共に入学し、6年に帰国。官職をかさね紫金大夫に昇ぼり、乾隆13〈1748〉年に貢使を務め、また22〈1757〉年に謝封使に充てられている。

鄭謙、字は□□[12]、父は廷極、正議大夫を務め、雍正4〈1726〉年の貢使に充てられている。鄭謙は国子監留学から帰国後に、官職は存留都通事を務めたが、福州琉球館（柔遠駅）にて逝去。

鄭孝徳、字は紹衣、祖の士絢は正議大夫を務め、雍正4〈1726〉年の貢使に充てられている。父の国観は志向や趣味が少なく、壬寅〈1722〉の年に福建で北学[13]を志し、揚子江を越え歴遊し、乾隆6〈1741〉年に帰国している。乾隆9〈1744〉年に朝京都通事に充てられ、北京の公館で死去し張家湾に葬られている。乾隆19〈1754〉年、孝徳20歳の年に婦翁[14]で紫金大夫の蔡宏謨に随行し冊封を請い、その際に父の墓参りも請うている。25〈1760〉年に国子監に入学し、父が志を成就できなかったことを傷み、日夜学問に徹し、少しも怠ることなく励み、『四書』『五経』を写した。儒者の言葉に、「朱子に専一して傾注し、先に『小学』『近思録』等の書を熟読し、書、詩文を善くすべし、双方に規定あり」とある。臣の揮毫した座右の銘は「海国の無双の士とならんことを欲し、天都に至り来て未見の書を読む」であった。それを成就するために、ひたすら限りのない知識を追い求めたという。その弟の孝思は孝徳に随行して入京し学んだが[15]、29〈1764〉年2月に駅館で逝去している。

蔡世昌、字は汝顕、蔡文溥の弟で紫金大夫の蔡文河の孫、都通事蔡文海の直系の孫で、正議大夫蔡光君の長男である。蔡世昌は入学時、24歳で、鄭孝徳と共に切磋琢磨し、専ら詞章の学を学ぶことを欲さず、臣の聯には「人、海邦にありて、俊傑に推し上がらんがために、京城より物事の淵源を極める」とある。まさに記している通りである。また、その詞章もまた稟文も規範をしっかりと守り、目を見張るものがある。

蔡宏訓、蔡文溥の弟の文漢の次男。鄭秉哲と共に入学し、数日後、逝去した。礼部は戸部・工部に棺を発給することを請い、棺を紅紬1疋で包み、抬夫と槓縄を準備し、張家湾

-124-

『琉球入学見聞録』巻3

に運び利禅菴の墓地に埋葬した。また特に白金3百両を下賜し[16]、百両をもって墓地の建立にあて、残りの2百両を貢使に渡し蔡宏訓の母親の養贍の費用とした。

　梁允治、字は永安、官職は外間親雲上[17]。祖は得宗、正議大夫を務め、康熙59〈1720〉年の貢使に充てられている。父の錫光は都通事を務めている。允治は読書を知り、蔡澹園より学問の道に入り、よって家には書が多く、日夜それを広げ読み、寝食を忘れて、その意を遂げている。「身心性命図」を描き、また朱子の「或問」に倣い、『服制辨義』を著している。乾隆22〈1757〉年に国王が国子監入学者を選出する際、大夫は最初に梁允治を推挙した。梁允治は29歳で4人の中で年長者である。初めて入学した際に、威儀堂々としており、経書をとって細かく質問し、片時も休むことなく、一字一句その意味を追求し、字も偏旁を極め、読む声もはっきりとして、一刻も筆を放すことがなかった。詩文にも優れ目を見張るものがあった。入学して間もなく、金型が逝去し、また鄭孝徳及び跟伴らもみな疫病に感染した。梁允治は蔡世昌と共に日々葬儀や治療に追われ、深夜まで患者の看病にあたっていた。寝ずの治療が10日も過ぎたある一夜、ある人が「鄭孝徳は初めて妹の主人の金型の葬儀について知った。その出棺を見届けたい。工人に呼んで棺を再び黒く塗ってもらいたい、と言っている」と言い、翌日、梁允治に工事を管理するよう依頼した。鄭孝徳は俄かに臥し、「病気がひどく、恐らく治らないだろう」と答えた。梁允治は驚き、その様子をみると、既に魂が身体から抜け出したようであった。急ぎ医者を呼び見てもらい、いろいろと手を尽くしたが、4月19日に館で逝去した。

　金型、字は友聖、遠祖は金瑛で、洪武年間に福建より命を奉じて琉球入りし、子孫は輝かしい功績を残し、金型に至り始めて国子監に入学している。金型入学の年は19歳で、資質に優れ、読書を好み、福建で諸経を購入し、日夜寝食を忘れ、それを読み耽り、それが積り体を壊していた。国子監入学後ひと月が過ぎた頃、太医院に数人の医者の派遣を要請し治療にあたっていたが、効果がなく、金型は涙を流して「生を受けてやっと国子監に入学ができたのに、俄かにこのようなことになってしまい、天朝やわが国王の恩徳に報いることができず、また老母に憂いを残し、まさに不忠、不孝の極めだ」と話し、言い終わるとまた泣き出した。なす術もないまま、金型は逝去した。庚辰の歳〈1760〉3月16日であった。葬儀は恩賜をもって処理され、梁允治と蔡世昌が旧例に準じて申し出て許され、それを執り行った。

─────────────

〔注〕
（1）琉球は日本・高麗に続いて国子監に官生として留学生を派遣している。
（2）閩人三十六姓の下賜説については、『明実録』には記載がなく、最近では否定的な研究が多く発表されている。
（3）国王からの帰国の許可を要請する文書には、年取った両親が長期留学する息子の帰りを首を長くして待っており、帰国して親への孝行をさせたいという内容が多い、この帝の発言はそれをうけたものであろ

う。

（4）長史は久米村の重要な役職の一つで、総理唐栄司の指揮を受けて進貢業務や冊封の際の接待、及び久米村全般の行政を司っていた。

（5）祭主は国子監の統括責任者のこと。

（6）原文では「奏乞」と2年1貢を蔡賓が上奏したように記されているが、上奏権を有しているのは国王であることから、「奏文」をもたらしたと理解したい。

（7）2年1貢が認められたのは正徳2〈1507〉年である。

（8）当時、中国国内では海禁政策が実施され、一切の私貿易が禁じられていた。

（9）1609年、薩摩侵入後、薩摩に連行された親中派三司官の謝名親方のこと。薩摩で斬首された。

（10）謝恩使と同義。

（11）原文に字が記されていない。

（12）原文に字が記されていない。

（13）南北学の北学のこと。北学は古今の学を兼ね修めることを重んじ、南学は古学を重んじていた。

（14）妻の父、岳父のこと

（15）官生には身の回りの世話をする随行者がおり、それを跟伴と称していた。孝思はその跟伴の1人であった。

（16）この事例が、官生が死亡すると皇帝から致祭費や見舞銀が下賜される先例となり、以後官生が死亡すると、みなこれに倣った。

（17）外間親雲上は官職ではない。外間は姓、親雲上は琉球における位階名である。

教規

　昔、人々の教学には規則があり、正しい教育を行ない、先見の明のある者を育てあげることに意を尽くしていた。譯館において3つの箴言（戒めの言葉）があり、これは遠国からの諸生にはとりわけねんごろに言い聞かせている。

　朱子の「白鹿洞教条」では、「父子に親あり（子が親に孝を尽くすこと）。君臣に義あり（臣下が道をもって君主に尽くすこと）。夫婦に別あり（夫は外に務め、妻は内に務め、互いにそれぞれの務めを侵さないこと）。長幼に序あり（年長を敬い、優先すること）。朋友に信あり（朋友に対して、言葉と心とが違わず偽りのないこと）」［五教の目[(1)]］。「博くこれを学び、審らかにこれを問い、慎んでこれを思い、明らかにこれを弁じ、篤くこれを行なう」［学ぶための序］。「言は忠信にして、行いは篤く相手を敬い、忿りを懲らしめ欲を抑え、善によって過ちを改める」［修身の要め］。「その誼を正して、その利を謀らず。その道を明らかにしてその功を計らず」［事に処する要め］。「己の欲せざるところ人に施してはならない。行って得ざることがあれば、これを我が身に反りみ求む」［物に接する要め］、といったことを記している。

　程董二先生の「学則」には、「この学舎で学ぶ者は、必ず朔望の儀（毎月1日及び15日の儀礼）を厳粛に行わなくてはならない。朝夕のきまりに勤める。身の処し方は、必ず恭し

くしなければならない。歩き方、立ち方（立ち振る舞い）は、必ずきちんと正しく行わなければならない。視方、聴き方も必ず端正にしなればならない。言語は、必ず謹まなければならない。容貌（容姿）は、必ず厳かでなければならない。衣冠は、必ず整えなければならない。飲食は必ず節度がなければならない。出入りは、極力抑えなければならない。読書は、必ず専一でなければならない。写字（字を書くこと）は、一点一画を正しくきちんと書かなければならない。机上は必ず整然としていなければならない。堂室（教室）は、必ず清潔に保たなければならない。相手を呼ぶ時には、必ず年齢を考慮しなければならない。来訪者との接見（面会）には、必ず定まりがなければならない。修業（修養）には、余裕がなければならない。遊芸は、性に適ったものでなければならない。人に対しては、厳かでかつ寛恕な態度で臨み、人の意見には必ず耳を傾けなければならない」、と記している。

真西山の「教子規」では、「一、礼を学ぶ。うやうやしく従順で、教え諭すことばに遵うべし。人の言には応じ、教えられたことは実行に移すべし。怠慢に任意に事を為すなかれ。二、座を学ぶ。身を起こし正座し、脚を揃え手は収めるべし。腰をうずめ背を椅子にもたれてはならない。伏したり起きたり、身を斜めにして座ってはならない。三、行を学ぶ。両手を袖の中に入れ、ゆっくり歩き、大手を振って跳ねるように歩いてはならない。四、立を学ぶ。両手を胸の前で重ねあわせて身をまっすぐ正す。片足たって物によりかかったり、傾き立ったりしてはならない。五、言を学ぶ。飾り気なく質朴に語り、道理に合わない出鱈目なことを言ってはならない。低く小さな声で語り、叫んではならない。六、揖を学ぶ。頭を低くして腰をかがめ、身を乗り出し手は袖に収める。軽率にだらだらと行ってはならない。七、誦を学ぶ。しっかりと字を見て、句を区切りゆっくりと読む。一字一字をしっかりと、目をそらしたり、手で物を弄ってはならない。八、書を学ぶ。しっかりと筆を持ち、字は整え正しく、いいかげんに書いてはならない」と、言っている。

朱子は「小学題辞」で、「元亨利貞[2]は天道の常、つまり天の常である。仁義礼智は人性の綱、つまり人の人たる処の大綱である。始めに悪いことはない。悪いことはあとからできるものである。外との接触によって、感性豊かな四端が顕れてくる。親を大事にし、兄を敬い、君に忠義を示し、年上を敬う。これを秉彝という。これらは本性によって顕れるものであり、強制して出てくるものではない。聖人の心は、本来の性を保ち、あの浩浩たる天そのものであり、少しも人為を加えていない。萬善といってもいいだろう。人は仁義によって尊いのだが、しかし衆人の中には愚かにも欲に蔽われて、その欲に精を出し、「人性之綱」を崩し、自暴自棄になっているものがいる。聖人はこれをいたましく思い、学校を起こし、師を立て、その根を培い、その良い枝葉を延ばそうとした。〈小学〉はまさに人の本性の根を培うものである。家にいては孝を尽くし、出でては恭しくふるまう。ある行動に出ても、善に悖る行為をおこなってはならない。行いて余力があれば、詩を誦唱し、書を読み、歌を詠い舞踏を習い、思考が正道から外れることがないようにする。理を窮め、

『琉球入学見聞録』巻3

身を修めること、これは〈大学〉で学ぶ。天からあたえられたりっぱな本性は赫然として
おり、内の心をきめるものと、外の修身を極めるものとが差がないようにする。徳を崇め
身の業をよくすることで、人の本性は善に戻るようになる。昔は、そうした進徳修業が足
りなかったわけではない。今、足りているといえようか。聖人の世が遠のき、賢君賢人が
亡くなり、諸経を失い、師たる人もなくなり、教えも弛み、教え導かれる人としての教養
も正しくなされず、長じて益々軽薄になり、どこにも善俗が見られず、世に良材も乏しく、
利欲にまぎれ、道理に違い、好き勝手にものを言っている。幸いに乗彝が地に墜ちたわけ
でもない。聖人の道は天地のある限り絶え切るものではない。ここに旧聞を輯め、衆人を
覚まさんことを願う。ああ小子(3)よ、敬みて此の書を受けよ。老人の繰言だと思ってはな
らない。これは聖人の教えである」と、言っている。

　程子の「視箴」では「心の本来は虚であり、相手次第で反応するものである。操（行い
を規制する綱）には決め処がある。しかし、心には見るものによって悪いものが忍びよって
見えて来たりする。人の性は悪いことにも善いことにも遷るものだから、外に対して用心
をしなければならない。それでもって、内を安んずればよい。克己（おのれに打ち勝つ）を
すれば礼（仁）が宿り、それを長く保たもてば、人は誠となる」と、言っている。「聴箴」
では、「人は永遠に変わらぬ道徳を行おうとする。それは人の天性に基づくものである。し
かし、往々に人は知覚の欲にひかれ、外物に影響され、その本来の正しい心（性）を失っ
てしまう。すぐれた彼の聖賢はその欲を止め、しっかりと心を定めることができる。邪な
ものを防ぎ、誠を保ち、礼を尊ぶものでなければ聞いてはならない」と、言っている。「言
箴」では、「人の心は、言葉によって表す。妄りに浅はかな言葉を発するのを禁じれば、心
は静かに専一となる。まして言行は君子の枢機(4)ともいわれ、戦に出ると、それが吉凶栄
辱を招くことにもなりうる。軽々しい発言で敗れることを誕（でたらめ）という。また煩わ
しく言うのは、すなわち支（まとまらず）である。自分が恣に勝手にやれば、周りは逆らう。
悖ることを言えば、帰ってくる言葉も道理にあわないものとなる。法（のり）に合わない
ことは言ってはならない。この教えをつつしめよ」と、言っている。「動箴」では、「聖賢
は物事の起きる兆しを知る。それを思うに誠をもってする。志あり実践する者（仁道を世に
行おうとする者）はその誠をしっかりと守っておこなう。道理にしたがえば、ゆとりが出て、
欲にしたがって行動すれば、危うくなる。にわかに事が起こっても困難に打ち勝つようよ
く考え。注意深く、自らを保つ。このようなことを維持すれば、りっぱな心（性）が形成
され、聖賢と同じところに落ち着くようになる」と、言っている。

　朱子の「敬斎箴」には、「衣冠を整え、物事はしっかり見据えることが大事である。心を
落ちつかせ構えることである。上帝に向かい天理・天命を重んじ、脚元は重々しく、手の
振る舞いは恭しくしなければならない。しっかりと地に足をつけ、蟻封(5)をうまく乗り切
り、門を出ては賓のごとくし、事を承ければ祭りごとをなすが如く神々しくし、慎重にこ

－128－

とを進め、軽率な行動をとってはならない。かたく口をつつしみ、身を守る意を固め、物事を見通し心を集中し、決して軽んじてはならない。東でなければ西、南でなければ北というように惑いがあってはならない。事にあたるに心を安静にし、道理に適うことをおこなうべきである。２つの心で２つのことをし、３つの心で３つのことをするといった、あれこれと心が迷うことなく、精神を一つに集中しなければならない。万事その変化をよく見て、上述したように対応すること、これがまさに敬を持す（心を静め一種の統一状態におく）ということである。動静違わず、外での言行も内心もいかなる時であっても意識を集中させ心を正しい状態（敬）に置くこと、これが大事である。しばらくの間とて、人の欲というものは色々と出てくるものである。道理は不変のものであるが、人によって熱くないものを熱く感じたり、冷たくないものを冷たく感じたり、感じ方は人それぞれである。道理はわずかな誤解があったりすると、世の中その結果は天と地の差が出て、二綱は廃れ、九法も損なわれてしまう。ああ小子よ、それを思い、敬しめよ。墨で書き残し、戒めよ。汝の魂に告げよ」、とある。

　朱子の「学古斉銘」では、「古い時代の人々は、学ぶことは自分のためにした。今も同じである。学問は人として生きるためになすものである。己のための学問である。先にその身の至誠を維持しなければならない。君臣の義、父子の仁に務めなければならない。君子は学をもって道理を集め、学問をもって究めてきた。広い心をもち生活し、仁をもって行動していた。怠けることなく慌てることもなかった。また自らのそうした満ち溢れた至誠は万物にもその恩沢を及ぼしてきた。人のための学問は、光り輝いて春の華のようで、何度も誦むことで、その力量を増し、それを集め組むことによって誇らしいものとなる。威風堂々として心を豊かにし、煌めき輝いている。世俗で盛んになされていることと、君子の鄙(6)とは、あい異なる２者である。その始まりはわずかなことから起こるものである。それを細やかに知らずして、胡と越のような疎遠なものの中で、その善なる帰結をなしうるであろうか。卓越なるや、周侯。よく先人の志を承け、日々つつしみ身を清め、心を統一し、もって人々を教え導いている。つつしみ身を清め、心を統一するとは、何をもって、それをなし得るようになるのか。書物、書籍である。人々はいったい何をしていたのか。衣冠を整え、小走りに進み走り、夜は物思いにふけり昼間それを行動にうつしていた。色々と問い審らかに考え、物事に対処していた。今は絶えてそれがなくなっている。古（いにしえ）に学ぶべきものがある。先にそれを行うことは難しくても必ず得るものがある。急ぎすぎてはならないし、のんびり行ってもならない。我はこれを心に銘じ。まず、この初めに注意しなければならない」と、述べている。

　朱子の「求放心斎銘」には、「天地は色々と変化する。その心は仁で通し、これをなし得て我はあり、主(7)を身に置くことが大事である。主というのはいったい何なのだろうか。人の心、精神は測ることができない。万変に反応し、その中で人は極まっていく。ときを駆

『琉球入学見聞録』巻3

け、千里を駈け、目まぐるしく状況が変化する中で、至誠なくして、主を身におくことができようか、敬なくして、どうしてそれが存在するであろうか。だれがそれを発揮し、だれがそれを求め、だれがそれを持たず、だれがそれを有するのであろうか。肩で屈伸し、反復する動きをするのは手である。悪いことがまだ軽微である内に、我が身、行動をつつしむのが、自らを守る常である。自分の身の回りの近いところから考え、もってそれを見据えるべきである」と、ある。

呂維祺（介孺）の「四駅館訓士三箴」の中の「言行総箴」には、「心官とは思考するこという。言（言葉）と行（行動）は別々のもので、士として最も重んずべき枢機であるといわれている。これは対極しているものである。〈枢〉なくして、どのようにしてことは核をなし運用できるのか、〈機〉なくして、どのようにして発することができるのか。戸と弩は猶然としている。士の取るべき道はあきらかである。口は災いをもたらし、行動も勝手になされば益はない。聖賢の道は、退き周到に思いをめぐらすことにある。言葉を知り、且つ黙することも知るべきことである。またどのような行動に出るのか、出ないのかということも知らなければならない。その次に自らを克服し、心を安静にし、専一することが重要である。礼を失して勝手なことを言ってはならない。賢く恵み振る舞い良い方向導く手法を知らなければならない。邪な考えを抑え、誠を宿らさなければならない。爻象(8)もそこで立つ。色々と話しても人の怨みを買うことは少なくなる。善良なる儀容はたがうことはない。天地四方この精神をかえてはならない。これをしっかり考えよ。物あればかならず規則あり。考えれば必ず得るものがある。考えずして何を得ることができようか」と、ある。その「言箴」には、「思い言うことを何故つつしまなければならなのだろうか。〈忠〉と〈信〉が問われるからである。誹謗する口は閉じるべし。心に刻むべきである。本来、人心の性は至誠より生まれ出てくるものである。しかし物欲が蔽うと、欺き偽りも多くなる。その口から出るものが即ち〈言〉である。それには心がともなわないことから、信は義より遠のき、承けあったことにも違い、たびたび態度を変え、ことばを飾り、こびへつらうようになる。これを〈佞〉という。不信で不忠にして、そこに人本来の性が存在することがあろうか。この性は非であり、衆悪がそこに宿る。言葉多くして、度々それに苦しめられ、自分の都合で約束や誓いを破るようになる。我思うに、物を動かすものは、寧ろその鼓舌にある。至誠は取るに足らないものただすことができる。これは自然に受け継ぐものではない。人は心に忠信が宿ることにより、教え導き徳へ進むことができるようになる。この言葉を肝に銘じ何度も復誦せよ」と、ある。また「行箴」では、「なにをもって思いおこなうのか。それは〈篤敬〉である。篤敬とは何か。主一（心を一つの事に集中させること、専一であること）であり、心を静め一種の統一状態におくことである。専一になれば、無駄な雑念はなくなり、安静にして争いごともなくなる。天君（こころ）は自らを守り、全てがそれに従う。どうしてぶつかることがあろうか。同類が相従い定まらなければ、2を

－130－

『琉球入学見聞録』巻3

もって3と言い、縦を横と言い、軽薄で傲慢になり、その性命[9]を失い、自らを守る堤も崩れ、もたらさられることであろう結果を知り得ない。我思うに、古人は優れた道理に魅入っていた。天には明らかな定めがある。それにより、その身は存在する。天の神は汝を、敬重すべき大切な客のごとくみている。静かに心を一統し、無欲になれば、意識を集中させ心を安静の状態（敬）に置くことができるようになり、またそれが篤くなる。それをなし得て、その後に行動をとれば、全ての行為はここに極まりうまくいく。これが即ち故（いにしえ）の君子なのである。必ず自らそして自らの行いをつつしむべきである」と、言っている

　朱子は「経書を読むに何度も反復して細やかに読まなければならない。そうすれば徐々にその意義も理解できるようになる。声を出して読む時にはゆっくりと焦らず、一字一字をはっきりと読まなければならない。さらにしっかりと正座し聖賢に対座しているようにすれば、必ず心は定まり、その道理も究めやすくなる。欲張って多くのことをやろうとして軽率に色々とあさってはならない。経書を読み通すことを「已通」という。少し疑問があれば、すぐに思索をめぐらし、思索をめぐらしても分からなければ、小冊子に逐一写し取り、時間をかけ分かるまで読み通すべきである。絶対にいいかげんな理解をしてはならず、質問をすることを恥じてはならない。一生正確に理解せずにいることは、自分をだましているに等しい。起居を正し落ち着き払い、事を行うに端正で重々しくならなくてはならい。偏ってはならない。偏ってしまうと人は怠廃してしまう。出入りはすみやかに行い、事をおこなう際、慎重におこなわなければならない。絶対に軽率になってはならない。軽率になると徳性を損なうことになる。謙遜して自ら修養しなければならない。和らげつつしんだ心でもって人とは接するべきである。全てのことに恭しくかしこまって服装は整えなければならない。むやみに出入りしてはならない。むだ話をおさえ、月日をむだにしてはならない。雑書を読んではならない。精神が専一とならない。朝晩、習ったことを何度も確認しなければならない。10日に1度、休みの日に教わった本を何度も復習しなければならない。わずかも遊びなまける気持ちをもってはならない。そうすれば徐々に道理がわかるようになるであろう。講義も理解しやすくなるであろう」と、言っている。また「示長子受之」では「朝晩、講義を受ける際には、多くの規則に従わなければならない。怠けてはならない。一日中、思索にふけり疑問を解き、冊子を常に持ち歩き記録する。見識者に質問をして伺いをたてる。そうした機会を失ってはならない。教え諭す言葉を聞いたならば、深く心に留め思考しなければならない。大切な言葉は記録に残すべきである。必要もないのに勝手に出入りをしてはならない。人が来て会い求めても、啓（文書）でもって応じ、後に必要とあれば行って伝えればよい。それ以外は家からの出入りは控えるべきである。家の中での起居は恭しく静かに心を落ち着かせ、やりたいままに怠惰になってはならない。言葉はつまびらかに的確でなければならない。いたずらに笑ったり、喧嘩をして

『琉球入学見聞録』巻3

はならない。全てのことに謙虚に恭しく対応し、気勢で人を凌いではならない。自分から恥辱を招きかねない。酒を飲んではならない。思考が乱れ学業に悪い影響を及ぼす。またその言葉も災いをもたらし、己を見失い道理に悖るようなことをするようになる。深く慎むべきである。人に悪口を言い罵ってはならない。また人の短所長所について、思うが儘に、是々非々を述べてはならない。やってきて告げる者がいても、それに応じてはならない。交友の相手は、審らかに択ばなければならない。同学とはいえども、親疎の差をつけてはならない。有徳の人に聞き、その教えを仰ぐべきである。人となりが篤実で忠義にあつく、自分の過ちを正してくれる人は、〈益友〉である。軽薄でこびへつらい、傲慢でよこしまで、人を悪い方向に導くものは、〈損友〉である。志向がいやしく取るに足らぬ者は、己の学習を向上させることができず、益友も期せずして疎くなり日々遠のいていく。損友は期せずして近づいてきて日々親しくなっていく。たとえ賢明な師や目上の人がいたとしても、それを救うことはできない」と、言っている。

　右の先儒の教学の規則はここに詳録することはできない。これを知っても、心にあそびがあると、一生それを行おうとしてもやり尽くせるものではない。

　諸生は暑い南方の遠い土地に住み、中華の文化を慕い、国家の典礼や制度に基づき皇帝に上言し、天恩を求めて入学している。儒学の道は遠大で、経義は奥深いものである。学を問うことに専念し、つとにそれを務めるべし。各々定められた規則に従い、慎んで師の言葉に耳を傾けるべし。全て長続きする決心があることが大切である。ぶらぶらと怠け規則（法度）にしたがわないことがあってはならない。自ら謙虚に近いところから始めるべし。高い学問を修得することを願う。今、学ぶにあたり規則がある。以下、それを列挙する。

　　一、毎月1日、15日には早起きして沐浴し、衣冠を整え、大人（大夫）を待ち拝廟し、さらに班に随い拝廟し三跪九叩首をおこなう。次に後殿を拝し三跪九叩首をおこなう。続いて文公祠を詣で一跪三叩首をおこなう。彝倫堂に至ると、堂にのぼり三躬をおこない、退く。終わると講堂に詣で三躬をおこなう。

　　一、衣冠を受領してない際は、該国の冠服を着用し、受領後は下賜された冠服を着用する。

　　一、毎日早起きして沐浴し、衣冠を整え、講堂に詣で「小学」の数條の講義をきく。「小学」が終わると、「近思録」が講じられる。食後、経書の数條が講じられ、習字帳を手本として習字をおこなう。その後燈火が灯され、四六古文各1篇、詩1首が講じられ、次の日に暗唱する。

　　一、講義の際、諸生は年齢順に並び、集中して聴講する。言語が通ぜず、意味が不明なものは、必ず何度も問い明らかにする。

　　一、聴講の後、各々自分の席に戻り学習する。衣冠は必ず整え、出入りの際は恭しく

歩行は端正でなければならず、笑いながら話をしたり、喧嘩をしてはならない。

一、 3日に1度、詩を1首作る。古律にこだわる必要はない。8日に1度、四六篇或いは論序などを1篇つくる。

一、 跟伴は各自規律を守り、勝手に出入りし傲慢に振る舞ってはならない。礼法に準じなければならない。

───────────────

〔注〕
（1）目は道、道理を意味する。
（2）万物を創生し、滞ることなく正しい法則に沿って運用していくこと。
（3）小子は徳の修まらぬ人
（4）枢は戸の回転軸、機は弩の引き金のことで、物事の肝要なところをいう。
（5）地中深くはりめぐらされた蟻の巣のこと。目に見えぬ煩雑に入り乱れた事象或いは雑念。
（6）鄙とは相手を敬い自らをへりくだり謙虚にものごとに対処すること。
（7）主とは、心を1つの事に集中させ専一であること。
（8）易卦の六爻によって表わされる表象（意義）をいうが、方向を指す場合もある。
（9）万物が天から授かった各々の性質

答問

長年にわたる師と学生の問答記録を1冊にまとめることができるようになった。入学当初のいくつかの項目については、問答のおおよその様相をよく表している。それらをこの篇に抜粋して記録し、世の人々が皆「心同理同」[(1)]を有していることを説明し、それは決して地理的な場所によって異なる訳ではない。

問①：学生の学習について、どれが最も重要か

答：私は学習の面で最も重要なのは、志が確定していることである、と考える。よって私が知る道理について以下のように答える。天子がいるところは天下万民が集まる地域である。中山国は万里を隔てた辺鄙で遠い海の南に位置しているので、都に来て皇帝に謁見しなくてはならない。必ず久米島から出航し、長期間を要し、台風の危険も経験することになる。1日1晩で「一針」の海程を航行し、時には20日間、時には10日あまりを要して、ようやく榕樹（福州）の都に到達する。瓊河から銭塘（杭州）を経て、さらに金陵（南京）を通過後、東部地域の水陸路を通り、3、4ヶ月かかってやっと都北京に到達するのである。広寧門から城内に入り、「四訳館」[(2)]に宿泊する。その後天子の仁徳と偉業を伺い知ることが出来る宮殿の華やかさを目の当たりにし、市内および園林の広さ、人材および

-133-

『琉球入学見聞録』巻3

服飾と礼儀を目の当たりにし、著名な賢人に会うことができる。そして天下の繁栄に感嘆し、「以前思いをはせていたところに今日ようやく辿り着いた」と自分自身を慰めてつぶやくのである。

学生たちの学習にもこのような道理がある。

学問の道理には、明白なものもあればはっきりしないものもあり、継承されているもの、いないもの、それぞれ異なる。しかし学問と道理は、いずれも他人と自己の存在を切り離して考えることはできない。世の中様々であったとしても、人の心裏と道理はすべて同じである。まして琉球の地域について論ずれば、それは牛女星紀に属し、揚州や呉越[3]と同一分野である。つまり地理的に見れば琉球は中国から決して遠くはない。

皇帝は古代の聖人尭や舜及び教育者孔子、孟子の道徳や主張を用いて国子監の学生を教えさとす。聖人や賢人の主張と学問を本来の志として、凡俗で非正統的な学問および他人を欺くはかりごとや名誉を求めるような学問は学ばない。

皇帝の教化が最も遠いところまで到達すれば、世の人々は皆同じように仁義で対処できる。遠い辺境の地や、孤立した島々でその導きが受けられないのは忍びないことである。故に各々の学生たちを過去の事例に依って入学を許可した。

皇帝が学生に施す深い恩恵は、以前の朝廷による新羅、百済の学生の待遇に比べて10倍、百倍を超えている。各々朝廷の詔命を受けて書物を背負い学びに来たからには、まず志をしっかりと立てて学ばなければならない。程子[4]は「学問は"道"を目標とし、人間は聖人を模範とすべきである」[5]と述べている。『大学』[6]の中でも道理や人となりを学ぶことが大切であると述べられている。

皇帝の教戒や先輩の学者各位の主張は、学生に対する指導への期待が非常に高く、6つの教室の学生たち数百人の中で指示に従わないものはいない。諸君も当然ながら例外ではない。また学習者の欠点を挙げれば、その大半が名誉と利益や俸禄の獲得を直接的な目標としているところである。

今諸君は祖先からの世襲により俸禄を得て官職に就き、富貴はもとより備わっているので、名誉や利益を求めるという古い習慣や俸禄を得たいという考えが本来心中に存在していないので学ぶことに専念しやすい。

たとえば真の学問を志すのであれば、まず朱子の『小学』[7]という書の「立教」「明倫」「敬身」「稽古」の各篇を取って学習すると同時に自らが其の中の道について実行することにより人（間）としての根本を育成し、各分野にわたる具体的な品行の教えを身につければ、自己の内面にひそむ気ままさを抑制し、道徳的性向を培うことができる。

そこから再び『近思録』[8]を暗誦し、自ら真実の道理を実践する。すべての道理を求める根源、心身の修養、人民の統治、正統ではない学説の区別、聖人や賢人の主張を学ぶ。これらの種々の学問と道理はすべて、その中に大体の様相を見ることができる。ここから出

－134－

『琉球入学見聞録』巻3

発して「四子（書）」（『論語』『孟子』『大学』『中庸』）、「六経」（『易経』『書経』『詩経』『周礼』『礼記』『春秋』）の研究まで進むことが可能となり、聖人や賢人のすべての学説を追求することができるのである。

心身の修養の基本的な方法は『小学』の中に記されており、学問的道理の詳細については『近思録』の中で述べられている。

『近思録』では「四子」学説の段階に進み、それから「六経」へと進む。人や学問の模範となる存在は近くにあり、教育の規則も順序だてて極めて詳しく述べられている。私はそれらを平凡でいいかげんなものとは思っていない。皆が一緒になって励んでくれることを願っている。

前の方では、まず正しい学問をするという大きな方向性を述べた。

問②：我々の国家の風習はすべてその土地の状況に合致しているところがある。どうしてなのか先生に教えていただきたい。

答：人々は君臣、父子、夫婦、兄弟、友人等、それぞれ人倫的本質を備えている。東、西、南、北各地の風土が反映されている。したがって、人々の素質、風俗習慣もそれぞれ異なる。幽、燕[9]の人の性格は冷静でたくましく、呉、楚[10]の人は軽率で性急であるが、それは土地が違うからだ。唐、魏[11]の人は勤勉で質素であり、鄭、衛[12]の人は気風が比較的乱暴であるが、これも風俗、風土が違うからに外ならない。

古代の聖人はこの道理をよくわきまえている。よって風俗習慣を変えることが最も重要であるとしている。したがって性格が剛直質素な地域では『詩経』と『楽経』を用いて強化する。性格が剛直な人に対しては、柔和な道理で彼らをおとなしくさせるのだ。性格が柔弱な人に対しては力強い教育により彼らを強くする。このように、異なる性格のものすべてをちょうどよい状態に持ってくる。南方と北方の勇猛な少数民族は、絶対に君子の道徳、主張によって彼ら本来の性格と思想を育てなければならない。同時に仁義中正の行為規範を教えて彼らを自制させる。したがって古代の司徒[13]は「六礼」[14]を編んで人々の気性を指揮し、「七教」[15]を解明して人倫道徳を教え、「八政」を整理して人々の過失を予防し、道徳の標準を統一した。こうして各地の風俗を統一したのだ。今日では、古代の聖人・賢人時代に作られた漢字が燦然と輝いており、各国で広く使われている[16]。また異なった言語に翻訳されて考え方や認識が広がり、新しい展開へと拡大している。教化が次第に遠方まで拡散して百数10年もの間に深い影響を及ぼし、国内、国外、地域の大小にかかわらず、古い風俗習慣を変化させているのである。

各位は万里のかなたから学びに来て、本来であれば古い風俗習慣を捨て新しい風習を学んでいる。どうして古い風俗に固執することができようか。

— 135 —

『琉球入学見聞録』巻3

　古代、豪傑と称される人はみな風気を転換し、古い風習に影響されないと心に決めている。古代の呉国は中原文化が発展した国々とは異なる。呉王は自ら北方から来たと称し、自分自身で礼儀教化を広めた。そこで南方の学問が北方の学問の枠を得て、江南の文化がこの地で最も発展したのである。また、陳良[17]という楚の国の人は、北京にやってきて中原に学び、極めて遅れていた古い風習を変えたのである。濂渓（周敦頤）[18]に至っては、衝疑で生まれ、師の伝授なしに、「道」の精神と適合した伊洛学派を設立した。洛陽の古い風俗については、理学は本来名が通っていたのではなく、程顥、程頤が立ち上がり、独自に文化伝播の重要な担い手となった。

　亀山（楊時）[19]は程顥より学んだ。彼は故郷に帰ると、彼の師は喜んで、「私の学問は南方に普及した」と人々に語った。学生たちによる数代にわたる伝播を経て、遅れていた地域でも文化が盛んになり、人才も豊富になった。それから現在に至るまで、福建地域の学問研究はこの一派を継承している。安渓、漳浦等の県には、多くの旧跡が残っており、必見に値する。その他の情況について例を挙げると、文翁[20]は学問を好み、それ故に四川の崇尚な文化を愛好した。趙徳[21]は潮州で教師を勤め、そりことにより潮州の知識人に学問を広めた。1つの国家の風習、1つの地域の風俗習慣は1人の人間が変わることによりはるか後々まで影響する。したがって風俗習慣は永久に変わらないものではなく、教化の影響により次第に変化していくのである。

　琉球について言えば、隋唐以前、中原との行き来については歴史書による記載が極めて少なく、このことを語る学者もいない。明代の初期になって進貢が始まり、序々に中国の風習の影響を受けた。その後、国王が文化を好み、子弟を勉学のため派遣した。そしてその後中国が教学のために三十六姓を琉球に派遣し、それから読書人が礼儀や道理をわきまえるようになった。しかしやはり当地の風俗習慣を根本的に変えることはできなかった。

　金大夫が孔子をまつることを懇願すると、程大夫が学校の創立を願い出、蔡法司は志を立てて正統な学問を学ぶべきであると主張した。そして国王は彼の意見を尊重し、国民は彼を信任した。したがって学生諸君はそれによって始めて宋代、明代および本朝廷の儒家学者が学問を解説する書籍、現在の教化が以前の古い風俗習慣に比べて、それが古代文化中心の人のようで、文化と離すことができない秦国の人、越国の人と比べることができたのである。その中に他の原因はなく、世の中の道理と是非は基本的に同じであり、しかも引導と伝播によりすばらしいものとなる。書物があってもそれを読まなければ、それは書物を販売している商店のようなものである。読書しなければ本の真髄を得ることはできない。それは、買った真珠をきれいな木箱にしまっておき、真珠を売主に返してしまうようなものである。それ故、新しい品物を要求するには、今すぐ古い品物を先に取り除く必要がある。もしも1国の人々に新しい風習があるなら、先に自分自身の思想を更新しなければならない。1国の人々に新しい風習を定着させるということは、一世一代でやれるもの

－136－

『琉球入学見聞録』巻3

ではない。人の思想を改めさせることは、一朝一夕でやれるものではない。風俗習慣を変えるには、強大な動力が必要なのだ。しかも動力は見識の中から得られるものであり、見識は学習を通じて会得するものである。2つの見解がいずれも正しくて併存できるというものは学問の道理ではない。確実に古い見解を取り除くためには、1日中静かに座り、雑念をなくし、心を山のように静めて、水のように澄ませ、それからゆっくりと正当な書物の知識を吸収し、新しい道理を心の中に引き入れ固く信じる。そして自らその道理を倦まず弛まず実践し、数年間は学習の目的を変えることがない。困難な問題については何でも尋ねること定夫(22)の如し、また1日何回となく自己を点検すること和叔(23)の如し、ということでなければならない。

　このように、心豊かに落ち着いて学び、それが次第に蓄積されるとやがて学問が身についたことを発見し、以前に比べ自分が大きく異なっていることを知るだろう。心の中には比較する標準を持っていれば、たとえ勇士の孟賁や夏育であっても彼の志向をうばうことはできない。このような学力をもっていれば、帰国後古い風俗習慣を変えるのは決して難しいことではない。以前、康崑崙(24)は自身の弾く琵琶の調べは世の中に自分を超える者は誰もいないと思い込んでいた。段善本(25)に会って、段氏が彼の弾く音楽の中に不浄なものがあることを指摘した。さらに康崑崙に10年も楽器に近づかないなら、以前の才能はすべて忘れてしまって、はじめて精妙な境界の音楽を教えられると語った。
したがって私は今もみなさんが自身の古い観念を忘れてしまうように願っている。
以上、古い習慣、風習を変えるということについて述べた。

問③：古今の書物の多くを推論しなければならないのに、我々学生は困ったことに多数を読むことが不得手です。どうしたらよいでしょうか。

　答：読書には要点があり、必ずしもすべての本を読破して覚え込む必要はない。もしも書物の精髄を会得できなければ、たとえ知識が安世(33)のように多くても、閲覧が正平のように豊富であっても、互いに競い合って自慢するだけである。もしも書物の精髄を会得することができたなら、たとえ于嵩(34)のようにしっかり覚えられず、陳烈(35)のように忘れがちであっても、次第にそれらが蓄積され、新しい収穫が望める。秦始皇帝の焚書は書物を焼きつくして灰にしたが、前漢代恵帝〈B.C.195—188 在位〉は無断で蔵書を禁止にする法令を破棄した。文帝〈B.C.180—157 在位〉以降、『尚書』が壁から発見され、『詩経』もやっと伝えられ始め、建元〈B.C.140—135。前漢武帝の年号〉の頃、鄒、魯、梁、趙等の地では『詩経』『儀礼』『春秋』の伝授が比較的盛んであった。古代の経師は、この頃、1人ではあらゆる経書をすべて研究し尽くすことは不可能と知り、『雅』を研究する人、『頌』を研究する人と互いに協力し合い、1冊の書物とした。

『琉球入学見聞録』巻3

魯恭王が孔子の旧宅を取り壊した時[36]、はじめて古文で書かれた経典が発見された。それ以前に散佚された『礼』39篇、『尚書』16篇および『春秋左氏伝』は保存されていなかったが、学者たちは相変わらず互いに排斥し合うのみで、これら古文経典の学習を妨げた。そこで、西漢の時匡衡、劉向[37]、揚雄以外の儒学者たちはそれぞれ一生をかけて一部の経書のみを研究した。『詩経』を研究した者は『尚書』を理解していない。『尚書』を研究する者は『易経』を解せず、『易経』を研究する者は『春秋』を解してはいなかった。彼らは専門的すぎる学識を持っていたが、劉歆に「抱残守闕」（古のことを恋しがる）と風刺された。

私が思うに彼らの事績は、彼らの文章を読み、大部分はすべて古人の標準をとって判断を下すというようなもので、上品な語彙を斟酌し推敲する。漢代以後、書籍は日々増えて「五庫」「四庫」[38]（書物を経書、子書、史書、文集四つに分類）となり、その詳細は『藝文志』の中に記載されている。後唐になり、明宗〈926—933 在位〉が「九経」[39]を印刷して発売を命じた。そのことにより書物が容易に入手しやすくなり、蔵書も増え続けた。しかしながら書物を読むことを放棄する者もいて、その空論から現実に合わないこともある。「どんなにたくさん本を所有していても世の中の物事を理解する時間がない」と言われたりもした。このような人の言い方と行為は往々にして古代の基準に合致せず、蘇文公[40]もそのように皮肉られている。その原因は何か？

それは読書の方法を知らないからである。書物が多すぎると書物によって疲れさせられてしまうのだ。広範な知識の記録のみに専念するのは聖人・賢人が高く評価するところではない。以前、謝という学生が史書を暗記できたのだが、明道[41]（宋代、著名な理学者程顥）は「それは小さな玩具を好んで、将来の志を無くしたものである」と言った。謝という学生は恥ずかしさで顔が真っ赤になり、流れ出る汗で背中まで濡れた。明道はさらにこれを「惻隠の情」[42]であるとしたが、謝という学生はまだ納得がいかなかった。ある日、彼は明道が史書を読んでいるのを見た。すると一字一句読んで、漏れる箇所が全くない。これでようやく自分が他の人と違うことが理解でき、以後このことは博学の人たちに伝わった。朱熹が「格物」[43]と論述しているが、1冊の書物があっても読まなければ1冊の本を欠くに違いないという道理があるが、最も根本となるのは不十分な自然の道理を人と人との間における倫理関係を分からせ、聖人の言論と世間の道理を分かるような道理を論述することが一番主要な役目となる。したがって、『詩経』を朗読しても、まつりごとに際して三百篇を読んだとしても、多く読むほどむだ読みになる。『論語』の意味をしっかり理解すれば、まつりごとを治める方法がよく分かり、たとえ半分しか読まなくてもたくさん読んだことと同じになる。しかも、もし読書の対象となる本をよく選択すれば、書物自体本来決して多くはない。韓愈[44]は自書の序に「力を入れた箇所がある。古書の真贋を区別するにしても本物であるが故に一番よい本であるとは限らない。本物か偽物か、よいか悪いかは白と

－138－

『琉球入学見聞録』巻3

黒のように明らかだ」と述べている。彼の一生の中で礼儀音楽、名称とその事物、方術、地理、天文、医薬等の書籍はすべて知ってすぐに求めに行く。しかしそのキーポイントは、彼が「夏、商、周の３代と西漢、東漢の書物でなければそれを読もうとしない」という考えを持ち続け、これこそが真物か仮物かを区別する。偽物の本を分別するならば、百家小説に偽物があるだけではなく、各時代の著名な学者の作品にも偽物がたくさんあるということになる。聖人や賢人が著した本にも偽物があるなら「四子」「六経」の注釈本もその多くは偽物である。それらの古代から伝わった正当な学説と雑説の書物に偽物があるだけではない。宋代の程顥、程頤の『語録』のように、彼らの学生である游氏、楊氏、侯氏、尹氏等が記録したものの中にも本物、偽物がある。朱熹の書物、『朱子語類』『四書或問』『晦庵集』や『四書集注』で言っているのは、前後に異なった解釈が現れていたとしてもそれぞれの説明も同じではない。

　後の人々はこの種の状況に対して、また書物の書作年月日を逆さまにして、晩年の定説と若い頃の説は異なるとしている。したがって、真に本物の本であっても一万分の一の偽物は存在する。詩歌、文集の類は、偽物が通常７割を占め、本物は通常３割である。中郎枕秘は『論衡』という本だけで、明允筐中は『孟子』に語注や注釈をつけ、序陵(45)は一生の半分を費やして韓愈の文章を模倣し続け、考亭(46)は晩年になって杜甫の詩を愛誦した。古代の人々は広い視野から大切にその精華を選びとり、真剣に分別し、その後本物なのか、よい本なのかを見極めるため集中して取り組む。世に「極限に到達すれば、自ずと神秘的な効果が生まれる」という。古代の養由基(47)は射箭を練習し、庖丁(48)は牛を解剖、師曠は音楽を研究、宜僚(49)は弾丸で遊び、奕秋(50)は象棋にふけった。いずれも生涯集中して飽きることなく、他のことに興味を持たなかった。こうしてはじめて技芸の深みへ到達し、技術の精華を会得したのである。古人の読書や技芸の研究姿勢をみなさんの手本にして欲しい。

　以上、書物の真物と偽物の見分け方について述べた。

問④：書籍が本物か仮物（にせもの）かについて先生の教えを受けましたが、それではその書物をどのように読めばよろしいのでしょうか。

　答：読書の問題には「本原（一切の事物の根源）」、「次序」、「綱領」、「要法」がある。「本原」とは何か？朱子は「読書の方法で最も重要なのは順序に従って読むことだ。そうすれば知識も深くて広くなる。その基本に到達するのは、自分の志をしっかりと持たなければならない」と述べている。

　人の考えはとても奥深いものであり、神仙といえどもそれを把握することはできない。考えが少しばかり片寄っただけで、見たこと、聞いたこと、行動、振る舞い、話しぶり等、

－139－

自分自身で誤りを点検することができなくなってしまう。つまり「頭を上げて飛ぶ鳥を見てから振り返ると返答する人を間違ってしまう」というような状況だ。こういうことでは聖人の話を会得することもできないし、実際の行動を証明し、それで得た内容や道理の根源を追求することも不可能だ。古人は「大切なのは腹を据えることだ」と言っている。精神を集中させて身を慎み、欲望にも影響されない。このように読書して道理の根源を見極める。どうしてそれが達成できないのか？

「次序」とは何か？『大学』の一篇の中には各種経典がすべて集められている。その規模は広大で、基本的なものや細微なものすべてに漏れがなく、意味や筋道も詳しく明確である。最初から最後まできちんとしているので、まずこれを一番先に読むべきである。

次に『論語』20篇は孔子の言行をまとめたものである。続いて『孟子』7篇はすべて仁政を以て天下を統一する道理や仁義について論述されている。『論語』を学習すれば品徳修養の内容が分かり、自ら実践することにより道理の本質が理解できる。しかも書物中の某章某句で論述されているのは「格地」「至誠」であることが分かり、某章某句の論述が「修、斉、治、平」であることも知り得る。『大学』全体で概括論述されているこれらの問題は『論語』と『孟子』でも散見される。即ちそれらがすべて不変の道理であることを信じることができる。

『中庸』1篇は、孔子の教え子たちが伝授した精神修養の方法である。内容は抽象的思考の道理が多く、具体的な実践の方法は少ない。『大学』『論語』『孟子』はすべて読んで理解することが必要だ。それからやっと『中庸』を読むことが可能となり、それが実際の学問だということが分かる。したがって先に『大学』を読まないと、学問の大要を提起できない。それから『論語』『孟子』の精微なる思想内容を会得するのだ。『論語』『孟子』を参照しないと詳細な深い道理も発揮できない。その後に『中庸』が論述している深い内容に入ることになる。

もしも『中庸』の中に各書物に合わない深い道理があるならば、聖人の思想の精微と辨証に到達することはできない。天下の基礎と治め方を確立させる。それはすべて朱子と彼の学生たちの主張であり、後の人がそれに合わせて実行し守るべき事柄である。

「四書」を読み終えたら、「五経」(26)を読む。「五経」は「五常」(27)のようなものである。『詩経』(28)は仁愛を述べ、『儀礼』は礼の制度を述べている。『尚書』は智慧を述べ、『春秋』は義を述べている。『易経』は信を述べ、同時に仁、義、礼、智にも通じている。五行は「木」を以て始めとし、四季は「春」を以て始まりとする。人について言えば、何かが発生してそれを自分自身で停止することができない。これ即ち春のようであり、樹木のようでもある。したがって『詩経』で教育を行うには、まず人に朗読させる。そしてその人が本来備え持っている良知を自分自身で敏感に気づかせ啓発させる（是非の判断をする認識本能）ようにする。内容的には仁愛の働きに関するものが最も多いので、読書人はまずそれを先に読

『琉球入学見聞録』巻3

むべきである。3千篇、3百篇と日常の実際に合わないものはない。横渠[29]は学生を教える際に『詩経』を真っ先に読ませ、それが古代の帝王が天下を治めた大経典であり、大法典であるとした。

『詩経』の内容を奥深く学べば、道理が明白となり、成すべき事を治めることができる。その後、『春秋』を読めば、聖人の是非を判断する基準が会得できると考えたのである。したがって古人は「経典の中に『春秋』がある。それは法律上の具体的判例のようなものである」と言い、更に「各々の経典は処方箋のようなもので、『春秋』はまさに薬で病を治すようなものである」とも言っている。『易経』は「五経」の本源であり、仁愛、義理、礼制、道理がすべて含まれている。そのため「乾（卦）は開始、通達、和順、端正の四種の性格がある」[30]とされ、『易経』を読む場合は必ずその他の経典と一緒に読まなければならない。しかし、それを読みこなすには他の経典に比べ倍以上多くの時間がかかる。

経典を読んで理解した人は、必ず史書を学ぶ必要がある。「二十二史」[31]は内容が広範囲で多岐にわたり、記憶するのは難しい。司馬光の『資治通鑑』、朱熹の『資治通鑑綱目』の場合、先に課程を決め、時間と期日を定めてこの両書を一緒に読む。能力の足りない学生はあえて司馬光の書を放棄し、朱熹の書を読んだ方がよい。

読書にあたって重要な点は、朝廷が公布して配った各本の各篇の前にすべて詳しく説明されている。主要な部分について広く各々の意見を参考にしているが、朱熹の意見を基準としている。朱熹による「四書」の解釈は『朱子語類』『四書或問』『文集』『小注』[32]のように、すべてが統一された見解ではない。必ず『四書章句集注』を基準としている。しかしこの『集注』は読むのが難しい。朱子はかつて「私には一字一字がすべて錘のようである」と述べている。続けて「多くの時間をかけて聖人・賢人の書物を研究しないと、その本が理解できない。もしも多くの時間をかけずに私の本を読んだとしたら、私の言っていることが分からないだろう」と言い、自由に一、二の項目をあげている。たとえば、同じ「仁」という字を、時には「愛心の根源で心が本来備え持ってる徳性である」とし、また時には「心の徳性は慈愛の根源である」とする。「理に符合して私心はない」とか「私心がなく理に叶う」とか「人の内心」とか「内心の本来の徳性」とか「内心の整のった徳性」…などと異なる箇所で異なる言い方があり、その中の1つだけが正しいとは限らない。さらに彼が引用している先人の話はすべてその中の虚詞、語気助詞を改めており、これらの箇所にはみなすべて朱子の奥深い意味が含まれている。

たとえば、程子、張氏、范氏、謝氏、游氏、楊氏、侯氏、尹氏等自身の本と朱子が引用したものをチェックしてみると、朱子が先人の話に増加、減少、改変などを加えたことを発見できる。彼の話は論拠が非常にはっきりしており、それは「大禹鋳鼎」「周公礼制を制定する」のように厳密である。心静かに文章の中に入り、繰り返し味わい、長い時間を経てようやく会得することができるのである。その後やっと聖人・賢人による学説の核心に

- 141 -

『琉球入学見聞録』巻3

迫り、各家学説の長所を合わせて理解すると共に通俗的な説の間違いを指摘し反駁することもできるのだ。

『易経』は４名の聖人・賢人を経ている。孔子の『易』は文王、周公の『易』を解説し、文王、周公の『易』は上古聖賢の伏羲の『易』を継承している。『易経』を解釈しているのはおおよそ百家にも達する。まとめると、『十翼』を中心として費直[51]の『伝』と『経』を合わせて解釈するのが最も効果がある。晩年になってようやく『周易』を学び始めて，大きな間違いがなくなるのである。これは『易経』が実際に密接に関係している書物であることを証明している。「『易経』の内容は聖人、賢人の主張する道徳と一致しており、また正しい是非の軌範である「義」と相符合している。天の理と人の自然な本質を見極め、しかも人の天命を知る」『易経』が人の本質と天の規律を論述した書物であることがこれで分かる。また、「ことばを重要視する人は『易経』の文章を推賞し、事物の変化を研究する人はその中の変化に関する規律を重視し、器物を製作する人はその中の器物についての智恵を重視し、吉凶を予知する人はその中の卜占を重視する」とあり、君子が『易経』を学ぶには四つの面があるともいう。「（六爻）の中で、第１位は「本」である。一番上の１位は「未」であり、中間の四爻万物と各種の品性を包容している。つまりまとめればその「彖辞」（吉凶の判断）はほとんど理解できるものである。したがって学者が『易経』を解釈する場合、彼らの基本とする規準は一致している。亀兆と筮を分けて占うことは出来ない。抽象的な道理を論説するには不充分であり、専門的に占卜を解説することもできない。どの一卦にもそれぞれ一爻があり、どの句が事物の形象にたとえられるのか、あるいはどの一句が占卜であるのかというような分別はできない。『彖伝』の解釈で卦辞を学ぶことはできない。自身でも新しい解釈を創り出すことになる。爻辞を学ぶのは『彖伝』の外ではだめで、ついでに１つの解釈を増やす。このことから「河図」「洛書」はいずれも同じ道理ということになる。心中に定まった見解と規準があれば、様々な混乱した意見に惑わされることも少ない。

「堯典」[52]を読めば、堯が君主として偉大であることの要因が分かる。彼がどのように天の意思を模倣し順応して事を成したか、ということを思えば人々は彼の偉大さを形容する適切な語を見つけることができない。彼の事業がどんなに大きく成功し、道徳的精神が高尚であったかを知るのだ。舜・禹は皇帝になったが、天下を自分の所有にしたという事跡はないことを知るべきである。舜は堯から皇帝の位を受け継いだ後に、いくつかの新しい制度を創った（以前の人は単に天が「摂位」と言うだけだった――しばらく堯にかわって権力を代行する。「摂位」という２字も使い方が正しくない）。舜は帝王になった後に「無爲而治」（自然の規律に従って事を行い、国家を治める）という対策を実行した。それから「堯典」読むには天文の知識が必要になる。「禹貢」[53]を読むには山川や地理を研究しなければならない。一種の知識を学ぶとそれが多くの知識へとつながる。読書に長じている人はこうでなければ

－142－

ならない。『詩経』を読むにも同じような道理である。たとえば「関雎」を読むには、安定している時と不安定の時代では音楽に喜びや悲しみという異なった要素が伴うという道理を知り、詩の中の表現に君子が女色を好まず、夫人も嫉妬しないという意味が含まれていることも理解すべきである。このようにしてはじめて『詩経』について論じることができる。

　『春秋左氏伝』[54]は『春秋経』の記録を規準とすべきである。『左伝』の記録で『春秋経』の記事を考証するのは、『春秋経』の記事で『左伝』の内容における真偽を区別することである。一般的に言えば、孔子が『春秋経』を編定した時の用語は、直接賛成あるいは反対の意を含んでいない。先に「凡例」が決められておらず、記載あるいは具体的な日時を記載しないことで批評や称賛を表している。官名あるいは氏名を書かず、その人物の地位の高低を表して区別している。「五覇」を称賛しないのは、決して諸侯会盟が特別な働きをしているということではなく、斉国や晋国にかたよっているのでもなく、秦国、楚国、呉国や越国を軽視しているのでもない。先に先人の定見を受け入れず、道理によって公平に評価すれば、聖人の主張が次第に身につくようになる。これこそが朱子の言っている「事実に基づいてありのままに書く。その中の是非の道理は自ずとはっきり現れる」なのである。

　古代において礼の記録は早くに失った。『周官』[55]という書物の中に、礼をつくる要領がある。しかし礼儀、礼節を論ずれば、『儀礼』という本こそが、この面での経典である。

　『礼記』の中の「郊特性」「士冠礼」「士昏礼」等の篇では、『儀礼』の詳細な注釈が見てとれる。朱子は『儀礼』を「経」とし、『礼記』とその他の本の中で論述している礼の内容をすべて集め、『儀礼』の各部分で内容の下方にそれぞれ分けて附した。そこで書名を『儀礼経伝通解』とした。

　『通解』は喪服の礼と祭祀の礼の２つの部分が欠落しているので、彼の学生にそれらを引き続き編ませて完成した。これが礼学の成就の最高の書であるが、難解のため読まれない。私個人の意見としては、『礼記』は聖人の話を記述しているが、間違いも多い。それが現在の篇目の順序になったのは、もともとの情況ではなく、各篇中の内容に順序と筋道の一貫性が見られなかったからである。部分的には朱子の上述のやり方を真似、同時に王氏の「冠礼を論述する内容を「冠義」に繰り入れ、婚礼を論述する内容を「昏義」に入れる」という主張を他の形式に定めた。各篇は「某義」の名称を用いて、同類の文章を一緒にまとめ、文章の左側に図を付し、読者が読むのに便宜をはかる。同時にその他の書の重要なところと礼制を論述している内容を選んで各篇の後方に付し、各篇の不備な箇所を補う。注釈と同時に漢・唐・元・明の各時代の解説を選び、簡単に総括をしなければならない。「曲礼」を第１篇に据え、次に『小学』から「大学」までの順序に沿って並べ、「少儀」「楽記」「射義」「投壺」「経解」「大学」「中庸」「儒行」「坊記」「表記」と続ける。20歳以後は冠礼、婚礼を行い、それから家庭妻子を持つ。したがって「冠義」「深衣」「哀公問」と続く。そ

『琉球入学見聞録』巻3

の次に続くのは「内則」「大伝」である。家族の礼で最も重要なものは冠礼・喪礼・祭礼である。したがってその次に続くのが「喪大祭」「檀弓」「問喪」「間伝」「喪服小記」「祭法」「効特性」「祭統」「祭義」となる。家族から故里まで、「郷飲酒」と続く。郡からさらに上が国家、朝廷である。それ故「王制」「玉藻」「朋党位」「月令」「文王世子」「燕義」「聘義」と続くのである。最後には「孔子閑居」「仲尼燕居」「礼運」「礼器」「緇衣」等の篇である。これらの方法で礼に関する論述のおおまかな姿を整理する。各篇の間には一定の順序と筋道が存在する。それはまるで糸で珠子を繋ぐようなものである。『周礼』『儀礼』もこのような方法で整理し、伝わっていくもの、総合的に簡約した形を作る。このように古代の礼の要領を大まかにまとめることができる。

　礼の書を学ぶ方法だが、もし2つの本を読む場合は、まず先に1つの本を読んで理解し、それから他の1つを読むようにする。1冊の本を読む時には、まず1篇を読んで理解してから他の1篇を読む。1字ずつその意味を知り、どの一句もその表す意味をしっかり理解することが重要だ。前の部分を読んで分からないときは後方の部分を読まないようにする。ここが分からなければ、あそこを読もうとしないことである。まず書の中のことばがまるで自分の口から言っているように思えるまで熟読する。それから詳細に考えれば、本の中の意味がまるで自分の気持ちから出てきたようになる。それと同時に心から体得し、自ら体験することにより、平静な心理状態でゆっくりと理解し、本の言語と表現の中から自分なりの独自の認識を獲得しなければならない。

　先人は人を教育する上でのあらゆることについて千言万語を用いているが、大まかに要約すると今まで述べたような点を超えることはない。

　以上、厳格な課程の規定について、私の知っていることを簡潔に述べた。これをみなさんに対する激励にしたい。

〔注〕
（1）「心同理同」…心が同じであれば、理も同じ。
（2）「四訳館」…世界からの外国使臣や商人たちが宿泊する館舎。
（3）呉越…古代の呉と越の国のこと。現在の揚子江下流の江蘇、浙江一帯を指す。
（4）程子…宋代の著名な学者程顥・程頤のこと。河南の人。併せて二程子と呼ばれる。
（5）『近思録』巻2「言學便以道爲志、言人便以聖爲志」
（6）『大学』…もともとは『礼記』の1篇。この書は内篇・外篇に分かれている。四書の1つ。
（7）『小学』…朱熹が命じて編纂させた儒学の初学書。
（8）『近思録』…宋代の著名な学者朱熹と呂祖謙の合同で編んだ。
（9）幽、燕…古代九州の2州のこと。中国北方にある。
（10）呉、楚…中原と相対する中国南方のことで、古代においては呉国、楚国があった。
（11）唐、魏…古代の2つの諸侯の国。中原の西北部陝西の一帯をいう。『詩経』には「唐風」「魏風」あり。
（12）鄭、衞…古代の2つの諸侯の国。中原中部河南一帯をいう。『詩経』に「鄭風」「衞風」あり。「鄭風」

『琉球入学見聞録』巻3

には人々のために歌った愛情の詩歌が多い。

(13) 司徒…古代において教育をつかさどる官吏。

(14) 六礼…冠礼、婚礼、葬礼、祭礼、郷飲酒等六種の出会ったときの礼儀をいう。

(15) 七教…父子、兄弟、夫婦、君臣、長幼、朋友、賓客など7種の人倫関係に関する教育のこと。

(16) 万国同書…「書」は文字すなわち漢字を指す。

(17) 陳良…『孟子』滕文公章句上にある。

(18) 濂渓…宋代の著名な学者周敦頤のこと。伊洛学派を創設。

(19) 亀山…宋代の理学者楊時のこと。楊時は福建将楽の出身。

(20) 文翁…漢代景帝末年に蜀郡太守に任じられる。蜀地は四川のこと。

(21) 趙徳…唐代の学者。唐代の著名な学者韓愈が広東潮州太守に任じられた時、趙徳を「学官」に任命した。

(22) 定夫…姓は游、名は酢、字は定夫という。宋代伊洛学派程顥、程頤の弟子。

(23) 和叔…姓は呂、名は大鈞で宋代伊洛学派の学者。

(24) 康崑崙…唐貞元中の琵琶師。

(25) 段善本…康崑崙と同時期の和尚。声楽が得意。

(26) 五経…『詩経』『尚書（書経）』『易経』『礼記』『春秋』の五部の経典をいう。

(27) 五常…五行を指す。金・木・水・火・土のこと。古代においては5種の物質がすべての基本元素となると考えられた。

(28)『詩経』…現存しているのは305篇で、約300篇という。元来3千篇存在していたが、孔子が整理して300篇にしたという説もある。

(29) 横渠…宋代の著名な哲学者張載のこと。横渠は張載の幼年時の自宅があった地名。

(30) 乾…「乾、元、亨、利、貞」は『易経』の第1句で、乾は卦の名。

(31) 二十二史…清代、官修の史書で、『史記』から『明史』まで、計22部あるので合わせて「二十二史」とした。

(32) 小注…『資治通鑑綱目』の中の「分注」のこと。『綱目』には「綱」と「目」の2つの部分に分かれている。「綱」は要旨的なもので「目」は詳細な史料のこと。「綱」の注釈となるのは「分注」である。

(33) 安世…項安世、宋代学者。

(34) 于嵩…不詳。

(35) 陳烈…宋代学者、福建侯官県の人。

(36) 魯恭王が『漢書』中に記されている。

(37) 子駿…漢代の著名な学者劉向のこと、古文学派に属す。

(38) 四庫…経書・子書・史書・文集の四つのこと。

(39) 九経…9つの経典を指す。『毛詩』『尚書』『易経』『儀礼』『周礼』『礼記』『春秋左氏伝』『春秋公羊伝』『春秋穀梁伝』

(40) 蘇文公…宋代の文人蘇洵の諡号。

(41) 明道…宋代著名な理学者程顥のこと。

(42) 惻隠之心…苦しんでいる人または動物に対して同情する心。『孟子』に見える。

(43) 格物…『礼記』大学の中に「致知在格物」とある。

(44) 昌黎…唐代の著名な学者韓愈のこと。『昌黎文集』巻16「答李翊書」

(45) 中郎枕秘、明允筐中、序陵…当時またはそれ以前名の知られた人物。

(46) 考亭…朱熹が生まれたところで、当時朱熹の学生たちは彼のことを「考亭先生」と呼んだ。

(47) 養由基…楚の国の人。射箭の名手。

(48) 庖丁…梁国人。牛の解剖に長けた人。

-145-

『琉球入学見聞録』巻3

(49) 宜僚…熊宜僚のこと。弾丸遊びを好む。

(50) 奕秋…奕秋のこと。象棋の名手、奕は囲棋の名手で、秋は人名。

(51) 費直…東漢において『周易』を研究伝授した著名な学者。

(52)「尭典」…『尚書』の第1篇。上古の帝王尭の事跡が記されている。

(53)「禹貢」…『尚書』の第1篇。古代中国の山脈、河川や各地の物産が記されている。

(54)『春秋左氏伝』…孔子が編んだ魯国の史書『春秋』と魯国の史官左丘明が著した『春秋左氏伝』（簡称
　　『左伝』）の2書を合わせた。『春秋』は「経」で『左伝』は「伝」である。

(55)『周官』…『周礼』ともいう。戦国時代の学者が周代初期の理想とした官職制度を著したもの。

『琉球入学見聞録』巻4

藝文序（芸文序）

【読み下し】

　紀実の余、諸撰述を付するは、日を徒らにして文を以てするに非らざるなり。華祝嵩呼は、臣民の同に願うものなり。而るに外藩の子弟肄業して詩を陳ぶるは、則ち億万斯年、惟だ兹れ盛んなる為なり。聖皇の孝理を揚げ、文母の慈暉を頌う、故に万寿称慶の篇を録す。槎に乗り斗に泛かび、事に随いて詠歌す。既に其の礼儀を考うる可し。其の名勝を観て、蛙声鮫涙、時に龍吟に倣い、片羽吉光、亦た文藻に徴す、故に録遊覧題咏の作を録す。高麗は中立の起居を問い、新羅は樂天の詩律を重んじて、郷に扶桑を樹う。杯を万里に浮かべ、其れ晁監を奉じ智臧を美とする者多く諸集投贈の篇に見ゆ。区域を分かつ無きは、亦た勤めて聖徳を宣ぶるの意なり、故に官師規誨の句、贈別の言を録す。万里より来遊して、四年授讀し、其の累句を簡し、彼の好音を存す。人ごとに各一集あり、集に各おの引有り、徳を戴くの述懐、差誦す可きなり、故に復た其の月課の藝を節録す。凡そ律賦一、今古詩一百八十有三、序三、記四、表箋題詞六、彙めて一巻と為し、用て声教の盛にして、中外文を同じくするを志す。庶わくは後の覧る者、以て采る有らんことを。

【語釈】

　○紀實之餘…巻四芸文の前（巻1〜巻3）の記録のこと。○華祝嵩呼…「華嵩祝呼」のこと。華山と嵩山、転じて高大なこと。祝呼は、皇帝の長寿を祈って「万歳」を称えること。○外藩…清代、辺境地方の属国。潘属ともいう。潘は垣、塀の意。○肄業…習う。手習いをする。○億萬斯年…無限に長い年月。○孝理…孝行の道。孝道。○文母…周の文王の妃。賢婦人の誉れが高く、号して文母という。○蛙聲…カエルの鳴く声。○鮫涙…「鮫人の涙」の意。鮫人は、水中にいる怪しい人魚。機を織っていて、泣くと涙が珠になるという。○龍吟…龍がうそぶく。○片羽吉光…「吉光片羽」のこと。書画の優秀な小品をいう。○高麗…朝鮮に建てられた王国。935年〜1392年まで、34代475年間続いた。○中立…中唐の名臣で詩人。晩年は別荘（緑野堂）で過ごし、白居易、劉禹錫と觴詠した。○起居…たちいふるまい。日常の生活。○晁監美智…「晁監」は安倍仲麻呂の意にとる。阿倍仲麻呂の立派な知恵。○官師…皇帝に任命された師匠、ここでは国子監の教師。○規誨…正しく教える。教え。○四年教授讀…鄭孝徳・蔡世昌らは、乾隆25年〈1760〉2月に入監し、

－147－

『琉球入学見聞録』巻4

乾隆29〈1764〉2月に出京、帰国の途についている。この間4年になる。○累句…文人が自作の詩文を謙遜して言う。『宋書』鮑照伝に「上　文章を為すを好み、（中略）照　其の旨を悟り、文を為すも鄙言累句多し」とある。○好音…良い声。うるわしい音声。○月課之藝…月ごとに課される課題に応じた文章。○聲教…名声と教化。『書経』禹貢に「声教四海に訖ぶ」とある。

【口語訳】

　巻1から巻3までの事実の記録の後に、ここ（巻4）にさまざまな作品を載せるのは、日をむだにして文章で埋めようとするものではない。天子の徳の高いことを讃え、その万歳を祈るのは、臣民のともに願うところである。しかるに、外藩（琉球）の子弟が国子監で学習して詩を作ることは、皇帝の恩徳が永遠に変わることなく続き、皇帝の治世が立派であるためである。皇帝の孝行の道を称揚し、文王の妃にも比すべき皇太后の慈しみを讃える、故に「万寿称慶の篇」を収録する。槎のような船を北斗星をたよりに浮かべ、国王の使者として労役・勤務することについて詠歌する、そこには、臣下としての礼儀が表れていると言うべきである。その名勝を観て、蛙の声や鮫の涙、時には龍のうそぶきに倣った美しい作品は、その文によく表れているので、遊覧・題詠の作品を収録した。高麗は、唐の裴度の晩年の別荘での優雅な生活を問い、新羅も唐の白居易の詩を重んじ、その郷里に扶桑を植え、舟を遠く万里に浮かべて北京に来る。それは、安倍仲麻呂のうるわしい知恵を良しとする者が多いことを示すもので、諸集の贈答の篇に見ることができる。このように中国とその周辺との区域を分けることが無いのは、皇帝の聖なる徳を讃えるものである。それで、皇帝から任命された国子監の教師の教えの句、その弟子たちとの贈別の言を録した。万里より来遊して、四年の教えを受ける。そこで教育に当たった者の詩句を選び、教育を受けた者の美しい音声を残すことにした。それぞれに各1集があり、集には各おの引（はしがき・序文）が有る。皇帝の恩徳を戴いての述懐は、それは素晴らしいもので節をつけて歌う可きものである、それで、また彼らの毎月の課題として作られた作品を節録した。凡そ律賦1、今古詩183、序3、記4、表箋題詞6、これらを集めて1巻となし、皇帝の教えが立派で、中国もその周辺の国々も文を同じくしていることを記した。願わくは、将来この地域の文化の状況を見ようとする者に、これらの作品が参考にならんことを。

『琉球入学見聞録』巻4

賦

恭慶聖母皇太后七十萬壽賦 ［以聖人之德無加於考爲韻、謹序進呈］（恭しく聖母皇太后の七十の万寿を慶びて賦す［聖人の徳、考を加うる無きを以て韻と為し、謹んで序し進呈す］）潘相

【読み下し】

　皇上御宇の二十有六年、歳は辛巳十一月二十五日に在り、恭しく聖母皇太后の七十の万寿に逢う。純祺天錫、繁祉日升、喜気は霄を騰し、歓声は地を動かし、邃古以来未だ之れ有らざるなり。臣、謹しんで按ずるに、「孝経」「援神契」に曰く、『天子の孝、就と曰う。就は之れ言を為して成なり。天子の徳、天下を被い、沢万物に及び、随処に成就すれば、則ち其れ親は安きを獲、故に就と曰うなり』と。又按んずるに「嘉楽」の詩に曰く、『保佑して之に命じ、天自り之を申ぬ』と。君子の令徳日び新たなれば、則ち天の之に命じ、亦反覆し之を眷顧して厭わざるなり。欽んで惟うに皇太后毓昊胎軒、包天育地。「詩」・「書」に載する所自り、太姒・太妊世々徽音を嗣ぎ、能く比べ並ぶ莫くして、天慈広く被い、坤道長く寧らかに、穆処璇宮、祉福隆んに備わる。邇歳我が皇上　天威遠く播がり、文徳覃敷し、五載の膚功を奏し、八荒の寿域を開く、既に伊里を臣とし、大宛を旋服し、月窟より以西、　天方の壌、吾が版籍に帰せず、我が声明に化せざる莫し。適たま我皇上五十の松齢に逢い、鴻麻を永く錫わらんことを祝し、旋りて皇太后七旬の椿算を欣び、聖寿以て期無きを慶ぶ。天は黄鳥の旗を開き、千百の国は漏さず河源海に委ね、神は元狐之籙を捧げて、億万歳長く華祝嵩呼を同にす。是に於いて北は冰天を蠻らげ、南は熯地を諧らぐ、扶桑　日を出だし、高柳　風を生じ、鳳域を覯・螭陛を瞻ざる靡く、景鑠を揚げ、楨符を頌う。時に則ち五老図を負い、四霊咸な畜え、雨風律に従い、珠璧輝きを呈す。甘露飴の如く、暁に珍木を垂れ、卿雲蓋うに似て、朝は彤墀に映じ、諸福の物畢く臻り、致す可きの祥環集す。蓋し聖人の孝に由り、九有を合して以て親を尊びて、令聞して已まず、聖母の仁、群生を載せて以て博厚に、純蝦常有り。故に天の聖人を佑けること、亦た孔はだ之れ固くして、天の聖母を福すること、以て増さざる莫し。謹んで蕪製を抒べ、以て葵忱を展ぶ。其の辞に曰く、

【語釈】

　○聖人之德無加於考…『孝経』聖治章に「聖人の徳　以て孝に加うること無し」とあるのを踏まえる。○聖母…皇帝の母。○皇上御宇…皇帝が天下を統治している間。御代。○純祺天錫…純祺は大きな幸い。天錫は天から賜る。また、そのもの。『詩経』魯頌・閟宮に

－149－

「天公に純蝦を錫い　眉壽　魯を保つ」とある。○繁祉…多いさいわい。多福。『詩経』周頌・離に「我が眉寿を綏んじ、介にするに繁祉を以てす」○邃古…おおむかし。太古。○孝經援神契…「天子の孝を就と曰う、就は之れ言を為して成なり。天子の徳、天下を被い、澤は萬物に及ぶ。始終成就すれば、則ち其れ親は安きを獲、故に就と曰うなり」とある。『援神契』は、『孝経』の緯書。○嘉樂…『詩経』・大雅・假楽に「保右　之に命じ、天自り之を申ぬ」とある。○太姒…周の文王の妃。賢婦人の誉れ高く、号して文母という。『列女伝』母儀・周室三母伝に「三母とは、太姜・太任・太姒なり」とある。○太任…商の人。周の王季の妃。文王の母。『詩経』大雅・思斎に「思に斎たる大任、文王の母、思に媚たる周姜は、京室の婦、太姒は徽温を嗣ぎ、則ち百斯の男あり」とある。○文德…礼楽を以て教化し、人々を心服せしめる徳。文治の徳。学問文教の徳。○覃敷…普及する。『清會典』禮に「右、帝徳覃敷すと曰う」とある。○膚功…大きい功。『詩経』小雅・六月に「薄か玁狁を伐ち、以て膚公を奏す」とある。○八荒…八極。八紘。八方のはて。八方は四方と四隅。転じて、全世界をいう。○壽域…よく治まった世。仁寿の域。杜甫の詩「韋左相に上る」に「八荒　寿域を開く」とある。○伊里…「伊犁」のこと。新疆ウイグル自治区天山北路にある川の名。○大宛…西域の国名。中央アジアのシル河の中流域フェルガナ盆地にあったという。国民はイラン族に属し、農耕を主とし、葡萄・良馬を産した。前漢のころより、中国と密接な関係にあった。○月竈…西域の月氏国の地。極西の国をいう。○松齢…「松柏之壽」と同じ意にとる。長生き。○鴻麻…書簡用語。御高庇。○椿算…「椿壽」。長生き。長命。椿は霊木で、各々八千歳を以て春秋とするからいう。『荘子』逍遥遊に「上古　大椿有り、八千歳を以て春と為し、八千歳を以て秋と為す」とある。○黄鳥之旟…黄鳥（ちょうせんうぐいす）を描いた旗。『墨子』非攻下に「天　武王に黄鳥の旗を賜う」とある。○氷天…極北の空。苦寒の地。○燼地…乾いて熱い地。○鳳城…長安をいう。丹鳳城。帝都をいう。沈佺期の「和し奉る立春苑に遊び春を迎う」詩に「歌吹　恩を衘み　帰路晩れ、棲烏　半ば下り　鳳城に来たる」とある。○螭陛…宮殿のきざはし。○楨符…禎符と同じ。めだたい兆。○五老…宋の５人の老人。○負圖…幼君を助ける。帝国を負託する。○四靈…麟・鳳・亀・龍の四獣。また、蒼龍・白虎・朱雀・玄武の四獣。○珠璧…「珠聯璧合」のこと。珠が連なり璧が合う。美材の士が集まることをいう。○甘露…甘い露。天下が太平になると降るという。○珍木…珍しい木。江淹の「自序伝」に「爰に碧水・丹山・珍木・霊草有り」とある。○卿雲…太平の世に現れるめでたい雲。○彤墀…宮殿の赤ぬりの土間。○九有…九州。中国の古代に、中国を分けて九つの州にしたもの。その地を撫有する義。『詩経』商頌・玄鳥に「方く厥の后に命じ、九有を奄有し」とある。○尊親…親を尊ぶ。『孟子』萬章上に「孝子の至は、親を尊ぶより大なるはなし。親を尊ぶの至は、天下を以て養うより大なるはなし」とある。○令聞…よい誉れ。名誉。よい評判。○群生…多くの人。民衆。また、すべての生物。○博厚…「廣博深厚」のこと。ひろくてあつい。『中

庸』第十四章に「久しければ則ち徴あり、徴あれば則ち悠遠なり、悠遠なれば則ち博厚なり、博厚なれば高明なり。博厚は物を載する所以なり」とある。○純蝦…大きいしあわせ。『詩経』小雅・賓之初筵に「爾に純蝦を錫う、子孫其れ湛しむ」とある。○葵忱…「葵傾向日」葵の花が日光の方に傾き向かう。転じて、君主または長上を尊敬し、これにまごころをつくす喩

【口語訳】

　皇上（乾隆帝）が即位されて26年、歳は辛巳11月25日、恭しく皇帝の御母堂皇太后の70歳のめでたい日を迎えた。大きな幸いを天から賜わり、その幸は朝日が昇るようで、喜びは空に届くほどで、歓声は地を動かし、昔からこれまでなかったような喜びの大きさである。臣（潘相）が、謹んで調べてみると、『孝経』の「援神契」には、「天子の孝、就と曰う。就は之れ言を為して成なり。天子の徳、天下を被い、沢万物に及び、随処に成就すれば、則ち其れ親は安きを獲、故に就と曰うなり」という。又調べてみると『詩経』大雅の「嘉楽」（「假楽」）の詩には、「保佑して之に命じ、天自り之を申ぬ」とある。君子の立派な徳が日び新たになれば、則ち天が之に命じ、繰り返しこれを顧みて厭わないものである。欽んで思うに、皇太后の徳は天を覆い育て、天を包み地を育てるようなものである。『詩経』・『書経』に記載されるところからは、周の文王の妃の太姒、文王の母である太妊は代々の美わしき徳を継いで，比べるものも無いほどであり、天の慈しみは広く被い、皇后の道は永遠に寧らかに、穆処璇宮、幸いは盛んに備わっている。近年、我が皇上の立派な威徳は遠くまで広がり、文治の徳は広く行きわたり、五載の大功を奏し、四方八方のよく治まった地域に及び、既に伊里（新疆ウイグルの伊犁地方）を支配し、西域の大宛を服従させ、月竄より西の、天の彼方の土地まで、吾が版籍に帰せず、我が声明に化せざるものはない。たまたま我が皇帝の50の松齢に逢い、御高庇を永らく賜わらんことを祈り、合せて皇太后70歳の御長寿を欣び、皇帝の御年が長く続くことを慶ぶ。天は黄鳥（ウグイス）を描いた旗を開き、千百の国の川は残らず海に流れ、神は元狐之籙を捧げて、億萬年も長く華祝し御長寿を祈って共に万歳を叫ぶ。ここに於いて、北は冰天（冷たい空）を蠻らげ、南は燠地（熱く乾いた地）を諧らげ、渤海の東にある仙境である扶桑から日が昇り、高い柳に風が吹き、鳳域（帝都）に観え・螭陛を瞻ないことはなく、大きな美徳を揚げ、めでたい兆しを頌える。時に5人の老いた公卿が幼君を助けるように国を背負い、四霊（麟・鳳・亀・竜）は皆その位置に在り、雨風は律に従い、珠璧は輝きを示す。甘い露は飴のようで、暁に珍らしい木が枝を垂れ、めでたい雲がおおうように、朝は赤く塗られた宮殿のきざはしに照り映え、多くの福の物がすべて至り、有るべきめでたいものに囲まれている。それはおそらく、皇帝の孝行にならって、九州（中国全土）のすべての土地の人々がその親を尊び、皇帝の良い評判は尽きず、皇帝の母（皇后）の仁（深い思いやり）は、民衆を載せて広

『琉球入学見聞録』巻4

く厚くゆきわたり、大きな幸せがいつもある。故に天が皇帝を助けることは、また非常に強固で、天が聖母（皇后）を幸いにすることは、増さないことはない。それで、謹んでつまらない文章を作って思いを表し、まごころを述べることにする。其の辞に曰く：

【読み下し】

惟れ聖　天を承け、惟れ天佑の聖なり。輝き麗しき珠嚢、祥は金鏡を開く。聖母の寿康を欽しみ、神功の隆盛を仰ぎ、闇沢の旁流を欣び、璿暉の遠く映えるを慶ぶ。道は嫄妣を隆んにし、配天して息まざるの休徴を箸わし、徽は邁かに胥しば登る、綿して地は無疆の景命に應ず。春は鳳闕に回り、輦を扶けて歓を承け、永く龍楼に画き、觴を捧げて慶を志す。万国の車書を同じくし、羣仙の歌詠を集む。寧ぞ惟れ近古の稀なる所、抑そも亦た皇初に其れ並らぶ莫らんや。

猗思斉の聖母、睿哲の聖人を毓つ。無方の達孝を溥くし、不匱の深仁を敦くす。世徳を纘ぎて以て作求し、揚烈を観光し、安輿を奉じて俗を問い、過化存神す。徳　親有れば久しかる可く、遠きも遵わざる靡からしめ、燕然の石に勒し、瀚海塵無し。水方流の玉を記し、苑來の朱汗の駵、天区を弥りて朔を奉じ、日域を統べて以て臣を称す。二万余里の疆索を廓し、三十六国の人民を撫す。皆な慈寧の懿訓を奉じ、畳ねて尊号を上りて以て恭しんで伸ぶ。

爾の民の質たる、天実に之に相し。光を重ねて歳を閲し、長く紀する時に至る。暑は漸く繍線を添え、風は乍ち流澌を解く。巌冬の凛冽に当たり、麗景の暄遅に儼たり。復た乾を乾初を得て乾坤を函し、万有一千五百二十の策、律は維れ天統律呂を肇め、十有七万七千一百の基なり。七秩の遐齢、七政運行して瑞を献じ、三元の首月、三才の宝道奇を呈す。光復の旦、升恒を二曜に比し、熾にして昌んなりて、悠久を両儀に符す。

我が皇上舜孝と同心にして、堯仁に徳を比し、万年祜を受け龍衮を衣て以て娯顔し、五十にして親を慕い金根に侍りて愉色あり。鸞笙象板、十部を簫韶より起こし、鳳臠龍羹、万方の玉食を陳べ。延齢の天酒、仙人の掌上に常に清く、益寿の神芝、玉女の腮前に紛植す。幔城の魚貫、紛繞の瑤堦、繍仗鴛排し、共に紫極を環る。歌謡は綺陌に諧い、智戴して詩を陳べ、拝舞して清班に効い、可汗述職す。

是に於いて歓心の攸洽し、曩牒の所無く恢がるに因り、上は光を百辟に錫わり、下は徳を康衢に偏くす。尚方もて鈔給し、野老の材羅萐榜を遺さず、尤も耆儒を抜き、泮林の械樸を育て、滄海の遺珠を収む。礼は廃れても興らざる無く、需雲宴楽、情は微にして必ず察する有りて、解雨涵濡す。

此に其れ恩覃びて外靡く、沢沛んにして加うる無し。垓埏臣附するを以て悦娯と爲し、兆庶時雍するを以て尊養を為し、獣舞鳳儀を以て称胱の頌を進め、天章雲漢を以て介福の華を擒にす。物を育て民を誠にするは、洵に要道に外ならず、天に則り地に因り、乃ち広

－152－

『琉球入学見聞録』巻4

く休嘉を集む。泰運の景鼇を萃め、鑴瑏紀し難く、乾符の上瑞を極め、鏤玉誇るに非ず。

蓋し誠格らざる無く、理本より相於するを以て、徳極盛に臻り、福積りて余有り。被練中安、東華の瑞牒に騰り、飴を含みて長く楽しみ、金母の瓊書を擁す。宝冊を山河に輝かし、川の方に至るが如く、徽称を南朔に播げ、日初めて舒ぶるに比す。申命休を用て、承窮の帝眷を承け、既に祉を受くること多く、難老を皇興に歌う。

乃ち率土同に歓ぶを知り、一人教孝にして、至仁必ず寿にして、上寿の符を膺くるを允し、大徳日び生じ、長生の効罄き難し。此れ固より桃の蓬莱に熟し、五百年花実未だ厥の鋪揚を盡すに堪えず、籌を瀛海に添え、八千歳春秋茲と比較する者足らざるなり。微臣明くも恩榮に沐し、學校を観光し、識は管蠡を愧ずるも、辞するは体要に慚ず。六館の謳吟を賡ぎ、惟れ九如に是れ則ち倣い、以て萱陛の鴻禧を頌颺するを用て、欽んで紫宸の至教を仰がんとす。

【語釈】

○承天…天をいただく。天命を奉承する。『易経』坤に「至れる哉坤元、万物資生、乃順天を承く」とある。○天佑…天のたすけ。『書経』湯誥に「上天孚に下民を佑け、罪人黜伏す」とある。○珠嚢…玉の入った袋。○金鏡…こがねで飾ったかがみ。○壽康…命長く安らか。「寿安」と同じ。○神功…神妙で測られない功績。○闓澤…悦び楽しむ。『司馬相如』封禅文に「昆蟲 闓懌、首を回らして内に面す」とある。○旁流…あまねく流れうるおす。范仲淹の「諌めに従うは流るが如し賦」に「威王の三たび賞し屡しば行き、恩波下に施し、晏子之れ一言用いられ、徳沢旁流す」とある。○璿曜…「璇瓊」と同じ。美しい玉。○嫄姒…嫄は周の祖。棄のあざな。姒は亡き母。『詩経』小雅・斯干に「姒祖に似ぎ続く」の鄭箋に「姒は先妣、姜嫄なり」とある。○休徴…めでたいしるし。吉兆。休兆。○配天…徳が広大で天と並びたつほどであること。天と徳を合する。『易経』繫辞上に「広大にして天地に配す」とある。○無疆…きわまりがない。限りがない。○景命…大命。大きな運命。『詩経』大雅・既酔に「君子万年、景命僕くこと有り」とある。○春回…春が再びめぐり来る。○鳳闕…漢代の宮城の門の名。門の上に銅製の鳳凰が飾りつけてあるのでいう。転じて、宮門。○承歡…父母や君主のうらしそうな様子を見て、さらに喜びを増すように努める。白居易の「長恨歌」に「歓を承け宴に侍して間暇無し」とある。○龍樓…漢代、天子の宮門の名。転じて、太子の宮殿をいう。○車書…車と書籍。また、車と文字。『中庸』に「今天下の車は軌を同じくし、書は文を同じくす」とある。○群仙…多くの仙人。多くの神仙。○皇初…開闢のころの天子。○思齊…賢者のなすところを見て、己もそれに斉しからんことを思うこと。『論語』里仁に「子曰く、賢を見て斉しからんことを思い、不賢を見ては内に自ら省みる」による。○無方…一定の方向がない。常がない。きまりがない。限りがない。○達孝…天下の人が普く認める孝行。また、その人。一説に、どこにも通ずる孝

－153－

『琉球入学見聞録』巻4

行。『中庸』に「子曰く、武王周公は、其れ達孝なり」とある。○不匱…ともしからず。少なくない。『詩経』大雅・既酔に「孝子匱きず、永く爾に類を錫う」とある。○深仁…深い恵み。○世徳…先祖代々積んできた徳。『詩経』大雅・下武に「王京に配し、世徳　求を作す」とある。○覲…まみえる。秋に諸侯が天子にお目にかかること。○揚烈…いさおしをあげ表す。『書経』立政に「以て文王の耿光を覲、以て武王の大烈を揚ぐ」とある。○安輿…安らかに坐乗の出来る車。老人や婦人に用いられるもの、転じて、老人を敬い迎えることをいう。○過化存神…聖人の徳化が盛んで至らない所のないこと。聖人の経過する所は必ずその徳に化し、聖人の存在する所には、神の如き感化が行われる。『論語』学而に「夫子のこれを求むるや、其れ諸れ人のこれを求むるに異なるか」の朱子注に「聖人の過化存神の妙、未だ窺い測ること易からず」とある。○燕然…地名。唐の太宗、燕然都督府を置く。後漢の永元元年、竇憲が北単于を追い、この山に登り、石に刻み功を記して還る。○瀚海…砂漠の名。浩瀚なことが海のようであるから名づける。今の外蒙古の地。唐代都護府の名。蒙古のゴビ砂漠以北の地を統べる。初め燕然といい、後、瀚海に改む。○水記方流之玉…直角に折れ曲がる流れ。顔延之の「贈王大常」詩「玉水方流を記し、璇源　円折に載す」の李善注に「凡そ水其れ方折すれば玉有り、其れ円折すれば珠有るなり」とある。○朱汗…血の色のような赤い汗。杜甫の「秦州雑詩」（其の三）に「馬驕りて朱汗落ち、胡舞いて白題斜めなり」とある。○天區…天をいう。また、四方上下をいう。○奉朔…天子が定めた正朔（こよみ）を受けて、それを使用する。転じて、天子の政治や命令に従う。○日域…日が出る所。昔、中国で朝鮮を呼んだもの。○三十六國…漢代西域の三十六国。○懿訓…立派な教訓。よい教え。○晷…日かげ。日光によってできる物の影。○繡線…物を縫う糸。○流漸…流れる水。『淮南子』泰族訓に「腐髏　流漸に有り難し」の注に「漸は水なり」とある。○凛烈…寒さの激しいさま。李白の「大猟賦」に「厳冬　惨切にして、寒気　凛烈たり」とある。○麗景…美景。南朝斉の謝朓の詩「三日宴に侍り曲水に人に代りて応詔す」に「麗景　則ち春、儀方…震に在り」とある。○暄遅…暖かい春のすえ。『詩経』豳風・七月に「春日　遅遅たり」とある。○乾坤…易の二つの卦。天と地。「乾坤の徳」は、聖人の徳。聖人の徳は天地が万物をおおい育てる徳と一致するから言う。○萬有一千五百二十策…『易経』繋辞上に「乾の策は、二百一十有六。坤の策は、百四十有四なり。凡そ三百有六十にして、期の日に当たる。二篇の策は、万有一千五百二十にして、万物の数に当たる」とある。○律呂…音声を正す器。黄帝の時、伶倫が造った。竹を切って筒とし、陰陽それぞれ六、筒に長短有り、これによって音声に清濁高下を生ず。陽を律と言い、陰を呂という。○十有七萬七千一百之基…『易経』繋辞下に「履は徳の基なり。謙は徳の柄なり。復は徳の本なり。云々」とある。また、『淮南子』天文訓に、数と天地万物、なかでも律呂との関係を説明して次のようにいう。「道は一に始まるも、一にしては生ぜず。故に分かれて陰陽と為り、陰陽和合して万物生ず、と。故に曰く、一は二を生じ、

-154-

『琉球入学見聞録』巻4

二は三を生じ、三は万物を生ず、(中略)、土の色は黄、故に黄鐘という。律の数は六、分かちて雌雄と為す。故に十二鐘と言い、以て十二月に副う。十二は各々三を以て成る。故に一を置きて十一たびこれを三にすれば、積分十七万七千一百四十七と為り、黄鐘の大数立つ」とある。○七秩…70歳。一秩は10年。○退齢…長生き。長寿。○七政…日・月・五星（水・火・金・木・土）。○三元…天・地・人のこと。○首月…正月元旦をいう。年・月・日のはじめの義。○三才…天・地・人の称。才ははたらき。○升恒…人の長寿を祝する語。升は日が昇って明るくなること。恒は、上弦の月が満ちてくること。『詩経』小雅・天保に「月の恒なるが如く、日の升るが如し」とある。○二曜…曜は日が輝く。ひかり。○両儀…二儀。天と地・陰と陽。○舜、堯…いずれも中国古代の聖天子。舜は堯から位を譲られた。○受祜…瑣さいわいを受ける。神の下す厚い幸福。『詩経』小雅・信南山に「曽孫寿考、天の祜を受く」とある。○龍袞…竜の模様を描いた天子の着物。○金根…「金根車」のこと。瑞車の名。徳、山林に至れば出るという。殷の木輅は法を之に取る。秦の始皇帝に至り、殷の大輅の制にもとずいて金根車を作り、金を以て飾りとし、天子の乗輿とした。漢唐の制では、太皇太后・皇太后・皇后みな之に乗ることを得。○愉色…喜びの顔つき。『礼記』祭義に「和気有る者は、必ず愉色あり」とある。○鸞笙・象板…いずれも楽器の名。○十部…唐代の10種の楽。隋の九部楽に文康楽を加えて10種とする。すなわち高祖の時、清商伎・西涼伎・天竺伎・高麗伎・胡旋舞・亀茲伎・安国伎・疏勒伎・康国伎の九は、隋楽をそのまま用いて楽伎・楽工・舞人に変化なく、さらに、これに文康楽を加えて十部とした（『唐書』礼楽志）。○簫韶…舜が作ったという楽器の名。『白虎通』礼楽に「堯楽を大章と曰い、舜楽を簫韶と曰う」とある。○鳳臛・龍羹…どちらもあつもの。臛は肉だけで作った熱い吸い物。羹は肉と野菜とを混ぜて煮た吸い物。○延齢…命を延ばす。長生き。○天酒…天上界の酒。また、天が醸した酒。甘酒の異名。○仙人之掌…仙人が掌をもって盤を捧げている形につくり、甘露を受けるように作ったもの。『漢書』効祀志上に「伯梁・銅柱・承露・仙人掌之属を作る」とある。○益壽…長生きする。益年。宋玉の「高唐賦」に「年を延し、寿を益す千万歳」とある。○玉女…美女。仙女。○紛植…乱れ生える。○幔城…野外などで幔幕を張って仮舎を作ったもの。○魚貫…魚を貫ねて串に差したように列を成して行くこと。○瑤堦…玉の階段。玉をちりばめた階段。美しい階段。○鴛排…つらねる。ならぶ。○紫極…天子の居所。○綺陌…美しいちまた。○康衢…道の四方八達に通じているちまた。非常に繁華な街。『爾雅』釈宮に「四達を之れ衢と謂い、五達を之れ康と謂う」とある。○陳詩…詩を集めて調べる。『礼記』王制に「大師に命じて詩を陳べしめ、以て民風を観る」とある。○拝舞…拝礼の舞踏。叙位・任官または禄を賜った時などに謝する礼。○清班…清貴の官をいう。○可汗…ウイグル・突厥など、アジア種族の君主の称。蒙古語で王の義。その妻を可敦という。○述職…諸侯が自分の職務について報告すること。『孟子』梁恵王に「述職とは、職する所を述ぶるなり」とある。○攸治…広く

－155－

『琉球入学見聞録』巻4

ゆきわたる。○牒…文書を記す薄いふだ。○錫光…ご来臨。御光来。○百辟…多くの君。諸侯。辟は君。『書経』洛誥に「汝其れ敬んで百辟を享くるを識る」とある。○康衢…道の四方八方に通じているちまた。非常に繁華な街。康は五達の道、衢は四つ辻。『爾雅』釈宮に「四達を之れ衢と謂い」、五達を康と謂う」とある。○鈔給…抄写して交付する。○尚方…天上に同じ。陽気の生ずるところ。北及び東方をいう。○野老…田舎の老人。○薤榜…進士の榜をいう。科挙時代、進士の試験の及第者の姓名を掲示した表札。○耆儒…年取った儒者。名望ある儒者。○泮林…泮水のほとりの材。『詩経』魯頌・泮水に「翩たる彼の飛鴞、泮林に集まる」とある。泮宮の東西門以南にめぐらした水。泮はなかば、半面にのみ水を」めぐらすからいう。転じて、諸侯の学宮をいう。○棫樸…樹木の名。くぬぎと小なら。『詩経』大雅・棫樸に「芃芃たる棫樸は、之を薪にし之をつむ」とある。朱子は、周の文王の徳を詠歌したものとする。文王はよく人物を見つけて官にしたと言われる。○滄海遺珠…滄海中に取り残された珠。世に知られず埋もれている賢者の喩。○需雲…易の需の卦は」、雲が天に上って未だ雨とならない象で、君子が飲食宴楽して時の到るを俟つにいう。『易経』需の象に「雲 天に上り、需は君子以て飲食し宴楽す」とある。○解雨…雨が降る。『易経』解の象に「天地解けて雷雨と作る」とある。○涵濡…ひたしうるおす。恩恵があまねく行きわたる。○澤沛…恵みが盛んなこと。○垓垠…地のはてにまで至る広い土地。○臣附…家来として服従する。○時雍…これ和らぐ。太平のさま。民の和らぎ楽しむこと。『書経』尭典に「黎民 変じて時雍ぐ」とある。○鳳儀…鳳凰の儀容。鳳凰に儀容あるは、太平のしるしとされた。○稱觥…稱觴と同じ。さかずきを挙げること。○天章 天のあや。天文。○雲漢…天の川。『詩経』大雅・棫樸に「倬たる彼の雲漢は、章を天に為す」とある。蘇軾の「潮洲韓文公碑」に「手ずから雲漢を抉り天章を分つ」とある。○介福…大きな幸福。『詩経』小雅・楚茨に「報ゆるに介福を以てし、万寿疆無し」とある。○要道…大事な道。大切な教えや事柄。○休嘉…めでたいこと。喜び。○泰運…安らかになる機運。太平の機運。○景釐…景福と同じ。大きな幸い。○鐫琜…美しい玉に刻む。○乾符…天子のしるし。帝王の符瑞。班固の「東都賦」に「是に於いて聖恩の乾符を握り、坤珍を闡く」とある。○上瑞…めでたいしるし。天が善政に感じて降す吉兆。『漢書』百官志に「白狼赤兎、上瑞と為す」とある。○鏤玉…刻む。飾る。金属に彫るを鏤、木に彫るを刻という。○相於…相親しむ。親しみ合う。○極盛…きわめて盛んなこと。○被練…帛で綴ったかぶと。歩卒の用いるもの。転じて、兵士をいう。○東華…朝鮮の異名。仙人の居所。ここでは、後者の意にとる。○瑞牒…めでたいことを記した文書。○含飴…あめをなめる。退隠して孫などの相手をする。『後漢書』明徳馬皇后紀に「吾但だ飴を含み孫を弄して、後政に関わる能わず」とある。○長樂…永久の楽しみ。また、長く楽しむ。○金母…神話伝説中の女神。西王母のこと。また、道教で金を鼎に入れて真丹を錬るに用いる金。○寶冊…天子の図書。○如川方至…川が流れ来る。『詩経』小雅・天保に「川の方に至るが

— 156 —

如く、以て増さざる莫し」とある。○徽稱…ほめ称えること。○南朔…北方の地と南方の地。北や南の未開族にいたるまでの地。○申命…繰り返して丁寧に命令する。『易経』巽に「君子は以て命を申べ事を行う」とある。○受祉…幸福を受ける。幸福を与えられる。祉はさいわい。神から与えられる幸福。『詩経』小雅・七月に「吉甫燕喜し、既に多く祉を受く」とある。○皇輿…天子の輿。転じて、領土・国家をいう。『楚辞』離騒に「豈余が身之れ殃を憚らん。皇輿の敗績を恐るるなり」とある。○難老…長寿を保つこと。『詩経』魯頌・泮水に「既に旨酒を飲み、永く老い難きを錫う」とある。○率土…「率土之浜」陸地に沿って行ったところの果てまでも。天下じゅう。浜は涯で、果ての意。○教孝…孝道を教える。○至仁…きわめて恵み深いこと。この上なく情の厚いこと。『孟子』尽心下に「仁人は天下に敵無し。至仁を以て至不仁を伐つ」とある。○上壽…最も年高いもの。百歳。『荘子』盗跖に「人の上寿は百歳、中寿は八十、下寿は六十なり」とある。○罄…ことごく。みな。『詩経』小雅・天保に「罄く宜からざる無し、天の百禄を受く」とある。○長生…長く生命を保つ。『老子』七章に「天は長く地は久し、天地の能く長く且つ久しき所以の者は、其の自ら生ぜざるを以てなり。故に能く長生す」とある。○蓬莱…仙山の名。東海の東にあって、仙人が住んでいたという。○鋪揚…「鋪張揚厲」の略。言葉をきわめて誉めたたえる。○籌添瀛海…「海屋添籌」のこと。人の長寿を祝する詞。海上仙人の住所に、仙鶴が毎年一籌を含んで来るという伝説からいう。○五百年花・八千歳春秋…5百年を一春と数えることで、寿命の長久を数える語。『荘子』逍遥遊に「楚の南に冥霊なる者あり、五百歳を以て春と為し五百歳を秋と為す。上古に大椿なる者あり、八千歳を以て春と為し八千歳を秋と為す」とある。○沐恩…恩を蒙る。恵みを受けること。○觀光…他国の光華をよく見る。そいの国の文物制度を見る。転じて、他国の山水・風俗などを遊覧するにいう。『易経』観に「国の光を観、王に賓たるを利用す」とある。○管蠡…管とほら貝。転じて、管で天をのぞき、ほら貝で大海の水を測るように、極めて見識の狭い喩。狭い見識。「管窺蠡測」の略。『東方朔』答客難に「管を以て天を窺い、蠡を以て海を測る」とある。○體要…切実で簡要なこと。また、大切な点。『易経』の畢命に「政は恒有るを尊び、辞は体要を尚ぶ」とある。○賡…続けること。賡酬は、詩文を贈答すること。○謳吟…大きな声で歌い吟じる。○九如…祝頌の詞。詩経の天保の詩に九個の如の字があるからいう。○頌颺…称揚する。賞讃する。○萱陛…萱は忘れ草。忘れ草のあるきざはし。「萱堂」は北堂。古の母親の居所。転じて、母親。中国では北堂を主婦の居所とし、その庭に萱草を植える故にいう。○鴻禧…大きい幸せ。○紫宸…「紫宸殿」のこと。唐代、天子の御殿の名。紫は紫微星。宸は帝居。○至教…この上もない教え。行き届いた教訓。『礼記』礼器に「天道の至教、聖人の至徳」とある。

『琉球入学見聞録』巻4

【口語訳】

　皇帝は天命を奉承されて、天の助けを受けた聖人である。輝き麗しい玉の袋のようで、そのめでたいことは黄金の鏡を開いたようである。天子の聖なる母君の命長く安らかなことを謹んで迎え、測り知れない功績を仰ぎ、その恩沢があまねく流れうるおすのを喜び、遠くまで美しい玉のように照り映えるのを慶ぶ。その道は周の祖の母にも似た先祖の母の徳をさかんにし、その徳は天と並びたつほどであり、そのめでたいしるしが止むことなく、遠くまで行きわたり、地の果てまで極まりなく大きな運命に応ずるようである。春が宮殿の門にめぐってくると、皇帝は皇太后の乗る車を扶けてその喜ぶ様子をみてさらに喜び、その様子を太子の宮殿にも描き、觴を捧げて慶を記す。周辺の国々がすべて車と文字を中国と同じくし、文化を同じくする多くの優れた文人がその歌を詠みそれを集めた。これは近年の稀な例ではないだろうか、それはまた、王朝の初めの偉業に並らぶものではないだろうか。

　ああ、賢人を見てそのなすところを手本とした聖母（皇太后）は、立派な聖人（皇帝）を育てられた。皇帝は、限りなく天下の人が普く認める孝行を尽くし、尽きることのない深い恵みを厚くす。先祖代々積んできた徳を継いで、その功をあげ表し、皇太后の乗る車をお迎えして心を尽くす。徳は親が有れば久しく続くべきもので、遠いところでも従わざるものはなからしめる。それは、たとえば後漢の竇憲が匈奴を討って燕然山に至り、その功をこの山で石に刻んだという所は、また、蒙古のゴビ砂漠の瀚海とも呼ばれる所であるが、川がほぼ直角に折れ曲がって流れ、苑の国のような遠い国から来た朱汗の馬も、周辺の四方の国々はすべて天子の正朔（こよみ）を奉じ（天子に政治と命令に従う）、東の方では朝鮮を支配して臣下と称した。周辺2万余里の境界を支配し、西域三十六国の人民を手なずけた。これらの国々の人々は皆な皇太后の慈しみ深い教えを受け、その貴い教えを称えて恭しんで述べる。

　あなたの民のかざりけのない誠は、じつに天のそれに相応しい。立派な君主が次々に現れて年を重ね、長く記録されている。暦は漸く美しい線を添え、風は流れる水を解きほぐす。厳しい冬の寒さに当たり、美しい春の景色を思って厳かな気分になる。復た乾初は天地を函し、1万1千520の策を得て、律呂ははじめて、17万7千100の基を統べる（天地万物の基本となる数を得る）。70歳の御長寿にあたり、日・月・五星の瑞を献上し、天・地・人の初めの月、三才（天・地・人）の立派な道は素晴らしい。新春に光がもどって来て（元旦）、日が昇ってひかり輝くようで、盛んにして、その悠久なることは天と地の無窮なるに合う。

　我が皇帝の孝行は古代の聖人舜のそれと同じで、その徳は堯帝の仁と並び、永遠の幸いを受けて竜の模様を描いた天子の衣を着てにこやかで、50歳にして親を慕い金根車（皇太后の乗る車）に侍って楽しそうである。鸞笙や象板などの楽器の音は美しく、十部の楽より

－158－

『琉球入学見聞録』巻4

簫韶の楽を起こし、さまざまな肉や野菜のあつものや、天下の美食を並べ、命を延ばす美酒は、仙人の掌の上に常に清らかで、寿命を伸ばす霊芝は、美しい女性の窓の前に群がり生えている。皇太后を慕って人々は幔幕を張って列をなし、玉をつりばめたような美しい階段に群がり、多くの役人が連なり並び、皆な天子の宮殿を取り囲んでいる。歌は美しい通りの諧い、詩を陳べ、拝舞して清貴の官吏にならい、アジア種族の君主は、皇帝へ自分の職務を報告する。

　ここで喜ぶ心が、水のゆったり流れるように広くゆきわたり、久しい以前の文書も届かない所はないので、上はその光栄を諸侯に賜り、下はその徳を四方八方にあまねくゆきわたらせる。皇帝の大きな力で抄写して交付し、田舎に隠れた人材を残さず引き揚げ、なかでも老いた儒者を抜擢し、諸侯の学宮から人材を取り立てて育て、滄海中に取り残された珠のように、世に知られず埋もれた賢者を取り立てる。それで、礼はいったん廃れても再び興らないことは無く、君子が宴楽して時の至るを待つように、その思いは有ること微なるも必ず気がつき、雨が降って大地を潤すように恩沢はゆきわたる。

　此に恩沢の覃ばない所は靡く、恩沢が沛んにしてこれに加うるものは無い。地の果てまでも臣下として服従するを喜びとし、多くの人民がやわらぎ楽しむのを尊び養い、獣が舞い鳳凰の儀容のようにこの世の太平を祝して杯を挙げて讃え、天のあやと天の川の彩を幸せの華とする。物を育て民を誠にするのは、まことに大切な道に外ならず、天に則り地に因れば、すなわち広く喜びを集めることになる。太平の機運と大きな幸いが集まるのは、美玉を穿つほどの「みの」でさえ記し難く、天子のしるしである天が善政に感じて降す吉兆を極めれば、玉に彫るのさえ誇れるものではない。

　思うに誠の至らないことは無く、物事の筋道は相親しむをもって、徳は極めて盛んになり、福は積って余りがあるほどである。帛で綴った甲を着た兵卒の心中は安らかで、東の朝鮮のあたりまでめでたいことを記録した文書が届く。退隠して孫などを相手にして楽しみ、西王母のような仙女（皇太后か）からの玉のような文書を抱き、天子の冊書を山河に輝やかし、川が流れてくるように、南北に褒め称えを広げ、日が初めて照ってのびやかである。皇帝の丁寧な命令は休を用いて、窮まりのない慈しみを承け、多くのさいわいを受け、長寿を保って天子の輿でお歌いになる。

　このようにして、この地上の地の果てまで皆な同に歓ぶを知り、皇太后1人孝道をお教えになり、至仁の者は必ず長寿であって、上寿の符を受けるのを許し、立派な徳は曰び生じ、長生の働きは尽き難いものである。これは固より仙境の蓬莱に熟する桃が、5百年を一春として花を咲かせ実を結ぶのを、いくら褒め称えてもその言葉を尽くすことができず、海上仙人の居所に仙鶴が毎年一籌を含んで来るという伝説や、上古の大椿の伝説にある八千歳を以て春となし、8千歳を秋となすというものさえ比べるに足らないほどである。身分の低いものでありながら叨くも皇帝の恩栄に沐し、国子監を親しく視察した。きわめて

－159－

『琉球入学見聞録』巻4

狭い見識を愧ずるものであるが、辞退するのはかえって大切な点を見ないようで、それこそ愧ずべきである。国子監の謳吟を受け継ぎ、詩経の九如にならって、皇太后の大きな幸いを称えて、欽んで皇太后の行き届いた教訓を仰ごうとするものである。

詩

聴海搜二首（聴海楼　二首）　胡靖
　其一

夜聴魚龍出水吟	夜　聴く魚龍　出水の吟を
一尊對月酒頻斟	一尊　月に対いて　酒もて頻りに斟む
寒濤噴灑連天雪	寒濤　噴灑し　天に連なり雪たりて
殘菊飄零滿地金	残菊　飄零し　地に満ちて金たり
數曲歌縈孤客思	数曲　歌縈る　孤客の思い
幾回夢繞故園心	幾回　夢繞る　故園の心
平生浪跡知多少	平生の浪跡　知ること多少ぞ
此處夷猶可再尋	此の処 夷猶して　再び尋ぬべけんや

【語釈】
　○聴海樓…冊封使が宿泊する天使館。周煌の『琉球国志略』巻6「府署」の「天使旧館」の項には、胡靖記を引いて「楊行人が西側の小楼に瑜居し、名づけて『聴海』と曰う」とある。これによれば、旧天使館の敷地内にあった建物であったことがわかる。○胡靖…原注に「前冊使杜三策従客」とある。○杜給諫…胡靖と来琉した冊封正使の杜三策のこと。胡靖は、杜三策の従客として琉球を訪れた。胡靖『中山詩集』によると、この詩の題は「聴海楼和杜給諫中山懐言二律」であり、冊封正使であった杜三策の「中山懐言」という作品に和韻して詠まれた作品である。杜三策は、生没年未詳。字は毅斎、山東省東平州の人。天啓2〈1622〉年に進士（第3甲10名）となる。その2年前の万暦48〈1620〉年に琉球国王尚寧が崩御し、世子尚豊は天啓2〈1622〉年に使者を遣わして冊封を請うた。同年6月に杜三策を正使に、楊掄を副使として琉球へ遣わすこととなった。諸々の事情から琉球への出発は遅れ、崇貞6〈1633〉年5月に福州を出発して琉球に至り、諸儀式を終え、同年11月に帰国している。帰国後、大理卿侍郎に昇進し、後に天津巡撫となった。○魚龍…魚や龍。また、漢代の西域の魔術の1つで、水中に入り魚となり跳ね上がって龍になるというもの。『漢書』巻96「西域伝」に「作巴兪都盧、海中碭極、漫衍魚龍角觝之戯以觀視之。」とあり、その顔師古注に「魚龍者、爲舍利獸、先戯於庭極、畢乃入殿前激水、化成比目魚、跳躍漱水、作霧障日畢、化成黄龍八丈、出水敖戯於庭、炫耀日光。」とある。○噴

－160－

灑…「噴く」はふく、ふきあげる、「灑」はそそぐ、という意味。○飄零…木の葉などがひらひらと落ちること。○孤客…ひとり旅の者。○故園…ふるさとのこと。○平生…日ごろ、ふだん、常々。○夷猶…ためらう。

【口語訳】

　夜に、魚龍の水を出る音を聴く（魚が水を出て龍となるのを聴く）。そこで、酒の樽を用意して月に向かって酒を酌み交わす。

　海の波の飛沫は吹き上がってまた注いで、天と連なって雪のように降ってくる。散り残った菊の花びらはハラハラと地いっぱいに散り落ち、まるで黄金のようである。

　数曲、独り旅人の思いを詠った歌が流れ、幾たびか、故郷を思って夢を見た。

　日ごろの浪は、どれほどのものであるのだろうか。この場所（琉球または聴海楼）は、再び尋ねてくることができるだろうか。

　其二

支離遊況此來豪	支離遊況　此に来たりて豪なり
萬頃波光入彩毫	万頃の波光　彩毫に入る
潑墨烟雲龍出海	墨を潑す烟雲　龍 海に出で
臨池朗月鶴鳴臯	池に臨む朗月　鶴 臯に鳴く
浮槎欲泛天河斗	浮槎 泛べんと欲す　天河の斗
乘興猶疑雪夜舸	興に乗りて猶お疑う　雪夜の舸
小飲中山渾是夢	中山に小飲するは　渾て是れ夢
不知見寄海天高(1)	知らず寄せらる　海天の高きを

〔注〕
（1）又杜三策句云、「一帆多藉乘風力、萬里長懸捧日心。興來欲泛張騫斗、歸去羞言陸賈金」惜不見其全（又杜三策の句に云う、「一帆多藉　風力に乗り、万里長懸　日心を捧ぐ。興来たりて泛べんと欲す　張騫の斗、帰去羞言　陸賈の金」と。惜しむらくは其の全てを見ず）。

【語釈】

　○支離…分散する。また、ばらばらでとりとめのつかないこと。○萬頃…広大なこと。頃は中国古代の面積の単位。１頃は百畝。○潑墨…水墨で巨点を作り、山水を描く方法。多く雨景を描くにも用いる。その勢い、墨をそそぐが如くであるからいう。唐の王洽に始まる。また、墨色の具合にも用いる。○彩毫…画筆。○臨池…池に臨む。王融の「三月三日曲水序」に「鏡を引いて皆目を明らかにし、池に臨みて耳を洗う無し」。○浮槎…いか

だ。

【口語訳】

　ばらばらでとりとめのない旅だと思っていたが、ここへ来て心がおおらかになり、広大な海原を照らす光はまるで絵のようである。

　墨をそそいだような暗い靄の立ち込める海に竜が現われ、月を浮かべた池の側の丘に鶴が鳴く。

　いかだを天の川に浮かべて北斗七星のあたりを訪ねたくなるような夜で、興に乗じてまるで雪の中を行く船のようだ。

　ここ琉球で少し杯を傾けただけで、もう心は夢の中にあるようで、我が身が海天高くにあるのも知らないほどだ（故郷から遠く離れていることを忘れる）。

臨海寺聴潮二首（臨海寺に潮を聴く　二首）　胡靖

　其一

簫蕭蘭若海門懸	簫蕭たる蘭若　海門に懸かる
物古音奇漫紀年	物は古く音は奇に漫りに年を紀す
時與濤聲相節奏	時は涛声と相節奏す
一天秋水月孤圓	一天の秋水　月は孤り円なり

【語釈】

　○臨海寺…近世には通堂から西方の三重城に至る海中道路の途中にある。沖之寺と称される。「臨海潮声」は「中山八景」の１つ。○蘭若…梵語の阿蘭若の略。寺。寺院。

【口語訳】

　那覇の入江（那覇港）の入口に建つ臨海寺の境内は、ひっそりともの寂しい。

　寺の建物はものふりて、潮の音がおもしろく聞こえる中で、年月を刻んでいる。

　ここを支配する時と波の音が調和して心地よい。

　空と海がひろがり、秋空にはただ円い月があるだけである。

　其二

海邊寥廓白雲高	海辺の寥廓　白雲高し
嶼色蒼茫映碧滔	嶼色蒼茫として　碧滔に映ず
忽送金聲風上下	忽ち金声を送りて風上下す

－162－

『琉球入学見聞録』巻4

如龍吼月和寒濤　　　龍の月に吼え寒涛に和すが如し

【語釈】

　○寥廓…からりとして広い。ひいて大空の意。○蒼茫…畳韻の語で、空・海・平原など
のひろびろとして果てしないこと。○金聲…鐘の音。

【口語訳】

　臨海寺は広い海に面し、空高く白雲が浮かんでいる。
　沖に浮かぶ島（慶良間諸島）が、広大な青い海に影を映す。
　急に鐘の音が風を揺り動かし、
　まるで竜が月に吼えるかのように涛と調和して響きわたる。

輔國寺觀海四首（輔国寺に海を観る　四首）　胡靖

　其一

幾年觀海志　　　　幾年ならん　海を観んとの志
此日始登臨　　　　此の日　始めて登臨す
浪湧千山雪　　　　浪は湧く　千山の雪
潮至一片黔　　　　潮は至る　一片の黔
胸中呑地濶　　　　胸中　地を呑みて濶く
眼底插天深　　　　眼底　天を插して深し
頓覺乾坤裏　　　　頓に覚ゆ　乾坤の裏
波濤自古今　　　　波涛　自ら古今

【語釈】

　○輔國寺…波上山護国寺のこと。波上宮野南側に隣接しており、波上山三光院と号し、
俗に波上の寺という。琉球における真言宗第1の巨刹で、創建時代はよく分かっていない
が、国家鎮守の祈願所として尊崇された。崇禎6〈1633〉年に来琉した胡靖は『琉球記』
に「過平坡里許、即海涯有輔國寺。（平坡を過ぎて里許、即ち海涯に輔国寺有り。）」、康熙2
〈1683〉年に来琉した汪楫は『使琉球雜録』巻2「疆域」に「波上俗呼海山寺。舊録作石
筍崖。（波上俗に海山寺と呼ぶ。旧録は石筍崖と作る。）」と記している。康熙58〈1719〉年に
来琉した徐葆光の『中山伝信録』巻4「紀遊」において「護國寺、在波上山坡之中、國王
祈禱所。僧名賴盛。汪使有匾額曰"護國寺"。舊名安禪寺、亦名海山寺、亦名三光院。（護
国寺、波上山坡の中に在り、国王祈祷所なり。僧名は頼盛。汪使に匾額有りて曰く"護国寺"と。旧

－163－

名は安禅寺、亦の名は海山寺、亦の名は三光院なり）」とあり、国王の祈願所で汪楫の揮毫した「護國寺」の扁額が掲げられていたと記している。乾隆21〈1756〉年に来琉した周煌の『琉球国志略』巻7「祀廟 寺院附」の「護国寺」の記述中に胡靖の「輔國寺觀海 四首」が引かれている。また、『球陽』や『琉球国由来記』によると、護国寺の開山住持である頼重は察度王代の洪武17〈1384〉年に入滅しており、当寺は察度王が建立したという。○登臨…山に登り水に臨むこと。○「浪湧千山雪、潮至一片黔。胸中呑地濶、眼底挿天深」…胡靖は波上「輔国寺」から海を観た際に、以前より自らが温めていた詩句を想起している。この頷聯・頸聯はその詩句が一部訂正されて用いられている。『琉球記』中には、「樹傍即臨海涯。壁削數千仞。躁履之下、矚蒼茫恍惚。心目倶悸縮、足不能自前。少憩神怡。見無數石筍森立、其上嶙峋磊砢、如奇峰錯出。風急則浪濤湧於岸半、轟宏厲怒聲若雷霆。波恬則若潭渚焉。水清如練、魚游可指尾而數。深處甚黑、余疑其無底。投以數小石、見白點如梅花斑、始知其石底也。仰望則萬里雲濤、波湧如雪。余曽有"浪湧千重雪，潮來一片雲。胸中呑地濶，眼底極天深。"之句。故諸景之勝、以輔國寺爲最。（樹の傍は即ち海涯に臨む。壁 削 數千仞なり。躁履の下、矚れば蒼茫として恍惚たり。心目倶に悸縮し、足 自ら前む能わず。少しく憩めば神 怡らぐ。見るに無数の石筍 森立し、其の上は嶙峋磊砢して、奇峰の錯出するが如し。風 急なれば則ち浪涛 岸の半ばに湧き、轟は宏く厲しく怒声は雷霆の若し。波 恬らげば則ち潭渚の若し。水 清く練の如く、魚 游びて尾を指して数うべし。深き処は甚だ黒く、余 其の底無きかと疑う。投ずるに数小石を以てし、白点の梅花斑の如きを見、始めて其の石底を知るなり。仰望すれば則ち万里の雲涛、波 湧きて雪の如し。余 曽て"浪は湧く 千重の雪，潮は来たる一片の雲。胸中 地を呑みて濶く，眼底 天を極めて深し。"の句 有り。故に諸景の勝、輔国寺を以て最と為す。）」と記されており、第6句目の「極天深」が「挿天深」と改められている。○黔…くもる。雲が日を覆う。『説文解字』「黔、雲覆日也。従雲今聲」また、「陰」字の古字。『玉篇』「黔、今作陰」。『那覇市史』では「雲」としているが、「陰」の意味で取るべきか。

【口語訳】

　どれだけの年月になるのだろう、海を観たいという志をもってから。（ようやく）この日に、初めて海に臨むことができた。

　浪の湧きあがってくる様は、（その波頭が）まるで山々に積もる雪のようだ。潮が押しよせてくる様は、一片の雲が浮いているようだ。

　心内に収めた海原は、大地を呑みこむほどに広く果てしなく、眼に焼きついた石筍崖は、天を挿すように屹立し聳えている。

　ふと思った。この天地の内には、この海の波濤は昔から今まで変わることなくうち寄せているのだろう、と。

『琉球入学見聞録』巻4

其二

數頃看無際	数頃　看れども際り無く
徘徊望莫從	徘徊して　望むに從る莫し
微茫但一水	微茫たり　但だ一水
蕩漾是千峰	蕩漾たり　是の千峰
遂爾煩襟滌	遂爾　煩襟滌われ
逌然豪興濃	逌然として　豪興濃し
臨崖思大道	崖に臨みて　大道を思う
萬派總朝宗	万派　総べて朝宗す

【語釈】

○頃…古代中国の面積の単位。1頃は百畝。○徘徊…さまよう。ぶらぶら歩く。行ったり来たりする。○微茫…はっきりしない様。ぼんやりとした様。○蕩漾…ただよう様。ゆらぐ様。李白「惜餘春賦」に「天之何爲令北斗而知春兮、迴指于東方。水蕩漾兮碧色、蘭葳蕤兮紅芳。試登高而望遠、極雲海之微茫。魂一去兮欲斷、涙流頬兮成行。吟清風而咏滄浪、懷洞庭兮悲瀟湘。何余心之縹渺、與春風而颺揚。」とある。○煩襟…心中のもだえ。煩悶する胸中。○逌然…自得のさま。くつろぎ、ゆったりする様。○豪興…豪放な興致。○大道…天地の理法にもとづく人類の大道。人のふみ行うべき道。正しい道。○朝宗…多くの川が海に集まり注ぐ。

【口語訳】

眼前に広がる海は見わたしても涯がなく、ただ1人さまよい歩き海を望む。

海は茫々とどこまでも続き、その海に漂うかのように石筍崖が立っている。

そこで心中の悶えが洗われたような心地になり、くつろぎゆったりとして見ると、豪快で素晴らしい景色が広がっている。

崖に登り、天地の大道に思いを馳せるに、すべての川が海に集まり注いでいる（臣下は琉球王に帰服し、平和におさまっている）。

其三

寺古依松竹	寺古く　松竹に依り
巉巖石筍懸	巉巖たりて　石筍懸かる
洪濤衝岸畔	洪涛　岸畔を衝き
乳燕巢峰巔	乳燕　峰巔に巣くう
下上天成兩	下上　天 両を成し

— 165 —

東西水並圓	東西　水 円に並ぶ
平臨增悵望	平臨すれば　悵望を増し
毎歎說桑田	歎ずる毎に　桑田を説く

【語釈】

○巉巌…岩山が険しく高い様子。高くそびえ立ち、草木の生えていない岩山のこと。○石筍…波上の石筍崖のこと。波上海岸に突き出た断崖のことで、筍のように直立する岩石が集まって崖を作っていることから名づけられた。崖上には、琉球八社の1つである波上山宮が鎮座しており、地元では「ナンミン」と呼ばれている。その南側には護国寺が隣接していた。胡靖は「見無數石筍森立、其上嶙峋碐䃁、如奇峰錯出。（見るに無数の石筍　森立し、其の上は嶙峋碐䃁して、奇峰の錯出するが如し）」（『琉球記』）と記しており、「石筍崖」あるいは「筍崖」と称するようになったのは、この胡靖の記述によるものと思われる。また、康熙2〈1683〉年に来琉した汪楫はその使録『使琉球雑録』において、まず「波上俗呼海山寺。舊録作石筍崖。詢之國人、止稱波上。（波上は俗に海山寺と呼ぶ。旧録は石筍崖と作る。之を国人に詢うに、止だ波上と称す）」と述べており、「（石）筍崖」の名称は、汪楫来琉時にはいまだ琉球の人々の間に定着しているわけではなく、「波上」と呼ぶのが一般的であったようである。その次の冊封使である徐葆光の『中山伝信録』以降の記述では、「（石）筍崖」の名称が定着していたようである。○洪濤…おおなみ。巨波。○乳燕…燕の雛。子持ちの燕。○巓…いただき。山の頂上。○悵望…悲しげにはるか遠くをながめる。○桑田…くわばたけ。「桑田變成海」という成語があり、くわばたけが何時しか変わって蒼海となるという意味で、時勢の変遷の甚だしいことの喩え。「麻姑自說云、……接待以來、已見東海三爲桑田、向到蓬萊、水又淺于往者、會時略半也、豈將復還爲陵陸乎」（『神仙伝』「麻姑」）

【口語訳】

　古い寺は松や竹に囲まれてあり、岩山がそびえて筍のように切り立ったところに立っている。

　大きな波が岸辺をたたき、子持ちの燕が嶺の頂に巣食う。

　寺はまるで上も下も空に囲まれて空中に浮かんでいるかのようで、その東西はすべて海である。いつ見てもこの光景は、悲しい思いを増すばかりで、大自然と人の世が変転してやまないことを嘆くばかりである。

　其四

蕩跡似何極	蕩跡　何れの極に似たる
探奇絕險中	探奇す　絶険の中

『琉球入学見聞録』巻4

霾鰲翻雪浪	霾鰲　雪浪を翻し
海馬御天風	海馬　天風を御す
興與雲飛逸	興　雲と与に飛びて逸り
情同鶴唳空	情　鶴と同に唳きて空し
置身聊不邇	身を置くに　聊か邇からず
已比扶桑東	已に比す　扶桑の東

【語釈】

　○蕩跡…遊蕩せる跡の意味か。○霾鰲…「霾」は、つちぐもりの意味。大風が土砂を空に巻きあげてこれを降らし、ために者色の暗くなること。「鰲」は、大うみがめのこと。海中にあり、背に蓬莱・瀛洲・方壺の三仙山を負うという（『列子』「湯問」）。○海馬…タツノオトシゴ。頭は馬に似て、直立して遊泳する。○扶桑…東海中にある神木。両樹同根、生じて相依倚するから扶という。日の出るところに生ずるといわれる。（『山海経』海外東経）

【口語訳】

　遊蕩の足跡は、どこの果てないところに似ているだろうか。珍しい景色を求めて険しい所に身をおいている。

　大ウミガメが雪のようなしぶきを巻き上げ、海馬（タツノオトシゴ）が天風を御しているかのようだ。

　興は雲と1つになって飛ぶようにはしり、情は鶴とともになくように空しい。

　この身は中原からいくらか近いところにあるのではない。遠く東海中の扶桑にあるかのようだ。

圓覺寺古松（円覚寺の古松）　胡靖

知是天工巧自栽	知る是れ天工　巧みに自ら栽うを
遙瞻海色迥蓬萊	遥かに海色を瞻るに　蓬莱に迥かなり
孤根勁挺亭三尺	孤根 勁挺して　三尺に亭り
古幹横斜蓋二臺	古幹 横斜して　二台を蓋う
夜靜龍鱗明月照	夜静の龍鱗　明月に照らされ
天空鶴影倚雲來	天空の鶴影　雲に倚りて来たる
菁葱已濕千年露	菁葱として已に湿う　千年の露
曾見三花幾度開	曽て見る三花　幾度も開くを

『琉球入学見聞録』巻4

【語釈】

〇圓覺寺…首里城久慶門の北にあった臨済宗の寺。山号は天徳山、本尊は釈迦如来。開基は京都南禅寺の僧侶・芥隠。天王寺、天界寺とともに首里王府の三大寺とされ、なかでも筆頭格の寺院で琉球における臨済宗の総本山であった。当寺は、第二尚氏王統の菩提を弔うため、尚真王の発願により弘治5〈1492〉年に着工、同7年に完成した。創建当時の伽藍は荒神堂・寝室・方丈・仏殿・法堂・山門（三門）・両廊および僧坊・厨庫・浴室・鐘楼・鼓閣などがあった（『琉球国由来記』、『球陽』尚真王16年条）。琉球第1の巨刹であった当寺には、歴代冊封使もたびたび足を運んだようである。その仏殿は七間で高く美しく、殿の右には広い庭があり、古松嶺と呼ばれる神木があったという。

従第一門折武而左乃圓覺寺。寺中殿奉彌勒仏一尊。右僧室甚寛廠。國中童蒙皆従師。於土人學寫番字、即爲習業焉。土人諱薩師盧南、頗曉暢。毎面余索書畫、輒餽銅鼓及藤籔漆瓶之類。左祀中山歴王神位、僧衆晨夕誦經不輟。寺内有古松一株。高不滿三四丈、枝柯古勁屈曲盤旋。大可四丈、圍儼若張蓋。觀者羨奇。（第一門より折れ武して左すれば乃ち円覚寺なり。寺中の殿に弥勒仏一尊を奉ず。右は僧室にして甚だ寛廠なり。国中の童蒙は皆 師に従う。土人に於いては学びて番字を写し、即ち習業と為す。土人の諱は薩師盧南、頗る曉暢なり。余に面する毎に書画を索め、輒ち銅鼓及び藤籔漆瓶の類を餽る。左に中山歴王の神位を祀り、僧衆 晨夕誦経して輟まず。寺内に古松一株有り。高さ三四丈に満たず、枝柯古勁にして屈曲盤旋す。大きさ四丈ばかり、囲は儼として張蓋の若し。観る者羨奇す）（胡靖『琉球紀』）。

〇天工…天の職事。天然の力でできた細工。かみわざ。又、技芸の巧みなことにいう。〇蓬萊…仙山の名。東海の東にあって、仙人が住んでいたという。「海中有三神山、名曰蓬萊・方丈・瀛洲。」（『史記』巻6「秦始皇紀」）、〇夜靜…夜が静かであること。夜半。〇菁葱…青々として茂るさま。〇三花…三花樹のこと。1年に3度花を開く樹。貝多樹。

【口語訳】

　ここで知った。自然の力が巧みにこの古松を植え成長させてきたことを。はるかに海の色を見てみると、蓬萊山のかなたに来たようだ。

　木の根っこは強く伸びていって3尺までにもなっており、古い幹は斜めに横たわって2台を覆うほどである。

　静かな夜には、その龍の鱗のような幹が明月の光に照らされ、空には鶴の飛ぶ影が雲に付きしたがってやってくる。

　青々と茂って、すでに千年もの間、露に潤って、かつて三花樹が幾たびも開いたのを見てきたのであろう。

『琉球入学見聞録』巻4

諭祭中山王即事（中山王を諭祭す即事）　汪楫

其一

海風激激馬蕭蕭	海風激激として　馬蕭蕭たり
龍旂徐過眞玉橋	龍旂徐ろに過ぐ真玉橋
國主望塵遙下拜	国主望塵し　遙かに下拜す
聖朝肯使尉陀驕	聖朝肯えて尉陀を驕らしむ

【語釈】
　○激激…海風の激しい様子。○蕭蕭…馬の鳴くこえ。○龍旂…竜を描いた旗。清朝では
これを国旗とした。○眞玉橋…近世の豊見城間切と真和志間切との境を西に流れ、漫湖を
経て東シナ海に流れ出る国場川に架かる橋。真玉橋村と国場村（現那覇市）を結んでいた。
国王の諭祭の儀式は、国廟である崇元寺で行われるので、ここは崇元寺橋のことである。
○望塵…貴顕の人の来るを待つこと。国王が冊封使を待つこと。○下拜…馬・輿などの乗
り物から下りて拝礼を行うこと。○尉陀…尉佗のこと。漢の南粤王趙佗のこと。秦の始皇
帝の時南海龍川令。秦が滅び自立して南越武王となる。漢の高祖以て南越王となす。高后
の時、兵を発して長沙の辺邑を攻め、自尊して南越武帝という。文帝の時、陸賈を遣わし
て責めた。佗、わびて帝号を去って臣下と称した。

【口語訳】
　海から吹く風は激しく、その風に乗って馬の鳴く声が響く。
　龍を描いた清朝の皇帝の旗が、おもむろに崇元寺橋を過ぎて行く。
　琉球国王は、はるか遠くで乗り物を降りて拝礼して冊封使を迎える。
　中国の皇帝は、昔南越武帝を自称した趙佗を寛大に処遇したように、琉球国王のも無理
な要求はしない。

其二

三尺黃麻下閟宮	三尺の黄麻　閟宮に下り
密雲靉靆日瞳曨	密雲靉靆として日は瞳曨たり
陰膏著物無由見	陰膏は物に著きて見るに由し無し
盡在絪縕一氣中	尽く絪縕一気の中に在り

【語釈】
　○黄麻…みことのり。唐代に詔勅を黄麻紙に書いたのでいう。○閟宮…みたまや。奥深

－169－

く閉ざされた廟。『詩経』魯頌の篇名。○靉靆…雲の盛んにたなびくさま。○瞳曨…夜の明けわたるさま。○絪縕…天地の元気の盛んなさま。天地の気が密に混ざり合うをいう。『易経』繋辞下に「天地は絪縕として、万物は化醇す」とある。

【口語訳】

　３尺もある皇帝の詔が、いまは亡き前国王の御霊の前に開陳された。

　空には雲がたなびいて、日も明るくてさしている。

　暗い雰囲気はあたりの物からは見ることもできず、

　あらゆるものが、天地の生気に満たされ、琉球の繁栄を寿ぐようだ。

冊封禮成卽事（冊封の礼成りて即事）　汪楫

其一

夜雨廉纖快曉晴	夜雨廉纖として　曉晴快く
相看搓手賀昇平	相看て搓手し　昇平を賀す
海風不動秋風勁	海風動かず秋風勁く
吹作嵩呼萬歲聲	吹いて嵩呼万歳の声を作す

【語釈】

　○廉纖…小雨のそぼ降るさま。韓愈の詩「晩雨」に「廉纖晩雨　晴れる能はず、池岸草間　蚯蚓鳴く」とある。○搓手…手をこする。手をもむ。○昇平…世の中がおだやかに治まっていること。○嵩呼…「華祝嵩呼」の略。華山と嵩山の高いことに、人の長寿を喩える。○萬歲…長寿を祈って声を上げる。

【口語訳】

　そぼふる雨は、夜が明けるとともに上がり、気持ちよく晴れた朝になった。

　冊封の儀式に参列した者は、喜んで手を揉み太平を祝す。

　海から吹く秋風は穏やかで、

　新しい国王の長寿を祈って叫ぶ万歳の声を運んでくる。

其二

龍跳天門下碧虛	龍は天門に跳びて碧虚に下り
光芒萬丈掩璠璵	光芒たる万丈　璠璵を掩う
強鄰一任誇多寶	強鄰一任して多宝を誇り

『琉球入学見聞録』巻4

敢把珍奇鬪御書　　　敢えて珍奇を把り御書を鬪わさんや

【語釈】
　○天門…万物の生じ出る所。一説に紫微宮（天帝のいる星の名）の門。天子の宮殿の門。
○碧虚…青空。虚は虚空で、空のこと。○光芒…きらきらする光。○璠璵…魯の宝玉の名。
○御書…天子のかいた文字。天子の見る書物。

【口語訳】
　龍は天子の宮殿から躍り出て、青空を下って琉球に来た。
　万丈もあるきらきらする光が、宝玉で飾られている
　これほど多くの宝があれば、
　強いて珍奇なものをもって、皇帝の御書を飾る必要はない。

　其三
紫巾黄帕繞丹墀　　　紫巾黄帕　丹墀を繞り
鼉響鯨鳴羽扇欹　　　鼉響鯨鳴　羽扇欹つ
獨上龍亭呼萬福　　　独り龍亭に上りて万福を呼べは
錦衣紗帽好威儀　　　錦衣紗帽　威儀好ろし

【語釈】
　○紫巾黄帕…琉球の役人。琉球の役人は位階によって冠や綬の色が異なる。紫は親方ク
ラス、黄はその下位の役人であるが、いずれも高官である。○丹墀…丹砂を用いて赤色に
ぬりこめた宮殿の土間。○羽扇…鳥の羽でつくった扇。陸機の「羽扇賦」に「大夫宋玉・
唐勒寺、皆な白鶴の羽を操りて、以て扇と為す」とある。○龍亭…皇帝の勅書を載せた亭。
○錦衣紗帽…紡いだ糸で作った帽子。貴人の装い。○威儀…おごそかで礼儀正しい態度。
礼式にかなった動作と態度。

【口語訳】
　琉球の役人が、宮殿の赤く塗られた土間を取り囲んでいる。
　大きなワニや鯨が鳴くような荘厳な演奏がながれ、鳥の羽で作られた扇が飾られている。
　皇帝の勅書の載せてある龍亭の近くに進み出て、国王の大きな幸いを祈って大声で称え
る。
　琉球の役人の動作と態度は、おごそかで礼儀ただしく好い感じである。

『琉球入学見聞録』巻4

其四

石城百尺擁王宮	石城百尺　王宮を擁す
渾樸規模自不同	渾樸たる規模　自ら同じからず
巖壑迴環松影外	巖壑迴環す松影の外
樓臺隱見海光中	楼台隱見す海光の中

【語釈】

　○石城…城を囲む石垣。○樸…飾り気がない。○巖壑…岩と谷。○樓臺…高い建物。物見台。○隱見…あらわれたり隠れたりする。見え隠れする。

【口語訳】

　琉球の宮殿は、高い石垣が周囲を取り囲んでいる。

　飾り気のない素朴な作りだが、規模の大きさは、他の城とは比べようもない。

　石垣の外は岩と谷が廻っており、松が影を作っている。

　高い楼台が海の光に照らされて見え隠れしている。

馬耕田歌（馬　田を耕すの歌）　汪楫

中山山多稲田寡	中山は山多く　稲田寡し
耕不見牛時見馬、	耕すに丑を見ず　時に馬を見る
曳犁負軛當町畦	犁を曳き軛を負いて　町畦に当たり
編草絡頭泥没骻	草を編みて頭に絡い泥に骻を没す
噴沫徒憐氣凋喪	沫を噴くを徒に憐れみ　気凋喪し
蹋踏安知材盡下	蹋踏し安んぞ知らんや　材の尽く下るを
王良伯樂無時無	王良伯楽　時に無くも無からん
不待悲鳴涙先灑	悲鳴を待たずして　涙先に灑ぐ
側聞洪武開國時	側聞す　洪武開国の時
曾來此地求騶驪	曽て此の地に来たりて騶驪を求むと
連檣累舶動千匹	檣を連ね舶を累ねて千匹を動かし
購買不惜傾高貲	購買するに高貲を傾くるを惜しまず
陟險衝波有底急	険を陟り波を衝いて底るに急有り
毎繙舊史常懷疑	旧史を繙く毎に常に疑いを懐く
維時布衣起江左	維時に布衣にして江左に起ち
渙號止及東南陲	渙号は東南の陲に及びて止まる

『琉球入学見聞録』巻4

壮士健児悉膽踔	壮士健児　悉く膽踔し
歩卒敢向中原窺	歩卒　敢えて中原に向かい窺わんや
圉人太僕但充位	圉人太僕　但だ位に充ち
登床厭穀皆虚詞	床に登り穀を厭うは皆な虚詞なり
誰歟忽建鑿空計	誰か忽にして建てん　空計を鑿つを
外廐祇籍長風吹	外廐　祇だ籍る　長風の吹くを
颸飆遠致列雲錦	颸飆として遠く致す列雲の錦
騎出爰啻熊與羆	騎し出づるも爰ぞ啻だ熊と羆のみ
永辭絶域騁皇路	永く絶域を辞し皇路に騁せ
寸長一枝皆得施	寸長の一枝は皆な得施す
不走沙場縶畎畝	沙場を走らず畎畝に縶がれ
吁嗟爾馬生何遲	吁嗟　爾馬　生るること何ぞ遅し
今制三年兩入貢	今の制は三年に両入貢し
使者執鞭大夫控	使者鞭を執り大夫控う
天子垂裳顧曰嘻	天子は裳を垂れ　顧みて嘻を曰く
此物何煩跨海送	此の物　何ぞ煩わす　海を跨ぎて送るを
異域從教寶驈驪	異域は教に従う　宝の驈驪なり
天家絶不求麟鳳	天家　絶えて麟鳳を求めず
終老邱園何足惜	終に邱園に老ゆるも何ぞ惜しむに足らんや
竟辱泥塗亦堪痛	竟に泥塗に辱しめられ亦た痛に堪ゆ」
吁嗟爾馬無自傷	吁嗟　爾馬　自ら傷む無かれ
不逢湯武逢虞唐	湯武に逢わざるも虞唐に逢う
縱有龍媒四十萬	縦い龍媒四十万有るとも
中山只作華山陽	中山只だ作る　華山の陽

【語釈】

　○町畦…田のあぜ。うね。転じて、区切り、境。○噴沫…泡を噴出する。水の激するさま。○蹐跼…天にせまふり地に抜き足する。甚だ恐れて身の置き所もないたとえ。『詩経』小雅・正月に「天を蓋し高しと謂うも、敢えて局せずんばあらず。地を蓋し厚しと謂うも、敢えて蹐せずんばあらず」○王良…古の名御者。王良が馬を御すれば、疲れた馬でも駑馬でもよく走る。明君が国を治めると人民が立派になってよく治まる。○伯樂…春秋時代の人。姓は孫、名は陽。馬を見分けることにすぐれていた。韓愈の「雑説」に「千里の馬は常に有れども、しかも伯楽は常には有らず」とある。○洪武開國時…朱元璋のこと。明の第一代皇帝。洪武はその元号。○驈驪…驈は、浅黄色の馬。驪は、黒い馬。○布衣…一般

－173－

『琉球入学見聞録』巻4

庶民の着物。転じて、官位の無い人。○江左…揚子江下流の地方。今の江蘇省、浙江両省の地。左右は、揚子江の北側から見ている。○謄踔…飛び超える。○圉人…官名。馬の飼育係（『周礼』圉人）。○太僕…朝廷の馬や車、及び牧畜を掌る官庁。太僕寺ということもある。○外厩…天子・諸侯の、外国産の馬を畜うところ。○雲錦…朝のかすみ。雲をぬいとりした錦。○絶域…遠く離れた地域。○皇路…大きな道路。大道。○畎畝…用水みぞと田のあぜ。田畑の境界。○三年兩貢…琉球から中国への進貢は、明代の初期には3年に2回の例もあるが、清代は2年に1回が通例である。○垂裳…着物の裳裾を垂れ、手を組んでいて何もしない。○驪騄…古の名馬。○天家…天下をもって家となす者の意。天子をいう語。○麟鳳…麒麟と鳳凰。きわめて立派な人物のたとえ。○泥塗…ぬかるみ。低い地位・境遇のたとえ。○湯武…殷の湯王と周の武王。ともに武力革命で悪い天子を倒し、良い政治を行った。○虞唐…有虞氏（舜の姓）と陶唐氏（尭の姓）。舜は尭から帝王の座を譲られた（禅譲）。両者は伝説時代の聖人。○龍媒…駿馬。良い馬。○華山陽…崋山の南。崋山は五岳の1つ。陝西省華県の西にあり、秦嶺山脈中の高峰。西岳。

【口語訳】

　琉球は山が多く田畑がすくない。耕作をするのに牛は見かけず、馬を見ることがある。

　馬が犂の軛を負って、田んぼにおり、草を編んだ縄を頭に絡めて足をどろに没している。口から泡をふいているのが憐れで、見ているだけで気が滅入るが、何かを恐れるようで、どうしてそれが、本来の在り方をひどく下げたものであることに気がつかないのか。

　昔の名御者の王良や良馬を見分ける伯楽が、いないわけではないだろうに、馬の悲鳴が聞こえるより先に涙が流れる。

　聞くところによれば、朱元璋が明を開いた時、この地に使者を送って馬を求めたという。船を連ねて千頭もの馬を運び、費用を惜しまず高い金で買ったという。

　険しい山を越え海を渡って、ひどく急いでいたという。古い記録を繙くたびに不思議な思いにかられる。

　明を開いた朱元璋は庶民の身分で、揚子江下流域で決起したが、その喚呼の声は、遠くこの海の果ての琉球にまで至っていたのである。

　立派な男たちは皆躍るように、身分の低い兵も中原（中国の中央）ではなく、この琉球に来たのである。

　ところが今の馬の飼育担当官や牧畜の担当官は、ただその位にあるだけで、彼らのいうことは実のない言葉だけである。

　いったい誰がすぐにこの空疎な状態を打ち破る計画をたてられようか。そのため天子・

諸侯の畜舎は、ただ寂しい秋風の吹くにまかせている。

　厳しい風の吹く異国の地に来たのにその才を発揮できず、人を乗せて出ても、その勇ましさは熊や羆と変わらない。

　本来なら、遠く海の果てから皇帝の支配する土地で大道を走っているはずなのに、ほんの短い道を与えられているだけだ。

　砂地の大平原を馳せず、田畑に繋がれたままである。吁嗟、愛しい馬よ、お前は生まれて来るのが遅かったのだ。

　今の制度は、琉球は3年に2回入貢してくる。そのたびに琉球の使者は馬の鞭をとり、高い身分の役人が傍に控えている。

　天子は裳を垂れ　この馬を見て嘆いて言う、この馬はどうしてわざわざ海を跨いで送られてくるのだろうか。

　琉球では宝のような名馬だが、中国の天子は立派な馬を求めない。

　それで、そのまま丘で老いてしまっても、どうして惜しむに足ろうか。ついには、泥塗に辱しめられ、また痛めつけられている。

　吁嗟、愛しい馬よ　自ら傷むことなかれ、殷の湯王や周の武王のような良い天子には会わなかったが、舜や堯のような聖人に会わぬとも限らない。

　たとえ天下に駿馬が40万有ろうとも、琉球の馬こそ崕山の南の平原を駆けるにふさわしいのだ。

八月十七夜過波上候潮（八月十七夜　波上を過ぎり潮を候つ）　汪楫

中山忽過中秋節	中山　忽ち過ぐ　中秋の節
連宵對月郷心切	連宵　月対すれば　郷心切なり
客言十八潮生辰	客言　十八　潮は辰に生じ
萬里波翻定奇絶	万里の波翻えり　奇絶を定む
我聞此語神爲王	我は此の語を聞き　神王と為り
隔夜傳呼啓門橐	夜を隔てて伝え呼び　門橐を啓く
海濱大都無障碍	海浜の大都　障碍無く
望遠還須登嵼嵼	望遠して還た須らく嵼嵼に登るべし
夷官遙指波上好	夷官遙かに指さす波上の好きを
勝地佳名夙所悦	勝地佳名　夙に悦ぶ所なり
半夜騎馬到山脚	半夜騎馬して　山脚に到れば

『琉球入学見聞録』巻4

皎月繁星一時滅	皎月繁星　一時に滅す
天欹地側風怒號	天欹地側　風は怒号す
列炬如林不得熱	列炬林の如く　熱を得ず
歇鞍徒行杖馬箠	鞍を歇め徒らに行き馬箠を杖にす
或作蹣跚或蹩躠	或は蹣跚と作り或は蹩躠す
小憩爭依石臺穩	小憩争いて依れば　石台穏かなり
冥坐只覺山根裂	冥坐すれば只だ覚ゆ山根裂くを
神女擲沙羣目閉	神女沙を擲ぐうてば群目閉じ
水怪搏風萬夫咽	水怪風に搏てば万夫咽ぶ
擬凭絶壁窺蛟宮	絶壁に凭りて蛟宮を窺うに擬す
轉類乘車入鼠穴	転　車に乗りて鼠穴に入るに類す
不分空濛都晦昧	空濛を分たず都て晦昧たり
眞慚勝遊成脆甑	真に慚ず勝遊に脆甑を成すに
昌黎默禱衡雲開	昌黎黙禱すれば　衡雲開け
東坡密詠廬峰列	東坡密詠すれば　廬峰列なる
顧我胡能匹二公	顧るに我胡ぞ能く二公に匹えんや
正直感通同一轍	正直に感通す　同一の轍なるを
摩空誰將銀燭晃	空を摩するに誰か銀燭の晃を将いんや
掠波恍見金蛇掣	波を掠すれば恍として金蛇の掣するを見んと
須臾天地還舊觀	須臾にして天地は還た旧観なり
放眼依然對漻沍	眼を放てば依然として漻沍に対す
剪餘十丈五丈雲	剪余す十丈　五丈の雲
掃剩千堆萬堆雪	掃き剩す　千堆万堆の雪
石筍崖下波如礉	石筍崖下　波は礉の如く
匒匌乍定偏淸澈	匒匌乍ち定まり　偏へに清澈たり
波底石片能作花	波底の石片　能く花と作り
朵朵芙蓉手堪掇	朵朵の芙蓉　手ずから掇るに堪う
惜哉可望不可親	惜しい哉　望む可くも親しむ可からず
鐵網徒令靑玉缺	鉄網は徒らに青玉を欠かしむ
泅水巨鑿煩老漁	泅水して巨鑿するに老漁を煩わし
擘出蒼皮等蟬蛻	青皮を擘出すれば蟬蛻に等し
意中得失渾錯料	意中の得失　渾錯の料
宇外遊觀殊小別	宇外に遊観し　殊に小別す
歸來作歌紀所見	帰来して歌を作り見し所を紀し

－176－

『琉球入学見聞録』巻4

天淡雲收笑才竭　　　天淡く雲收まり　才の竭くるを笑う

【語釈】

○波上…那覇市若狭町にある。西武門から北西方、旭ヶ丘公園の一角の波の上海岸（ビーチ）に突き出した断崖。断崖上に琉球八社の1つである波の上宮がある。○奇絶…すぐれて素晴らしい。○門臬…門の扉を立て合わす木をいう。○大都…大きな都市。おおむね。ここでは後者のこと。○嶻嶪…山の高いさま。また、山の高いところ。杜甫の詩「自京赴奉先県」に「凌晨　驪山を過ぐ、御榻　嶻嶪に在り」とある。○夷官…琉球の役人。○皎月…明るい月。さえた月。列炬　多くの炬火。炬火を列ねる。○馬箠…馬の鞭。○蹣跚…よろめくさま。○蹩躠…足の不自由な者。○冥坐…黙して思いにふける。○山根…波の上山の麓のこと。筍のようにそびえる崖の根本のこと。○蛟宮…蛟室と同じ。「蛟人之室」（鮫人之室）　鮫の住むところ。蛟は海中に住む動物で、そのなす所人に類する故に鮫人という。○晦昧…暗くて曖昧なこと。○脆觥…倦む。疲れる。安らかでないさま。○昌黎…唐の文豪で唐宋八大家の1人、韓愈の封号。字は退之。河南省昌黎の人なので昌黎先生と呼ばれた。柳宗元とともに古文復興に努力した。○衡雲…「開衡山雲」のこと。衡山の雲を開いてはっきりと望むこと。転じて、誠心がよく邪魔を除く喩。蘇軾の「潮州の韓文公廟碑」に「公の精誠、能く衡山の雲を開く」とある。○東坡…宋の文豪で唐宋八大家の1人、蘇軾の号。○廬峰…廬山のこと。江西省九江県の南にある。周代、匡俗が隠れ住み、定王が使者をやったところ、すでに仙人になって去り、後に空しい廬だけが残っていたので匡山・廬山ともいう。○金蛇掣…「金色掣電」のこと。電光のたとえ。○石筍崖…波の上の崖。断崖の形が石筍に似ていることから石筍崖と言う（李鼎元『使琉球記』）。○清澈…澄んで透き通っていること。○泅水…泳ぐ。身体を水の上に浮かべて行くこと。○巨鑿…大きな鑿（のみ）。○蝉蛻…蝉のぬけがら。

【口語訳】

琉球では忽ち中秋の節が過ぎた。この時節、毎晩月に向かっていると郷愁頻りである。

琉球の人が言うには　明日18日は午前8時頃に満潮になり、遙かかなたから波が押し寄せ珍しい眺めになるとのことだ。

私はこの話を聞いて、心は王様の気分になり、昨夜から周囲の者を呼んで門を開いて出かけた。

海辺へ来て見れば、すべて遮るものも無く月に照らされて海が広がっている。遠くを望もうとすれば、どうしても高い所に登るべきだ。

琉球の役人が遠く波の上の良い光景を指さす、その景勝地の名前は早くから楽しみにし

『琉球入学見聞録』巻4

ているところである。

夜中に馬に乗って波の上山の麓に到れば、月の明るさで　多くの星の灯りがすぐに消えた。

波の上山は天にそびえ風が吼えるようで、並べられた炬火も強い風に吹かれて消えそうだ。

馬を止めて馬の鞭を杖にして徒歩で登ると、或る者はよろめき、或る者は足萎えのようだ。

少し休憩しようと、石の台の穏やかな所に倚りかかる。座って目を閉じると、押し寄せる波の勢いで山の根が裂けるようだ。

神女が沙を投げうつと皆は目を閉じ、水の妖怪が風を打つと万夫が咽ぶような音をたてる。

波の上山の絶壁に倚りかかって蛟宮を窺うにたとえ、ひたすら車に乗って鼠のあなぐらに入っていくようなものである。

小雨が降ったようにぼんやりとしてすべて曖昧である。真に恥ずかしいのは、このような楽しい遊楽の時に疲れて安らかでないことだ。

唐の韓愈が黙祷すると衡山の雲が開け、宋の蘇軾が密かに詠ずると廬山の諸峰が列をなす。

ふり返って見るに、私は韓愈や蘇軾の二公に比較などできないが、ただ風景を見て感じるものは同じようなものである。

空をなでるのに誰が銀燭の光をもってしようか。波をすくい取ると、まるで金蛇が電光に光るようである。

ぼんやりしていた天地は、すぐにまたもとの眺めになり、ながめやると依然としてからりとして清らかである。

打ち寄せる波は鋏で切った10丈か5丈の雲のようであり、掃き残して高く積もった雪のようでもある。

石筍崖（波の上山）に寄せる波の音は大砲のようで、その大きな音が直ぐに収まると、ただ清らかに澄んだ海面になる。

波の底の石片は花のようで、ひと房ひと房の蓮は　手で取ることができそうだ。

惜しい哉、崖の上から眺めるだけで触れることはできず、鉄の網でとるのでは、無駄に青玉を欠けさせるだけだ。

年老いた漁師を煩わせて泳いで大きな鑿で取ってもらい、表面の青い皮を割き出すと、

－178－

まるで蝉の抜け殻のようだ。

　眺めるのと直接触れてみることを、心中でその得失を計りつつ、宇宙の外で遊んだような特別な世界に別れた。

　帰って来て詩歌を作り、見た所を記録しようとするが、淡い空に雲が吸い込まれていくように、表現する才能が無い事を笑うばかりである

中山竹枝詞（中山竹枝詞）　汪楫

　其一

道是佳人亦復佳	是れを佳人と道うも亦復佳なり
一生赤脚守荊釵	一生赤脚して　荊釵を守る
宵來忽作商人婦	宵来れば　忽ち商人の婦と作り
竟戴銀簪不脱鞋	竟に銀簪を戴きて鞋を脱がず

［土妓、不得簪銀。道遇官長、必脱草鞵、跣足據地、候馬過乃起。若中國人主其家、則超然禁令之外矣。（土妓は、簪銀するを得ず。道に官長に遇えば、必ず草鞵を脱ぎ、跣足して地に拠り、馬の過ぐるを候ちて乃ち起つ。若し中国人、其家に主なれば、則ち超然として禁令の外にあり）］。

【語釈】

　○竹枝詞…楽府の１体。男女の情事、または土地の風俗などを詠ずるもの。唐の劉禹錫が朗州に謫せられて新詞九首を作ったことに始まる。○佳人…美人。○赤脚…すあし。はだし。○荊釵…いばらのかんざし。「荊釵布裙」粗末な衣服。いばらのかんざしと木綿のもすそ。「馬后大練、孟光荊釵」（『蒙求』34）（馬后は厚手の絹を着て、孟光はいばらの釵をした。いずれも質素な衣服をまとい、高い評価を受けた女性の話である）。

【口語訳】

　この女性（琉球の土妓）は美人と言えば、そうも言える。
　女性は一生裸足で、いばらのかんざしをしている決まりである。
　しかし、夜になって商人（中国人）の婦人となれば、
　銀の簪を挿し、靴を脱がなくても良い。

　其二

兩耳無環髻不殊	両耳に環無く　髻に殊ならず
孰爲夫壻孰羅敷	孰か夫壻　孰か羅敷と為る
譯人笑説公無惑	訳人笑いて説う　公　惑うこと無かれと

『琉球入学見聞録』巻4

驗取腰間帶有無　　　驗取せよ　腰間に帶の有るや無しやと
[國俗、男子二十、始薙頂髮爲小髻。服與婦人無別、惟男子必以大帕束腰、女則曳襟而趨、
皆無衣帶（国の俗は、男子二十なれば、始めて頂髮を薙りて小髻を為す。服は婦人と別無し、惟だ
男子は必ず大帕を以て腰を束し、女は則ち襟を曳きて趨き、皆衣帶無し）]

【語釈】

　○髻…もとどり。髪を頭上で束ねたところ。○夫壻…おっと。妻が夫を呼ぶことば。○
羅敷…中国戦国時代の趙の邯鄲の女子。姓は秦。趙王の家令、王仁の妻。趙王は、台上か
らその女性が陌上に桑を採るのを見て、その美を悦び、これを奪わんとするや、羅敷は箏
を弾じて陌上桑を作り、夫あるを明らかにして、王の意を止めた。

【口語訳】

　両耳に耳輪は無く　髪型もただ簡単に結っただけである。
　これでは、どちらが夫壻で、どとらが美人の羅敷か区別できない。
　琉球の通訳が笑って言うには、どうか迷わない下さいと。
　腰に帯をしているか、していないかを見ればよい（女性は外から見える帯がない）。

中山竹枝歌（中山竹枝歌）　林麟焻

　　其一
手持龍節渡滄溟　　　手に龍節を持ち滄溟を渡る
璀璨宸章護百靈　　　璀璨たる宸章　百霊を護る
清比胡威臣所切　　　清を胡威に比するは臣の切なる所なり
觀風先到卻金亭　　　風を観んとして先ず到る却金亭

【語釈】

　○龍節…周代、澤国の使者が用いた割符。金で龍の形を鋳たもの。使者の持つ割符。張
仲秦の「塞上曲」に「巻旆　風を生じ　気新を喜び、早に龍節を持して辺塵を静かにす」
とある。○璀璨…玉の光。あざやかに光るさま。○宸章…天子の作った、または書いた文
章。○百霊…多くの人民。庾信の「周宗廟歌」に「百霊咸徳を仰ぎ、千年一聖人」とある。
○胡威…晋の人。質の子。字は伯武。諡は烈。父子ともに清慎をもって知られる。○觀風
…国の風俗や暮らしぶりを見ること。○卻金亭…1534 年、尚清王の冊封使陳侃が帰国す
る時、黄金 40 両を贈られたのを辞退した故事に由来する。『琉球国由来記』の迎恩亭の項
に、「却金亭トモ云」とある。

－180－

『琉球入学見聞録』巻4

【口語訳】

皇帝からの割符を手に持って大海を渡って来た。

あざやかに光る皇帝の勅書は琉球の人民の護りである。

使者の清廉なことは、晋の胡威父子のようにありたいものと切に願う。

この国の風俗を見ようとして、真っ先に却金亭に来た。

其二

徐福當年採藥餘	徐福当年　薬を採り余す
傳聞島上子孫居	伝聞す　島上に子孫居すと
毎逢卉服蘭闍問	卉服に逢う毎に蘭闍を問う
欲乞嬴奏未火書	乞わんと欲す　嬴奏の未だ火書せざるを

【語釈】

○徐福…秦代の琅邪の方士。始皇帝の命令で、海を渡って不老不死の薬草を求めに行き、ついに帰らなかった。日本の熊野浦に着いたとも言われ、和歌山県新宮市の南方に墓がある。○卉服…草で織った服。○蘭闍…インドで人を誉めるにいう語。ここでは、徐福の意にとる。○嬴奏…嬴は趙・秦の姓。嬴政は秦の始皇帝。嬴は秦の姓、政は始皇帝の名。○火書…書籍を焼く。「焚書坑儒」。秦の始皇帝の34年、丞相李斯の上言によって詩書六経を焼き滅ぼし、翌35年、咸陽に於いて儒者460余人を穴埋めにしたことを言う。

【口語訳】

徐福は昔、始皇帝の命令で薬草を取りに行った。

伝え聞くところによると、この琉球の島に子孫が居ると言う。

粗末な服を着た島の人に逢う毎に徐福の消息を聞いた。

始皇帝がまだ焚書坑儒を行う前の様子が知りたいからだ。

其三

日斜沙市趁墟多	日は沙市に斜めにして　墟に趁むくもの多し
村婦青筐藉緑莎	村婦の青筐　緑莎を籍く
莫惜籌花無酒盞	惜しむ莫れ籌花　酒盞無きを
人歸買得小紅螺	人帰りて買い得たり小紅螺

『琉球入学見聞録』巻4

【語釈】

　○沙市…湖北省は江陵県の東南の大江の左岸。陸游の「入蜀記」に「白湖を過ぎ　云々　日入りて沙市に泊る」とある。ここでは、琉球の海辺の市場。○趁墟…市場に赴く。市場に出かけて商売する。○筐…竹製の四角いかご。食糧・衣服・書籍などを入れる。○緑莎…緑のはますげ。山野・海浜に自生し、地下茎を薬用にする。○酒盞…酒杯のこと。

【口語訳】

　海辺にある市場に夕日が差しているが、市場に向かう人がまだ多い。
　島の婦人が青い竹製のかごに品物をいれて、緑のすげの敷物の上に置いている。
　めでたい花や酒の杯がないと惜しむことはするな。
　市場から帰った者は、小さな紅いほら貝を手に入れた。

　其四

疋練明河牛斗横　　　疋練の明河　牛斗横たわる
鼕鼕衙鼓欲三更　　　鼕鼕たる衙鼓　三更にならんと欲す
思郷坐擁黄綢被　　　郷を思い　坐して擁す黄綢の被
静聴盤牕蜥蜴聲　　　静かに盤牕に聴く　蜥蜴の声

【語釈】

　○疋練…1匹のねりぎぬ。また、白いねりぎぬのように見えるものをいう。○牛斗…牽牛星と北斗星。○鼕鼕…つづみの音。○三更…真夜中、午前零時から2時の間。○黄綢被…黄色の緞子の被り物。○盤牕…丸い窓。○蜥蜴聲…トカゲの声。ここでは、ヤモリの声か。

【口語訳】

　白い絹を広げたような銀河に牽牛星と北斗星が横たわっている。
　夜中を告げる太鼓の音が、役所のあたりから聞こえる。
　故郷のことを思い、起き上がって黄色いどんすの被り物を抱いて座っている。
　静かな丸窓のあたりから、ヤモリの声が聞こえる。

　其五

三十六峯瀛海環　　　三十六峰　瀛海環る
怒潮日夜響潺湲　　　怒潮日夜　響きて潺湲たり
樓西一抹青林裏　　　楼西一抹　青林の裏

－182－

『琉球入学見聞録』巻4

露出烟籬馬齒山　　　露出す烟籬　馬歯山

【語釈】
　〇三十六峯…琉球三十六島のこと。ここでは、沖縄本島の周辺の多くの島々のこと。〇怒潮…激しい波。〇潺湲…水がさらさらと流れるさま。また、その音。〇樓西…天使館の建物の西方。〇一抹…筆にひとはけ。ひとなすり。〇烟籬…靄のこめた蔦。〇馬齒山…慶良間諸島のこと。

【口語訳】
　琉球は多くの島々が大海の中に浮かんである。
　激しい波が日夜寄せて音をたて、大海へ注ぐ川がさらさらと流れる。
　天使館の西方の海上には、筆でひとなすりしたような林の中に、
　霞んで見え隠れしているのは慶良間の島々だ。

　　其六
射獵山頭望海雲　　　山頭に射猟して　海雲を望み
割鮮桐酒醉斜曛　　　鮮を割き桐酒　斜曛に酔う
紙錢挂道松楸老　　　紙銭道に挂り　松楸老ゆ
知是歡斯部落墳　　　知るは是れ歓斯す部落の墳なるを

【語釈】
　〇射獵…弓を射て鳥獣を捕えること。『史記』匈奴伝に「万民をして耕織・射猟して衣食せしむ」とある。〇桐酒…「桐馬酒」のこと。馬の乳で造った酒。「桐馬」は官名。漢の太僕の属に中太僕の官があり、皇太后の輿馬を掌る。武帝の太初元年に至り、桐馬と改め、乳馬の汁を取ってこれを桐治するを掌る。〇松楸…松とひさぎ。ともに墓地に植える木。転じて、墓地のこと。

【口語訳】
　山に登って狩りをし、海に上に浮かぶ雲を眺めた。
　取ったばかり獲物を肴に島の酒を飲み、夕日の中で酔った。
　紙銭が道に落ち、松や楸の老木が茂っている。
　それで分かった、ここは村の墓地である。

－183－

『琉球入学見聞録』巻4

其七

心齋生白室能虛　　心斎生白にして　室は能く虛なり
棐几焚香把道書　　棐几に香を焚き　道書を把る
讀罷憑欄笑幽獨　　読み罷れば　欄に憑り笑いて幽独す
藤牆西角對棕櫚　　藤牆の西角　棕櫚に対す

【語釈】
　○心齋生白…心斎は、心を虚しくして統一すること。生白は、白い光を生ずる。どちらも『孟子』人間世に見える。○棐几…かやの木の机。○棕櫚…温暖な地に産するヤシ科の常緑高木。幹は直立して枝が無く、いただきに扇仗の葉が群生する。

【口語訳】
　心を虚しくすると白い光が生じ、部屋は塵雑が消えた。
　机に香を焚き　道徳の書を広げる。
　読みおわると手すりに倚りかかって静かに1人笑う。
　藤のからまった西側の垣根に向かって棕櫚が真っ直ぐに伸びている。

其八

廟門斜映虹橋路　　廟門斜に映ず　虹橋路
海鳥高巢古柏枝　　海鳥高く巣くう　古柏の枝
自是島夷知向學　　是れ自り島夷　学に向かうを知る
三間瓦屋祀宣尼　　三間の瓦屋　宣尼を祀る

【語釈】
　○廟門…みたまやの門。ここでは孔子廟のこと。○虹橋路…長虹堤のこと。「那覇・久茂地譜嘉地と若狭町新村渠の接点にあたるイベガマから安里橋（崇元寺橋）に至る約1.kmの海中道路。浮道ともいう。尚金福王の命で国相懐機が指揮して建設した。○島夷…琉球の役人。○宣尼…孔子のこと。漢の平和帝の時、孔子に諡して襃成宣尼公と言ったのに始まる。

【口語訳】
　孔子廟の門の前を流れる久茂地川に、長虹堤の雄姿が映る。
　海鳥が高い柏の木に巣を作っている。
　孔子廟ができてから、琉球は儒学を学ぶようになった。

－184－

『琉球入学見聞録』巻4

3間の瓦ぶきの建物に孔子を祀っている。

其九

王居山第兎園開	王は山第に居し　兎園を開く
松樾棕花倚石栽	松樾　棕花　石に倚りて栽ゆ
多少從官思授簡	多少の從官　簡を授けんことを思う
不知若個是鄒枚	知らず個の若きは是れ鄒枚か

【語釈】

　○兎園開…湖南省丘県の東、一名梁園、修竹園。梁の孝王築く。漢の枚乗に梁王兎園賦がある。ここでは、林麟焻らが渡来する6年前〈1677〉に創建された東苑（お茶屋御殿）のこと。○松樾…抹とくぬぎ。○從官…付き従う官。後世、文学親近の官をいう。○鄒枚…前漢の文学者の鄒陽と枚乗。

【口語訳】

尚貞王は新しく山に別邸を築いて、兎園のような名苑（東苑）を開いた。
松やくぬぎ、棕櫚などの木々が石に寄り添うように植えられている。
多くの文学を愛する役人が、詩文の書き付けを贈りあう。
このような状況は、漢の文豪である鄒陽と枚乗のようなものであろうか。

其十

奉神門内列鵷行	奉神門内　鵷行に列す
乞把天書鎮大荒	乞う　天書を把りて大荒を鎮めん
喚取金縢開舊詔	金縢を喚取して旧詔を開く
侏离感泣説先皇	侏离感泣して先皇を説く

【語釈】

　○奉神門…首里城正殿前面の広場に建つ門。○鵷行…朝廷にならぶ官吏の行列。鵷は尊い鳥。○大荒…大凶年。大飢饉。また、中国からきわめて遠い所。転じて、遠地、海外をいう。ここでは、琉球のこと。○金縢…金の帯びで封緘した箱。○侏离…夷の語。解し難い外国語を賤しんでいう語。琉球の役人。○先皇…先の国王（尚質王）。

【口語訳】

琉球の役人が奉神門内に並んでいる。

『琉球入学見聞録』巻4

清国の皇帝の勅書を戴いて、凶年の国を救いたいと願う。

金の帯で封をされた前使者の持参した勅書を開いて見た。

琉球の役人は、それを見て感激して涙し、先王の業績を称えた。

其十一

閟宮甍角壓山原	閟宮の甍角は山原を圧す
將享今看幾葉孫	將享して今に看るは幾葉の孫ならん
二十七王禋祀在	二十七王　禋祀して在り
釐圭錫鬯見君恩	圭を釐め鬯を錫いて君恩を見わす

【語釈】

　○閟宮…みたまや。奥深くとざされた場所。『詩経』魯頌の篇名。○圭…瑞玉。諸侯が祭礼の時に持つ瓚（酒を盛る玉器）にさす柄形の玉。○禋祀…身を清め、まごころを込めてまつる。ここでは、歴代国王の御霊が祀られている崇元寺のこと。冊封使は、首里城での冊封の儀式の前に、ここで前国王の霊を祭る諭祭の礼を行う。○鬯…匂い酒。黒きびに欝金香を加えてかもした酒。祭りで神を呼ぶのに用いる。

【口語訳】

　みたまやの瓦の屋根は、周囲を圧するように威厳に満ちている。

　今まつりを受けようしているのは、何代目の子孫だろうか。

　ここには、27人の国王が祀られている。

　圭を治め匂い酒を供えて国王の恩徳を称える。

其十二

譯章曾記筰都夷	訳章に曽て記す　筰都の夷
槃木白狼歸漢時	槃木白狼　漢時に帰す
何似島王懷聖德	何ぞ似たる　島王の聖徳を懐うに
工歌三拜鹿鳴詩	工歌三拝す　鹿鳴の詩

【語釈】

　○筰都夷…筰都は国の名。漢の西南夷。漢の時、筰都を以て沈黎郡となす。今の四川省漢源県の東南。○槃木・白狼…いずれも漢代、外国の名。『後漢書』種暠伝に「其白狼・槃木　（中略）諸国は　前刺史朱輔卒してより、後遂に絶す」とある。○工歌…巧みに歌う。また、たくみな歌。○鹿鳴詩…『詩経』小雅・鹿鳴に「呦呦として鹿鳴き、野の苹を食む」。

－186－

鹿が鳴いて、食をともにするのを、君主が旨酒佳肴あれば、懇誠中心から発して臣下を供
応するにたとえる。

【口語訳】

漢語に訳された文章に、かつて筰都の夷のことが記録されていた。
槃木や白狼の外夷は、 漢の時にわが中国に帰した。
何と似ていることだろう、この国の国王がわが清国の聖徳を慕っている。
琉球の役人が巧みな歌で三拝し、『詩経』の鹿鳴の詩を歌う。

其十三

宗臣淸俊好兒郎	宗臣の清俊　好児郎
學畫宮眉十樣粧	画を学びて宮眉　十様の粧
翹袖招要小垂手	袖を翹げ招要するに小し手を垂る
簪花硏帽舞山香	花を簪す硏帽　山香を舞う

【語釈】

　○宗臣…重い役について世間から仰がれている家来。重臣。○好兒郎…父子ともに重臣
で優れた詩人であること。杜甫の詩「偶題」に「騕䮍　皆な良馬、麒麟　好児を帯ぶ」と
ある。杜甫のこの句のすぐ前に「永く懐う江左の逸、多く病む鄴中の奇」と詠んで、徐摛・
徐陵、曹操・曹植、阮瑀・阮籍など、ともに優れた詩人をあげている。○宮眉…婦女が宮
中ではやっている様式で眉を描くこと。○簪花…花の簪にする。○硏帽…白い光沢のある
布の帽子。蘇軾の「題跋」に「徐州の倅李陶に子有り、年十七八、素より甚だしくは詩を
作らざるに、忽ち落梅詩を詠じて云う。流水　目を窮め難く、斜陽　断腸し易し。誰か同
にせん硏光帽、一曲　山香を舞う。父驚きて之に問う、物の憑附する者有るが若し、(中略)
西王母　群臣と宴ずるに、舞う者有り、硏光帽を戴きて、帽上に花を簪し、山香一曲を舞
うに、未だ終に花皆な落ちず」とある。○舞山香…舞楽の名。唐の高宗の時の作。李朝の
純祖の時、朝鮮に伝わった後、朝鮮官妓の舞楽として行わる。伴奏には「咸寧之曲」等を
用いる。ここでは、蘇東坡の山香の舞い、朝鮮に伝わった楽曲の名のいずれでも良いよう
だが、琉球の楽曲の意に取る。

【口語訳】

　琉球の重臣は、父子ともに清らかで優れた人物が多い。
　宮中の女性のように化粧した踊り手が10人くらい並んでいる。
　袖を上げて招くようなしぐさをし、少して手を垂れる

『琉球入学見聞録』巻4

花の簪を挿して布を帽子のようにかぶり、山香を舞う。

其十四

望仙樓閣倚崔嵬	望仙楼閣　崔嵬に倚る
日看銀山十二回	日に銀山を看ること十二回
笙鶴綵雲飛咫尺	笙鶴綵雲　咫尺に飛ぶ
不教弱水隔蓬莱	弱水をして蓬莱を隔てしめず

【語釈】
　○望仙樓…「望仙」は、陳の後主、漢の武帝、唐の玄宗の建てたものなど、楼閣の名として数多くある。○笙鶴…仙鶴の名。唐の宋之問の詩「緱山廟」に「王子　賓仙去り、飄飄として笙鶴飛ぶ」とある。○咫尺…非常に近い距離。○弱水…川の名。甘粛省に発して寧夏回族自治区を経て居延海に注ぐ。○蓬莱…神仙が住むという想像上の島で、渤海にあるという。蓬莱山ともいう。

【口語訳】
　望仙楼閣は　高い山にそびえ立っている。
　この楼閣で毎日銀山ような山を眺めている。
　仙鶴が彩のある雲の中を、すぐ手が届きそうな近くを飛ぶ。
　居延海に注ぐ弱水を東方の蓬莱に引き寄せたように幻想的で素晴らしい。

其十五

纖腰馬上側乗騎	纖腰は馬の上　側に乗騎す
草圏銀釵折柳枝	草圏　銀釵　柳枝を折る
連臂哀歌上靈曲	臂を連ねて哀歌す　上霊の曲
月明齊賽女君祠	月明斉しく賽る　女君の祠

【語釈】
　○纖腰…ほっそりとした腰。美人の腰。○銀釵…銀のかんざし。杜甫の詩に「野花山葉銀釵並ぶ」とある。○折柳枝…「折柳」（折枝）は、楽曲の名。送別の曲名。漢代、長安の都を旅立つ人を見送る時、覇橋まで行き、柳の枝を折ってはなむけとした故事。○上靈曲…曲の名。漢の戚夫人に侍女賈佩蘭が、陰暦10月15日に霊女廟に入って奏したもの。○女君祠…「女君」は、妾が適女（正妻）を呼ぶ称。また、皇后をいう。ここでは琉球王の皇后のこと。

－188－

『琉球入学見聞録』巻4

【口語訳】

　腰のほっそりとした美女が、足をそろえて斜めに馬に乗っている。

　銀の簪をした女性が、柳の枝を贈る。

　臂を連ねて悲しく歌うのは　上霊の曲である。

　月明の下でそろって、前の皇后の祠に祀る。

　其十六

久稽異域歳將徂	異域に久稽して　歳將に徂かんとす
自笑流連似賈胡	自ら笑う　流連　賈胡に似たるを
三老亦知歸意速	三老も亦た知る帰意速かならんことを
時時風色相銅烏	時時の風色　銅烏を相る

【語釈】

　○久稽…久しく留まる。久しく考える。○異域…よその土地。外国。○流連…故郷を離れてさまよう。○賈胡…商売をする外国人。えびすの商人。○三老…3人の長老。祭酒をいう。古、賓客が主人の酒食をける時、その中の1人の長老が酒を挙げて地を祀ったのに基づく。ここでは、冊封正使の汪楫のことか。○銅烏…銅製の烏の形をした風を測る器。『三輔黄図』台榭に「長安霊台の上、風を相る銅烏有り、千里　風至れば、此の烏乃ち動く」とある。

【口語訳】

　琉球に久しく滞在しているうちに、年がもうすぐ暮れようとしている。

　自分でも笑うのは、故郷を離れてさまようのは、まるで胡の商人のようだ。

　冊封正使の汪楫も亦た速く故郷へ帰りたいのだ。

　いつも風の中で銅製の鳥が風に動くのを見ている。

諭祭中山故王尚貞尚益禮成恭紀二十四韻（中山故王尚貞・尚益を諭祭するの礼成り、恭しく紀二十四韻を紀す）　徐葆光

海島無遺澤	海島に　遺沢無く
天王歸賵遙	天王　帰賵遥かなり
吉辰儀具舉	吉辰　儀具挙がり
幽壤禮咸昭	幽壤　礼咸昭らかなり

『琉球入学見聞録』巻4

專介求恩岬	專介　恩岬を求め
貤綸走使軺	綸を貤え　使軺を走らす
經年遲節命	年を経て　命を節すること遅く
十日降雲霄	十日にして　雲霄を降す
仙詔諸靈護	仙詔　諸霊に護られ
龍光弈葉邀	龍光　弈葉に邀えらる
戒期開正寢	期を戒し　正寝を開き
列陛設行朝	陛を列ね　行朝を設く
鐃吹軍儀肅	鐃を吹かれ　軍儀肅として
氈毹馬步驕	氈毹　馬の歩みは驕たり
海沈香爇路	海沈香は路に爇かれ
火浣帛攔橋	火浣帛は橋に攔す
排仗雲霞麗	仗を排べ　雲霞麗しく
侵晨風雨銷	晨を侵し　風雨銷ゆ
巖松飛翠蓋	巖松　翠蓋を飛ばし
鐵樹引雲韶	鉄樹　雲韶を引く
抃舞肩相屬	抃舞して　肩相い属し
啁嘈語絕囂	啁嘈して　語は囂しきを絶つ
望塵迎玉案	塵を望みて　玉案を迎え
謁闕備工寮	闕に謁でて　工寮に備う
緇素猶冠首	緇素　猶お冠首のごとく
衝牙未珮腰	衝牙　未だ腰に珮びず
拜庭祈祝號	庭を拝み　祝号を祈り
宣祭遣巫招	祭を宣べ　巫を遣わして招く
悱惻天心露	悱惻にして　天心露われ
鏗鏘玉韻飄	鏗鏘　玉韻飄う
屏藩勳最茂	屏藩　勲最も茂なるも
枝幹恨連凋	枝幹　凋を連ねるを恨む
海服喪頻告	海に服喪を頻りに告げ
曾孫齒尚韶	曽孫は歯尚の韶なり
十年今賜恤	十年にして　今恤を賜い
三世幸承祧	三世にして　承祧を幸う
體薦牲牢潔	体薦　牲牢潔く
登歌簫管調	登歌　簫管の調べ

『琉球入学見聞録』巻4

兩楹設銀綺	両楹　銀綺を設け
三爵奠蘭椒	三爵　蘭椒を奠る
昭穆欣同祔	昭穆　同に祔さるを欣び
恩光被一朝	恩光　一朝に被る
刻銘留鼎彝	銘を刻して　鼎彝に留め
頂冊秘瓊瑤	冊を頂き　瓊瑤を秘す
寵渥鮫人泣	寵渥く　鮫人泣き
恩濃鯷戶謠	恩濃く　鯷戶謠う
伏鯨長守窟	伏鯨　長く窟を守り
怒黿不驚條	怒黿　條を驚かさず
獻雉趨王會	雉を献じ　王会に趨き
浮航指斗杓	航を浮かべ　斗杓を指す
萬年同壽域	万年　寿域を同にして
世世戴唐堯	世世　唐堯を戴く

【語釈】

　○海島…琉球のこと。○遺澤…めぐみを残す。後に残った恩沢。『顔氏家訓』名実に「生きては則ち其の利を獲、死しては則ち其の沢を遺す」とある。○帰賵…死者の家に贈り物をする。賵は、死者に贈る物で、輿馬の類をいう。○專介…「專价」と同じ意か。特別の使者。ここでは、琉球から先王の死を報告し、新しい王の冊封を願う請封使のこと。○使軺　使者の乗る軽快な車。○弈葉…「奕葉」に同じ。代々。奕世。○幽壤…墓、死後の世界。○氍毹…毛織の敷物。じゅうたん。○沈香…香木の名。瑞香料に属する常緑亜高木。熱帯に産する。その材を多年水に浸せば、皮幹は腐って、心の強い部分が水中に沈むのを沈香と言い、香料にする。○火浣帛…石綿で織ったもので火で燃えない布。石綿布の古称。○鐵樹…ソテツの漢名。鳳尾蕉・番蕉。○抃舞…手を打って喜び舞う。○喟嘈…かまびすしい。○玉案…玉で飾った脚付き台または机。ここでは、諭祭文を奉安する龍亭と絹帛・白銀を奉安する彩亭のこと。○工寮…精巧な小屋。ここでは、臨時的に仮説の闕亭のこと。○緇素…黒と白。また黒衣と白衣。喪服を指すことが多い。○鏗鏘…楽器などのリズミカルな音・音楽的な音また声。○屏藩…屏風とその両辺にある支柱。また、垣となって守るもの。転じて、重臣をいう。○昭穆…古の中国の宗法制度で、宗廟において「神主」の排列の順位を定めた制度。太祖の廟を中心に、二世・四世・六世を左に列して［昭］と言い、三世・五世・七世を右に列して「穆」と言った。○鮫人…南海に住んでいる水中の妖怪・人魚であり、水中で機を織り、泣く時は真珠の涙を落とすという。○鯷戶…鯷は古代の中国東方の海上・海島にすんでいる種族名で、鯷戶は、「鯷族の人民」を意味する。○獻雉…

雉を献上する。転じて、属邦が宗主国へ進貢することを指す。○王會…古代、諸侯、四夷あるいは潘属が天子に朝貢すること。○壽域…長生きの土地。良く治まった世。○唐堯…中国古代の伝説上の帝王の有虞氏（舜）と陶唐氏（尭）のこと。。

【通釈】

　琉球は中国から遠く離れた海上の島であるが、皇帝の恩沢が（琉球に）遺漏することはない。皇帝が遥か遠くから弔いの頒賜品を送られた。良い日を選んで、祭祀の儀礼は全て、無事に執り行われようとしている。儀礼を済ましたことから九泉の亡き者（琉球国の先王）の名声は高く掲げられるものとなろう。

　（琉球国は）専使を派遣し、国王の逝去を伝達し、皇帝からの恩岬を求めている。（これに応じて皇帝が）2通の旨意（先王尚貞と先王尚益を諭祭する文、新王尚敬を冊封する勅書）を遣り、使臣の車馬を走らせた。使節の任務を遂行するまでに時日を費やし、拝命してから1年近い日々が経った。10日間で、（皇帝の旨意が）雲居の空から（琉球に）降りた。

　皇帝の旨意は諸多の神霊の加護を受けている。（琉球国は）世々代々に皇帝から賜る恩寵を迎え、日を選び、先王廟の正堂を開いている。廟の階（きざはし）に排列し、臨時の祭るりのための内廷を設置している。

　軍楽が吹奏され、（天使を引導し、龍亭・彩亭を奉じ、中山王廟へ赴く）儀仗の隊伍は厳粛に行進している。毛織の敷物の上で馬が闊達に歩いている。海沈香を燻らさせ、（隊伍の行進している）路上に香りが漂っている。火浣布（石綿布）で橋を覆い飾っている（第16句には、「後漢書公孫傳有帛攔船（後漢書公孫伝に帛攔船有り）」という原注（『奉使琉球詩』に所収。以下同じ）がある）。

　儀仗の隊伍の衣装や旗幟は彩りよく雲霞のように鮮麗だ。夜明け前に、風雨も止んだ。岩に生えた松は緑の唐傘を広げたように枝ぶりがよい。叢生した蘇鉄の傍で荘厳な宮廷の楽音が演奏されている。

　そこには多くの人々がお互いに肩が触れ合うようにして集まっている。しかし、騒がしい話し声で話すことはない。（世曽孫の尚敬が）儀仗の隊伍より巻き上がる塵を望見すると、俯伏して拝んで龍亭・綵亭の到来を迎えた。（世曽孫の尚敬が）朝廷への謁見を擬し、精巧な小屋（臨時的に仮設の闕廷として）を配置している。

　（世曽孫の尚敬が）飾りのない冠を頭に被っている。（そして）腰帯に吊り下げる佩玉を飾っていない（第26句には、「世子素冠迎安里橋下（世子は素冠して安里橋下に迎かう）」という原注がある）。（先王廟の）中庭で拝礼し、祝詞を唱え祈っている。諭祭文を読み上げるため、宣読官を招いて遣わす。

　悲しみ憐れむ天子の心が明らかに現れている。鏗鏘として玉の鳴る響きが漂ってくる。中国の皇帝を守護する外潘の中で、琉球国の勲功は最も大きい。恨めしいのは、その枝も

『琉球入学見聞録』巻4

幹も続けて萎れていることだ（琉球の国王は続けて逝去した）。

　（尚貞・尚純・尚益が前後して逝去したことから）琉球は（国王の）喪を頻りに伝えて来た（第33句には、「尚貞於康熙四十八年逝、尚益五十一年逝、迄今已十年（尚貞は康熙四十八年に逝去、尚益は五十一年に逝去し、今に迄るまで已に十年なり）」の原注がある）。その時、（先王の尚貞の）世曽孫である尚敬はなお稚く（第34句には、「時世子年十歳、今年始二十歳（その時、世子は十歳で、今年始めて二十歳なり）」の原注がある）。（尚益が亡くなってから）10年後の今、皇帝が恩岬を賜る。（これによって、）幸いにして尚貞・尚純・尚益の三世は、祖先の霊を祭る王統の宗廟に祀られることになった（第36句には、「尚貞世子尚純未立先逝、尚益其子也、立三年、未及請封、卒（尚貞の世子である尚純は未だ立たずして逝き、尚益は其の子なり、立ちて三年、未だ請封に及ばずして卒す）」の原注がある）。

　清らかな犠牲（生贄）を（尚貞と尚益との2人の先王に）供える。祭典の歌は、簫や笛の調子と合っている。2本の柱の前に（皇帝から賜る）賻銀と焚絹を置いて供えている（第39句には、「賜賻銀二百兩、焚絹一百疋（賻銀二百兩、焚絹一百疋を賜る）」の原注がある）。ここの「賻銀」とは、死者を弔うために贈る金品である。「焚絹」は、「焚帛」とも言い、祭礼の儀式の1つとして紙帛（紙で作った帛。喪礼や祭礼に用いるもの）を焼くこと、またはその紙帛のこと）。3杯の蘭と山椒が入っている酒を置いて供えている。

　喜ぶのは、2人の先王の霊を昭穆に従い、先祖の宗廟に合わせ祭ることになったことである。

　皇帝の恩沢がこの中山先王廟に満ち溢れている。鼎鼐に（今回の諭祭についての）文字を刻んで残す。2通の諭祭先王文を頂戴し、拝礼して中山先王廟に収蔵する（第40句には、「焚黄另録、諭祭文二道、留置供廟中（諭祭文二道を黄色の紙にそれぞれ複写して、この謄本を焚て先王に供す。原本を先王廟の中で存留して供えるとの請いがあった）」の原注がある）。

　皇帝からの寵愛が深くて琉球の人々は感泣している。皇帝からの恩沢が厚くて琉球の百姓は繁栄を謳歌している。隠れている鯨は住処である窟を長く守る。荒れ狂った暴風も木の枝を驚かせることもない。

　（琉球は）雉を献上し、皇帝に進貢するため集会に赴く。海を渡って、皇帝に向かって進む。長い年月にわたって中国と同じく、（国民の誰でも天寿を全うする）太平の盛世となり、世々、聖なる皇帝を戴くことであろう。

【説明】

　長い詩で、換韻もないので、便宜上、全体を四句で一章のまとまりとして訳してある。琉球の両先王の尚貞と尚益への諭祭の儀式は、康熙58〈1719〉年6月26日に中山先王廟（崇元寺）で行われている。諭祭の「儀注」は、すべて前使の汪楫のものを改定したもの

－193－

『琉球入学見聞録』巻4

である。徐葆光は上記の「六月二十六日諭祭中山故王尚貞尚益禮成恭紀二十四韻」全52句の長詩で今回の諭祭の礼を詠っている。

冊封禮成、恭紀、四章（冊封の礼成りて恭しく紀す四章）　徐葆光

　　其一

海邦萬里歲朝宗	海邦万里　歲に朝宗す
奉冊天朝禮最恭	冊を天朝より奉ずるに礼最も恭し
中外一家同壽域	中外の一家　寿域を同にし
祖孫五世共皇封	祖孫五世　皇封を共にす
國泉瑞應天邊詔	国泉　瑞は応ず天辺の詔
翠蓋陰成嶺上松	翠蓋　陰を成す　嶺上の松
六十年來三遣使	六十年来　三たび使を遣わす
日邊偏荷聖恩濃	日辺　偏ねく荷う　聖恩の濃きを

【語釈】

　○海邦…海に囲まれた国。琉球。○壽域…長生きの土地。良く治まった世。○祖孫五世共皇封…この「祖孫五世共皇封」詩句の下にある自序には、「康熙二年封尚質、二十二年封尚貞。尚純未立。尚益立三年、未及請封。今王尚敬、已五世」（康熙2〈1663〉年に尚質を冊封し、康熙22〈1683〉年に尚貞を冊封する。尚純は世子の時に逝去し冊封は受けていない。尚益は嗣位して三年で、まだ請封しないうちに逝去した。現在の国王の尚敬は既に〈康熙時代に入って〉五代目である）という説明が付されている。○嶺上の松…『中山伝信録』巻2・中山王府には、「自天使館至中山王府十里、……上岡東行、爲萬松嶺。石路修整、岡巒起伏、松皆數圍、夾道森立」（天使館から中山王府まで十里ある。……岡を登り東へ行くと万松嶺である。石畳の道が整えられており、丘陵が起伏して、数囲の松が道の両側に並んで聳えている。）とする記述がある。○六十年來三遣使…①康熙2〈1663〉年、尚質の冊封使として張学礼・王垓を派遣、②康熙22〈1683〉年、尚貞の冊封使として汪楫・林麟焻を派遣、③康熙58〈1719〉年、尚敬の冊封使として海宝・徐葆光を派遣している。

【口語訳】

　琉球は、中国から万里も離れており、はるか遠い海上に位置する国であるが、毎年来朝して天子に謁見している。また、中国から冊封を受けており、（中国に対する）礼儀は最も恭順である。

　中国と琉球はまるで一家を成しているかのようであり、同時に両国は（国民の誰もが天寿

－194－

『琉球入学見聞録』巻4

を全うするほどの）太平の盛世である。琉球国王の先祖五代はみな等しく現在の皇上の冊封を受けている。

　天辺（中国朝廷）の皇帝の詔書に呼応して、琉球の泉水（「瑞泉」）には瑞祥が現れている。萬松嶺の上の道の両側に並んでいる松は、緑の傘蓋のような樹蔭が出来ている。

　（今の皇上の即位から）60年もの間に、すでに3回にわたって使臣が派遣されて琉球に来ている。（このことからも）このはるか東方の海の果てに位置する国（琉球）は、皇上の深く厚い恩澤を受けていることが分かる。

　其二

十里連岡走翠虬	十里の連岡　翠虬を走らせ
雲璈夾路引珠斿	雲璈路を夾み　珠斿を引く
仗前爭擁夷民拜	仗前に争い擁して　夷民拝み
域外如親帝里遊	域外なるも親の如く　帝里に遊ぶ
玉検輝煌天上冊	玉検輝煌す　天上の冊
朝儀照耀海中洲	朝儀照耀す　海中の洲
蓬萊仙館環相望	蓬萊の仙館　環りて相い望み
只恐爐烟障遠眸	只だ恐る　爐烟　遠眸を障ぐを

【語釈】

　○翠虬…緑の龍。○蓬萊…蓬萊は神仙が住むという想像上の島で、渤海にあるという。蓬萊山ともいう。○爐烟…香炉からたちのぼる線香の煙。

【口語訳】

　岡が10里も長く連なり、（岡の上に緑樹が青々とした葉を茂らせているため）緑の虹竜が走っているかのように見える。さまざまな鑼や鼓などの楽器が道を挟み、多様で色鮮やかな旌旗が翻っている。

　琉球の人々は、行進している儀仗の周りを争うように取り囲み拝んでいる。わたしは国外にいるとはいえ、まるで北京の帝都で遊んでいるかのようである。

玉　を鏤めて作った文箱はきらきらと輝いており、中には天上（皇帝）からの冊封の詔書が入っている。天朝の儀礼は海中の国（琉球）を照り輝かせている。

　蓬萊島（琉球）の上に、仙人の住む館舎が繞らされており、互いに望んでいる。ただ恐れるのは、香炉の煙が広く蔓延し、我が眺めている双眸を遮ることだ。

『琉球入学見聞録』巻4

其三

中山宮殿壓山椒	中山の宮殿　山椒を圧し
設闕王庭儷内朝	闕を設く王庭　儷たる内朝
乍啓瑤函瞻日麗	乍ち瑤函を啓きて　日麗を瞻る
高宣天語入雲飄	高く天語を宣べ　雲飄に入る
龍章五色從中賜	龍章五色　中より賜い
御璽三封弈世邀	御璽三封　弈世邀う
九列親方隨拜舞	九列の親方　拜舞に随い
紫羅帕首錦纏腰	紫羅帕の首　錦もて腰に纏う

【語釈】

○九列親方隨拜舞…この詩句の下には、親方という用語について「官尊者名親方（官吏の品級が尊いものを親方と呼ぶ）」とする原注を付している。○「紫羅帕首錦纏腰」…この詩句の下には、高級官吏である親方の着用する冠服について、「官尊者巾紫色、錦帯丈許、寛五六寸、纏腰三四圍（官吏は品級が尊いものは紫色の巾を着用し、錦帯の長さは１丈ほどで、幅は５、６寸ある。腰には３、４廻りのものを繞らす）」とする原注がある。

【口語訳】

中山の宮殿は山頂に聳えている。宮殿の前庭に闕庭が設置されており、その様子はまるで（北京の）朝廷のようである。

今まさに詔勅の箱を開き、皇上の光彩を仰ぎ見る。高らかに宣読された天語（皇上の詔命）は、雲にまで響き渡って空中に漂う。

五色の龍章の緞疋が宮中より賞賜される。（琉球国王は）皇帝の御璽が押印された３つの冊封の詔書を代々続けて邀えている（琉球国王は康熙帝より３度も冊封を受けている）。（琉球の）九列に並んでいる親方たちは国王とともに拜舞する。（琉球の親方たちは）頭に紫色の羅帕を載せ、腰には錦の帯を巻いている。

其四

大典重光歡會門	大典　重ねて光く　歡会門
玉函帶礪誓長存	玉函の帯礪　長く存するを誓う
十年攝事猶稱子	十年事を摂るも　猶お子と称し
此日膺封始拜恩	此の日封を膺け　始めて恩を拜す
舞蹈庭中藩禮肅	庭中に舞蹈し　藩礼肅かにして
起居闕下譯詞温	闕下に起居し　訳詞温かなり

| 使臣將命無餘事 | 使臣命を将てし　余事無ければ |
| 載筆歸來獻至尊 | 載筆して帰り来りて至尊に献ず |

【語釈】

　○歡會門…守礼門を通って首里城に向かう第1の門。○帯礪…黄河が帯のように細くなり、泰山が砥石のように平らになろうとも、国が永久に持続することで、天子が諸侯を封じる時の誓い。○十年攝事…先王の後をついで10年になるが、冊封を受けるまでは「世子」と称して「国王」とはいわない。

【口語訳】

　冊封の大典は歓会門内にて挙行される。玉匣に収められている皇上の詔勅を受けることは、琉球が（清朝とともに）長く共存していくことを応諾し誓うことを意味する。

　琉球の国事を治めてからすでに10年が経つが、いまなお「世子」と称している（「王」を自称しない）。今日冊封を受けて、ようやく国王として皇上の恩に拝謝する。

　（国王と百官は）殿庭で拝舞しており、その藩邦の礼はとても荘厳で厳粛である。闕庭の下で皇帝の安否を伺う。琉球国王は通訳を介して、（皇帝に対する）恭敬の気持ちや態度を呈現する。

　使臣である私にとっては、皇帝の命を遂げること以外には重要な任務はない。そこで私は、筆を用いて琉球に関する事柄を記録し、帰国後、皇上に献上するのだ。

中秋宴小樂府十章（中秋宴の小楽府十章）　徐葆光

　其一

丹桂飄雲落	丹桂　飄雲落ち
金風拂殿來	金風　殿を払いて来たる
仙洲娛上客	仙洲　上客を娯しませ
徧舞袖新裁	徧舞　袖は新たに裁つ

【口語訳】

　明るい月光は雲の間から降り注ぎ、
　秋の微風が琉球国の王宮を撫でるように吹く。
　仙洲のような首里城で上客を迎え入れるための宴が設けられる。
　踊り手たちが新調した衣裳で音楽の曲節に合わせて舞う。

其二

當筵呈帖子	筵に当りては　帖子を呈し
第一起神歌	第一は起神の歌なり
海國羲皇代	海国　羲皇の代
天孫降福多	天孫　福を降ろすこと多し

【語釈】

○羲皇…伏羲の尊称。中国古代の伝説上の帝王の名。はじめて民に狩猟・漁労・牧畜を教え、八卦をえがき、文字を作ったという。○天孫…琉球の創世神話に出てくる神、天孫氏のこと。

【口語訳】

　宴の始まりに主人（国王）が今日の演目の一覧を賓客に呈上した。1番目の出し物は「起神の歌」である。琉球国は建国当初から、我が国の羲皇に当たる始祖天神である天孫氏が代々の王様に御福を賜い続けている。

其三

皇恩如海深	皇恩　海の深きが如く
海深不盈掬	海深けれども　掬するに盈たず
隊隊綵衣童	隊隊たり　綵衣の童
聲聲太平曲	声声たり　太平の曲

【口語訳】

　皇上の恩沢は海のように深い。ただ、海は深いけれど、皇帝様の恩沢ように満ちることはない。色とりどりの衣裳を纏う子供たちは1組づつ、続けて登場して、太平の曲を声々を挙げて斉唱する。

其四

朱笠垂曼纓	朱笠　曼纓を垂れ
珊珊搖雜貝	珊珊として雑貝を揺らす
繁絃何滔滔	絃を繁くするに　何ぞ滔滔たり
和雅與心會	和雅　心と会す

『琉球入学見聞録』巻4

【口語訳】

　踊り手たちの朱色の笠からは長い紐が垂れている。踊り手たちの身につけている貝殻が揺れて珊珊に触れて音を立てる。弦楽曲がまるで水が流れるが如く奏でられている。こんな穏やかで高雅な音楽は私の心によく適うものである。

　　其五

豎頭箜篌郎　　　豎頭箜篌の郎
曲項琵琶部　　　曲項琵琶の部
後行引吭歌　　　後行　引吭して歌い
前行蹋節舞　　　前行　蹋節して舞う

【語釈】

　○豎頭箜篌…楽器の名。豎箜篌は、体は曲がって長く、23絃。立てて胸に抱き、両手をもって斉奏する。もと高昌楽と言い、胡箜篌という。

【口語訳】

　豎頭箜篌を弾く人達もいれば、曲項琵琶を弾く人達もいる。後列に並ぶ人々は声を挙げて歌い、前列の人々は足拍子をとって踊っている。

　　其六

宮漏秋來永　　　宮漏　秋来たりて永く
方諸月正中　　　方諸　月正に中る
燕開長不夜　　　燕開き　不夜長く
樂奏迭無終　　　楽奏　迭わりて終わり無し

【語釈】

　○宮漏…宮中にある水時計。一時刻ごとに太鼓を打って時を報ず。○方諸…月から水を取る鏡。諸は珠、方は石で、銅板をもってこれを受けると言い、また、杯ににて耳が無く、五石をもって錬成したものとも言う。一説に、方諸は大ハマグリで、満月の時これを月下に置けば、水が生ずるという。

【口語訳】

　秋に入ったこの頃は、夜が長くなったことが感じられ、首里城に懸るように月が昇ってきた。宴が始まると、灯火が辺りを明るく照らし、まるで白昼のようだ。音楽は1曲1曲

－199－

『琉球入学見聞録』巻4

が入れ替わって次々と演奏され、終わりなく続いている。

　　其七

魚龍動夜瀾	魚龍　夜瀾に動き
戰戰仰雲端	戰戰として　雲端を仰ぐ
似聽霓裳曲	聽くに似たり　霓裳曲
天風落廣寒	天風　広寒より落つ

【口語訳】

　身分や才覚に関係なく、賓客たちは皆、美しい音楽に陶酔し、まるで静かな夜、水面に遊動する魚や龍のように空を見上げて、雲の隙間から顔を覗かせる明月を仰ぐ様子である。皆は、月宮から風に乗って流れてくる霓裳羽衣曲のような美しい音楽に聞き耽っているかのようだ。

　　其八

國醑傾池飲	国醑　池を傾けて飲み
王人徧作賓	王人　徧えに賓と作る
譯辭郵勸釂	訳辞　郵して釂を勧め
語隔意偏親	語を隔つるも　意偏えに親し

【口語訳】

　琉球国の美酒を池に傾けるかの如く飲む。天子の使者たちはすべて宴の上客である。賓主の両方が通訳に介して、互いに杯の酒の飲み干すことを勧め、言葉に隔たりがあるが、心が通じ合って、親しみが感じられる。

　　其九

星流湯谷沸	星流　湯谷より沸き
火迸燭龍旋	火迸りて　燭龍旋る
涼夜浩如水	涼夜　浩として水の如し
當杯月正圓	杯に当れば　月正に円し

【語釈】

　○湯谷…月の出る所。

【口語訳】

　花火が打ちあげられ、火の粉が飛びかかり、琉球国中が沸きかえる。火笠や爆竹が1度に火を噴き出る際に、火笠を冠って、爆竹が首尾に挿された木馬に跨る人々が燭龍の旋回のようにぐるぐると走り廻る。涼しい秋の夜は水のように清らかであり、杯に照らす今夜の月はまさに満月である。

　　其十

皓魄流華采	皓魄　華采を流し
清暉間九行	清暉　九行を間つ
重輪瞻聖德	重輪　聖德を瞻み
中外共環瀛	中外　環瀛を共にす

【口語訳】

　輝く月の光は華やかな彩りを流している。今夜、我等は天子から遠く離れた場所に居る。だが、二重の月暈を見上げ、天子のご聖德を仰ぐことができる。我が中国から遠く離れた地である琉球は、まさに我が国と同じ世界にあるようだ。

重陽宴龍潭曲［集長吉錦嚢句］（重陽宴の龍潭曲［長吉の錦嚢句を集む］）　徐葆光

搖搖錦旗夾城暖	搖搖たる錦旗　夾城暖く
蛇子蛇孫鱗蜿蜿	蛇子蛇孫　鱗蜿蜿たり
松谿黑水新龍卵	松谿の黒水　新龍の卵
鳶肩公子二十餘	鳶肩の公子　二十余
鬭乘巨浪騎鯨魚	巨浪に鬭乘し　鯨魚に騎り
黑幡三點銅鼓鳴	黒幡三点　銅鼓鳴る
銀浦雲流學水聲	銀浦の雲流　水声に学び
煙底驀波乘一葉	煙底波を驀えて　一葉に乗る
海綃紅文香淺清	海綃の紅文　香浅清
毒蚪相視振金環	毒蚪相い視て　金環を振う
舞霞垂尾長槃跚	舞霞尾を垂れ　長く槃跚し
亂捲黃河向身瀉	乱れ捲く黄河に身を向けて瀉る
秋肌稍覺玉衣寒	秋肌稍く覚ゆ　玉衣の寒きを
秋寒掃雲留碧空	秋寒雲を掃うて　碧空を留どむ
涼夜波間吟古龍	涼夜の波間に　古龍吟じ

『琉球入学見聞録』巻4

玉宮桂樹花未落	玉宮の桂樹　花未だ落ちず
燭龍兩行照飛閣	燭龍両行し　飛閣を照らし
方花古礎排九楹	方花の古礎　九楹を排ぶ
銀雲櫛櫛瑤殿明	銀雲櫛櫛　瑤殿明かに
玉壺銀箭稍難傾	玉壺銀箭　稍く傾き難し
搊鐘高飲千日酒	鐘を搊ちて高飲す　千日酒
主人稱觴客長壽	主人觴を称し　客長寿
山頭老桂吹古香	山頭の老桂　古香を吹き
玉喉窈窈排空光	玉喉窈窈として　空光を排す
亂袖交竿管兒舞	乱袖竿を交えて　管児舞い
午夜銅槃膩燭黃	午夜銅槃　膩燭黄なり
挐舟海上尋神仙	舟を挐して海上に神仙を尋ね
斫桂燒金待曉筵	桂を斫り金を焼きて暁筵を待つ
天河落處長洲路	天河落つる処　長洲の路
遙望齊州九點煙	遥かに望む斉州　九点の煙

【語釈】

　○重陽…「重陽」とは、陽数である「九」が重なる、陰暦9月9日のことである。よって「重陽宴」は、重陽の日の陰暦9月9日に催す宴会のことであるはずだが、徐葆光たちが出席した重陽宴は、『程氏家譜（六世　程泰祚）』「七世隆勲紫金大夫加銜法司正卿諱順則」条によると、康熙58〈1712〉年10月20日に行われている。○長吉錦嚢句…李賀〈790―816〉は、中国中唐期の詩人である。字は長吉。その詩は伝統にとらわれない非常に幻想的なものであった。李賀は鬼才と評され、後世では「詩鬼」と称された。詩人としての生涯は大変短く、生前にはわずか240余首を残すのみであった。李賀の名が不朽の輝きを放ち、現代に至っても伝わる理由は、その作品が他の誰とも類似しない非常に独特の詩風を有しているためである。「写実をもって良しとする」中国文学の世界にあって、李賀の作品はその真逆の幻想を志向したものである。「創作にあって踏みならされた道筋をことごとく無視した」とは、晩唐の詩人杜牧の評である。○錦嚢句…錦嚢は錦製の袋のことである。李賀は、良い詩（あるいは詩句）が完成するとそれを錦で作った袋に入れたことから、後に「錦嚢句」は良い詩（あるいは詩句）を意味する語句となった。○蛇子蛇孫…人々が連れだって集まっていること。○鳶肩…肩があがりそばだって鳶に似たさま。いかり肩。○槃跚…片足を引きずって歩くさま。槃散に同じ。○千日酒…1度飲むと千日も酔いのさめない酒。○長洲…徐葆光の故郷。蘇州府長州県。○齊州…山東省済南市周辺。中国の中部の地域で、やはり故郷を想起させる。

－202－

『琉球入学見聞録』巻4

【口語訳】

　首里城から龍潭までの国王の行幸の道は錦旗が多く飾られ、大勢の人が往来している。龍潭の辺りにある小松の並木は樹幹が鱗片を持っていて、うねうねと伸びている。龍潭の黒い水の中に、新たにクログワイのような水生植物が叢生している。龍舟の漕ぎ手として貴族の子弟は20歳余りである。龍舟の競い合いは、神仙たちが鯨に乗って大浪をかき分けているように見える。軍令用の黒い旗を3回振って、銅製の陣太鼓を鳴らす。龍舟が龍潭を進む様子はまるで、流れている雲が銀河に流れているようである。龍潭の水面に立ち込める靄の中から、龍舟が波を立ててやって来た。岸にいる龍舟戯を見物する女性の衣服は清らかな香りが仄かに漂っている。龍潭の水面を走る龍舟はまるで身震いをしているようで、色とりどりである。

　舞い立つ霞が尾を垂れて、長く繋がり伸びている。雲は黄河の水の流れるように速く流れ行き、風は涼しい。衣服が薄くて、秋の涼気により、少々肌寒く感じる。秋の小寒さは雲を払い、空は青く晴れ渡っている。涼しい夜に、波間から吹いている風音が聞こえる。秋の季節に、首里城にある木々に花が咲いている。首里城には赤い提灯を数多く飾ってある。首里城は、方形の花模様がある古い礎石に9本の円柱をもって聳え立っている。月の光に照らされ、銀色の雲が櫛の歯のように見え、首里城の宮殿も明るくなっている。首里城では重陽宴が延々と続いている。

　鐘を打ち鳴らし、千日酒を意気高く飲んでいる。主人は杯を挙げて賓客の長寿を祈る。山上の老いた桂は古びた香を放っている。玉のような喉から出て来る宛転たる歌声は、（人の注意を引きつけて）時間が過ぎていくのを忘れる。舞子は管兒舞を踊り、舞衣の両袖は竹の枝葉が交わるようである。夜中になり、銅製の燭台の底の盤には、凝って黄色くなった燭涙が溜まっている。

　（私は）船に乗って海上で神仙を探しに（琉球に）やって来た。（主人は）桂の木を薪として切り、釜を炊き、朝の宴席を準備しているかのように振る舞っている。天河の落ちる所は故郷の長洲の路である。眺めると、故郷が9点の煙塵のように見えるようだ。

【分析】

　王府が主催する「七宴」における第四宴の重陽宴では、先に、龍潭の畔に木造の閣（亭）を施設して、ここに冊封使を招いて龍舟戯（爬龍）を行った。龍舟戯が終わると、首里城の北殿で宴が開かれ、御冠船踊として組踊が初めて演じられた。『中山伝信録』には、

　　龍潭、在王宮之北、圓覺寺西、長不半里、寬數十畝。……東岸突出尖埠、跨潭之中、
　　花樹森立、三面臨水、重陽宴、爲龍舟戲、設坐於此埠之上。先設木閣於埠上、結綵數

－203－

『琉球入学見聞録』巻4

重、氈席四周。王揖客、坐定。龍舟三、式與福州所見略同。梭長三丈餘、槳二十八。
人皆一色衣、一紅、一白、一黑。每舟中央設鼓、綵衣小童擊以爲節。前後二綵衣童執
五色長旗。船首一人擊鑼、與鼓相應。齊唱「龍舟太平詞」以歌「聖德及遠、永享治平、
海國蒙恩、竭忠仰報」之意。問其詞、大略與前使所錄同。左右旋繞、四岸乃士女匝觀
者數百人。龍舟戲畢、國王先辭客、回府第。仍開宴於北宮、演戲六折。略記如後。第
一、爲老人祝聖事。……第二、爲鶴・龜二兒復父仇古事。……第三、爲鐘魔事。……
第四折、爲天孫太平歌。……──爲第四宴。

（龍潭は、王宮の北、圓覺寺の西にある。長さは半里足らず、広さは数10畝に、……東岸は、波
止場が龍潭の中ほどまで突き出ている。花木が茂り、三面は汀である。重陽の宴には、龍舟戲
をするが、この波止場の上に、座席が設けられている。予め、木造の閣が、波止場に設えられ
ており、幾重にも五色の布飾りがしてある。毛氈を敷いた席が、ぐるりとあって、王は客に揖
をして、席についてもらう。龍舟は3隻で、その様式は、福州で見たものとほぼ同じである。舟
の長さは3丈余り、櫓は28本が配備される。漕ぐ手はみな揃いの色の服で、紅と白と黒とに分
れている。舟の中央に太鼓を設え、色柄の着物の小童が太鼓を叩いてリズムをとる。舟の前後
にも、2人の色柄の着物の童子が、五色の長旗を手にする。船首の1人は銅鑼を打ち、太鼓の
リズムと合わせる。「龍舟太平詞」を斉唱する。「皇帝陛下の聖徳が遠国に及び、永く平和を受
け、海国も聖恩を蒙っており、忠誠を尽して、これにお報いしたい」と、いった意味を歌うの
である。その歌詞を尋ねたところ、凡そ前使の記録と同じである。左に右にとぐるりと廻る。四
方の岸は、男と女が取り巻いて、見物する者が数百人であった。龍舟戲が終わると、国王は先
ず、客にあいさつをして、府第に戻り、そこで北宮で宴を開く。演劇6番を次に略記する。第
1番は「老人祝聖の事」である。……第2番は、「鶴、亀二児が父の仇を復するの古事」である。
……第3番は、「鐘魔の事」である……第4番は、「天孫太平歌」である。……──第4宴であ
る）

という記事があり、当日行われた活動が詳しく記録されている。なお、『奉使琉球詩』に
は、この重陽宴について、上記の「重陽宴龍潭曲」という詩が載っている。

詩題の下には、「集長吉錦嚢句」（長吉の錦嚢句を集める）という自註がある。唐の李賀（李
長吉）の良い詩句を集めて連綴して、全30句の長詩を為すという意である。以下、各詩の
典故となった原詩の詩題を紹介し、その詩意を説明することにする。そして、徐葆光の「再
編」による各詩句に付託された新たな意味を分析してみる。

「重陽宴龍潭曲」全詩は30句があり、その詩意の転換の状況によって、4つの段落に分
けることができる。

詩の1句目から10句目までは、其の第1段落であり、徐葆光が臨席している康熙58
〈1712〉年10月20日に行われた重陽宴の前半部分の龍潭での龍舟戲を描写している。

－204－

『琉球入学見聞録』巻4

1句目の「搖搖錦旗夾城暖」は、「河南府試十二月楽辭幷閏月・三月」の詩句（徐傳武『李賀詩集訳注』山東教育出版社、1992年8月、53頁——以下、同書の頁のみ記す）である。「夾城」とは、両側が高い囲いで挟まれている行幸の道である。詩句の原意は、ゆらゆらと錦の旗が揺れて、夾城の中は暖かいという意である。首里城から龍潭までの国王の行幸の道には錦旗が多く飾られ、大勢の人が往来するという情景を形容しているだろう。

2句目の「蛇子蛇孫鱗蜿蜿」は、「五粒小松歌幷序」の詩句（422頁）で、「蛇」は、松の木の喩え、「蛇子蛇孫」とは、小松のことである。詩句の原意は、小松の樹幹は鱗片を持っていて、うねうねと伸びているという意である。ここでは、龍潭の辺りにある小松の並木の様子を形容している。

3句目の「松谿黒水新龍卵」は、「南園十三首・十二」の詩句（103頁）で、「龍卵」とは、クログワイ（黒慈姑）という水生植物である。詩句の原意は、詩題の「南園」の近くにある松溪の黒い水の中に、新たにクログワイが叢生しているという意である。恐らく、辺りに小松の並木があり、鬱蒼と木々が茂る龍潭の水面は、樹陰で黒く、新たに水生植物が叢生している様子を形容しているのだろう。

4句目の「鳶肩公子二十餘」は、「榮華樂」の詩句（367頁）で、「鳶肩」とは、両肩が高く持ち上がって、鳶に似た肩である。詩句の原意は、両肩が高く盛り上がっている貴族の子弟は、若く20歳余りであるという意である。ここでは、龍舟の漕ぎ手である貴族の子弟は20歳余りの青年であることを詠んでいる。

5句目の「鬪乘巨浪騎鯨魚」は、「神仙曲」の詩句（494頁）で、詩句の原意は、神仙たちが鯨に乗って大浪をかき分けて、海上で周遊するという意であり、つまり龍舟の競い合っている情景を形容している。

6句目の「黒幡三點銅鼓鳴」は、「黄家洞」の詩句（150頁）で、「黒幡」とは、黒い旗である。「三點」とは、3回振ることである。詩句の原意は、軍令用の黒い旗を3回振って、銅製の陣太鼓を鳴らすという意である。「小童が太鼓を叩いてリズムをとる」、「2人の色柄の着物の童子が、五色の長旗を手にする」、「船首の一人は銅鑼を打ち、太鼓のリズムと合わせる」という龍舟戯を行っている情景を詠んでいる。

7句目の「銀浦雲流學水聲」は、「天上謠」の詩句（68頁）で、「銀浦」とは、銀河、天河である。詩句の原意は、（想像上の）銀河に流れている雲が流水のように音を響かせているという意である。ここでは、龍舟が龍潭を波立てて進んでいる様子を、流れている雲が銀河に流れ入るようだと喩えている。

8句目の「煙底蕩波乘一葉」は、「送沈亞之歌幷序」の詩句（22頁）で、詩句の原意は、詩題にある沈亞之という人物が川の水面に立ち込める靄の中から、一隻の小船に乗って、波立ててやって来るという意である。これは、龍潭の水面に立ち込める靄の中を、龍舟が波立てて進む龍舟戯のことを詠んでいる。

『琉球入学見聞録』巻4

9句目の「海綃紅文香淺清」は、「秦王飲酒」の詩句（79頁）で、「海綃」とは、軽くて柔らかい薄絹である。「紅文」とは、赤い紋様である。詩句の原意は、舞姫たちの赤い紋様のある綺麗な舞衣は清らかな香りが仄かに漂うという意である。重陽宴の龍舟戯が催される際には、多くの見物人が龍潭に集まってきており、岸にいる龍舟戯を見物する女性の衣服は清らかな香りが仄かに漂うことを詠んでいる。

10句目の「毒蚪相視振金環」は、「公無出門」の詩句（385頁）で、「毒蚪」とは、毒を吐く虹龍である。「金環」とは、この毒龍の身上にある金色の環形の模様である。詩句の原意は、毒龍は私と睨んで金色の模様のついた身体をぶるぶると振るわせたという意味である。ここでは、龍潭の水面に走る龍舟は毒龍のように身震いをして進み、舟が色彩鮮やかに塗られている様子を形容している。

詩の11句目から20句目までは、その第2段落である。ここでは重陽宴の後半部分の中で、特に宴が催された首里城や宴席の様子、天気の状況などを描写している。

11句目の「舞霞垂尾長槃跚」は、「瑤華樂」の詩句（378頁）で、「槃跚」とは、「綿延」と同じで、長く繋がり伸びている様子のことである。詩句の原意は、舞い立っている霞が尾を垂れて、長く繋がり伸びているという意である。恐らく、龍潭での龍舟戯が終了した当時の空の景色は、或いは霞が垂れ込める空模様であったかもしれない。

12句目の「亂捲黄河向身瀉」は、「秦宮詩幷序」の詩句（296頁）である。「秦宮」とは、中国の後漢時代の権臣である梁冀の家来であり、生活は豪奢を極め、梁冀の威勢に頼り、権勢を振るって勝手に振舞っていたと言われている。詩句の原意は、秦宮の金品を無駄遣いし、豪奢を極める生活は、黄河の水を乱れ巻き、自分の身上に傾けて注ぐことのようであるという意味である。しかし、この詩句の前後の句との関連からして、ここでは恐らく、龍潭での龍舟戯が終了した当時の景色や天気を形容しており、雲は黄河の水の流れるように速く流れ行き、気温は涼しく、すこし肌寒くなってきたという意味ではないだろうか。

13句目の「秋肌稍覺玉衣寒」は、「貝宮夫人」の詩句（402頁）で、「玉衣」とは綺麗な衣服である。詩句の原意は、詩題にある貝宮夫人という女性は、その着ている綺麗な衣服が薄いので、秋の涼気で少々肌寒く感じると意味する。恐らく、徐葆光も衣服が薄くて、秋の涼気により、少々肌寒く感じたようである。

14句目の「秋寒掃雲留碧空」は、「溪晚涼」の詩句（411頁）で、詩句の原意は、秋の寒さは雲を払い、空は青く晴れわたっているということであり、重陽宴当日の天気を形容している。

15句目の「涼夜波間吟古龍」は、「湘妃」の詩句（88頁）で、詩句の原意は、涼しい夜に、波間から古龍の鳴き声が聞こえるという意である。恐らく、涼しい夜に、龍潭あたりから風が吹き寄せてきて、その風の音がまるで古龍の鳴る声のようであることを詠んでいるだろう。

『琉球入学見聞録』巻4

16句目の「玉宮桂樹花未落」は、「天上謡」の詩句（68頁）で、「玉宮」とは月宮・月宮殿のことである。「桂樹」は、ここで、中国の神話で、月にあると言われる想像上の木である。詩句の原意は、月宮に咲く桂の花はまだ落ちずにいるという意である。これは、秋の季節にもかかわらず、首里城にある木々に花がまだ咲いていることを詠んでいる。

17句目の「燭龍両行照飛閣」は、「河南府試十二月楽辭幷閏月・十月」の詩句（63頁）で、「燭龍」とは、提灯である。「飛閣」とは、高く聳える閣である。詩句の原意は、二列に高く懸けている提灯は、高く聳える閣を照らしていることを意味としている。重陽宴が催される首里城に赤い提灯が数多く飾られている様子を詠んでいる。

18句目の「方花古礎排九楹」は、「公莫舞歌幷序」の詩句（182頁）で、詩句の原意は、方形の花模様がある古い礎石に九本の円柱が聳え立っているという意味である。恐らく、首里城の建物について詠んでいるのだろう。

19句目の「銀雲櫛櫛瑤殿明」は、「秦王飲酒」の詩句（78頁）で、「銀雲」とは、月の光に照らされた銀色の雲のことである。詩句の原意は、月の光に照らさた銀色の雲が櫛の歯のように並び、宮殿を明るく照らしているという意であり、月光の下で、美しく明るく照らされている首里城を詠んでいる。

20句目の「玉壺銀箭稍難傾」は、「河南府試十二月樂辭幷閏月・十月」の詩句（63頁）で、「玉壺」とは、宮中にある玉で飾った水時計のことである。「銀箭」とは、漏刻の目盛りを付けた銀の棒である。「稍難傾」とは、玉壺の中にある銀箭が傾斜するのが難しい、つまり、時間の流れが緩慢であることの喩えである。詩句の原意は、ある宮女は時間の流れが緩慢だと感じがしていることを意味する。首里城での重陽宴が延々と続いていることを形容している。

詩の21句目から26句目までは、その第3段落であり、第2段落に続いて、首里城での宴を詠んでいる。酒を酌み交わす光景や歌、舞踊・組踊などを描写している。

21句目の「摑鐘高飲千日酒」は、「河南府試十二月樂辭幷閏月・十一月」の詩句（64頁）で、「摑鐘」とは、鐘を打ち鳴らすことである。「千日酒」とは、人を千日酔わせる酒のことである。詩句の原意は、鐘を打ち鳴らし、千日酒を意気高く飲むことを意味する。重陽宴での主人である琉球国王と冊封使である海宝・徐葆光が酒を酌み交わしている情景を詠んでいる。

22句目の「主人稱觴客長壽」は、「致酒行」の詩句（177頁）で、「稱觴」とは、杯を挙げることである。詩句の原意は、主人は杯を挙げて賓客の長寿を祈願するとの意である。恐らく、重陽宴での主人側の賓客に対する同様な行為を描写しているのだろう。

23句目の「山頭老桂吹古香」は、「帝子歌」の詩句（76頁）で、詩句の原意は、山上の桂の古木は香しい香りを放っているという意である。首里城にある木々の花が香を放っていることを詠んでいる。

－207－

24句目の「玉喉篠篠排空光」は、「洛姝眞珠」の詩句（81頁）で、「篠篠」とは、宛転たることである。「空光」とは日の光であり、転じて、光陰・時間を指す。「排空光」とは、時間を過ごすことである。詩句の原意は、玉のような喉から出て来る宛転たる歌声は、人の注意を引きつけて、時間が過ぎるのを忘れさせるという意である。重陽宴での演目が、次から次へと演じられ時間を忘れてしまいほどであるということを述べている。

25句目の「亂袖交竿管兒舞」は、「榮華樂」の詩句（368頁）で、「管兒舞」は、「長竿舞」とも言う。詩句の原意は、舞子は管兒舞を踊り、舞衣の両袖は竹の枝葉が交わるようだということを意味する。重陽宴で演じられた舞踊や組踊のことを詠んでいる。

26句目の「午夜銅槃膩燭黄」は、「秦宮詩幷序」の詩句（296頁）で、「銅槃」とは、銅製の燭台の底にある盤である。「膩燭黄」とは、燭涙が凝って、黄色くなること。詩句の原意は、夜中になると、銅製の燭台の底の盤には、凝って黄色くなった燭涙が溜まっていることを意味する。これは、重陽宴が延々と夜中まで続くことを詠んでいる。

詩の27句目から30句目までは、その第4段落であり、琉球側の賓客に対する歓待は、非常に周到であり、徐葆光はこれに対する謝意を表わす一方、遥か遠く離れている故郷に対する郷愁の念を表現している。

27句目の「挐舟海上尋神仙」は、「白虎行」の詩句（483頁）で、「挐舟」とは、船に乗ることである。詩句の原意は、徐福が、船に乗って海上で神仙を探すという意である。徐葆光は、徐福が船に乗って海上で神仙を探すことを、大海原を渡って琉球に至った自分の航海に喩えているのだろう。

28句目の「斫桂燒金待曉筵」は、「秦宮詩幷序」の詩句（296頁）で、「斫桂」とは、桂の木を切ることである。「燒金」とは、金属の釜を炊くことである。詩句の原意は、桂の木を薪として切り、釜を炊き、朝の宴席を準備するという意である。恐らく、徐葆光は、琉球側が長く賓客をもてなす宴と催してくれたことに対しての謝意を述べているのだろう。

29句目の「天河落處長洲路」は、「宮娃歌」の詩句（167頁）で、「天河」とは、銀河とも言う。「長洲」とは、中国江蘇省の蘇州の所属地である。詩句の原意は、天河の落ちる所は蘇州の長洲の路であるという意である。蘇州の長洲は徐葆光の故郷であり、遥か遠くに離れている故郷に対する、徐葆光の郷愁の心情を表現している。

30句目の「遙望齊州九點煙」は、「夢天」の詩句（43頁）で、「遙望」とは、遥か遠くを眺めることである。「齊州」とは、今の中国の山東省済南に当たり、「齊州九點煙」とは、ここでは中国を指し、古代に中国は九州に分けられていた。詩句の原意は、（天上の月宮から）眺め見ると、中国は9点の煙塵のように霞んでしているという意味である。前句と同じく、徐葆光の遥か遠くにある故郷に対する郷愁の心情が表られている。

琉球三十六島圖歌（琉球三十六島図の歌）　徐葆光

琉球屬島三十六	琉球の属島　三十六
畫海爲界如分疆	海を画り界と為すこと　分疆の如し
羅列衆星皆内拱	羅列せし衆星　皆 内に拱き
中山大宅居中央	中山の大宅　中央に居る
往來稅賦有期會	往来せし税賦に　期会有り
冬夏候汎輪舟航	冬夏の候汎　舟航を輪らす
其北大島號爺馬	其の北の大島は　爺馬と号し
境鄰倭國分東洋	境は倭国に隣し　東洋を分かつ
太平諸山作南鎭	太平の諸山は　南鎮と作り
臺灣直北遙相望	台湾の北に直たり　遥かに相い望む
前王察度通朝貢	前王の察度は　朝貢を通じ
島酋始附中山強	島酋 始めて附す　中山の強きに
星槎舊錄缺地紀	星槎 旧禄　地紀を缺き
其國有禁多周防	其の国に禁有りて　周防多し
封舟此來落國北	封舟 此く来たりて　国北に落ち
葉壁六點斜相當	葉壁 六点　斜めに相い当たる
勒柁回針取那霸	柁を勒え針を回して　那覇に取り
船頭但見椅山黃	船頭 但だ見る　倚山の黄
姑米馬齒渺何許	姑米 馬歯　渺として何許りか
面南極望空青蒼	南に面いて極望するに　空しく青蒼たり
今來三月遍諮訪	今 来たりて三月　遍く諮訪し
海濱踏盡猶徬徨	海浜 踏み尽くすも　猶お徬徨す
洲嶼雖能舉一二	洲嶼 能く一二を挙ぐと雖も
更船遠近猶迷方	更船の遠近　猶お迷方す
主人輸誠出圖籍	主人 誠を輸して　図籍を出だし
題寫六六何周詳	題して六六を写すに　何ぞ周詳たり
基置尺幅三千里	基置 尺幅　三千里
對音繹字標其旁	音に対して字を繹ね　其の旁に標す
其中各島語言別	其の中の各島　語言 別にして
譯詞受事中山王	訳詞の受事は　中山王よりす
顋顋獨居乃恭順	顋顋として独居し　乃ち恭順にして
無一自大如夜郎	一も自大にして夜郎の如きもの無し

『琉球入学見聞録』巻4

聖人聲教彌六合	聖人の声教　六合に彌ねく
河源佛國歸堂皇	河源の仏国　堂皇に帰す
天下全圖成一覽	天下の全図　一覧を成し
朱書墨界窮毫芒	朱書 墨界　毫芒を窮む
琉球彈丸綴閩海	琉球の弾丸　閩海に綴なり
得此可補東南荒	此を得て補うべし　東南の荒を
朝來張挂向東壁	朝 来たりて 東壁に向かい張挂するに
紅旭冉冉升扶桑	紅旭 冉冉として　扶桑に升る

【語釈】

　○大宅…大きな屋敷。○往來…行ったり来たりすること。○税賦…「賦税」とも言う。人民に課して納めさせる税。『中山伝信録』巻4・琉球三十六島には、「又遣黄帽官涖治之、名奉行官、亦名監撫使、歳易人、土人稱之曰、親雲上。聽其獄訟、徴其賦税。」（また、黄帽官を派遣して島に行って監督している。これを「奉行官」と言い、「監撫使」とも言う。毎年交替する。住民はこの人を「親雲上」と呼ぶ。訴訟を判断し、賦税を徴取する。）と述べている。○期會…日時を決めて集まること。○候汛…潮が満ちるのを待つ。○輪…移す。移動させる。○舟航…船隻のこと。○爺馬…『中山伝信録』巻4・琉球三十六島では、「烏父世麻」とも言う。大島（奄美大島）のこと。○太平諸島…宮古諸島のこと。○鎮…抑え。敵の侵攻を防ぐこと。○相望…向い合う。○察度…琉球の国王の1人。中山王。元の至正10〈1350〉年即位、在位46年、洪武28〈1395〉年10月5日に薨じた。察度は、はじめ浦添按司となったが、西威が薨じ、世子が5歳で、母后が政を乱した。国の人々は、世子を廃して、察度を奉じて即位させた。これがおおよそ5伝、99年の英祖王統の滅絶である。明の洪武5〈1372〉年、皇帝は楊載を招諭使として琉球に送られ、それに応じ、察度は弟の泰期を朝貢の使者として送り、表を奉り臣を称し、貢物を献上している。このようにして明との交流が開始されたが、北山国及び南山国も明に使節を送り、中山・山南・山北の王位に冊封されている。英祖王統の残党勢力といえる読谷山按司、山北王国（北山王国ともいう）、山南王国（南山王国とも言う）の間で争いは絶えなかったが、冊封体制の中での三山時代が確定されることとなった。○朝貢…外国の使者が君主などに貢物をさし出すこと。一般的には中国の皇帝に対して冊封国などの周辺国の君主が貢物を捧げ、皇帝は周辺国の君主は恩賜を受けることを指す。なお、周辺国が中国の皇帝に貢物を捧げることを進貢といい、皇帝がその貢物を受け入れることを入貢という。○島酋…島の頭目。『中山伝信録』巻4・琉球三十六島には、「琉球屬島三十六、水程南北三千里、東西六百里、遠近環列。各島語言、惟姑米、葉壁與中山為近、餘皆不相通。擇其島能中山語者、給黄帽、令爲酋長」（琉球の属島は三十六あって、水程は南北3千里、東西6百里で、遠近の島々が環列している。各島の言葉は、た

－210－

だ姑米［久米島］、葉壁［伊平屋諸島］だけは中山に近いが、ほかはすべて互いに通じない。その島の中山語が喋られる者を択んで、黄帽を授与して酋長にしている）という記述がある。○附…帰付する。付き従う。○星槎舊錄…ここでは、『星槎勝覧』、『使琉球録』などの琉球に関する記録。○地紀…地理についての記録。○其國有禁多周防…「周防」とは、周密に防ぐこと。全詩句の意味について、徐葆光の従客である翁長祚が書いた『中山伝信録』の「後序」には、「蓋其國禁素嚴、事無鉅細、皆噤不語客、自有明通貢三百餘年、嘉靖以後奉使者人人有錄、而皆不免於略且誤者、職是故也（たぶん、その国禁が平素、厳しいためであろうか、ことの大小となく、すべて黙して客に語ろうとはしない。明と通貢を始めて以来、3百年あまり、嘉靖以後は、冊封使それぞれに使録はあるが、すべて粗略で誤りのあることを免れないのは、主としてこのためである）」という記述がある。○葉壁…伊平屋島。○相當…相対。向かい合っていること。○柂…舵を取る。○回針…変針。針路を変えること。○姑米…久米島。○馬齒…慶良間島。○極望…遥か遠くまで見る。○青蒼…青々としている様子。○諮訪…諮詢と訪問。○傍徨…迷う。判断に迷う。○更船遠近…船が航行した里数の遠近、水程の遠近。『中山伝信録』巻1・更には、「海中船行里數、皆以『更』計。或云百里爲一更，或云六十里為一更，或云分晝夜為十更。今問海舶夥長，皆云六十里之説為近。」（海上で船が航行した里数は、すべて「更」で測る。ある人は百里を1更とし、ある人は60里を1更とし、ある人は昼夜を分けて10更とするとも言う。このたび、封舟の夥長に尋ねてみたところ、みな、60里の説が近いとのことであった。）と述べている。○迷方…方向に迷う。ここでは、島と島の相対位置が分からないこと。○輸誠…真心を尽くす。○圖籍…土地の図面と、人民や財貨・穀物に関することを記した帳簿。○棊置…碁石を並べたように、きちんと並ぶ。○繹…次々と引き出して吟味する。○受事…事柄を承る。○顒顒獨居…「顒顒」とは、愚直なさま、おっとりしたさま。『漢書』賈捐之伝「顒顒獨居一海之中（顒顒として独り一海の中に居る）」。○聖人…ここでは、康熙皇帝を指す。○聲教…声威文教。天子の威厳と教え。○彌六合…「六合」とは、東・南・西・北・上・下の六つの方角。天下、世界。「彌」とは、わたる。端まで届く。○河源…黄河の源流。○佛國…ここでは、烏斯藏（チベット）のことを指す。○堂皇…大きくて、華やかなさま。ここでは、中国を指す。○毫芒…「毫芒」とは、毛と、のぎ。微細なものの譬え。○彈丸…鉄砲・大砲のたま。土地などが狭いことの譬え。○荒…重大な不足、欠乏。○冉冉…じわじわと行くさま。だんだん進むさま。○扶桑…昔、中国で、東方の海中にあるという神木。日の昇る所という。また、その木のある地。

【口語訳】
　琉球では属島が三十六島ある。海を画いて境界になり、境域を区切ることが如く。羅列する衆星のように島々が皆、内に向けて拱いている。中山は大宅のようにその中央にある。島々が中山と往来して、賦税を納めることには決まった日時がある。冬と夏に、潮が満ち

『琉球入学見聞録』巻4

るのを待って船を出す。

　その北の大きな島は「爺馬」と号する。国境は日本と隣り合って、東方の大洋を分かち
合う。宮古諸島はその南方の抑えである。台湾の真北にあって、遥かに台湾と向い合って
いる。前の国王である察度は中国に通じ、朝貢する。一方、島々の頭目が始めて国力の強
い中山に帰付する。

　『星槎勝覧』、『使琉球録』などの琉球に関して古い記録には、地理についての記録が欠け
ている。その国は国禁があって、外人に対して周密に防ぐことが多い。今回、封舟が琉球
に来る途中で、北上しすぎて国の北方に漂流した。葉壁山（伊平屋島）が6つの点のよう
に、斜めに向かい合っている。舵を取って針路を変えて那覇に向かった。船首でただ黄色
がかった椅山（伊江島）が見える（「倚山黄」とは、伊江島そのもののことを指しているのではな
いか）。姑米（久米島）・馬歯（慶良間諸島）は遥かにして、どこにあるのか。南に向けて遥か
遠くまで見ると、ただ青々としている空と海が見える。

　琉球に来てから今まではもう3か月で、人々に遍く諮詢と訪問をしている。その海浜を
踏破したが、なお島々のことに迷っている。その洲嶼を1つや2つ挙げることができる。
しかし、なおその水程の遠近や方向に迷っている。主人の国王が真心を尽くして、琉球に
関わる図籍を出してくれた。三十六島を画いてくれた、なんと周到で細かい。

　島々が碁石を並べたように、きちんと並び、尺の画面に3千里の地図が描き込まれてい
る。島々の名前を土音に対応してその漢字を次々と引き出して吟味してから、地図上の島
の傍に標す。三十六島の各島は、言葉が違う。そのため、訳語は中山王に承る。各島は顒
顒として独り一海の中に居て恭順である。夜郎自大のような島は1つもない。

　皇帝の威厳と教えは天下にゆきわたっている。黄河の水源地や仏国の烏斯蔵（チベット）
とも大きくて華やかな中国に帰順した。天下の全図ができて一覧と成った。文字は朱色で、
境界は墨色で極めて微細に描いてある。琉球は鉄砲のたまのように小さく、福建の海上に
点をうったようにあちこちに散在している。これ（琉球三十六島図）を得て（天下の全図の）
東南の方角の重大な欠乏を補完できる。朝が来るたび東方に向かっている壁に（琉球三十六
島図を）張り掛ける。赤い朝日は冉冉として扶桑（東方の海上）から昇ってくる。

【余説】

　詩の題目である「琉球三十六島図歌」をと、作品は「琉球三十六島図」を詠っているこ
とが簡単に分かる。「琉球三十六島図」について、『中山伝信録』巻4・琉球三十六島には、
以下のような記述がある。

　　三十六島、前錄未見、惟張學禮『記』云、『賜三十六姓、教化三十六島』、其島名・物
　　産、則未之及也。今從國王所請示地圖、王命紫金大夫程順則為圖、徑丈有奇、東西南

－212－

北方位略定。然但注三十六島土名而已、其水程之遠近・土産之磽瘠、有司受事之定制、則俱未詳焉。葆光周諮博采・絲聯黍合、又與中山人士反覆互定、今雖略見眉準、恐舛漏尚多。加詳審定、請俟後之君子。

（三十六島については、これまでの使録には出ていない。ただ、張学礼の『使琉球記』に「三十六姓を賜って、三十六島を教化した」とあるが、島の名や物産などには、言及していなっかた。このたび、国王に地図の提供をお願いしたところ、国王は紫金大夫の程順則に命じて、図を作らせた。図の径は１丈あまりで、これで東西南北の方位がほぼ定まったが、三十六島には土名を注しただけで、その水程の遠近や、土産の多少、有司の任命の制度などは、すべて未詳であった。そこで私は、広く訪ねて聞いたことを採用し、それを総合的に判断し、また中山の人士と反覆確認し合い、やっと基準的なものができたが、恐らく誤りや書き落としも多いことであろう。詳く調べて定めるのは、後に誰かがやってくれるのを待つことにする）。

　これによると、「琉球三十六島図」は、徐葆光より国王の尚敬に要求した上で、程順則が王命で作ったものを基にして作成されたものである。
　徐葆光は、作成された「琉球三十六島図」を入手したことを、詩の38句目で「得此可補東南荒」（これを得って東南の方角の重大な欠乏を補完できる）と嬉しそうに詠んでいる。詩意をよく吟味すると、彼の望ましいことが実現して心がうきうきとして楽しい様子が見える。何故、徐葆光は「琉球三十六島図」の作成や入手に興奮したか。
　近頃、康熙皇帝は役人を遣わし、四方の各地に出て道程を測量し、天下の全図を画かせた。この全図は新たにできあがった。このことについて、徐葆光は、また、詩の35句目で「天下全圖成一覽」（天下の全図ができて一覧と成った）と詠んでいる。しかし、この「天下の全図」には、琉球の地図が含まれていない。そのため、徐葆光の『中山伝信録』の「自序」には、「伏觀禁廷新刊輿圖、朝鮮・哈密・拉藏屬國等圖皆在焉。海外藩封、例得附於其次。」（禁廷の新たに刊行した輿図を伏して観覧した上、朝鮮・哈密・拉蔵などの属国の図は、みな載せられている。海外の藩封も、例としてその次に付録されることができるのではなかろうか。）と述べ、琉球は朝鮮・哈密・拉蔵などのように、その地図を新たに刊行した天下の輿図に載せられるのが望ましい。彼にとって、「琉球三十六島図」を入手したことは、望ましいことが実現できることを意味する。そのため、徐葆光は「得此可補東南荒」と嬉しそうに詠んでいる。

中山竹枝詞（中山の竹枝詞）　徐葆光

　其一
小船矗起半天中　　　小船矗起す　半天の中

－213－

『琉球入学見聞録』巻4

一尺檣懸五寸篷　　　一尺の檣懸ける　五寸の篷
渡海歸人當有信　　　渡海せる帰人　当に信有るべし
竿頭昨夜是南風　　　竿頭に昨夜　是れ南風あり
［渡海之家、例造小木船、桅帆畢具。置竿頭、立庭中。候風、以卜歸期。自閩歸國、皆以南
風爲候。（渡海の家、例として小木船を造り、桅帆畢く具わる。竿頭に置き、庭中に立つ。
風を候ちて、以て帰期を卜う。閩より帰国するは、皆な南風を以て候と為す）］

【語釈】
　○中山竹枝詞…竹枝詞は、歌の1体で、土地の風俗などを上品に表現し、正しい節で歌
えるように作ったもの。唐の劉禹錫に始まる。○小船…原注に見える「小木船」のこと。
○知らせがある。時に合う。蘇軾の「張十七の九日子由に贈るに次韻す」に「官事　窮ま
り無し　何の日の了れるか、菊花　信有るも　吾れ期せず」とある。○候風…風向を観察
する。

【口語訳】
　（風見の）小船は空の半分の高さまで長くまっすぐに立っている。
　その小船は、1尺の帆柱と5寸の帆が掛かっている。
　海を渡る人たちが帰ってくる時は、風向きの知らせが届くことだろう。
　竿の先の風旗を見ると、昨夜は風向きが南であったから。

　其二
衾子垂垂不繋腰　　　衾子垂垂として腰に繋がず
招風長袖學芭蕉　　　風を招く長袖　芭蕉に学ぶ
不知螺髻東西堕　　　知らず　螺髻東西に堕ち
玳瑁簪長尾倒翹　　　玳瑁の簪長く尾を倒に翹ぐ
［女衣名衾子、腰無帶、被身上。頭髻甚鬆、東西偏堕、蓋古倭堕髻也。女簪玳瑁、長尺許、
倒插髻中、尾翹額上。（女衣を衾子と名ず、腰に帯無く、身上に被る。頭髻甚だ鬆に、東西に偏り
堕つ、蓋し古の倭の堕髻なり。女の簪玳瑁、長さ尺許、倒に髻中に挿す、尾を額上に翹ぐ）］

【語釈】
　○衾子…原注にあるように、女子の着物。琉球語の「チン」の音を使用したもの。○垂
垂…垂れ下がる。○螺髻…ほら貝のように束ねた髪。○倭堕髻…女性の髪形のひとつで、
髪を首のあたりで切りそろえて垂らしたもの。切り下げ髪ともいう。○玳瑁簪…玳瑁（タ
イマイ）は海亀の1種。タイマイの背甲で作る簪のこと。

－214－

『琉球入学見聞録』巻4

【口語訳】

　着物がゆったりと垂れて腰に帯でしばっていない。

　風に吹かれてゆれる袖が芭蕉の葉のようだ。

　結った髪の毛は左右に落ち。

　額の上では玳瑁の簪が長く尾を逆さまにあげている。

　其三

纖纖指細玉抽芽　　　　纖纖たる指細く玉抽の芽

三五初交點點瑕　　　　三五初めて交す点点たる瑕

墻上空憐小垂手　　　　墻上空しく憐れむ　小垂手

迴風如捲落梅花　　　　迴風捲くが如く　梅花落つ

［女十五黥手指背、墨點如梅花（女十五にして黥手指お背に黥し、墨点は梅花の如し）］

【語釈】

　○纖纖…ほっそりとしている。「古詩十九首」の「青青河畔草」に「娥娥たる紅粉の妝、纖纖たる素手を出す」とある。○抽芽…草木が芽を吹き出す。ここでは女性の手のたとえ。○三五初交…15歳になったばかり。三五は15歳。交は会うこと。○迴風…つむじ風。

【口語訳】

　ほっそりとした指が草木の柔らかい芽のようだ。

　女性は15歳になると手指にいれずみをする。

　垣根の上から垂れた可愛らし小さな手は愛おしい。

　まるでつむじ風に吹かれて、梅の花が散るようである。

　其四

海濱魚市早潮還　　　　海浜の魚市　早潮還る

細徑斜通失汁山　　　　細径斜に通る失汁山

頭帶荷筐趁墟去　　　　頭に荷筐を帯びて趁墟に去く

歸來壓匾翠雲鬢　　　　帰来す圧匾　翠雲の鬢

［辻山一名失汁山、女集所（辻山は一名失汁山、女集の所なり）］

【語釈】

　○失汁山…那覇の辻のこと。○荷筐…荷物を入れるかご。ここでは、女性たちが商品で

ある魚を入れているかごのこと。○趁墟…臨時の市場に赴く。商売をすること。○壓匾…髪の毛が荷物で圧迫されて髻が垂れ下がって潰れてしまう。

【口語訳】

朝の潮が引いた海辺で市場が開かれている。

細い道を下って行くと辻の海辺である。

女性たちは頭にかごを載せて市場へ行く。

市場から帰ると黒い雲のような髻は、押し潰されている。

其五

海光晴漾碧天雲	海光晴れて漾う　碧天の雲
三五龍姑自作群	三五の龍姑　自ら群を作す
石筍崖邊朝不動	石筍崖辺　不動に朝え
雪崎洞裏拜龍君	雪崎洞裏　龍君を拝す

［波上山一名石筍崖、寺中有神、手劍而立、名不動。波上山東有小山、名雪崎、下有洞。正・三・五・九月謂之吉月、女子相約拜洞以爲常（波の上山　一名石筍崖、寺中に神有り、剣を手にして立ち、不動と名づく。波の上山の東に小山有り、雪崎と名づく、下に洞有り。正・三・五・九月は之を吉月と謂い、女子相約して洞に拝するを以て常と為す）］

【語釈】

○龍姑…女性の美称。ここでは、琉球方言の「イナグ」の音訳か。○石筍崖…波上山のこと。崖が筍のようにそびえているから言う。○雪崎…近世の若狭町村の北に広がる海岸の丘陵。西側の波之上の丘陵と向い合っていた上の毛の先端。方言音「ユーチヌサチ」をなぞったものであろう。（平凡社『沖縄県の地名』参照）

【口語訳】

海上には日が光って晴れやかで、海波が揺れ動き、青空に白い雲が浮かんでいる。

女性たちは三々五々に、自然に群がり集まる。

そして石筍崖のそばの不動明王を拝む。

また、雪崎洞の中の水神を参拝する。

其六

中秋滿月照空村	中秋の満月　空村を照らし
雞犬無聲晝掩門	鶏犬声無く　昼も門を掩う

『琉球入学見聞録』巻4

八月靈辰惟白露　　　八月の霊辰　惟だ白露のみ
家家三日守天孫　　　家家三日　天孫を守る
[白露節國中爲大節、前後三日、閉門不語、靜坐守天孫。天孫國中開世祖也（白露節は国中の大節為り、前後三日、門を閉じて語らず、静坐して天孫を守る。天孫は国中の開世の祖なり）]

【語釈】
　○靈辰…吉日である。○白露…二十四節気の１つ。陰暦８月の節気である。ようやく秋らしい気配がしてくるころ。○天孫…文字通りだと、琉球の創世神話に出てくる天孫氏（原注参照）。

【口語訳】
　中秋の満月がひっそりとした村を照らしている。
　鶏や犬の鳴き声もなく、昼でも扉を閉じている。
　８月の吉日はただ白露だけである。
　家々は３日間、天孫を待つ。

　　其七
小窓傍晩向西開　　　小窓傍晩　西に向いて開き
忽見纖纖落鏡臺　　　忽ち見る　纖纖たる落鏡台
豫算初三拜新月　　　予め算う初三　新月を拝み
隔墻先約小姑來　　　墻を隔てて先に約す　小姑の来たるを
[俗有待月之期、初三夜、焚香對月拜。十八夜、焚香、立待月升、拜畢乃坐。廿三夜、焚香、坐待月上、乃拜。（俗に月を待つの期有り、初三の夜、香を焚き月に対して拝す。十八の夜、香を焚き、立ちて月の升るを待つ、拝し畢れば乃ち坐す。二十三の夜、香を焚き、坐して月の上るを待ち、乃ち拝す）]

【語釈】
　○傍晩…夕方。○纖纖…細い様。ここでは、細い三日月をいう。○豫算…あらかじめ当てににする。○小姑…夫の妹。

【口語訳】
　夕方に、小窓が西に向けて開いている。
　忽ち、細い三日月が鏡台に映っているのを見た。
　初三日に新月を拝むつもりだ。

－ 217 －

『琉球入学見聞録』巻 4

先ず、垣を隔てている夫の妹に来るように約束する。

其八

海波日出靜無垠　　　海波日出し　無垠に静く
子午靈期又一新　　　子午霊期　又一新す
銀蟾今日團圝夜　　　銀蟾今日　団欒の夜
汲取新潮獻竈神　　　新潮を汲み取り　竈神に献ず
［毎月十五、女至炮臺、取潮水獻竈。（毎月十五、女は炮台に至り、潮水を取りて竈に献ず）］

【語釈】
　○無垠…境がない。限りがない。○子午…「子」は十二支の 1 番目、「午」は 7 番目である。転じて、時日をいう。○靈期…吉日。または、神仏が降臨する日。○銀蟾…月の別名。月の中に蟾がいるという伝説による。

【口語訳】
　日が出る海波は清く澄んで限りなく。
　時日は、また神仏が降臨の吉日になって、すべてのものを新しくする。
　月を見ると、今日は満月だ。
　新しい潮水を汲み取って、竈の神に奉げる。

城嶽靈泉 （城嶽霊泉）　徐葆光

瑞泉托王居　　　瑞泉は王居に托き
巨榜標金闕　　　巨榜　金闕に標す
玉乳瀉巖溜　　　玉乳　巖に瀉ぎて溜まり
泠泠自幽絶　　　泠泠として自から幽絶たり

【語釈】
　○瑞泉托王居…「瑞泉」とは、もともと勝れた泉の意であり、ここでは中山第一の泉と称されていた首里城内の泉を指す。「王居」とは、王の住まいのことで、ここでは首里城を指している。○巨榜標金闕…「榜」とは、扁額や木製の書付のこと。「瑞泉」は、首里城内郭の正門（第 2 門）の瑞泉門の崖下に湧いている。門には扁額が掛けられており、「瑞泉」と記してあった。「巨榜」とは、この「瑞泉」の扁額を指すと思われる。また、瑞泉の周囲には、歴代冊封使が瑞泉に題してしたためた書を石碑にして建てており、それらを指して

－218－

いるとも考えられる。また、この句を「城嶽」と考えた場合、汪楫『使琉球雑録』巻2「境域」に「山椒有屋一區、扁曰「城嶽」（山椒に屋一区有り、扁に曰く「城嶽」と）」という記述があり、「巨榜」は、この「城嶽」の扁額と考えるのも可能か？

迎恩亭（迎恩亭）　徐葆光

一片仙颿下九天	一片の仙颿　九天より下る
海東屬島喜駢闐	海東属島喜駢闐
迎恩亭下潮初漲	迎恩亭下　潮初めて漲る
百綆爭牽萬斛舡	百綆争いて牽く　万斛の舡

【語釈】

　○仙颿…封船のこと。「颿」は帆のこと。転じて帆かけ船。帆船のことを指す。○駢闐…多くの物事が聚合している様子である。○萬斛舡…積載量が非常に大きな船。

【口語訳】

　1隻の封船が九天（天朝）から来た。

　大海の東方の属島（琉球）の島民は皆な歓喜して一同に集まっている。

　迎恩亭のもと、潮が満ち初めてきた。

　この潮時を利用して、島民らは百条の縄をかけて封舟を引っ張る。

東苑4首（東苑4首）　徐葆光

其一

一曲崎山路	一曲す崎山の路
峰廻啓苑扉	峰廻りて　苑扉を啓く
繚垣藤絡石	繚垣　藤は石に絡み
蓋地毯爲衣	蓋地　毯は衣と為る
岩瀑當門落	岩瀑　門に当たりて落ち
林禽背客飛	林禽　客を背にして飛ぶ
置身瀛海上	身を瀛海の上に置けば
寥廓坐忘機	寥廓として坐して忘機す

『琉球入学見聞録』巻4

【語釈】

　○崎山…『中山伝信録』巻4・琉球地図には、「首里、王宮の所在地で、間切とは言わない。所属の村県は21。崎山《王宮の東南にある。崎山がある。山左を行くと東苑である》、金城……」。○峰廻…「峰廻路転」の略語。山道が幾重にも曲がりくねっているさま。○毯…毛や綿で織った薄い敷物である。ここでは、芝生を指す。『中山伝信録』巻4・紀遊には、「苑の門は西に向いている。門を入ると、地面に芝生が敷き詰められている。」という記述がある。○當門…門前、門の前。○背客…客の後ろ。客の背後。○瀛海…大海。大洋。○忘機…機心（謀を巡らす心）を蔵することを忘れる。

【通釈】

　1つの曲がっている崎山の路に沿って、幾重にも曲がりくねっている山道を過ぎると東苑の扉が開いている。

　垣根を囲い廻らしている藤が石に絡らまり、地面には青い苔が敷きつめられている。岩の上から流れ落ちる瀑布が東苑の門前に流れ落ちる。林の中に住む野鳥が客の背後に飛んでいく。

　私は、自分が瀛海の上に身を置いているような気がして、この空疎で静かな所に座って機心を蔵することを忘れる。

【余説】

　詩の題目は「東苑（4首）」であるが、『奉使琉球詩』舶中集では、「遊東苑柬中山王四首」とする。これによると、徐葆光はある日、遊びに東苑へ行き、この四首の詩に添える書簡を中山王の尚敬に送る。

　東苑について、『中山伝信録』巻4・紀遊には、以下のような記述がある。

　　東苑、在崎山。王宮以南一帶石山、皆名崎山、石狀甚奇。苑門西向、入門茵草遍地。板亭南面、二間。更進有屋三間、面南。屋上有「潮音應世」匾額、為天啓五年詔使指揮同知蕭崇基所書。亭東土阜一丘、形如覆盂、頗高竦、《汪錄》云是「雩壇。」更進少屈，南下西轉、山巖下有石獅、石虎尚存。激溜養魚處、皆已廢撤。南面皆山、南平田。東行、登小板閣——即望仙閣也、匾已失去、葆光為重書之。閣中有小龕、以香木爲柱、氣如桂皮、作薄板、劇空作字、大小參差。閣後有小佛堂、匾名「能仁堂」、南面。出佛堂、東過小竹橋登阜、正東見林木叢茂爲佐敷、中隔海港。少西、見小山、林木鬱然、即辨嶽也。南北望、皆見海。中山之東屬島姑達佳（譯爲久高）、前使汪楫為國王題「東苑」匾、今已失去。題東苑八景、有「久高朝旭」・「識名積翠」等八景。此爲國苑，制甚簡樸云。

（東苑、崎山にある。王宮から南の一帯の石山は、すべて崎山と名づけ、石のたたずまいが甚だ面白い。苑の門は西に向いている。門を入ると、地面に芝生が敷き詰められている。木造の亭が南に向いて２間ある。更に進むと屋宇が３間あり、南に向いている。屋の上には、「潮音応世」の匾額がる。天啓５〈1625〉年の詔使の指揮同知の蕭崇基が書いたものである。亭の東に、土を盛りあげた丘がひとつあり、伏せた碗の形で、やや高い。『汪録』は、これを「雩壇」としている。更に進んで、少し曲がって南に下り、西に曲がろうとする山の岩の下に、石の獅子と石の虎とが今もある。だが、流れを堰き止めて、魚を飼っているところなどは、既になくなってしまっている。南側は、すべて山である。平田を南にみながら、東へ行って登ると、小さい木造の閣がある。即ち望仙閣である。額は、既になくなっていたので、葆光がもう一度書くことにした。閣の中には、小さい厨子がある。香木が柱なので、桂皮のような香りがする。薄い板で作り、大小の字を取り混ぜて、透し彫りにしてある。閣の後に、小さい仏堂があり、「能仁堂」の額が掛かっていて、南に向いている。仏堂を出て、東へ行き、小さい竹の橋を過ぎて、岡を登ると、真東に林木が鬱蒼としている。佐敷である。海を隔てた港の少し西に、小さい山がある。林木が鬱蒼としている。即ち辨嶽（弁ヶ嶽）である。南も北も海が眺められる。中山の東の属島の姑達佳（訳して久高）が見える。前使の汪楫が、国王のために、「東苑」と題した額は、既になくなっている。「東苑八景」と題して、「久高朝旭」・「識名積翠」などの八景がある。ここは国苑なのであるが、その規模は甚だ簡朴である。）

これは、この四首の詩を解読する際、よい参考になる。

其二

極目浩無界	極目すれば　浩として界無し
超然八景空	超然として　八景空し
雲開識名翠	雲は開く識名の翠
日上久高紅	日は上る久高の紅
宮闕仙山近	宮闕　仙山に近く
樓臺蜃氣通	楼台　蜃気通る
望來高閣上	望み来たる高閣の上
坐御列仙風	坐御す列仙の風

【語釈】

　○極目…見渡す。遠くまで見る。目の届く限り。見渡す限り。○無界…限りがない。○超然…俗世間に関係しないさま。○八景…『中山伝信録』巻４・紀遊には、「前使の汪楫が、国王のために、〈東苑〉と題した額は、既になくなっている。〈東苑八景〉と題して、久高朝旭・識名積翠などの八景がある」と記している。○空…人けのない静かなさま。○

雲開識名翠…雲が開いて識名園は青々とした。八景の１つである「識名積翠」を詠っている。「積翠」とは、積み重なった緑。青々とした山が重なり合うさまの形容。○日上久高紅…八景の１つである「久高朝旭」を詠っている。○宮闕…宮城の正門の両側にある物見台。転じて、宮城の全体のこと。ここでは、東苑にある亭や屋宇などの建物を指す。○仙山…仙人がいるという山。白居易「長恨歌」「忽聞海上有仙山（忽ち聞く海上に仙山あり）」○樓臺…高殿。高い建物。物見台。ここでは、同じく東苑にある建物を指す。○蜃氣…想像上の動物である蜃（大ハマグリ）の吐き出す息。古人は、蜃の吐き出す息によって空中に楼閣などが現れると考えた。ここでは、仙界のことを指す。○高閣…高殿。ここでは、東苑にある望仙閣のこと。『中山伝信録』巻４・紀遊には、「東へ行って登ると、小さい木造の閣がある。即ち望仙閣である。額は、既になくなっていたので、葆光がもう１度書くことにした」と記している。○坐御列仙風…「御風」とは、風に御す。風に乗って操る。「列仙」とは、多くの仙人。「列仙風」とは、多くの仙人が乗っている風。

【通釈】

　見渡せばそこは一面の広々限りがない海原である。俗世間に関係しない東苑の八景は人けのない静かである。

　雲が開けば識名園が青々としていて、日が昇ると久高島が赤々としている。

　（東苑の）宮闕は海上の仙山に近い。楼台は蜃氣のある仙界を通す。仙人が望仙閣の上に来ることを望む。

　（こういう望が実現すれば、）私もこの望仙閣に座り、多くの仙人が乗っている風に乗って操ろう。

　其三

昔搆原從簡	昔の搆　原より簡に從り
今來未改觀	今來たれば未だ觀を改めず
依山微鑿礎	山に依りて微かに鑿礎し
倚樹借爲欄	樹に倚りて借りて攔えお爲す
景色圍空翠	景色　空翠を圍み
烟雲洗碧丹	烟雲　碧丹を洗う
亭中祖訓在	亭中　祖訓在り
澹泊素能安	澹泊　素より能く安んず

【語釈】

　○搆…構える。組み立てて作る。○原…もとから。元々。本来。○從簡…簡略にする。

簡素にする。『中山伝信録』巻第4・紀遊には、「ここは国苑なのであるが、その規模は甚だ簡朴であるとのことである」と記している。○改觀…様子・状況が一新する。変貌する。○依山…山の地勢に応じる。○鑿…のみで掘る。○磴…石坂。石を敷き詰めた登坂。石段になった坂道。○倚樹…木による。○欄…欄干。○圍…ぐるりと周囲を囲む。○空翠…空高く聳える木々の緑色。○烟雲…煙と雲。○洗…洗う。濯ぐ。洗って綺麗にすること。注ぎ洗うこと。○碧丹…丹碧。丹青。朱色と青色。また、朱色と青色の絵の具。○亭…ここでは、東苑にある茶亭を指す。○祖訓…先祖から残した訓示。徐葆光の自註によると、ここでは、尚益王の書いた「麤茶淡飯飽即休（粗末な飲食物を、飽きると直ぐ食事を休めよう）」という訓示である。○澹泊…あっさりして欲のないこと。物事に拘らず、さっぱりしていること。○素…平素。普段。常日頃。

【通釈】

　昔の東苑の構えがそもそも簡素にされていた。今回の来ることをしたら、その様子が未だに変わっていない。

　山の地勢に応じて微かにのみで掘って石坂を作る。木々に頼って借りて欄干にする。

　景色は、空高く聳える木々の緑色がぐるりと周囲を囲み、煙と雲が丹青などの絵の具で洗って綺麗にされたようになっている。

　亭の中に先祖から残っている訓示が書いてあり、（国王は、その訓示に従って）平素は澹泊で自分の生活に満足している。

　　其四

叠叠南山秀	叠叠として南山秀で
都歸東苑偏	都て帰す　東苑の偏
海濤晴帶雨	海涛　晴れて雨を帯び
嶽色午浮烟	嶽色　午の烟に浮かぶ
儉德存遺搆	儉德　遺構に存し
清游繼昔賢	清游　昔の賢を継ぐ
壁紗籠句處	壁紗　句を籠む処
猶寶鳳池篇	猶お宝のごとし鳳池の篇

【語釈】

○叠叠…ここでは、山々が重なっている様子。○南山…南方の山々。ここでは、東苑の南側にある山々と指す。『中山伝信録』巻4・紀遊には、「（東苑の）南側は、すべて山である」と記している。○偏…かたよる。中央からそれて片隅に寄っている様。○海濤…海が大

きな波。海が波立っていること。○「帯」とは、帯びる。傍に伴う。「晴帯雨」とは、晴れた空が雨を帯びる。○嶽…岳。高く大きな山。徐葆光の書いた自註（「辨嶽は東苑の東にあって、中山の最も高いところである」）によると、ここでは、辨嶽を指す。辨嶽について、『中山伝信録』巻4・紀遊には、「海を隔てた港の少し西に、小さい山がある。林木が鬱蒼としている。即ち辨嶽（弁ヶ嶽）である」と記している。○浮烟…空中に浮かんだ煙。ここでは、辨嶽を眺めて見える景色の形容である。遠くの青々とした森にかかって、空中に浮かんだ煙。○儉徳…引き締めて贅沢を慎む生活態度。○遺搆…「搆」とは、構え。組み立てて作るもの。「遺搆」とは、残している建物。ここでは、東苑にある茶亭を指す。○清游…風流の遊びをすること。○繼昔賢…昔の賢人のあとを継ぐ。○壁紗…壁の上に貼っている紗織り。○籠句…詩句を籠める。○鳳池篇…「鳳池」とは、宮中内にある池の名。宮中のこと。また、中書省や宰相のこと（鳳池のそばに、中書省があったことから）。前使の林麟焻の官職は「内閣中書舎人」であるので、ここの「鳳池篇」とは、林麟焻の書いた「東苑詩」を指す。徐葆光は自註で、「壁の上には、前使の林舎人麟焻の「東苑詩」が書いてある」と記している。

【通釈】

　叠叠として重なりあっている南方の山々は美しく、すべて東苑の片隅に寄っている。海が波立って、波の飛沫が飛び散るので、まるで晴れているうちに雨が降るように。辨嶽の景色は正午になると、蒸されて蒸気が立ち上るので、遠くの青々とした森の霞にかかって、空中に浮かんでみえる。

　引き締めて贅沢を慎む生活態度を取るという教えが茶亭の中に書いてあり、私は風流の遊びをして昔の賢人のあとを継ぐ。

　壁の上に貼ってある紗織りで詩句を籠める時には、今もなお林麟焻の書いた「東苑詩」を宝として愛する。

白金巖（白金巖）　徐葆光
[在兼城絲滿村。巨石圓立、前通一門、中可坐數百人、榕樹蔽之。葆光遊山南、與大夫蔡温等賦詩（兼城の糸満村に在り。巨石円立し、前に一門通じ、榕樹之を蔽う。葆光　山南に遊び、大夫蔡温等と詩を賦す）]

邊土行將盡	辺土　行くに将に尽きんとし
搖鞭絲滿村	鞭を揺らす　糸満村
溪深査渡馬	渓は深く　査にて馬を渡し
廬合樹爲門	廬は合し　樹は門と為る

村女窺崖隙	村女　崖隙より窺い
山農列酒罇	山農　酒罇を列ぶ
白金聯句就	白金　聯句就り
書破翠巖痕	書き破り　翠巖に痕す

【語釈】

　○邊土…都（首里）から遠く離れた土地。辺地のこと。○搖鞭…鞭を振ること。馬に乗ること。○白金聯句就、書破翠巖痕…「白金」とは、詩題の「絲滿村白金巖」にある「白金巖」である。「聯句」とは、何人かの人が１、２句ずつ作って集めて繋いで１首の詩とすることである。「就」とは、完成すること。白金巖で聯句を仕上げ、出来上がった聯句を青い岩の上に力強く書き込み、青い岩の上を覆っていた緑苔を破り、字痕を残したと詠んでいるが、徐葆光の「遊山南記」にも、「大夫請聯句、題石厓上（大夫が聯句することを請い、その聯句を石厓の上に題した）」と、このことを記す記事がある。

【通釈】

　南へ行く道が尽きようとしている。鞭を振り（馬に乗り）、糸満に向って行く。

　谷川は深いため、筏で馬を渡す。廬があり、木を門にしている。

　村の女が崖の隙間から（私たちを）窺っている。山の農夫が（私たちのために）酒樽を並べている。

　白金巖で聯句を仕上げる。（この出来上がった聯句を青い岩の上に）力強く書き込んで、青い岩を覆っていた緑苔を払い、字痕を残した。

冬耕（冬耕）二首　徐葆光

　其一

寒風颯颯卻爲霖	寒風颯颯として却て霖と為る
高下連山耕事深	高下連山　耕事深し
十月芋田葉未老	十月の芋田　葉未だ老いず
隔稜已透綠秧針	稜を隔てて已に透る　緑秧の針

【語釈】

　○颯颯…風の吹くさま。風の音を立てるさま。○卻…かえって。予期に反しての意を含む副詞。ところが。○霖…長雨。○連山…連なっている山々。○耕事深…深耕すること。地を深く耕すこと。○稜…穀物の筋目のついたかど。○秧針…針のような初生の稲の苗。

－225－

【口語訳】

　寒風が颯颯として吹く冬季なのに、長雨になった。

　連なっている山々が上から下まで深く耕されている。

　10月の芋田には芋の葉が未だに枯れずに残っている。

　かどを隔ている所に、既に緑の針のような初生の稲の苗が透けて見える。

　　其二

菊含英處已尋梅	菊の英を含む処　已に梅を尋ぬ
六月收田十月栽	六月田を収め　十月栽う
有稻莫聞兩番熟	稲は有れども両番熟するを聞く莫し
無花不是一年開	花は是れ一年開かざるは無し

【語釈】

　○含英…「英」とは、花である。「含英」とは、ここで、蕾が付くこと。○處…時。○尋…梅梅の花を観賞する。○收田…田畑で植えられる農作物を取り入れること。○栽…栽培すること。ここでは、農作物を植えることである。○熟…成熟。果物・穀物などが熟すること。

【通釈】

　菊が蕾を含み持つ時に、既に梅の花を尋ねることができる。

　（農作物を）6月に収穫し、10月に植える。

　稲は有るが、年に2回収穫できるとは聞かない。

　ここでは、年に1度も咲かない花はない（年中花が咲いている）。

【余説】

　徐葆光は、琉球人が冬の季節に田畑を耕し、作物を植え付けることに対して、不思議なことと感じ、「冬耕」を題目にしてこの2首の詩を詠んでいる。「校勘」で見たように、詩の3句目は「有稻常聞兩番熟（稲があり、年に2回収穫できると常に聞いている）」と「有稻莫聞兩番熟（稲があるが、年に2回収穫できるとは聞いていない）」と全く逆の2つの解釈になる。

唐榮竹籬（唐栄竹籬）　徐葆光

| 村村編竹牆 | 村村　竹牆を編み |

『琉球入学見聞録』巻4

筠綠滿秋徑	筠緑　秋径に満つ
客伴迷東西	客伴　東西に迷い
隔籬忽相應	籬を隔てて　忽ち相い応ず

【語釈】

　○唐榮…三十六姓の移住地で久米村のこと。初め唐営と呼ばれていた。後に唐営人自ら唐栄と改め、慣用の称呼となっている。『奉使琉球詩』舶中集では、「院旁八景」の1つ「枲村竹籬」となっている。○竹…竹は「此君」との別名もあり、それは晋の王徽之の「時呉中一士大夫家有好竹、欲觀之、便出坐輿造竹下、諷嘯良久。主人洒掃請坐、徽之不顧。將出、主人乃閉門、徽之便以此賞之、盡勸而去。嘗寄居空宅中、便令種竹。或問其故、徽之但嘯詠、指竹曰、何可一日無此君邪」（『晋書』巻80、列伝第50「王徽之伝」）という故事からきており、王徽之が竹を愛好していたことが分かる。また、宋代の詩人・蘇軾も「可使食無肉、不可使居無竹。無肉令人瘦、無竹令人俗。人瘦尚可肥、俗士不可醫」（「緑筠軒」）と述べ、竹が俗塵を消し去る植物であるとしている。○筠綠…「筠」については、「其在人也、如竹箭之有筠也、如松柏之有心也。（筠、于貧反。鄭云、竹之青皮也）」（『礼記』巻23「礼器第十」、『十三経注疏』5、藝文印書館）とあるように、本来は竹の青皮を指すものと思われる。それが後には竹そのものを指す語として転用されている。

中島蕉園（中島蕉園）　徐葆光

蕉影牆頭合	蕉影　墻頭　合たり
人家住綠雲	人家　緑雲に住む
機聲織明月	機声　明月を織り
幅幅冰綃紋	幅幅たり　冰綃の紋

【語釈】

　○中島…那覇の南東部に位置。仲島とも記す。北から東にかけて泉崎村、南東は湧田村、南と西は前の浜と称する浜辺で那覇川に面していた。泉崎村籍内。もとは名前のとおり小島（中州）だったようで、東側が陸橋で泉崎村とつながり、久茂地川河口の入り江をなしていた。仲島蕉園は、『中山伝信録』に見え、周煌『琉球国志略』は中山八景の1つにあげている。北西の久茂地川河口、那覇川が広がる海中には仲島大石があった。同石は久米村の風水にかかわるとして同村の管轄となっていた。

【口語訳】

中島では芭蕉が影を作り　垣根のあたりを覆っている。

人々の住まいは、その緑の雲のような影の中にある。

その人家から機織りの音が、月明かりの中で聞こえてくる。

その音は、白い絹の紋をなすような音である。

長虹秋霽（長虹秋霽）　徐葆光

跨海臥長隄	海を跨ぎ　長堤を臥せ
秋來宜曉望	秋　来たれば　暁望に宜し
脚底彩雲生	脚底　彩雲　生じ
月在虹霓上	月　虹霓の上に在り

【語釈】

○長虹秋霽…『奉使琉球詩』舶中集では「院旁八景」の１つとして出ている。「長虹」は「長虹堤」のこと。首里と浮島であった那覇を結ぶための海中道路で、泊村の崇元寺前の安里橋から若狭町村のイベガマ前の間に仮設されていた。尚金福王が国相の懐機に命じて造築させたという。長虹堤は長さ約１キロで、安里橋からイベガマまでの間に橋７座（または８座）が架けられ、湾入してくる海水の流れをせきとめないためアーチ式の水門があった。近代に入ると周囲は住宅地となったが、長虹堤は浮道であったため往事の姿を一部残していたという（『南島風土記』）。『琉球国志略』では「長虹秋霽」が中山八景の１つとされている。（『沖縄県の地名』日本歴史地名体系 48、平凡社、2002 年 12 月）

【口語訳】

海を跨ぐように長虹堤がを臥している。

秋が来ると明け方の眺めが良い。

橋脚のあたりに彩雲が生じ

夜になると月がその虹のような橋を照らし出す。

東苑八景詩（東苑八景詩）　程順則

其一

宿霧新開廠海東	宿霧新たに開けて　海東廠し
扶桑萬里渺飛鴻	扶桑万里　飛鴻渺たり

『琉球入学見聞録』巻4

| 打魚小艇初移棹 | 打魚の小艇 初めて移棹を移せば |
| 搖得波光幾點紅 | 搖れて得たり 波光幾点か紅し |

［東海朝曦］

【語釈】

○東苑…首里城の南南東の丘陵にある。「崎山町に在り、尚氏の別墅、城東に在るを以て東苑と云ひ、崎山に在るを以て俗に崎山の御殿と称する。東苑の名は、尚貞時代の冊使汪舟次（汪楫）の命ずる所である」（東恩納寛淳『南島風土記』）。八景は、東苑から四方を眺望したものと、東苑内の風景や事物に題材を得て詠んだものである。○宿霧…昨夜から晴れずに残っている霧。○扶桑…神木の名。中国の東方、日の出るあたりの海中にあるという。日本のこと。○打魚…網を投げて魚をとる。

【口語訳】

夜が明けるにつれて海上を閉ざしていた霧が消え、広々とした海があらわれた。
まだあけやらぬ空の万里のかなたへ、海鳥が飛んで小さくなっていく。
網を打っていた小舟（サバニ）が、場所を変えようと棹を動かすと、
海面がゆらゆらと揺れて、波が朝日にきらきらと光った。

　　其二

海角晴明嶼色丹	海色晴明にして 嶼色丹し
流霞早晩漲西巒	流霞早晩 西巒に漲る
若教搦管詩人見	若し搦管をして 詩人に見せしめなば
定作箋頭錦繡看	定めし箋頭に錦繡の看と作さん

［西嶼流霞］

【語釈】

○流霞…朝夕焼け。伝説上、流霞は仙人の飲み物。○西巒…西方に重なった山々。ここでは、東苑から西方海上に見える慶良間諸島。○搦管…筆の管を取る。○箋…ふだ。詩や文章などを書く小幅の美しい紙。○錦繡…物が美しいさまを表す。「錦繡腸」は、美しい詩文が自在に作れること。

【口語訳】

海は夕日に照らされて明るく、遙か西の海上の島々は赤い靄に包まれている。
朝晩には、たなびく靄がわきあがり、島を美しく彩る。

この美しい光景を、もし筆を取って詩文を作ろうとしている詩人にめせたならば、きっと、箋紙の最初に書き記すことであろう。

　其三

錦阡繡陌麗南塘	錦阡繡陌　南塘に麗し
天氣淸和長麥秧	天気清和にして麦秧長ず
一自東風吹浪起	一たび東より風吹きて浪の起これば
綠紋千頃映溪光	緑紋千頃　渓に映じて光る

［南塘麥浪］

【語釈】

　○南塘…東苑から南方を眺めた時、眼下に広がる繁多川の渓流と南風原・東風平あたりの田園風景。○錦阡繡陌…錦繡阡陌に同じ。錦繡は絹で織った美しい織物を言う。景色や文章などの美しいことをたとえる。阡陌は東西南北に通じる道。ここでは、田園に伸びるあぜ道のこと。○麦秧…麦の苗。○千頃…広い畑。頃は広さの単位。１頃は百畝。

【口語訳】

　麦畑の中に東西南北にあぜ道が伸び、ここ東苑から見える南のつつみのなんと美しいことが。

　天気は清らかで穏やかで、麦の苗が伸びている。

　ひとたび東風（春風）がふくと麦畑に浪が起こり、

　千頃もある広い麦畑は緑の紋が波打ち、近くを流れる渓流に映えてきらきらと光る。

　其四

北來山勢獨嵯峨	北来の山勢は　独り嵯峨たり
葱鬱層層翠較多	葱鬱層層として　翠較多し
始識三春風雨後	始めて識りぬ　三春風雨の後なるを
奇峰如黛擁靑螺	奇峰黛の青螺を擁するが如くなるを

［北峯積翠］

【語釈】

　○積翠…積み重なった緑。青山などの形容。○嵯峨…山の険しく、石がごつごつしていること。○葱鬱…青くっ樹木が群がり茂るさま。○三春…孟春（陰暦１月）、仲春（２月）、季春（３月）の春３か月。○青螺…重なりあった青い山の形容。

『琉球入学見聞録』巻4

【口語訳】

　北方にそびえたつ山々は、迫ってくるような勢いで、高く険しく突き出ている。

　こんもりと草木が重なりあって、翠を競い合っているかのようだ。

　そのような風景を見てはじめて気がついたが、今は春の終わり頃で雨の降った後である

ことに。

　山々は、まゆずみのような深い青色に彩られ、みごとな姿を見せている。

　　其五

仙洞花發洞門開　　　仙洞の花発きて　洞門開く

猛獸成羣安在哉　　　猛獸　群を成すも　安くにか在らんや

將石琢爲新白澤　　　石を将って琢し為る　新白沢

四山虎豹敢前來　　　四山の虎豹　敢えて前み来たらんや

［石洞獅蹲］

【語釈】

○石洞…石のほら穴。○白澤…中国の想像上の神獣。○虎豹…非常に勇猛なもののたとえ。

【口語訳】

　石の洞穴のまえでは桃の花が開いている猛獣が

　荒々しい獣が群をなしているというが、いったいどこへ行ってしまったのだろう。

　石をけずって作った新しい白沢（神獣）の像が、この洞穴を守っている。

　それで、四方の勇猛な獣もここ東苑には近ずくこともない。

　　其六

凌雲亭子有龍眠　　　凌雲亭子　龍の眠れる有り

吐出珠璣滾滾圓　　　吐出す珠璣　滾滾として円なり

今日東封文筆秀　　　今日東封するに　文筆秀でたり

好題新賦續甘泉　　　好題の新賦　甘泉に続く

［雲亭龍涎］

【語釈】

　○龍涎…龍のよだれ。風水では東は神獣の青龍のいる所にあたる。○凌雲亭…凌雲とい

う名のあずまや。○珠璣…丸い玉と角ばった玉。宝玉。○滾滾…水が盛んに流れるさま。

－ 231 －

○東封…東苑に封じ込めてあること。○新賦…詩歌を作る。詩歌をうたう。○甘泉…うすい酒のような味のする特別の泉をいう。

【口語訳】

　凌雲亭の建っているあたりは、龍が眠っている。

　龍が吐き出すかのような玉のような清水が滾々と湧き出ている。

　今日この凌雲亭に滞在しているが、ここは詩文を作るに秀でた所だ。

　龍の吐く珠玉のような新しい詩が甘い泉のように湧き出てくる。

　　其七

行到徂徠萬籟清　　　行きて徂徠に到れば　万籟清し

銀河天半早潮生　　　銀河天半　早潮生ず

細聽又在高松上　　　細かに聴けば又在り　高松の上

葉葉迎風作水聲　　　葉葉　風を迎えて　水声を作す

［松徑濤聲］

【語釈】

　○徂徠…行き来。往来を意味する。また、山東省泰安県の東南にある山の名でもある。『詩経』魯頌・閟宮に「徂徠之松、新甫之柏」とあるので、ここでは松の多い丘を意味している。東苑に松のあったことがわかる。

【口語訳】

　徂徠に行くとすべての物の響きが清すがしい。

　銀河は中天にかがやき、まるで朝潮が満ちてくるような音がする。

　しかし、よく耳を澄ますと、それは高い松の梢から聞こえる音である。

　松は葉ごとに風を迎えて、風が吹くたびに波の寄せるような音を立てる。

　　其八

東方初月上山堂　　　東方の初月　山堂に上る

萬木玲瓏帶晩霜　　　万木玲瓏として　晩霜を帯ぶ

照見皇華新鐵筆　　　照見す皇華の新鉄筆

千秋東苑有輝光　　　千秋の東苑　輝光有り

［仁堂月色］

【語釈】

○仁堂…望仙閣の後方に 1689（康熙 28・尚貞 21）年に建立された、能仁堂と呼ばれる小板閣である。山堂も同じである。○初月…普通には新月、三日月だが、ここでは東の空からその日初めて上った月の意味にとる。○玲瓏…金属や玉が触れあって鳴る美しい音。玉のようにあざやかで美しいさま。○晩霜…日が暮れておりた霜。おそい季節の霜。○皇華…天子がつかわした使臣。勅使。○鐵筆…扁額に彫られた文字。○千秋…長い年月。長寿を祝う意味合いを持つ。○輝光…輝き光る。『中山詩文集』では、結句に「天使翰林汪公扁曰東苑」の原注がある。これにより、東苑には、冊封使汪楫の扁額「東苑」があったことがわかる。東苑の命名者が汪楫であるというのも、これによる。

【口語訳】

東方に初めて昇ってきた月が能仁堂の上のあたりにきた。

月の光を受けて、すべてびての木々は鮮やかに照らしだされ霜をおびている。

また、この度の冊封使が書いた新しい筆跡の扁額も、月の光に照らされている。

この東苑の扁額は、永遠に輝きを放ち続けることだろう。

題使院種蕉圖（使院に蕉を種うるの図に題す）　蔡文溥

數株蕉扇半遮空	数株の蕉扇　半ば空を遮ぎる
仙客栽培興不窮	仙客の栽培　興窮まらず
虛檻籠陰消暑氣	虚檻　陰に籠りて暑気を消す
幽牕伴月引凉風	幽牕　月を伴いて凉風を引く
飄搖影出高牆外	飄搖して影は高牆の外に出で
掩映綠浮一院中	掩映して緑は一院の中に浮く
擬似輞川當日景	輞川当日の景に似たるに擬す
好將圖獻未央宮	図を将って未央宮に献ずるに好ろし

【語釈】

○使院…冊封使の宿泊所（天使館）の庭。○仙客…天使。ここでは冊封使のこと。○虚檻…大きな手すり。○幽牕…静かな窓。○輞川…川の名。陝西省藍田県南の山谷を源とする。唐の王維が別荘を作った所。20 か所の名勝がある。○未央宮…漢の宮殿の名。陝西省長安県の西北。

【口語訳】

　　数株の芭蕉の葉が扇のようで空の半ばを覆っており、冊封使が植えたものでその魅力はきわまりがない。

　　天使館の大きな手すりには影ができて暑さを消し、夜になると静かな窓に月影を作って涼しい風を引く。

　　芭蕉の葉が翻って高い垣根の外のまで影ができ、天使館の庭は緑の陰におおわれる。

　　これはあたかも唐の王維が別荘を営んだ輞川に日が差したかのようであり、この図を漢の宮殿である未央宮に献上したくなるほどだ。

呈冊封天使四韻（冊封天使に呈する四韻）　蔡文溥

熙朝恩寵航溟海	熙朝の恩寵　溟海を航し
萬里鮫宮紫氣臨	万里の鮫宮　紫気もて臨む
五色彩雲天子詔	五色の彩雲　天子の詔
一泓秋水使臣心	一泓の秋水　使臣の心
東藩恪守共球職	東藩は恪守し　球職を共にし
北闕頒封雨露深	北闕封を頒ち　雨露深し
爲咏皇華光遠地	為に咏ず　皇華光遠の地
高懸遠望想商霖	高懸　遠望　商霖を想う

【語釈】

○恩寵…皇帝の恵み。○溟海…大海原。大海。○鮫宮…鮫人の住んでいる所。「鮫人」は、水中の妖怪。人魚。南海に住み、水中で機を織り、泣くときは真珠の涙を流すという。○一泓…広いところ。○東藩…東の藩属国。ここでは、琉球のこと。○恪守…つつしみ守る。忠実に守る。○北闕…北にある宮殿の門。ここでは北京の宮殿の門。○雨露…めぐみ。恩沢。雨露が万物をうるおすからいう。○皇華…天子の使臣。勅使。『詩経』小雅「皇皇者華序」の略称。「皇皇者華、君遣使臣也」とある。○商霖…大旱魃の時に降る雨。商（殷）の高宗武丁が、傳説を相として、大旱魃の時には、汝を用いて霖雨となさんと言った故事による。

【口語訳】

　　素晴らしい時代の皇帝の恵みが大海を渡り、鮫人の住む南の海のかなた琉球へ冊封使者が来られた。五色の彩をもった雲のような天子の詔と、清らかに澄んだ使臣の心。東藩（琉球）は、ただその職を慎み守るだけである。それは、清国の分かち与える恩恵が深いからだ。

冊封使がこの遠い土地まで来られたこと称え、その大きな恩恵を思うのである。

徐太史枉過四本堂誌喜（徐太史枉げて四本堂に過ぎり喜びを誌す）　蔡文溥

陋巷蕭蕭一草堂	陋巷蕭蕭たる　一草堂
翹翹旌旆下寒郷	翹翹たる旌旆　寒郷に下る
山村也識朱輪客	山村也た識る　朱輪の客
咸道文星載路光	咸な道う　文星路に載ちて光るを

【語釈】
　○徐太史…徐葆光のこと。徐が渡来した時、蔡は50歳前だが、病のため職を辞して自宅で療養していた。無冠の一士人に過ぎない蔡の家をわざわざ訪問してくれたのは、望外の喜びであったに違いない。○陋巷…村里の通り。○草堂…草ぶきの家。粗末な家。自分の家を謙遜して言うことば。○旌旆…旗のこと。○朱輪…朱塗りの車輪。高貴な人の乗る車。○文星…文運をつかさどる星の名。○載路…路に満ちる。『詩経』小雅・生民に「厥の声路に載つ」とある。

【口語訳】
　私は、もの寂しい村里の粗末な家に住んでいる。
　そんなところへ、徐葆光は天使の旗を高くひるがえして、わざわざおいで下さった。
　この田舎でも、この方が、清国から来られた高貴な身分であることを知っている。
　それで、むらの人たちは口々に、すぐれた文人の車が来て道いっぱいに輝くようだと言っている。

同樂苑八景詩（同楽苑八景詩）　蔡文溥

　其一

江芷汀蘭映水清	江芷　汀の蘭は水に映じて清し
風飄香氣到前庭	風は香気を飄して前庭に到る
曾傳東閣招賢地	曽て伝う　東閣招賢の地
可勝圜橋聚徳星	勝す可し　円橋　徳星を聚むを
［延賢橋］	

『琉球入学見聞録』巻4

【語釈】

　　○同樂苑…首里久場川にあった旧王家の別邸。俗に久場川の御殿と呼ぶ。尚貞世子尚純の営むところ。『孟子』梁恵王下に「與民同楽」（民と楽しみを同にす）から取ったもの。○延賢橋…『資本堂詩文集』の最初に、「同樂園序応令」という1文がある。この中に「空に横たわりて縹緲とし、勢い長虹の如きは者は、延賢橋なり」とある。○江芷…よろい草。沢中に生ずる香草。○汀蘭…みぎわのはえた蘭。○東閣…東閣と同じ。役所の東側の門のわきの小さい門。前漢の交孫弘が宰相となり東閣を開いて賢人を招いたことから、賢人や文人を招くことを「東閣を開く」という。○聚德星…賢人の相集まるをいう。後漢の陳寔が、子姪と共に荀淑の家に行って論議した時、德星集まるの象あり、太史が必ず賢人集まる有らんと奏した故事。

【口語訳】

　　水際のよろい草と蘭が、清らかな水に映じている。その香りが風にのって庭に伝わってくる。昔、前漢の交孫弘は東閣を開いて賢人を招いたという。この延賢橋は実に美しく、立派な人物の集まるにふさわしい。

　　　其二

明王軫念草萊民　　　　明王軫念　草萊の民
時上農壇望畝頻　　　　時に農壇に上り畝を望むこと頻なり
省歛省耕行補助　　　　省歛省耕して補助を行う
海邦無島不生春　　　　海邦　島として春を生ぜざる無し
［恤農壇］

【語釈】

　　○軫念…天子の心。○草萊…荒れ果てた草村。生い茂った雑草。○省歛…収穫を巡視する。○省耕…天子が巡遊して農耕を視察すること。『孟子』梁恵王下に「春は耕を省て足らざるを補い、秋は歛を省て給わざるを助く」とある。○海邦…海に近い国。ここでは、琉球のこと。

【口語訳】

　　聡明な国王は、民の苦労を心にかけておられる。いつもこの恤農壇に登って農業の様子をご覧になっている。このように国王は民の農耕の様子を巡遊されて、足りないところを補い助けられる。そのため琉球は、島中春の暖かさが無い所はない。

－ 236 －

『琉球入学見聞録』巻4

其三

一曲銀塘供洗筆	一曲の銀塘　洗筆に供す
光浮星斗自成文	光りて星斗に浮かび　自ら文を成す
金鱗列隊爭呑墨	金鱗　隊を列ね　争いて墨を呑む
彷彿龍宮獻彩雲	彷彿たり　龍宮に彩雲を献ずるに

［洗硯塘］

【語釈】

　○洗筆塘…筆を洗い清めるつつみ。中国には、「洗筆泉」・「洗筆池」が実際にある。「白孔六帖」には「白楽天　一詩成るごとに、すなわち其の筆を洗う」とある。文人墨客が集まるにふさわしいところである。○金鱗…金色のうろこ。美しい魚。○彩雲…ここでは「彩雲箋」の意。彩った雲の模様のある紙。

【口語訳】

　屈曲して流れる美しい川の堤は、文人墨客の筆を洗うところとなっている。
　きらきらと光って、まるで星が浮かんでいるように、美しい波紋をえがいている。
　その中で美しい魚が列をなして、争って筆から出る墨を呑む。
　それはまるで、竜宮に美しい紙に書かれた文章を献上するかのようだ。

其四

臺上新晴宿霧披	台上　新たに晴れて　宿霧披く
鸞旗掩映日遲遲	鸞旗　掩映して　日遅遅たり
春和淑氣催黄鳥	春は淑気に和して　黄鳥を催す
正是農工播種時	正に是れ　農工の播種の時なり

［望春臺］

【語釈】

　○臺上…うてなの上。望春台の上。○鸞旗…鸞の形に似せて作った鈴を懸けて天子の車上に立てる大旗をいう。馬が動けば鈴が鳴り、以て歩調を合わせる。○淑氣…春日の和やかな気。春の清いけはい。

【口語訳】

　喜春台に登ると、昨夜からの霧も晴れて春の日差しが差している。
　国王の旗が台上に翻って、春の日がのどかだ。

－237－

『琉球入学見聞録』巻4

春の和やかな風にうながされるように鶯がさえずっている。
ちょうど農夫が種まきをするのに良い時節である。

其五
峯高路轉欲凌雲　　　峯は高く路は転じて　雲を凌がんと欲す
亭上風光自不羣　　　亭上の風光　自ら群ならず
縱目遠觀滄海外　　　縱目して遠く滄海の外を観る
登臨何異讀奇文　　　登臨すれば　何ぞ奇文を読むに異ならん
［觀海亭］

【語釈】
　○觀海亭…「同樂園序應令」には、「簾は薫風を捲き、雲は曲檻に生じ、一帯蒼茫たるは、観海亭なり」とある。○縱目…遠くをながめる。○奇文…すぐれた文章。

【口語訳】
　高い峰の道をくねくねと登って、まるで空にとどきそうだ。
　観海亭に上からながめる景色は、ほんとに比べるものがないほどだ。
　目を放って遠く青い海のあたりをながめる。
　ここに登って、この風景をながめることは、すぐれた文章を読む喜びにもにている。

其六
人間似隔紅塵外　　　人間　紅塵の外に隔てらるるに似たり
錯認桃源有路通　　　錯りて認む　桃源に路の通う有るかと
陰鎖洞門閒寂寂　　　陰鎖す洞門　閒にして寂寂たり
惟餘鶴夢月明中　　　惟だ鶴夢を余す　月明の中
［翠陰洞］

【語釈】
　○翠陰洞…「同樂園序應令」には、「岩窟　幽深にして、容れて暑さを避くるに堪ふる者は、翠陰洞なり」とある。○紅塵…浮世のわずらわしい俗事。いとわしい俗事。○桃源…桃源郷のこと。

【口語訳】
　ここ翠陰洞は、世間から遠く隔てられ、煩わしい俗界の外にあるかのようだ。

－238－

『琉球入学見聞録』巻4

この洞窟をくぐると桃源郷へ行く通路ではないかと錯覚するほどだ。

幽深なる洞門は、ひっそりしている。

ただ、その姿が美しく千年の寿を保つという鶴が、月あかりの中で飛ぶのを夢に見るような心地がする

其七

香出瓊樓閬苑種	香は瓊楼より出で閬苑に種う
長承雨露葉蒼蒼	長く雨露を承けて葉は蒼蒼たり
春來每向巖頭摘	春来たれば毎に巌頭に向かいて摘む
先製龍團獻我王	先ず竜団を製して我が王に献ず

［摘茶巖］

【語釈】

　○瓊樓…美しい楼閣の意。○閬苑…仙人の居所。○龍團…上等の茶。竜鳳団・竜鳳茶ともいう。宋の仁宗の時造った団茶。圧搾して竜鳳の紋様をなす。

【口語訳】

　茶の木の芳ばしい香が楼閣のあたりから伝わって、仙人の住む地に育った茶かと思わせるほどである。

　長い間の雨露で茶の木は青々と茂っている。

　毎年春になると、摘茶巌に登ってお茶を摘む。

　まず最上等のお茶を作って、国王に献上するとしよう。

其八

聞道仙家延壽草	聞くならく　仙家の延寿草
移栽堤上自成叢	堤上に移し栽えて　自ら叢を成すと
莫教劉阮長來採	劉阮をして長く来たりて採らしむ莫れ
留與君王佐藥籠	留めて君王の与に薬籠の佐とせん

［種藥堤］

【語釈】

　○種藥堤…「同樂園序應令」には、「繽紛たる芳芳、百卉争いて秀ずる者は、蒔薬園なり」とある。○延壽…齢をのばす。長生きする。○劉阮…後漢の劉晨と阮肇が天台山に入って仙女に遇い、留まる事泮年にして帰れば、すでに10世を経て世の中が全く変わって

-239-

いたという。○薬籠…薬を入れる箱。

【口語訳】

聞くところによると、種薬堤には仙人のところにある年寿を延ばす薬草がある。

植えられて、自然に草むらになっているとのこと。

この大切な薬を、あの劉晨と阮肇のような俗人に採らせてはならない。大切にして、君王の薬の箱を豊かにし、長寿に役立てるようにしよう。

贈潤章年兄之福山任（潤章年兄の福山に任ぜらるに贈る）　観保

成均常晤對	成均　常に晤対し
性量喜淵深	性量　淵深を喜ぶ
化洽中山雨	化洽　中山の雨
名傾魯國心	名傾　魯国の心
幾年甘蠖屈	幾年か蠖屈に甘んじ
百里見棠陰	百里　棠陰を見る
單父思前哲	單父　前哲を思い
鳴琴繼古音	鳴琴　古音を継がん

【語釈】

○潤章…潘相の字。潘相は、琉球官生の教習の後、進士に及第し、山東省福山県の知事に任ぜられている。○年兄…同時に科挙の試験に合格した者の相互の称呼。また、特にその中の年長者に対して用いる称呼。○成均…太古の学校のこと。○晤對…会う。面会する。○化洽…教化があまねくゆきわたる。○中山…琉球のこと。○魯國…周の武王の弟周公旦が封ぜられた国。都は曲阜。孔子の生まれた国。○蠖屈…しゃくとり虫がかがむこと。人が志を得ず、他日を期してしばらく隠退していること。○棠陰…「棠」はやまなし。からなしの木陰。○單父…地名。春秋、魯の邑。山東省單県の南。○鳴琴…琴をかなでる。また、琴のなること。

【口語訳】

国子監で常にあなたとお会いしてきたが、あなたは生まれつき深い淵のような魅力を持っておられる。

皇帝の教化は、あなたが教えた学生を通して琉球にもふり注ぎ、あなたが任ぜられてゆくのは孔子の生まれた魯の国の一角である。

何年か志を得ないできたが、遠いとはいえ山東の福山に任ぜられた。

あなたはきっと、昔の魯の国の優れた人物の意志をつぎ、琴を奏でて古の優雅な人々の継承者になるであろう。

題贈紹衣賢友回琉球（紹衣賢友の琉球に回えるに題し贈る）　観保

辟雍四載誦經動	辟雍　四載　誦経動く
花嶼春帆溯白雲	花嶼　春帆　白雲を溯る
海上連成如可待	海上連成して　待つ可きが如し
焦桐清響異時聞	焦桐の清響　異時に聞かん

【語釈】

○紹衣…鄭孝徳の字。○都御史…明の洪武14〈1381〉年、御史台を改めて都察院とし、翌年さらに左右都御史・左右副都御史等の官をおいた。清もこれを踏襲する。官吏の不正をとりしまる。その長官にあたる。○辟雍…上代、天子が建てた大学。○誦経…儒教の経典を読む。○蕉桐…焦尾琴の琴。琴の名。後漢の蔡邕が人の焼いている桐の木材をこい受けて作ったもの。琴の尾部が焦げていたのでいう。

【口語訳】

国子監で4年、儒教の経典を読んでこられた。

花のような南の島に春風に帆をあげて白雲のかなたに帰るられる。

海はつながっているので、いつかまたきっと会えることだろう。

いつの日にかまたお会いして、蔡邕の焦尾琴の清らかな響きを聞こうではないか。

題贈汝顯賢友回琉球（汝顕賢友の琉球に回えるに題し贈る）　観保

一帆東去坐春風	一帆東に去らんと春風に坐す
磧隱波恬海日紅	磧を隠す　波恬らかにして海日紅し
從識觀光文治蔚	観光して文治の蔚たるを識りてより
無私膏露仰天功	無私の膏露　天功を仰ぐ

【語釈】

○観光…国の文物・礼制を観察してよく知る（『易経』に「国の光を観る」とある）。○汝顕…蔡世昌の字。○膏露…万物をうるおす良いつゆ（『礼記』に「天　膏露を降ろし、地　醴泉を

『琉球入学見聞録』巻4

出す」とある）。分け隔てなく万物をうるおす露のように、琉球においても皇帝の恩徳を仰ぎみることだろう。

【口語訳】

　春風をうけて帆をあげて東へ向かおうとする。

　船着き場の岸を隠す波は静かで、海は春の日に赤く染まっている。

　北京にこられて文化が盛んな様子をよく観察されておられるので、

　分け隔てなく万物をうるおす露のように、琉球に帰られても皇帝の恩徳を仰ぎみることだろう。

贈潤章年兄之福山任（潤章年兄、福山の任に之くを贈る）　謝墉

自喜平生取友端　　　　自ら喜ぶ平生友を取るの端
五年翹首見鵬搏　　　　五年翹首して　鵬搏を見る
經帷道術原推董　　　　経帷　道術　原推董
花縣文章舊姓潘　　　　花県に文章　旧姓潘なり
化雨早徴霑海外　　　　化雨　早に徴して　海外を霑おし
仁風定卜詠河干　　　　仁風　卜を定め　詠干を詠む
循良遺績今猶昔　　　　循良の遺績　今も猶お昔のごとく
好寄清音慰昔歡　　　　好寄の清音　昔の歓びを慰む

【語釈】

　○翹首…首をあげて望み待つ。切望する。○鵬搏…鵬が羽ばたきすること。奮発して事をしようとすること。○經帷…「経筵」と同じ。天子が経書の講義を受ける席。漢の董仲舒が帷を下して講授し、３年園を窺わなかった。天子に勧めて儒教を国教化させるのに大きな役割があった。董仲舒は、漢の河北省広川の人。○花縣…晋の潘岳が河陽県の令となり、県中に桃李を植えた故事。『白孔六帖』県令に「潘岳　河陽令と為り、桃李の花を樹え、人号して河陽県花と曰う」とある。○化雨…教化が人に及ぶことを時雨に喩えていう。○河干…川のほとり。干は岸。『詩経』魏風・伐檀に「坎坎と　檀を伐る、之れ河の干に真にす」とある。○仁風…仁徳の教化。仁の徳は風のごとく遠くまで及ぶからいう。○循良…法にしたがって善良なこと。また、その人。

【口語訳】

　私が嬉しいのは、あなたと日常的な友となり、五年の間、あなたが奮発して事をなそう

－ 242 －

『琉球入学見聞録』巻4

とする姿を仰ぎ見てきたことだ。

　戸張を下して道術を天子に講義するのは、漢の董仲舒のようであり、あなたの文章は、まるで晋の潘岳のように素晴らしい。

　あなたが国子監で指導した琉球の留学生によって、皇帝の教化は遠く海外にまで及ぼうとしており、仁徳の教化を受けとめて、詩経の「河干」を詠む。それは、無駄食いしない君子を諫めた内容である。

　このように、善良なあなたの残された功績は今も昔と変わらず、すばらしい澄んだ音を聞いて、昔の楽しかったことを思い出し自分を慰めている。

前題（前題）　張裕聿

萬里華風被島夷	万里の華風　島夷を被い
對揚天語慰疇咨	天語に対揚して　疇咨を慰む
槐陰結綬諸生喜	槐陰に結綬して諸生喜び
蕊榜題名異域知	蕊榜題名　異域も知れり
手種縣花思世業	手ずから種う縣花　世業を思い
澤流海國稱人師	沢は海国に流れ　人師を称う
表東門外行春日	東門外に表して　春日に行き
鞭起魚龍一賦詩	鞭起す魚龍　一に詩を賦す

【語釈】

　○對揚…君命にこたえてその意を天下にあらわす。○疇咨…疇は誰、咨は訪問。誰か私のために人材を訪ね求めよという意。後、広く人に相談して人材を求める意に用いる。『書経』尭典に「帝曰く、疇咨若時、登庸」とある。○槐陰…槐樹のかげ。○蕊榜…進士の榜をいう。科挙時代、進士の及第者の姓名を掲示した表札。

【口語訳】

　万里のかなた東方の島国（琉球）まで中国文化を蒙り、天子の言葉を天下に表そうとして、（国子監に入って）国王の人材を求める意志にこたえようしている。

　あなたはその師匠となって指導に当たり、学生は喜んでおり、その後、あなたは科挙の試験に合格し、その評判は遠く海外にまで知られている。

　あなたは、自ら桃李を植えてこの時世の大切な事業を思慕し、皇帝の恩恵は、あなたの指導のおかげで、遠く琉球にまで及び、学生はあなたを慕っている。

　あなたはが出て行く東門は、春の日差しが穏やかに照り、あなたの行く手を励まして、

『琉球入学見聞録』巻4

ひたすら詩を賦す。

送經峯兄之官（経峯兄の官に之くを送る）　羅徳林

安郷人品玉無瑕	安郷の人品　玉に瑕無く
少小讀書破五車	少小より読書　五車を破る
海外親臣爲弟子	海外の親臣　弟子と為り
中原名士讓聲華	中原の名士　声華を譲る
盈箱風雨重陽句	箱に盈つ風雨　重陽の句
唾手功名滿縣花	唾手の功名　県花に満つ
循吏儒林看合傳	循吏の儒林　合に伝うるを看るべし
故人翹首在天涯	故人　翹首す　天涯に在り

【語釈】

　○安郷…潘相の故郷。本書「教習」の項に「潘相、湖南安郷縣人」とある。○五車…「五車書」のこと。5台の車に積むほどの書物の意で、読書の多いこと。戦国時代の学者、恵施がやたらにいろいろなことを学び、多くの書物をもっていたという故事。○親臣…親しく召し使う家来。近習。○唾手…掌につばをする。きわめて容易なことのたとえ。

【口語訳】

　安郷の出身であるあなたは、まるで玉に瑕が無いように人柄が良く、幼少のころより読書好きで、その読書量は、5台の車に積む程である。

　海外（琉球）の国王の臣下も、国子監に来てあなたの弟子となり、中国の名士もあなたの名声に譲るほである。

　箱のいっぱいになるほどの季節や節句の句があり、その功名は、容易に手にできるものである。

　立派な学者のあなたは、きっと伝えてくれるものが多かろう。遠く離れる親しい友人を、わたしはあこがれを持って仰ぎ見る。

辛巳秋九月、同琉球學潘掌教携鄭蔡兩生遊城南陶然亭、次顚齋元韻二首（辛巳の秋九月、琉球学潘掌教と同に鄭・蔡両生を携えて城南の陶然亭に遊び顚斎の元韻に次す二首）張若霍

　其一

川原雲物杳何窮	川原の雲物　杳として何ぞ窮まらん

－244－

『琉球入学見聞録』巻 4

秋色茫茫落照空	秋色茫茫として　落照空し
曲檻遠浮松嶂翠	曲檻　遠く浮び　松嶂は翠に
野塘低漾荻花風	野塘　低く漾う　荻花の風
天邊高翥看孤鶴	天辺　高く翥ぶ　孤鶴を看る
庭際長鳴有砌蟲	庭際　長く鳴く　砌虫有り
異域客來佳勝地	異域の客来たる佳勝の地
昇平宴樂萬方同	昇平の宴楽　万方同じ

【語釈】

　○陶然亭…宣武区の西南隅にある。園内に陶然亭がある。亭は清の康熙34〈1695〉年に工部郎中の江藻が建てたもの。江藻が愛した白楽天の「更に菊黄にして家醞の熟するを持って、君と共に一たび酔うて一たび陶然たらん」（「夢得と酒を沽いて閑飲し、且つ後期を約す」）の詩句からとって名付けた（中国国家文物管理局編　鈴木博訳　村松伸解説『中国名勝旧跡事典　第一巻　河北Ⅰ・東北篇』ぺりかん社・1986年参照）。清朝の文人の好んだ遊覧の地で、9月9日の重陽の日には、文人だけではなく一般の市民も重陽糕や酒を携えて遊んだ。古くから一般市民の憩いの場として活用され、北京市民の生活と密接につながっている公園になっている。○雲物…雲の現われる色や形。むかし、それを見て吉凶や天候をうらなった。○落照…夕日のひかり。○曲檻…まがったてすり。○荻花…おぎの花。葦に似た草。イネ科の多年生草本。○昇平…世の中が平らかで静かなこと。太平の世。

【口語訳】

　かわはらと空の雲はどこまでも果てしなくひろがり、見渡す限りの秋の色は、夕日に照らされている。

　まがった手すりのはるか向こうには松の嶺が青く、野の塘には荻の花が秋風に吹かれてただよっている。

　そら高く1羽の鶴が飛び、庭の軒下のみぎりのあたりには虫のこえがする。

　異郷の客（琉球からの客）を北京の景勝地（陶然亭）に誘って共にあそんだ。平和な世の中の宴会の楽しみは、いずこも同じである。

　其二

傑閣登臨入望窮	傑閣に登臨すれば望に入るを窮む
置身疑是陟虛空	身を置き　疑うらくは是れ虚空に陟るかと
九霄日麗雲中樹	九霄の日麗し　雲中の樹
兩袖寒生海上風	両袖に寒生ず　海上の風

－245－

『琉球入学見聞録』巻4

楚澤清才眞繡虎	楚沢は清才にして真に繡虎なり
燕山麗句愧雕蟲	燕山の麗句　雕虫を慚ず
良辰載酒成高會	良辰載酒して　高会を成し
觴詠幽情自昔同	幽情を觴詠するは昔より同じ

【語釈】

　○九霄…天の9つの分野。天の最も高い所。九天に同じ。○楚澤…楚の沢の名。雲夢沢。楚の国にあった大きな湖。9百里四方あったという。今の湖北省に多くの湖があるのは、その名残だという。○燕山…燕山府、燕山露。今の北京市地方を壮代にこう呼んだ。○雕蟲…細かい細工を施す。詩文を作るに字句を鏤飾すること。

【口語訳】

　立派な楼閣に登って、目に入る限りの景色を見渡すと、まるでこの身は大空に昇って行くような感じである。

　晴れ渡った空に日はうららかで、雲が浮かび、両袖に海からの風が入り冷んやりとして心地よい。

　南の国から来た学生は才能豊かで、実に美しい詩文を作る、それで、北京で麗句を求めて飾り立てるのをはずかしく思う。

　この良い時節に酒を携えてきて、素晴らしい宴会になった。

　奥深いこの気持ちを詩に詠むもうというのも、昔から変わらぬ文人の思いである。

秋日憶桂、用文和公載賡集中舊韻率成四首、示鄭蔡両生索和（秋日憶桂、文和公の「載賡集」中の旧韻を用いて四首を率成し、鄭・蔡両生に示し和を索む）　張若霍

　其一

一院晴雲滿樹黄	一院晴雲　満樹黄なり
仲秋時節壓羣芳	仲秋の時節　群芳を圧す
家山此日花連屋	家山此の日　花は屋に連ならん
夜夜庭階繞夢香	夜夜庭階　夢を繞いて香し

【語釈】

○一院…家の庭。○羣芳…多くの花。○家山…故郷のこと。

『琉球入学見聞録』巻 4

【口語訳】

　晴わたった庭の木々は黄色くいろずき、

　仲秋の時節とあって、芳ばしい花でいっぱいである。

　故郷でも、この日花が家と家をつないで咲いているだろう。

　夜ごとの夢にも庭の花の香りがしてくる。

　其二

謝庭良讌客來遲　　　謝庭良讌　客来たること遅し

曾向方壺見一枝　　　曽て方壺に向かいて一枝を見る

瑤島鶴歸花事寂　　　瑤島の鶴帰りて　花事寂し

相思寧獨惜芳時　　　相思うも寧ぞ独り芳時を惜しまん

【語釈】

　○方壺…渤海の中にあり、神仙が住むという伝説に島。○瑤島…仙人の住む島。

【口語訳】

　木々の葉も散ってしまった秋の庭での良い宴会に、客はなかなかやって来ない。

　あなたの居る渤海のあたりの伝説の島のあたりに向かって 1 本の枝を見る。

　鶴は美しい島へ帰り、菊の花も寂しげである。

　こんなに思いながら、どうして私は独り往く秋を惜しんでいるのだろう。

　其三

翁家山畔蕊初黃　　　翁家の山畔　蕊初めて黄なり

嘉植亭前自吐芳　　　嘉植の亭前　自ら芳を吐く

二十年來空悵望　　　二十年来　空しく悵望たり

高秋何處覓天香　　　高秋　何れの処にか　天香を覓めん

【語釈】

　○翁家…老人の住まい。自分を謙遜して言う。○嘉植…きれいに植えられた菊。○悵望
…悲しげにはるか遠くをながめる。○天香…国色天香」牡丹のこと。

【口語訳】

　老人の住む山際の庭の菊は、やっと黄色い花が咲き始めた。

　亭の前のきれいに手入れされた庭で、自然と芳ばしい香を放っている。

－ 247 －

『琉球入学見聞録』巻4

20年このかた、ただ空しくながめて嘆くばかりである。

この高く澄んだ秋空のどこに、艶やかな牡丹を探したら良いだろう。

其四

欲暮花開未覺遲　　　暮れんと欲するに花開き　未だ遅きを覚えず

廣寒宮近最高枝　　　広寒宮に近きは　最も高き枝なり

分明一樹皆仙種　　　分明なり　一樹皆な仙種にして

要到人間露冷時　　　人間の露冷やかなる時に到らんを要す

【語釈】

　○廣寒宮…月の中にあるという宮殿の名。○分明…はっきりしている。明らか。

【口語訳】

　年も暮れようとしているのに花を咲かせるが、もう遅いとは思わない。

　1年の中で月の最もきれいな時期に月の宮殿に届けるのは、その高貴な枝である。

　はっきりしているのは、この樹木は皆な神仙の世界に生えているもので、俗世間の草木が冷たい露に凋む時を待って花を咲かせるのだと。

辛巳九月初三日、偕潘掌教率琉球二生赴家、凾暉丈陶然亭之約、率成二律索和

（辛巳の九月初三日、潘掌教と偕に琉球の二生を率いて家に赴き、凾暉丈陶然亭の約あり、

二律を率成し和を索む）　張元観

其一

秋容開爽霽　　　秋容　爽霽を開き

送目得晴空　　　目を送りて晴空を得る

烟抹遠山翠　　　煙は遠山の翠を抹で

波吹幽澗風　　　波は幽澗の風を吹く

每來偕勝友　　　每に勝友と偕に来たり

又是聽陰蟲　　　又た是れ陰虫を聴く

此地自千古　　　此の地千古よりす

高懷孰與同　　　高懐　孰れか同にせん

【語釈】

　○秋容…秋の景色。○幽澗…奥深い谷川。○陰蟲…秋から後に鳴く虫。すずむし。こお

－248－

『琉球入学見聞録』巻4

ろぎなど。○高懐…高尚なこころ。気高い思い。

【口語訳】

　さわやかな秋の景色がひらけており、みわたすと秋の晴れた空が見える。

　遠くの山はうすく煙っており、谷川の波は秋風にふかれている。

　ここに来るときはいつも良い友といっしょで、虫の声を聞いたりもする。

　ここは、昔から変わらない素晴らしい風景の地であり、

　高尚なこころをもった人でなければ、だれと共に来るだろうか。

　　其二

孤亭俯南郭　　　　孤亭　南郭を俯し

獨立倚長空　　　　独立して長空に倚る

水色澄寒日　　　　水色　寒日に澄み

草香送晩風　　　　草香　晩風を送る

回廊檐響馬　　　　回廊の檐　馬響き

古樹葉書蟲　　　　古樹の葉　書虫あり

更得球陽客　　　　更に球陽の客を得て

清吟臭味同　　　　清吟すれば臭味同じ

【語釈】

○長空…大空。○寒日…冬の日。また、冬の太陽。○書蟲…柳の葉の虫の食った跡が、字を書いたようになっていること。○球陽…琉球の美称。○臭味…匂い。同じ匂いの者。同じ仲間。

【口語訳】

　陶然亭は城郭の南に、あたりを俯瞰するように立ち、独り高い空に依りそうように立っている。

　眼下の湖の水は秋の冷たい日を受けて澄んでおり、草の芳ばしい香を夕風がはこんでくる。

　亭の回廊の軒のあたりで馬がいななき、古木の葉は虫に食われ弱くゆれる。

　まして、琉球からのお客（留学生）と一緒する機会を得て、互いに詩を吟ずれば同じ仲間であることが強く感じらる。

『琉球入学見聞録』巻4

同張函暉顥齋携二生遊陶然亭依韻

（張函暉・顥斎と同に二生を携えて陶然亭に遊び韻に依る）　潘相

其一

先生秋日興無窮	先生　秋日の興窮まり無しと
携我城南眺遠空	我を城南に携えて遠空を眺む
背郭千重蘆葉雨	郭を背にして千重　蘆葉の雨
抱樓四面菊花風	楼を抱き　四面　菊花の風
凌霄健翮看鵬鶚	霄を凌ぐ健翮　鵬鶚を看る
懷古高談薄草蟲	高談を懐古し　草虫薄る
況許雞林陪座末	況んや雞林座末に陪するを許されるをや
一亭佳話鮮人同	一亭の佳話　人の同にするもの鮮し

【語釈】

　○函暉…張若霍の字。○顥斎…張元観の字。○鵬鶚…「鵬」は想像上の大きな鳥。「鶚」は、みさご。とびに似た鳥。○雞林…もと新羅の国の別名。後には朝鮮全体の称。

【口語訳】

　張函暉・顥斎両先生は、秋の日の楽しみは窮まるところが無いと言って、私を城南の陶然亭に連れて行き眺望を楽しんだ。

　城郭を背にして遠くを眺めると、幾重にも重なった蘆の葉に雨粒が残っており、楼閣を抱くように四方に広がる菊の花が、秋風にゆれている。

　空高くたくましい翼で、大鵬やみさごが飛んでおり、高尚で優雅な話を思わせるように虫の声がする。

　まして、琉球の留学生だけでなく、この遊びには朝鮮の留学生も席を共にしているのだから、このように陶然亭で語り合う機会の楽しさはめったにないものである。

其二

乾坤浩浩意何窮	乾坤浩浩として　意何ぞ窮まらん
此日登臨眼界空	此の日登臨すれば眼界空し
天放新晴饒勝趣	天　新晴を放ち　勝趣饒かに
地餘曠野足清風	地　餘曠野に餘し　清風足る
會心先醉重陽酒	会心して先ず酔う　重陽の酒
得句誰驚四壁蟲	句を得ても誰か驚かさん四壁の虫

－250－

千古亭臺留我輩	千古の亭台　我輩を留め
陶然襟抱幾人同	陶然　襟を抱くこと　幾人も同じからん

【語釈】

　○乾坤…陰と陽。天と地。○會心…心の中でさとる。心にかなう。○重陽酒…陰暦の九月九日。この日高い岡などに登り茱萸（かわはじかみ）の実を髪にさすと邪気をはらうとされた。陽の数字九がかさなるから重陽という。菊の節句とも言う。この日、酒に菊の葉や花を浮かべて飲み、邪気を払い、長寿を祈る習俗があった。

【口語訳】

　天地が広々として、心はどこまでもさわやかで尽きることがない。重陽のこの日、陶然亭に登ると見渡す限りさえぎるものもない。

　晴れあがったばかりの空は秋の日がさし、美しい景色がさらに良くなり、曠野はどこまでも広がり、秋風がさわやかに吹いている。

　心にかなうこの日、まずは重陽の酒で酔うことだ。新しい詩句を吟じても、誰が周囲の壁で鳴く秋の虫を驚かすことがあろう。

　昔から変わらぬ陶然亭が、私を引き止めるが、この亭で抱く思いは、何時の時代、何人いても皆同じであろう。

送鄭紹衣蔡汝顯歸國（鄭紹衣・蔡汝顕の国に帰るを送る）　潘相

承恩萬里盍朋簪	恩を承けて万里よりし　盍し朋簪なり
中外師生興倍酣	中外の師生　興倍々酣しむ
備歷艱虞親似漆	備さに艱虞を歴て　親しきこと漆に似て
幾年漸染碧於藍	幾年か漸染して藍より碧し
客程此日辭天北	客程此の日　天北を辞し
吾道從今度海南	吾道　今より海を度りて南す
分手無爲兒女別	分手するに為す無し　児女の別れ
來朝時遣鴿奴函	来朝　時に遣わせ　鴿奴の函

【語釈】

　○朋簪…幼なじみ。○艱虞…艱難憂虞の略。悩みと心配。○親似漆…「膠漆之交」のこと。にかわとうるし。人がたがいに親しむこと。固い友情。○吾道…聖人の道。自分の行動の依拠するところ。「吾道南矣」は宋の程顥が楊時の南に去るを惜しんで評した語。『宋

史』楊時伝に「顥 之を目送して曰く、吾が道南す」とある。○鴿奴函…鳩に手紙を託す。「鴿投書」は、鳩がよく書状を伝達した故事。唐の張九齢及び郭仲賢が、この鴿を飼育した。

【口語訳】

皇帝の恩を蒙って万里の彼方より来て、親しい友となった。中華と外藩・師匠と学生となって、互いに詩に興じてはますます親しくなった。

それぞれに艱難辛苦をなめて、親しさは漆でかためたように強いものになり、何年も次第に教えは沁みこんで、「藍より碧し」と言うほど立派になった。

貴方たちは、此の日北京を発って琉球へと旅立つ、儒教の教えは、あなたたちによって海を渡って琉球に伝えられる。

別れは寂しいが、幼い子供や女子のように、めそめそしてはならない。将来、鳩に託して便りを送ってくれ。

辛巳十一月十五日、皇上恭迎皇太后自圓明苑還宮、恭慶萬壽、詔許陪臣孝徳等用本國衣冠隨班接駕、恭紀一首（辛巳十一月十五日、皇上恭しく皇太后の円明苑より宮に還えるを迎え、恭んで万寿を慶び、詔して陪臣孝徳等本国の衣冠を用って随班して接駕するを許され、恭んで一首を紀す）　鄭孝徳

温綸特許附鵷班	温綸特に許され　鵷班に付す
繡陌恭迎慈駕還	繡陌　恭しんで迎う　慈駕の還えるを
自喜頻年叨聖澤	自ら喜ぶ頻年聖沢を叨なくすに
旋欣此際仰天顔	旋って欣ぶ此の際天顔を仰ぐ
春明紫闥暉光遠	春明紫闥　暉光遠く
日麗金鞭指顧間	日麗しく金鞭　指顧の間
夾道虞絃歌復旦	道を夾む虞絃　歌復た旦なり
陪臣拜舞效呼山	陪臣拜舞して　呼山に効う

【語釈】

○温綸…皇帝の詔や命令などの敬称。天子のあたたかいお言葉。綸言。○鵷班…朝廷にならぶ官吏の列。鵷行、鵷列、朝班。○頻年…毎年。○春明…春の明媚な光景。○指顧…指さしかえりみる。転じて、距離の近いさま。また、短い時間のこと。○虞絃…虞舜の五絃の琴。虞は舜が天子であった間の王朝の名称。舜は堯の禅譲を受けて帝位についた。舜の先祖が虞に国し、有虞氏と号したので虞舜という。○復旦…再び朝となる。○呼山…「呼

－252－

嵩」と同意。寿命または運命を祝福していることば。

【口語訳】

　皇帝のあたたかいお言葉で特にゆるされて、高い身分の官吏の列に加わり、美しくかざりたてられた街路で皇太后のお車をお迎えする。

　私たちは国子監にあって毎年皇帝の厚いお恵みを受けているだけで喜ばしいのに、今日は特に皇帝の尊顔を仰ぎ見る機会がもてたことはこのうえもなく嬉しいことだ。

　春の陽光に紫の毛織物がひかり、輝くような光が遠目にもまぶしく、陽光を受けて麗しく飾りたてられた馬の鞭がすぐまじかに見える。

　街道をはさんで両側から舜の五絃の音楽がながれ明日の朝まで続くようだ。私たちも琉球国王の臣下として拝礼し万歳を叫ぶ。

二十四日承恩賞賜緞三疋貂四張恭紀
（二十四日、恩を承て緞三疋・貂四張を賞賜せられ恭んで紀す）　鄭孝徳

霄漢歡輪就日心	霄漢　歡びを輪す　就日の心
叠欣醲澤沛儒林	叠欣醲澤　儒林に沛ぐ
筐頒鳳閣恩波暖	筐を鳳閣より頒つ　恩波暖かく
珍錫鮫人雨露深	珍を鮫人に錫う　雨露深し
文綺輝煌流瑞靄	文綺　輝煌して　瑞靄に流れ
豐貂燦爛映璆琳	豐貂　燦爛として　璆琳に映ず
捧將歸國懸堂上	捧げて将て帰国し　堂上に懸くれば
光拂柴門價萬金	光　柴門を払いて　価万金ならん

【語釈】

　○緞…緞と同じ。どんす。清代には戸部三庫がある。北京東華門外にあって、細緞・絹布等を蔵する。○貂…いたち。毛皮は黄、または黒紫色で、皮衣に用い、尾は冠の飾りに用いられた。○霄漢…大空。○就日…天子の近くにはべる。天子を日にたとえていう。『史記』堯紀に「之に就けば日の如く、之を望めば雲の如し」とある。○醲澤…厚い恩沢。○儒林…儒者の仲間。ここでは、国子監のこと。○鳳閣…宮殿の門。宮殿。○鮫人…水中にいる怪しい人魚。ここでは、南海の果てから来た琉球の作者ら学生のこと。○文綺　彩文のある帛。かざり。○輝煌…輝ききらめく。○豐貂…立派な貂の皮衣。○燦爛…鮮やかに輝くさま。○璆琳…玉の鳴る音。清らかな水音の形容。○柴門…柴で作った門。隠者の家などにいう。

『琉球入学見聞録』巻4

【口語訳】

そら高くに日が照るように繁栄している皇帝の御側にあることを喜んでいたら、それに重ねて厚い恩沢が国子監の私達にもたらされた。

箱いっぱいの品が宮中から分かち与えられ、その恩沢に心が温かくなり、珍しい下賜品が南海からきた者に賜られたものは、皇帝の深いお恵みである。

あやのある絹織物がめでたい靄にきらめき輝き、りっぱな貂の毛織物が鮮やかに輝いて辟雍の清らかな流れに映える。

捧げて持って国に帰って堂上に懸けたら、その輝くような光が粗末な家を清め、その価値は1万金にもあたる。

遊陶然亭 ［有序］（陶然亭に遊ぶ ［序有り］）鄭孝徳

辛巳重陽前六日、堂師張函暉邀同張顯齋及我經峯師遊城南陶然亭、命德等隨行。此地清幽絶塵、爲天都名勝之區。賢士大夫之遊觀者、常絡繹不絶。是日也、久雨新晴、金風清爽、蘆葉彌川、菊花鋪徑、俯仰左右、眞足以游目騁懷。矧兩堂師及吾師吟詩飛觴、談古今論人物。無非至教。生等侍列座末、其樂何極。既而斜陽在山、告歸西序、餘興勃然、爰賦詩以志之。

【読み下し】

辛巳重陽の前六日、堂師張函暉、張顯斎及び我が経峯師を邀同し、城南の陶然亭に遊ばんとし、徳等に随行を命ず。此の地は清幽にして塵を絶つ、天都名勝の区為り。賢士大夫の遊観する者、常に絡繹として絶えず。是の日や、久雨新たに晴れ、金風清爽、蘆葉川に彌がり、菊花径に鋪き、左右を俯仰すれば、真に以て游目し懐を騁るに足る。矧んや両堂師及び吾が師詩を吟じ觴を飛ばし、古今を談じ人物を論じて、教に至らざる無し。生等座末に侍列し、其の楽しみ何ぞ極まらん。既にして斜陽山に在れば、帰るを告げて西序す。余興勃然たり、爰に詩を賦して以て之を志す。

【語釈】

○辛巳…太后の接駕の時と同じ康熙26〈1716〉年にあたる。○重陽…陰暦9月9日のこと。この日、高い岡などに登り、茱萸（かわはじかみ）を頭にさすと邪気をはらうという。○堂師…郷の学校のことを堂ということがあるから、教師の意にとる。○経峯…潘相の号。○清幽…世俗をはなれ、清らかでしずかなこと。○賢士大夫…人格者で高い地位にある人。○絡繹…人馬などの往来が続くさま。連なり続くさま。○金風…秋風。五行で西方にあた

-254-

り、季節は秋にあたる。○游目…みまわす。近くから遠くへと気の向くままにながめる。
○飛觴…さかずきをやりとりする。○西序…序は中国古代の小学。ここでは、国子監の意
にとる。○勃然…急に起こる。

【口語訳】

　辛巳の年の重陽の前六日（1716年の陰暦9月3日）、国子監の先生張函暉（助教の張若霍）
は、張顯斎先生（助教張元観）と私の師匠経峯（潘相）を伴って、城南の陶然亭に遊ぶこと
になり、徳（鄭孝徳）等に随行を命ぜられた。この地は清らかで静かで、世俗のけがれから
隔絶した天子の都の名勝地区である。賢士大夫の遊観する者が、いつも連なり続いて絶え
ることがない。この日はとくに、降り続いた雨があがって晴天になり、秋風がさわやかで、
蘆の葉が川べりにひろがり川にひろがり、菊の花が小道に敷いたように咲き、左右の景色
を俯仰すると、実にながめるによく懐を騁せるに十分である。まして両先生と私の師匠（潘
相）が詩を吟じ觴を飛ばし、古今の出来事を談じ人物について論じて、教え導くのに至ら
ないところはない。私たちは座末に侍ってその話をおききした。その楽しみはどうして極
まることがあろうか。楽しい時を過ごしているうちに気がつけば夕日は山にかかっており、
別れを告げて国子監に帰った。帰った後まだ残っていた楽しみが急によみがえってきたの
で、ここに詩を賦してその楽しみを記すことにする。

携我探妙九月秋	我を携えて妙を探す　九月の秋
陶然亭上喜従遊	陶然亭上　喜びて遊びに従う
放懐別具千年眼	懐を放ち別に具う　千年の眼
望遠欣登百尺樓	遠くを望み欣びて登る　百尺の楼
菊近重陽香滿地	菊は重陽に近く　香　地に満ち
風清佳日酒盈甌	風は佳日を清くし　酒は甌に盈つ
座間談笑皆明訓	座間談笑すること　皆明訓にして
歡豁心茅益進修	心の茅を豁き　進修を益さんことを歓ぶ

【語釈】

　○放懐…思いのままなことをすること。○明訓…りっぱなはなし。人の教えに対する敬
称。○心茅…「茅塞」のこと。ひとの心がおおいふさがれること。常に通行すれば道がで
きるが、通行しなければ茅が道をふさぐように、修養をおこたれば心がふさがれる。『孟
子』尽心下篇に「今、子の心を茅塞す」とある。

【口語訳】

　先生は９月の秋空のもと美しい景色を探しに私たちを誘った。私たちは喜んでついて行き陶然亭にやってきた。

　心をとき放ち、昔から知られた風光に目を楽しませ、陶然亭の高い楼閣に登って眺望を楽しむ。

　重陽に近い時節とあって菊の花の香りがあたりに満ち、秋風がこの良い時節をいっそうさわやかにし、酒も甕にあふれている。

　座って談笑していると、先生方のお話はいずれも心に残る立派なもので、ふさがれた心をひらき、修養を促してくれるものばかりで楽しくなる。

酬高麗李伯祥（高麗の李伯祥に酬ゆ）　鄭孝徳

延平衍派重王門	延平衍派　王門を重んず
器宇峥嶸卜鳳騫	器宇峥嶸　鳳騫をトう
泛海雙蓬逢輦下	泛海雙蓬　輦下に逢う
灑毫三峽倒詞源	毫を三峽に灑ぎ　詞源に倒る
春暄驛邸談今古	春は暄かく驛邸に今古を談ず
夜靜儒塵引夢魂	夜は静かに儒塵　夢魂を引く
訂日西膠親掃榻	日を訂し西膠　親ら榻を掃き
細將文史與君論	細かく文史を将って君と論ぜん

【語釈】

　○高麗李伯祥…朝鮮の副使李晊のことか。○延平衍派…福建の延平から広がり栄える。また、朱子が李侗と行き来して学問について論じた書札問答を記録した『延平答問』１巻のこと。ここでは、後者の意にとる。○鳳騫…おおとりが飛ぶ。○輦下…天子の車のもと。天子のおひざもと。○三峽…長江上流で、四川・湖北両省の境にある巫峽、瞿塘峽、西陵峽。○夢魂…夢のなかにあるたましい。○西膠…学校のこと。○文史…文章と歴史。

【口語訳】

　朱子が李侗と行き来して学を論じたように、あなたは学問を論じ広げて王に重んじられている。その度量は高く、将来はおおとりが飛ぶように立派になるに違いない。

　私たちはともに海を渡って北京に来て、天子のおひざ元でお会いできた。遠く長江の三峽に筆をひたして、詞の源に到ろうと志す。

　暖かい春の駅亭で古今の出来事を語り合い、夜は静かに夢の中でも儒学に親しむ。いつ

『琉球入学見聞録』巻 4

か日を決めて文史について詳しく語りあいたいものである。

冬夜書懐（冬夜　懐を書す）　鄭孝徳

寒冬冷月照書帷	寒冬　冷月　書帷を照らす
夜半擁鑪有所思	夜半鑪を擁して思う所有り
學歩常憂中道廢	学歩常に憂う　中道に廃せんことを
潛修寧願外人知	潜修寧ぞ外人の知るを願わん
心從靜後能忘我	心静に従いて後　能く我を忘れ
文到神來自得師	文神に到り来れば　自ら師を得ん
傾覆須先防未滿	傾覆須らく先に防いで未だ満たざるべし
悔尤每自小瑕滋	尤も毎に自ら小瑕の滋きを悔ゆ

【語釈】

○書帷…書斎のこと。○學歩…歩く方を学ぶ。自分の本文を棄てて他人の真似をし、二つながら失うたとえ。「歩を邯鄲に学ぶ」――燕国の少年が邯鄲に行って歩行の法を学んだが、学ぶことができなくて、かえって己の固有の歩行法をも忘れてしまったという故事（『荘子』秋水）。○潛修…ひそかに修行する。○傾覆…くつがえす。

【口語訳】

寒い冬空にかかる冷たい月の光が書斎をてらしている。夜中いろりにあたりながら物思いにふけっている。

己を磨くために学ぼうとしているが、中途で挫折してしまわないかと不安でならない。ここは、ひたすら修行して、他人がどう思うか気にしないことだ。

心を静かにして無我の境地になってこそ、学問はその高みにいたり、自ら真の師匠を得ることになる。

盆の水が覆ってしまはないように、先にそれを防ぐ工夫が大切だ。いつも悔いるのは、小さなキズをそのままにして次第に大きくしまうことだ。

接家信志喜（家信に接し喜びを志す）　鄭孝徳

海外一驃渡重洋	海外　一驃　重洋を渡る
舌耨筆耕傍六堂	舌耨筆耕　六堂の傍
廻憶離家經四載	憶を廻らせば離家して　四載を経たり

『琉球入学見聞録』巻4

思親何嘗一日忘	親を思うこと何ぞ嘗て一日も忘れん
年年空作登樓賦	年年　空しく作る　登楼の賦
雁飛曾不到炎荒	雁は飛びて曽て炎荒に到らず
有客忽從榕城至	客ありて忽ち榕城より至り
遺我平安書一囊	我に平安の書一囊を遺す
開緘驚視眶旋涙	緘を開き驚き視て眶旋ち涙し
捧誦一過喜欲狂	捧誦一過　喜びて狂わんと欲す
天相蓬蘆常廸吉	天相の蓬蘆　常に廸吉あり
慈母康寧晩景昌	慈母　康寧にして　晩景昌んなり
從知萬金何足寶	従りて知れり　万金も何ぞ宝とするに足らんと
置書懷袖樂無疆	書を懐袖に置けば　楽しみ疆まり無し
孤身遠道雖未返	孤身　遠道　未だ返らずと雖も
懽心何異到家郷	懽心何ぞ家郷に到るに異ならん

【語釈】

○驊…白毛のまじった黄色の馬。馬が早く走ること。ここは、船を馬にたとえたもの。
○六堂…清代の国子監の教室。国子監には、率性堂、修道堂、誠心堂、正義堂、崇志堂、広業堂の六堂があった。○舌耨筆耕…弁舌で草ぎることと、筆で田を耕すこと。「舌耕」と同じ。学問をもって生計の資とすること。書を講義して生計を立てること。○登樓賦…戦乱を逃れて、荊州の劉表に身を寄せていた王粲が、城壁の楼からの眺望に託して、望郷の念や、才能を発揮できないでいる嘆きを詠んだものである（『文選』巻11・賦・遊覧参照）。○炎荒…暑い南方の遠い土地。○榕城…福州の別称。○天相…天の助けや援助。○蓬蘆…蓬（よもぎ）で屋根をふいた家。貧者や隠者の家をいう。○廸吉…めでたいこと。○晩景…晩年の境遇。晩年。

【口語訳】

海の向こうから早馬のような船で大海を渡って来て、将来学問を生活の資とするべく国子監で勉学に励んでいる。

思いをめぐらせると、家を離れてから4年がたったが、家族のことは、どうして1日といえども忘れることがあろうか。

魏の王粲が江陵の城壁の楼に登って望郷の念や、才能を発揮できない嘆きを詠んだように、私も毎年帰りたい思いを詠じてきた。便りを運ぶ雁は遠い南方の土地（琉球）に行ったことがない（故郷とつなぐ便りが届きにくい）。

そんな時、たまたま旅の人が福州から来て、家族の無事を知らせる手紙を届けてくれた。

『琉球入学見聞録』巻4

　封を開いて胸をときめかせながら読むと、急に涙が流れてほほをぬらす。うれしさのあまり、気も狂わんばかりである。

　天の助けで故郷の貧しい家には、常にめでたい恵みがあって、そのおかげで思いやりのある優しい母は安らかで、年老いても元気である。

　家族の健康こそが何にもまして大切で、これに比べればどんな宝もとるに足らないものだが、家族の無事を知らせてきたこの手紙を懐に大切に入れていると、その楽しみはきわまるところがないほどだ。

　ひとり遠く離れた異郷の地にあり、まだ故郷に帰れない身ではあるが、家族からの手紙に接すれば、その喜びは故郷に帰った時と異なることはない。

辛巳十一月十五日、皇上恭迎皇太后自圓明苑還宮、慶賀萬壽、詔許陪臣世昌等用本國衣冠隨班接駕、恭紀一首（辛巳十一月十五日、皇上恭しく皇太后の円明苑より宮に還えるを迎え、万寿を慶賀せらるに、詔して陪臣世昌等本国の衣冠を用って随班して接駕するを許され、恭んで一首を紀す）　蔡世昌

鴻鈞律轉一陽天　　　鴻鈞　律転じ　一陽の天
萬國嵩呼慈駕前　　　万国　嵩呼　慈駕の前
瀛海琪花暄日影　　　瀛海　琪花　日影暄かし
蓬山寶樹極春妍　　　蓬山　宝樹　春妍を極む
墳衢土鼓堯三祝　　　衢を墳す土鼓　堯の三祝
夾道仙音舜五絃　　　道を夾む仙音　舜の五絃
自喜今朝隨拜舞　　　自から喜ぶ　今朝　拜舞に随がいて
親覩聖主扈金軿　　　親しく聖主を覩　金軿に扈がうを

【語釈】

　○鴻鈞…世の中がよく治まり、風俗の美しいこと。○一陽天…「一陽来復」のこと。易で陰暦10月に陰気が最大となり、11月の冬至に陽気が生じはじめるのをいう。○嵩呼…庶民が天子を祝して万歳をさけぶこと。むかし、漢の武帝が嵩山に登ったとき、山のどこかで万歳と三度さけぶのが聞こえたという故事。三呼・呼嵩。○琪花…仙境にある美しい花。○蓬山…蓬来山のこと。神仙の住むという想像上の島で、渤海にあるという。○春妍…春の美しい景色。○土鼓　楽器。瓦または土を固めて両面に革をはって作ったつづみ。○堯三祝…堯は中国古代の聖天子。その治世をたたえ万歳を三唱する。○舜五絃…舜は堯から禅譲を受けた古代の聖天子。その舜が弾じた五絃の琴。○拜舞…任官や昇進の時に舞うようにして立ったりすわったりして拝礼を行うこと。○金軿…四方におおいをかけた后

－259－

『琉球入学見聞録』巻4

妃の乗る車。

【口語訳】

　世の中がよく治まって平穏で、暦も変わってやがて一陽来復の冬至を迎えようとしている。国じゅうが皇太后の70歳の万寿を祝うなかで、かたじけなくもそのお車を迎える慶びの式典に列席をゆるされた。

　東海の仙境にある美しい花が、日を受けてあたたかく輝いており、蓬来山の宝石のような美しい木が春の花に彩られている。

　道いっぱいにひろがった太鼓と徳ある天子をたたえる万歳の声、道の両側からは舜の五絃のような美しい音楽が奏でられる。

　今朝この式典に列席することを許され、親しく皇帝のお姿を拝見し、皇太后のお車をお迎えした喜びが、おのずからわきおこってくる。

【余説】

　詩題にある「辛巳十一月十五日」は、乾隆26〈1761〉年の陰暦11月15日である。入監（1760年2月）してからやがて2年になろうとしている。皇太后が70歳の祝いのため、円明苑から宮殿に来駕されるめでたい儀式への列席を許され、琉球の衣装で正装して参加したのである。

　これだけでも、たいへんな栄誉だと思われるが、蔡世昌と鄭孝徳には、9日後の24日、皇帝から緞3疋、貂4張が恩賞として下賜されている。琉球官生に対する中国側の厚い待遇の様子が見て取れる。

二十四日承恩賞賜緞三疋貂四張恭紀
（二十四日、恩を承けて緞三匹・貂四張を賞賜せられ恭んで紀す）　蔡世昌

錫類推恩及遠人	錫類　恩を推して遠人に及ぶ
雲霞一筐寵頒新	雲霞　一筐　寵頒新なり
九重飛下雞林暖	九重　飛下　鶏林の暖
三殿擎來虎觀春	三殿　擎げ来たる　虎観の春
文綺光華輝藻火	文綺　光華　藻火を輝かし
豐貂絢爛妥簪紳	豊貂の絢爛　簪紳を妥んず
他年詔許還家日	他年　詔もて許されて家に還るの日
世世傳觀耀海濱	世世　伝え観て　海浜に耀やかさん

【語釈】

　○九重…天子の宮殿。○雞林暖…「鶏林」は、もと新羅の国の別名。後には朝鮮全体の呼称となる。恩賞の品の１つの貂が朝鮮でとれるからいう。○虎觀…〈白虎観〉の略称。宮殿の名。後漢の章帝の時、博士、儀郎、諸生等を会して五経の異同を議せしめたところ。ここでは、国子監の意にとる。○文綺…飾りのある帛。○藻火…藻や炎を図案化したもの。○豊貂…立派な貂。○簪紳…簪纓縉紳の略。官につかえている人。簪はかんざし。紳は高位の人が礼装のとき用いる帯び。

【口語訳】

　皇帝は立派な贈り物を賜って、恩を遠来のわたしたちに及ぼして下さる。はこいっぱいにあふれた恵みの品が新鮮である。

　皇帝から賜った品物の１つは朝鮮の暖かさにあふれた貂である。宮中からの使者が捧げ持って国子監に届けて下さった。

　美しい飾りのある織物が光を放って、藻火の模様が輝いている。立派な貂の毛皮は官服を飾るによい。

　いつの年か詔を得て許されて帰国したら、大切に後世に伝えて琉球の宝として輝かした

芙蓉（芙蓉）　蔡世昌

芙蓉不與衆芳同	芙蓉　衆芳と同じからず
蟬蛻淤泥出水中	淤泥に蟬蛻し　水中より出づ
玉柄凌波標潔白	玉柄　波を凌いで潔白を標し
絶幢洩渚弄輕紅	絶幢　渚に洩きて軽紅を弄す
全無雕飾擎朝露	全て雕飾無く　朝露を擎げ
獨綻綷紋映午風	独り綷紋を綻ばせ　午風に映ず
小立銀塘頻駐目	銀塘に小立して頻りに目を駐むれば
天然浄植鬱瓏璁	天然の浄植　鬱として瓏璁たり

【語釈】

　○蟬蛻淤泥…蝉のぬけがら。さっぱりと抜け出る。『史記』屈原伝に「蟬蛻於濁穢」（濁穢に蟬蛻す）とあるをふまえる。○絶幢…赤い旗。

【口語訳】

　はすの花の姿は、ほかの多くの花とは同じではない。泥の中からさっぱりと抜け出るよ

うに水から出ている。

　玉のような茎が水の浪をしのいで清らかに立ち、赤い旗を渚に映したようにうすい紅の花が揺れている。

　飾ってはでにしたようなところはまったくなく、朝露を受けている。ちぢみ紋の花を開いて午後の風に映えている。

　銀色の堤にしばらく立ち止まって見ていると、自然のさわやかなはすが、輝くようにむらがっている。

晴望（晴望）　蔡世昌

川原霧歛雨初晴	川原　霧歛りて　雨初めて晴れ
碧黛鮮新霽色清	碧黛　鮮新にして　霽色清し
澗草還霑餘潤濕	澗草　還た霑い　潤湿余り
野林尚映早霞明	野林　尚お映ず　早霞明
山分宿靄無雲跡	山は宿靄を分けて　雲の跡無く
樹散疎烟有鳥聲	樹は疎烟を散じて鳥の声有り
畫景環城供客望	画景城を環りて客望に供し
凴高送目愜詩情	高きに凴りて目を送れば詩情愜し

【語釈】
　○川原…川流。川の流域に原野。○碧黛…青いまゆずみ。

【口語訳】
　川沿いの原野は、霧が収まり雨も晴れてきた。遠くに見える山が緑の眉のようで雨に洗われて鮮やかだ。

　谷川の水草は濡れて、たっぷりと潤っており、野原や林は、朝日に照らされて明るく光っている。

　遠くの山、昨夜からの霧が晴れて、空には雲ひとつなく、樹木の靄も消えて鳥のさえずりが聞こえる。

　絵に描いたような景色が街を取り囲み、遊びに来る客を楽しませる。高い所に登って眺めると、詩情が湧き起って快い。

『琉球入学見聞録』巻4

遊陶然亭［有序］（陶然亭に游ぶ［序有り］）　蔡世昌

歳在辛巳、節近重陽、函暉先生邀吾師及顒齋先生攜予兩人、南遊陶然亭。茲亭也、賢士大夫之所以遊目騁懷者。是日天朗氣清、金風徐來、倚欄縱目、眞可樂也。飫聆明訓之餘、忘其固陋、賦詩一章、以誌勝遊。

【読み下し】

　歳は辛巳に在り、節は重陽に近し、函暉先生、吾が師及び顒斎先生を邀え、予ら両人を携え、南のかた陶然亭に遊ぶ。茲の亭たるや、賢士大夫の以て目を遊ばせ懐を騁せる所の者なり。是の日天朗気清にして、金風徐ろに来たり、欄に倚り目を縦ままにす、真に楽しむべきなり。明訓を飫聆しての余り、其の固陋を忘れ、詩一章を賦して、以て勝遊を誌す。

【語釈】

　○函暉先生…国子監の助教張若霍のこと。函暉が字か号かは不明。○顒斎先生…国子監の助教張元観のこと。顒斎が字か号かは不明。○賢士大夫…既出（鄭孝徳「遊陶然亭」語釈参照）。○金風…既出（鄭孝徳「遊陶然亭」語釈参照）。秋風。五行で西方にあたり、季節は秋にあたる。○飫聆…あきるほど聴く。満足するほど聞く。○明訓…既出（鄭孝徳「遊陶然亭」語釈参照）。人の教えに対する敬称。○固陋…頑固で見識がせまい。○黄花…菊と名の花の別名。ここでは菊のこと。

【口語訳】

　年は辛巳〈1716年〉、時節は重陽（陰暦9月9日）に近かった。函暉先生（助教の張若霍）は、私の先生（教習の潘相）吾が師及び顒斎先生（助教張元観）を迎え、私たち2人を連れて、北京城の南にある陶然亭に遊んだ。この亭は、賢士大夫が美しい景色に目を遊ばせ懐を騁せる所として知られている。是の日、空は晴れわたり空気は澄んでさわかで、秋風が静かに吹いており、欄干に倚りかかって心のままに風景をながめ、楽しむのにはまことに最高の日であった。このような自然の中で、先生方の立派な話をたっぷりお聞きし、感激のあまり自身の見識の狭さを忘れ、詩一章を賦して、この素晴らしい遊びの様子を記すことにした。

高臺一上思悠悠	高台に一たび上ば　思い悠悠たり
且喜黄花挿滿頭	且つ喜びて黄花　満頭に挿す
碧水晴光搖草樹	碧水晴光　草樹を揺らし
名山畫景擁城樓	名山画景　城楼を擁す

『琉球入学見聞録』巻4

一時詩酒同清賞	一時に詩酒　同に清賞し
百代風流紀勝遊	百代の風流　勝遊を紀す
況有雄談驚四座	況や雄談の四座を驚かすことありて
更教遠客豁雙眸	更に遠客をして双眸を豁かしむるをや

【語釈】

　○黄花挿滿頭…重陽には古いしきたりでは茱萸（かわはじかみ）を頭に挿すというが、ここでは菊の花を挿している。○雄談…優れた弁舌。

【口語訳】

　もうすぐ重陽の節句というこの日、先生方と手を携えて陶然亭の高台に登ると、ゆったりとして思いになる。頭に菊の花を挿して健康をいのる。

　緑の川は晴れわたって、草木がゆれ、絵のような自然が城の楼閣を抱くように広がっている。

　この良い時節に酒を酌み交わし詩文を作ってともに楽しみ、昔から続く風流な遊びを記録しようとする。

　まして先生方の一座を驚かすような素晴らしい話があり、さらに遠くから来ている私たちの目を開かせてくれるのだから。

【余説】

　「節は重陽に近く」とあって、重陽（9月9日）の何日前かはっきりしないが、前掲の鄭孝徳の「遊陶然亭」の序文では、これについて「辛巳重陽の前六日」と示されており、張元観の作品では、もっと明確に「九月初三日」となっている。「序」は蔡世昌、鄭孝徳とも内容は同じだが、表現には微妙な差があり、両者の記録が補い合って興味深いものになっている。

入學呈經峯師（学に入り経峰師に呈す）　梁允治

奇文詔許共窺探	奇文　詔して許され共に窺がい探る
萬里從遊意興酣	万里遊に従い　意興酣なり
海外長瞻星聚北	海外　長く瞻る星の北に聚るを
帷前眞喜派分南	帷前　真に喜ぶ南に派分するを
藏書有庫常兼四	蔵書は庫に有りて常に四を兼ね
淑世餘肱已折三	淑世余肱　已に三を折れり

『琉球入学見聞録』巻4

遙聽同門原濟濟　　　遙かに聴く　同門原より済済たり
春風春雨楚山嵐　　　春風春雨　楚山の嵐

【語釈】

　○經峯…教習潘相のこと。○奇文…国子監にある石鼓奇文のこと。周の宣王の時〈紀元前827—782〉、頌を作って功を記した鼓状の石。およそ10個で、鼓ごとに径1尺内外、高さ約3尺。今、北京の国子監の大成門の左右にある（時代の波に翻弄され、本来のものは故宮にある。今国子監にあるのは、清代乾隆年間の模造品とのこと（『中国名勝旧跡事典』第1巻25頁参照）。○兼四…天下の書籍を経・史・子・集の四つに分類した。この四つの部を全て兼ね備えていること。○餘肱　用例が確認できないが、ここでは皇帝の多くの補佐役の意に取る。○折三…清代の皇帝が康煕、雍正、乾隆と三代にわたっていること。○濟濟…多くそろって盛んなさま。○楚山嵐…楚の地方の青々とした山の気。楚は揚子江北岸の地方、普通は湖南・湖北両省一帯を指す。

【口語訳】

　石鼓奇文でしられる国子監に詔で許されて入学し、師匠とともに学問の真理を探ることになった。万里のかなたからやって来た高ぶる気持ちは頂点にある。

　海外（琉球）にいるころから星のあつまる北京のあたりを憧れの心をもって眺めていたが、皇帝の帷の前にあって、その恩恵が南の方へ広がっていることを知り喜びにたえない。

　国子監の蔵書は書庫を満たして、天下の書籍の四部を兼ね備えており、よく治まった世は、多くの補佐役に支えられて、すでに三代目の乾隆帝の御代にある。

　はるか遠い琉球で聴いていたように、先生のもとで学ぶ仲間は、もとより立派な方がそろっており、万物を育てる恵み深い春の風や雨をうけて楚の地方の山が青々とした気にみたされているかのようだ。（学ぶ環境や条件に恵まれ、育ててくれる教師にも恵まれていることをいう）。

入學呈經峯師（学に入り経峰師に呈す）　金型

絲綸特降海門東　　　糸綸特に降る　海門の東
王命從遊國學中　　　王命により従い遊ぶ　国学の中
聖域乘時霑化雨　　　聖域　時に乗じて　化雨に霑い
賢關到處坐春風　　　賢関　到る処　春風に坐す
鯨鐘遠響開屯否　　　鯨鐘遠く響きて屯否を開き
石鼓奇文發困蒙　　　石鼓奇文　困蒙を発す

－265－

『琉球入学見聞録』巻4

獨愧淺才多未達　　独愧づ　浅才にして未だ達せざるを
不知何日奏微功　　知らず何の日ならん微功を奏せるは

【語釈】
　○絲綸…糸言と同じ。天子のみことのり。天子の言葉は糸のように細いが、臣下はこれを綸（官印を身につける組みひも）のように大きく心得るからいう。○化雨…教化が人に及ぶことを時雨にたとえていう。○鯨鐘…大きなつきがね。○屯否…運命が逼塞して艱難にあうこと。屯・否とも易の卦の名。ものごとの不利にして通ぜざる象。○石鼓奇文…すぐ前の梁允治の作品の注参照。○困蒙…愚かで道理に暗いために苦しむ。

【口語訳】
　天子のみことのりが、海のかなたの東（琉球のこと）に下され、これをうけて国王の命によって国子監で学ぶことになった。
　聖なるこの地は時の恵みを受けて時雨にうるおい、立派な人々のあつまるところは、いたるところ春のなごやかな風がふいて、万物を育てる気がみちている。
　つきがねの音が遠くからきこえ、全ての困難を解き放つようで、大成門の左右にある石鼓の奇文は、愚かで道理に暗い状態を発し開くようだ。
　ただ恥じるのは、才能がうすくまだまだ水準に達していないことだ。いつの日になったら、少しでも恩に報いることを報告できるだろうか（1日でも早くその日がくるよう努めよう）。

贈潘二仲焜（潘二仲焜に贈る）　鄭孝徳

久聞芳訊望雲霓　　久しく芳訊を聞き　雲霓を望む
此日纔欣接駿蹄　　此の日　纔かに欣ぶ　駿蹄に接するを
寶樹頻懷三楚北　　宝樹　頻りに懐う　三楚の北
琪花驚拂六堂西　　琪花　驚きて払う　六堂の西
風吹馬帳同温煖　　風は吹馬帳に吹き　同に温煖なり
雪滿程門共品題　　雪は程門に満ち　共に品題す
海國人歡隨驥尾　　海国の人歓び　驥尾に随い
相期文學歩昌黎　　相い期す　文学　昌黎に歩まん

【語釈】
　○芳訊…良い言葉。○雲霓…雲とにじ。天の高い所。○駿蹄…駿馬のひづめ。○三楚北

『琉球入学見聞録』巻4

…春秋・戦国時代の楚の国のあった地域。東楚・西楚・南楚の三地方に分けたのでいう。
○琪花…仙境にある美しい花と草。○六堂西…清の国子監の教室。その西の廂の奥に琉球
学館があった。○馬帳…学者の書斎をいう。○品題…優劣の価値づけをして名称をつける。
○驥尾…駿馬のしり。転じて、優れた人の後ろ。「驥尾に附す」は、優れた人物のあとにつ
いて、そのおかげをこうむるの意。○昌黎…中唐の文豪韓愈の封号河南省昌黎の人なので
昌黎先生と呼ばれた。

【口語訳】

　かなり以前から、潘相先生に息子の2人のことを聞き、旱魃で雨を待ち望むように会う
ことを楽しみにしていた。この日やっと願いがかない、その優れた兄弟に会うことができ
た。

　宝樹のような優れた潘兄弟が、三楚の北（北京）に居ることは知っていたが、なんと仙
境に咲く花のような兄弟が、琉球学館のある六堂の西廂に来られた。

　風が学館に吹き、温かい感じになり、雪が程門に満つという故事のように、私たちは潘
兄弟と共に学問や詩文について討論した。

　海の果ての国から来た私たちは、潘兄弟2人の後について学ぶことを楽しみ、互いに文
学の能力を高め唐の文豪韓愈のレベルにまで達したいと誓い合った。

送鄭大紹衣蔡大汝顯還國（鄭大紹衣・蔡大汝顕の国に還えるを送る）　潘瓉

炎陬萬里到燕臺	炎陬の万里より燕台に到る
爲悅宣尼航海來	宣尼を悦ぶ為に航海して来たる
四載親師傳北學	四載　師に親しみ北学を伝え
一時將母賦南陔	一時　母を将て南陔を賦す
歸程應有詩千首	帰程　応に詩千首有るべく
別緒重酙酒幾杯	別緒　重ねて酙まん　酒幾杯
料得還鄉同薦擢	料り得たり　郷に還えれば同に薦擢せられ
可能懷舊望三台	能く旧を懐いて三台を望む可し

【語釈】

　○炎陬…炎暑の地。○宣尼…孔子のこと。漢の平帝の時、孔子におくり名して褒成宣尼
公といった。○南陔…南のきざはし。○薦擢…人物を取り立てる。○三台…臣下として最
高の3つの位（三公）。前漢では丞相（大司徒）・太尉（大司馬）・御史大夫（大司空）、後漢
では、太尉・司徒・司空のこと。

－ 267 －

『琉球入学見聞録』巻 4

【口語訳】

　君たち 2 人は、はるか遠い南の暑い国から北京に来られた。孔子の学問を喜ぶために、わざわざ海を越えてきたのである。

　四年の間、国子監で師匠に親しみ儒学を受け継ぎ、今ではすぐに、母を思うと、『詩経』の「南陔」の句を使って歌えるようになっている。

　帰国の路程に登る時には、その作品は千首にもなっているだろう。別れを惜しんで、何杯も酒を酌み交わす。

　私が思うに、君たちは国に帰れば、国王に選ばれて国の指導者になるだろう。その時は、ここで学んだことを思い出し、国王を補佐する高官（琉球の三司官）になって欲しいものだ。

寄贈鄭大紹衣蔡大汝顯還國（大紹衣・蔡大汝顯の国に還えるに寄せ贈る）　潘承熾

炎天姓字重扶桑	炎天の姓字　扶桑に重んじ
入學翹瞻日月光	入学して翹瞻す　日月の光
予弟欣聞陪鯉對	予の弟　欣びて聞く　鯉対に陪するを
不才漫喜接瑤章	不才　漫りに喜ぶ　接瑤章に接するを
到來奔走京畿士	到り来たりて奔走す　京畿の士
歸去股肱海國王	帰り去れば　海国の王の股肱とならん
衣錦從知稽古力	錦を衣るは従りて知る稽古の力
莫忘辛苦客虞庠	忘るる莫れ　辛苦して虞庠に客たるを

【語注】

　○潘承熾…詩の本文からすると、潘相の長子である。○日月光…天子の恩の輝きの意にとる。○鯉對…「鯉庭」の意にとる。子が父親の教えを受ける所。家庭教育の場。孔子が鯉（孔子の子の名）を庭でさとした故事による。○瑤章…美しい文章。○股肱…ももとひじは身体の行動のたのみとするところであるから、主君の手足となる家来。○虞庠…学校の名。有虞氏（舜帝）の庠（学校）。

【口語訳】

　南の暑い土地にある琉球で、鄭と蔡の両姓は、国に重んじられており、お 2 人は国子監に入学して皇帝を仰ぎ見ておられる。

　私の弟は、お 2 人と一緒に父の指導を受けられることを喜び、不才の私は、お 2 人の美しい文章に触れられることを喜んでいる。

　国子監に来られた 2 人は、北京で儒学の士を求めて奔走したが、国へ帰えれば国王を補

佐する役人となる。

　錦の衣を着て国へ帰るのは、ここでの学習に励んだ結果であるが、国子監で苦労したことを忘れてはいけない。

送鄭大紹衣還國（鄭大紹衣の国に還えるを送る）　潘承煒

橋門兩載共燈檠	橋門に両載　燈檠を共にし
客舍難爲送別情	客舍　送別の情を為し難し
策馬心猶依北極	策馬　心猶お北極に依るが如く
望塵人已賦南征	塵を望むは　人已に南征に賦す
風和綺陌郵程遠	風は和みて　綺陌にして郵程遠く
日照鯨波海帕平	日は照りて　鯨波に海帕平らかなり
遙計扶桑同忭舞	遙かに計る　扶桑は同に忭舞し
道東果有鄭康成	道東　果して鄭康成有らん

【語釈】

　○橋門…古、辟雍に水をめぐらし、四門を設け、門外に橋を架したもの。講筵あれば参観者は皆水外にあるから橋門をめぐるという。○策馬…馬を鞭打つ。『論語』雍也に「其の馬に策って曰く、敢えて後れたるに非ず、馬進まざるなり」とある。○綺陌…綺麗な通り。陌は東西に通ずる道。○鯨波…大きな波。○海帕…海を布のたとえたもの。波が静かなこと。○忭舞…喜び踊る。○鄭康成…康成は、後漢の学者鄭玄の字。

【口語訳】

　国子監で２年間、鄭さんと灯火を共にした。客舍（琉球学館）で別れの心情を語るが、辛いことは如何ともし難い。

　旅だって行く鄭さんの心は、まだ北京に残っているが、砂塵を上げて行く車を見ると、鄭さんはやはり南に向かって行ってしまうのだと悟る。

　風は穏やかなので、きれいな道の続く福建までの遠い旅程も穏やかで、晴れて日が差しているので、大波のある海も１枚の手巾のように平らかであろう。

　遠くから想像するに、琉球では鄭さん帰国を踊りあがって喜んでいるであろう。

送蔡大汝顯還國（蔡大汝顕の国に還えるを送る）　潘承煒

九峯氣宇信崢嶸	九峯の気宇　信に崢嶸たり

『琉球入学見聞録』巻4

金比堅凝玉比瑩	金に堅凝を比し　玉に瑩を比す
海國人原推異等	海国の人　原より異等を推し
天都士共識才名	天都の士　共に才名を識る
皇華驛路榮歸日	皇華の駅路　栄帰の日
南浦春風送客情	南浦の春風　客を送るの情
樽酒勸君須盡醉	樽酒　君に勧む　須く酔いを尽くすべく
何時重得會燕京	何れの時にか重ねて得ん　燕京に会するを

【語釈】

　○九峯…9つの峯。○堅凝…固くこりかたまる。○皇華…あきらか。美しく盛んなさま。『詩経』小雅の「皇皇者華」の略称。転じて、天子の使臣。勅使。○榮歸…出世して郷国に帰ること。『史記』項羽本紀に「富貴にして故郷に帰えらざるは、繍を衣て夜に行くが如し」とある。○樽酒勸君…送別の宴会を開く。王維の詩「元二の安西に使いするを送る」に、「君に勧む　更に尽くせ　一杯の酒」とある。

【口語訳】

　高い峰のように気高い気概は、誠に卓越しており、その意志は金のように堅固で、玉のように透明感がある。

　海国（琉球）の人士（官生）は、もともと優れた徳をもっており、北京の指導者も蔡さんの才能をそろって認めている。

　皇帝の支配する駅路を、蔡さんは国子監で習得した成果を誇りにして帰る。南浦には春の穏やか風が吹き、客と別れを惜しむ情が満ちている。

　別れの前に、この酒を君に勧めよう、どうか遠慮しないでくれ、そして、何時か必ずこの北京で再会しよう。

寄贈鄭大紹衣蔡大汝顯還國（鄭大紹衣・蔡大汝顕の国に還えるに寄せ贈る）　潘承燦

纍世簪纓壓海邦	累世の簪纓　海邦を圧し
連翩東序照銀釭	連翩す東序　銀釭を照らす
揮毫霞起姑塲嶺	揮毫すれば霞起こり　姑塲の嶺
潑墨龍翻那覇江	潑墨すれば龍翻る　那覇の江
舊學遙聞循軌轍	旧学　遙かに聞く　軌轍に循うを
新輝逖聽擁旌幢	新輝　逖かに聴く　旌幢を擁くを
通家獨愧慳謀面	通家　独り愧づ　謀面の慳きを

－270－

『琉球入学見聞録』巻4

徒寄魚鴻送遠艫　　　徒らに魚鴻に寄せ　遠艫を送る

【語釈】

　○簪纓…かんむりを止めるこうがいと、しゃく。転じて、高官の服装。それを着ける身分。○連翩…続いて絶えないさま。○銀釭…燈火のこと。○揮毫…筆をふるう。書画をかく。○姑塲嶺…琉球の国場嶺のこと。○潑墨…水墨で巨大な点を作り、山水を描く方法。多くは雨の景色を描くことに用いる。その勢、墨をそそぐが如くであるからいう。○旌幢…はた。「旌幢之貴」は、旗をたてる貴い身分。高位高官をいう。○謀酉…面貌をみて職を与える。ご機嫌をうかがう。○魚鴻…手紙を配達する人。「魚雁」と同じ。手紙。

【口語訳】

　鄭・蔡は代々琉球の役人として高い地位にあり、国子監では2人して灯りをともして学問に励んだ。

　帰るに臨んで、筆を執ると、故郷の国場の嶺に掛る雲を描き、墨書すると、那覇の港に翻る龍を描いた。

　かつてここで学んだ官生は、今も変わらず国子監の教育の方針に従っていることを知り、帰国して新しく輝くことになる2人が高官となり、旗や傘で守られる姿を見ることであろう。

　先祖の時代から交流のある鄭氏・蔡氏の2人であるが、わたしは、そのお2方と直接会う機会が少なかったことを残念に思い、ただいたずらに、手紙を琉球へ渡る船に託すだけである。

送鄭大紹衣還國（鄭大紹衣の国に還える）　潘承煒

捧書萬里到長安　　　書を捧げて万里　長安に到る
鯉對呵陪共仰鑽　　　鯉に対し　呵なくも陪し　仰鑽を共にす
六館風流人似玉　　　六館の風流　人　玉に似たり
四年唱和氣如蘭　　　四年唱和す　気　蘭の如し
盧溝橋上天邊月　　　盧溝橋上　天辺の月
姑米山頭海外鸞　　　姑米山頭　海外の鸞
想見還家承寵後　　　想見す　家に還りて寵を承けて後
時時翹首五雲端　　　時時　翹首せん五雲の端

【語釈】

　○潘承煒…前の潘承熾、潘承煒、潘承燦と兄弟の関係か。○鄭大紹衣…鄭孝徳のこと。

－271－

字の前に大をつけて尊称の気持ちを表わしている。○長安…前漢、隋、唐などの都。ここでは北京のこと。○鯉對…未詳。「鯉庭」だと、孔子が子供の鯉を庭でさとした故事による。子が父の教えを受けるところ。ここでは、国子監の意にとる。○仰鑽…道理を深く求める意の「鑽仰」のこと。押韻の関係で「仰鑽」とした。○六館…唐代、国子監の中に設けられた6つの学館。国子学館、太学館、四門学館、律館、書館、算館。○盧溝橋…蘆溝橋とも書き、北京の市街西南約15キロ、豊台の永定河に架かる。永定河はもと盧溝河といったので盧溝河と名付けた。「燕京八景」の1つ。○姑米山…普通には久米島のことだが、ここでは、久米村の意にとる。○鸞…神獣の名。鳳凰の1種。形はにわとりに似て、羽毛は五色が混じり、声は音階に合うという。○想見…おしはかって目にうかべる。○翹首…首をあげてのぞみ待つ。切望する。○五雲…青・白・赤・黒・黄の5種の雲。めでたい瑞兆の意にとる。

【口語訳】

　書物を捧げもって万里のかなたの琉球から北京にこられた。国子監でかたじけなくも共に勉学することになった。

　国子監でのあなたは、風流で玉のようで、この4年間たがいに詩文のやり取りをしたが、あなたの才気は蘭のように芳しいものである。

　北京にあっては、盧溝橋の空に輝く月のようであるが、琉球にかえれば久米村の鳳凰のように立派であろう。

　国にかえった後は、国王の寵愛を受けて、いつもめでたい雲を切望するように琉球の繁栄のために尽力されている姿が目にうかんでくる。

送蔡大汝顯還国（蔡大汝顕の国に還えるを送る）　潘承焯

西膠四載共磨研	西膠四載　共に磨研し
長夜書聲人未眠	長夜書声　人未だ眠らず
七島文章誰與並	七島の文章　誰か与に並ばん
三山豪傑莫之先	三山の豪傑　之に先んずるもの莫し
春風萬里還郷轡	春風万里　郷に還える轡
曉月連宵渡海船	暁月連宵　海を渡る船
此別何時重握手	此に別るれば何時重ねて手を握らん
相期奉使到天邊	相期す　使を奉じて天辺に到ること

『琉球入学見聞録』巻4

【語釈】

○蔡大汝顯…蔡世昌のこと。字の前に大をつけて尊称の気持ちを表している。○西膠…学校のこと。○七島…琉球は多くの島でできているからいう。○三山…琉球の北山・中山・南山のこと。ここでは琉球全体の意。○天邊…空のはて。ここでは、天子のいるあたりで、北京のこと。

【口語訳】

国子監で4年、共に深く学び研究した。夜もおそくまで書を読み、寝ることも惜しんでうちこんできた。

あなたが究めた文章の道に、琉球でだれが並ぶものがあろうか。琉球の優れた人たちでも、あなたの先に出るものはいない。

春風をうけて遠い故郷への旅に出る。明け方の月を見、何度も夜を連ねて海を渡ることになる。

ここで別れたら、いつまた会えるだろうか。あなたが琉球の使者となって北京に来られることを期待したい。

序

中山鄭紹衣太學課藝序（中山鄭紹衣太学課芸序）　潘相

【読み下し】

一方の風気、必ず其れ人の精神と志意は、天地山川の光輝と相感発す。而して後に草昧を以て啓きて、文運は以て開く。琉球の天文に於けるや、其の次は星紀にして、其の宿は牽牛なり。弁嶽は其の南に峙え、鉅海其の北に盪ぐ。清淑の気、蜿蟺扶輿し、磅礴して鬱積す。固より必ず鴻裁健筆、希踪上国の士、其の間に生ずる有り。鄭生紹衣の若きは其の一なり。

庚辰の春、紹衣天子の命を奉じて成均に入り余に学ぶ。其れ旧習に因りて、率驟に講学せんと言う。而るに文を視るに緩やかにすべきが若し。余之に語りて曰く、「四科の殿は文学を以てす、而るに文は顧みるに学を先にす、蓋し学の中に弸ちて之を襮すに文を以てす。文は学に非ざれば本無く、学は文に非ざれば著れず。彼の文に昧昧たるは、猶お学に昧昧たるなり。古より道生ずる所の文有り、文に因りて道を見わす文あり。経伝は尚きなり。

秦漢而後、種学の士、未だ嘗て文を績まざるにあらず。昌黎は遠紹して旁捜し、必ず曰わく、「文従い字順い、各々職を識る」と。吾が楚の濂溪先生、初め文を以て見わるを欲せず、而して太極通書、上宗易繫、其の文を論ずるや必ず美を斬めて愛し、愛して伝う。程

『琉球入学見聞録』巻4

子も亦た「吾に子厚の筆力無く、西銘を為す能はず」と言う。乃ち朱子全集の若きは、百代を雄視し、其の文理密察にして、片語隻詞、各々妙道精義有らざる莫し。

　即ち今、読む所の集註章句、字字秤停にして、尤も千古の至文為りて、学ぶ者は童にして之を習い、老いて知らざるは、又奚ぞ与に学を論ずるに足らんや。紹衣以爲く然りと。予廼ち之に小学・近思録を授け、経の階梯を窮め、之を四書六経に継ぎ、朱註の学の粋文の密を指示し、常に於・之・乎・也・者等の字の増減同異之を弁ずる処を知らしむれば、生始めて文法有るを知る。然る後、之と与に漢唐以来の古文を読みて、句読を磨礱して、英華を含咀し、篇章を反復して意義に沉潜す。如是の如くしてして年あれば、生又た文に膚有り・肉有り・気骨有り・神韻有るを知りて、締構段落、句を宅び字を措くこと苟かにす可からず、起伏呼応の未だ或いは誣らざるを要視す。

　是に於いて以て其の学の至れる所は、発して文と為れば、則ち毎に益々奇出づ。其の法と律は謹厳にして、梓人の室を構えること、千門万戸、一に縄墨に衷るが如し。其の宏富を採取することは、海涵し地負い、万物生蓄し、畢く具わらざるは無きが如し。而して又設色に長じ、万紫千紅の攢簇して迷離に、其れ之を迎え之を距み、之を敲き之を推すを要し、務めて其れ是を求めて後已むが若し。

　其れ之を信ずること甚だ篤くして、之を好むこと甚だ摯り、盛暑隆寒、疾病呻吟に至りても、日夜窮めて之を為して厭わざるは、偉なる哉、懿なる乎。是れ其の精神と志意は、固より以て球陽の風気を開くに足る者ならんか。他日には王廷に陳び、其の国の人を率いて、挙げて曩の文を為す所以の者は精を倍して詳を加えん。中原の文、其れ海を渡りて南するを信ずるなり。

　抑そも余の言う所の者は文なり。文の境は学の功を視、学の既に深まりて、其の中を充して、其の外に見わる。庶幾わくは、文に因りて道を見わすの文に由り、以て漸やく道の生ずる所の文を窮めん。然れども難し。是れ豈易と軽とは文学を談ずる者の言ならんや。既に其の集に書して以て之を勧め、亦た因りて以て自ら警む。時に乾隆癸未の孟冬の吉、友生楚の安郷の潘相経峯氏、太学の西廂において書す。

【語注】

　○風氣…風俗。気性。○志意…こころざし。こころばえ。○草昧…まだ世が開けきらず、秩序が整っていないこと。未開。○文運…文化・文明が発展しようとする機運。学問・芸術が盛んに行われるさま。○其次星紀…「其次」は、古代中国天文学における天球分割法の1つで、天球を天の赤道帯にそって西から東に12等分したもの。「星紀」は、星次の名。斗宿及び牽牛星に相当するもの。○宿…天球における天の赤道を、28のエリア（星宿）に不均等分割したもの。○辨嶽…弁ケ岳のこと。首里汀良町にある丘陵。方言〈ビンヌタキ〉。

－274－

『琉球入学見聞録』巻4

首里の東端にあたり西原町と接する。那覇市の最高所（165.7m）。御嶽でもあり、園比屋武御嶽と同年〈1519〉に同一人物（西塘）によって建てられたと思われる大嶽（戦前は国宝指定）と、小嶽の２嶽がある。いずれも国王の祈願所で、大嶽は久高島への、小嶽は斎場御嶽への遥拝所。大嶽の建築様式は園比屋武御嶽とほとんど同じで、それよりやや小さい。その石門は戦前国宝指定〈1938 年１月〉、参道は尚清王代〈1527—55〉の整備。かつては松などがうっそうと茂る森だったが沖縄戦ですべて焼失。大嶽などは戦後〈1954〉復元（『沖縄大百科事典』 久高友章）。○清淑之氣…清らかで良い気。○蜿蟺…まがりくねるさま。わだかまるさま。○扶輿…佳気のさま。○磅礴而鬱積…広大で限りないさま。満ちあふれるさま。「蜿蟺扶輿、磅礴鬱積」は、韓愈の「廖道士を送るの序」にある１節である。○鴻裁…大きな鑑識。すぐれた体制。○成均…太古の学校のこと。ここでは、国子監のこと。○率驟…すみやか。にわか。○四科…孔子の門人の才能を徳行・言語（弁論）・政事（政治）・文学（学問）の四種に分類したもの。○弼中…中を満たす。『法言、君子』に「以て其の中を弼たして外を彪る」とある。○昧昧…暗いさま。○經傳…経書と経書を注釈した書。○種學…いろいろの学問。学を積む。○昌黎…唐の韓愈の封号。唐宋八大家の１人。字は退之。河南省昌黎の人なので昌黎先生と呼ばれる。柳宗元とともに古文復興に努力した。○遠紹旁捜…韓愈の「進学解」に「墜緒の茫茫たるを尋ね、独り旁捜して遠く紹ぐ」とある。「遠紹」は、遠く隔った前代のあとを承けつぐ。「旁捜」は、四方をあまねくさがす。あちこちとさがす。○文從字順、各識職…作文と用字との穏当なこと。文章がなめらかで用語も適切、論理的、語法的な誤りがない。その１つ１つが、その職務をはたすこと。韓愈の「南陽攀紹述墓誌銘」に「文従い字順い、各々職を識る」とある。○濂溪先生…宋の周敦頤の尊称。字は茂叔、諡は元公。宋学の開祖。居る所を濂溪と言い、濂溪先生と呼ばれる。○太極通書…周敦頤が著わした『太極図説』と『通書』のこと。『太極図説』は、わずかに228字に過ぎないが、朱子に過信せられて宋学の淵源とされる。『通書』は、旧名は『易通』。『太極図説』と表裏の関係に関係にあり、図説は理論を説き、この書は応用を示す。○易繋…『周易』の繋辞を言う。易経十翼の１つ。上下両篇ある。孔子の作と言われる。文王の易を説明解釈したものという。○蘄…求める。○程子…宋の程顥、程頤兄弟のこと。周濂溪の弟子。○子厚…唐の柳宗元の字。唐の文人で政治家。唐宋八大家の１人。韓愈とともに古文復興を提唱した。○西銘…署名。宋、張載撰、朱熹注。張載が書斎の西窓に掲げた文章。仁義の根本を説いたもの。○朱子全集…『朱子全書』だと清康熙年間の進士、李光地が勅命を受けて編纂した。全66巻。『朱子文集』は、全百巻。続集11巻、別集10巻。朱熹撰。○文理密察…細かで明らかなこと。『中庸』に見える言葉。○妙道…妙なる道。最上のやり方。『荘子』斉物に「我は以て妙道の行と為す」とある。○集註章句…朱子の『四書集注』のこと。「四書」（『大学』『中庸』『論語』『孟子』）に　朱子が付けた注釈。○秤停…衡量斟酌（考慮しはからうこと）。○小學…人間として守るべき倫理道徳を説いた初学

-275-

者向けの教訓書。朱子の弟子劉子澄の編纂したもの。○近思録…南宋の朱子とその友人呂祖謙が共同で編集した。周茂叔・程明道・程伊川・張横渠の著作や語録から 622 条を選び、初学者の入門書としたもの。○階梯…階段。いとぐち。手引き。○六經…詩・書・礼・楽・易・春秋の六つの経書。ただし、「楽」は書物としては伝わらず、いつも「礼」を伴うものなので、やがて「礼」の中に含められ、「六経」は「五経」へと整理された。○磨礱…すりみがく。○含咀…ふくみくらう。○沉潜…深く考えにふける。○氣骨…正義を守って屈しない気性。○神韻…文章や書画の趣が深く霊妙なこと。○締搆　むすび構える。○措字…詩文などの言葉の使い方。○法律謹嚴…決まりに従って、慎み深くおごそかなこと。○梓人…周官の名。司空の属。飲器及び射侯を造る者。後、転じて大工の棟梁、または指物工。○繩墨…墨なわ。大工が木材にまっすぐにすじを引くときに用いる道具。きそく。○海涵地負…海は広い地域をひたし、地は万物を背う。度量が大きいこと。○設色…いろどり。○萬紫千紅…いろいろな美しい花。朱子の「春日」詩に、「万紫千紅　総て是れ春なり」とある。○攢簇…群がりあつまる。○迷離…明らかでないさま。ぼんやりしたさま。○庶幾…こいねがう。○漸…だんだんと。しだいに。○朂…勖の僞字。勤める。励ます。○乾隆癸未…乾隆 28〈1763〉年。○孟冬…冬の初め。孟（はじめ）、仲（なかば）、季（すえ）。三冬。○友生…友人。門下生に対する自称。○安郷…潘相の出身地、湖南省安郷県。この次の「中山蔡汝顯太學藝序」では、「楚南平」となっている。○經峯…潘相の号。次のか。「中山蔡汝顯太學藝序」では雲逵となっている。○西廂…西側のひさしにある部屋。

【口語訳】

　ひとつの地方の気風は、必ずその土地に住む人の精神や志と、その土地の大自然の輝きとが相応じて生まれるものである。そうして後、まだ秩序の整っていない世の中が開けて、学問や芸術が盛んにおこなわれる世の中になるのである。琉球の位置を天文において見るに、その次は星紀にあり、その宿は牽牛に当たる。弁が嶽はその国の南にそびえたち、大海はその北に大きく広がり揺れている。清らかで静かな気は、うねりわだかまり、広く満ちあふれて、積もっている。

　庚辰（乾隆 25〈1760〉年）の春、鄭孝徳は皇帝の命令を受けて成均（国子監）に入学し、私から学ぶことになった。（彼は）古い習わしに従って、すぐに学問をしたいと言った。そこで、彼の文章を見ると、ゆっくり進めていくべきもののように感じられた。私は彼に言った。「四科では文学を最後においている。考えてみるに文章は学を先にするものである。思うに学が己の中に満ちて、これを表現するのに文章を用いるのである。文章は学がなければ基づくものがないし、学は文章にしなければ表れない。文章に暗い者は、学に暗い者であると言える。それ故、古くからひとの道が何たるかを考えるところに文があり、文よって人の道を表わす文がある、と言われるのである。経伝はまことに貴重なものである。

『琉球入学見聞録』巻 4

　秦漢より以後、いろいろな学問をする人たちで、文章を作るにあたって修行を積まなかった者はいない。唐の韓愈は前の時代の成果を受け継ぎながら広く周囲を探求している。彼は、「文章を書くうえで、使う文字は適切に用いられ、ひとつひとつがその職務を果たすものでないといけない」と言っている。わが楚の濂渓先生（周敦頤）は、はじめは文章でもって世に出ようとは思っていなかった。しかし、彼の著わした『太極図説』『通書』『上宗繋辞』などは、その論述の文章はとても美しくて好ましい（大切な）もので、愛されて（大切にされて）後世に伝えられたものである。周敦頤の弟子の程子（程顥・程頤兄弟）もまた、「私には柳宗元のような筆力は無く、『西銘』のようなものはとても書けない」と言っている。『朱子全集』のような著作は、百年後の世の中をも広く視野に入れており、その文章の筋は細やかで明らかであり、ほんのわずかな言葉でも、それぞれ優れた道理がないものはない。

　そこですなわち、共に読んでいるところの朱子の『四書集註』の文章は、1字1字検討してみると、それは非常にすばらしく、古より以来の優れた名文である。学問をする者は、幼い時にはこれを習い、年老いてこれを知らないのでは、いったいどうして共に学問を論ずることが出来ようか。紹衣（鄭孝思）もそのように思っているであろう。私はそこで、彼に『小学』『近思録』を授け、経学の初歩の手引きを窮めることを知らせようとした。この後、『四書』と『六経』を引き続いて学び、朱子の注釈や学問思想の中心（根本）やその文章の緻密なことを指し示し、常に「於・之・乎・也・者」等の字の増減（それが有るか無いか）や異動を弁別できるように努めれば、学生（あなた）は初めて文法があることを知ることができるでしょう。そうして後、共に漢・唐以後の古文（文体の名）を読み、文の読み方を磨き、文章の優れたところをかみしめ味わうようにした。古の優れた文章を繰り返し読み、その意義を落ち着いてじっくり考えるようにした。このようにして何年か経つと、学生もまた文に皮膚があり、肉があり、気骨があり、神韻があることを知り、文の結構や段落、句を選び、文字の使い方をおろそかにせず、文章が変化に富み前後の関係が良く調和して、これは欺くことが出来ないことが大切であることを視て理解出来るのである。

　そこでその学が高い目標に到達した所で、自然に発して文章となれば、それは常に優れた奇抜なものが多く出てくるようになる。その決まりは厳かで腕の良い大工が多くの家を建てても、1つの縄墨にあたるようなものである。その選び取ることの広く富んでいることは、知識などが博大であらゆるものを生み蓄え、全て具わらないものはないようなものである。そしてまた、彩りが優れているのは、いろいろな美しい花が群がり集まりぼんやりとしているようである。それは何を取り入れて何を拒み、あれこれと表現を工夫することが必要で、それが文章を作る上で守るべき大切なところであることを自覚してそれを求めて、それが実現してはじめてやめるようなものである。

　文章と学の関係が深いことを篤く信じ、そしてこれを好んで真面目だ。厚さの盛りや厳

－ 277 －

しい寒さの時でも、病気になり呻きながらも、昼も夜も苦しくても勉学に勤めてあきることがないのは、すぐれたものであり、良いこではないか。そのような精神と志の持ち主は、もともと琉球の風俗を開くに足る者ではなかろうか。将来は役人となって宮廷に並び、その国の人を率いて、先に挙げた文章を作る者としてますます精密にして、さらに詳細を加えていくだろう。（こうして）中国の文化は海を渡って南（琉球）へ伝わることを私は信じている。

　そもそも、私の言うところは文章である。文章の境地は学の功を視て、その学が深まって、内面を満たして、それが自然に外に表れるものだ。こいねがわくは、文章でもって人の道を表わす、そのような文章によって、次第に道の生ずる所の文を窮めたいものである。しかし、それは実に難しいことである。それは、容易で軽いものだなどと、どうして文学を語る者が言えようか。これについては、すでにその文集に書いて励ましにしているが、（ここで繰り返して）、自らの警めとする。時に乾隆癸未の孟冬の吉、友生楚の安郷の潘相、経峯氏太学の西廂において書す。

中山蔡汝顯太學課藝序（中山蔡汝顕太学課芸序）　潘相

【読み下し】

　中土に処る者は因を利用し、辺方に居する者は変を利用す。言子の呉に於ける、陳良の楚に於ける、皆な北して鄒魯に学ぶを以て其の旧俗を変え、南の雄風を戒め、上国に方駕せしむ。然るに漢唐自り以来、匈奴及び新羅・百済皆な嘗て子を遣わして学に入れ、史書を彪炳し、乃ち其の来りて学ぶ者、既に聞きて表わる所有るを見ずして、其の国の風、亦た未だ蒸蒸然として日び雅なるを進むことを見ざるは何ぞや。豈に虚文を務めて誠心の少なきにあらざらんや。

　抑も又た周官の大司楽を考うるに、鞮師は鞮楽を教え、旄人は夷舞を教え、鞮鞻氏は又た夷楽と其の声を掌り、夫れ東昧南任、固より来王の盛なるを徴して、彼の学に入る者をして、仍ち其の服を服し、其の舞を舞はしむ、此に因りて推せば、則ち漢唐の学の之を教える所以の者は、亦た有るを庸いて未だ尽さざるなり。

　琉球は遠く海南に処ると雖も、然れども揚州呉越と分野を同じくし、外藩に於けるや、東のかた高麗国の若く、内郡に於けるや広の瓊州、福の台湾の若し。又た地は南位に当り、南は火房為り、人文に最も宜し。故に明初自り中山王子日孜毎・澗八馬を成均に入れ、今に及ぶまで凡そ十九次、漸やく華風に染り、先師を祀り、学校を興し、家に儒書を購い、人は学を問うを崇め、信なるかな其れ易変するなり。

　此に十九次の士を顧みるに、其の功徳を国に立つる者、類班班として譜す可し。惟れ天章蔡君は四本堂集有りて、徐太史に称され、余　竊かに其の載する所を観るに、猶お以爲

『琉球入学見聞録』巻4

らく之を変ずるに大いいに力むる有る者にして、仍お俟つ有らんか後の人と。蔡生汝顕と二三子の若きは、固より其の任に肩を共にせざるを得ざるなり。

　蔡生は天章の従孫と為す、其の先世は宋の端明殿学士君謨自り、文章政事を以て顕わる、厥の後六世孫明の太祖の命を奉じて琉球に入り、十数世を伝え、子孫の著録する者数十人、太学に入る者の強半は蔡氏の子弟なり。蔡生の祖父伯叔、皆な官は上大夫にして、礼法を嫺い、澹園法司、尤も向上を窺い尋ね、篤く洛閩の学に志す。

　蔡生は前光を胚胎し、目濡耳染し、早に錚錚たる才声有り。会て中山王士を選びて学に入るるに、諸大夫より挙生を僉ぶ。歳庚辰鄭生紹衣と偕に余に学ぶ。余　古の司楽の教うる所の者を以て之に教うるを欲せざるなり。答問四条を作り、一に曰く端趨向、二に曰く變習尚。生は篤く之を信じ、鄭生と稟して指授を承け、刻苦力学、間の旦夕無きこと凡そ四年、其の課芸の若干首を蒐め、将に以て廷に献じ、家に師となし、国の模範となさんとす。美なるかな洋洋乎として、其れ誠に学を心とする者ならんか。其れ予め所謂大力有りて善く変ずる者ならんか。

　生は好く韓の文を読み、言は必ず挙げて宗と為し、顧みるに其れ儁傑、廉悍、峭刻、雄屬なること、往往にして柳州半山に似たり。余　嘗て唐宋八家を論ず、惟れ柳王は韓豪を亜ぐに足り、而も韓公は柳王の長有らざる無し。生は焉を学びて其の性の近き所を得たり、故に常に相い似たるなり。韓公は八代の衰を起こし、生は帰りて公の文を為す所以を挙ぐれば、其の国の人を教えて、其れ変ぜざらんか。抑も昌黎の潮州に居するを聞き、進士趙德に命じて之が師と為し、而して潮人学を知り、衡湘以南、子厚の講解指画を経て、文詞を為す者皆な法度ありて観る可く、今に到るも両地之を尸祝す。蔡生勉かな、球陽の人、千百世の後、其れ猶お楚越の両公を尸祝するが如からんや。時に乾隆癸未孟冬の吉、友生楚の南平の潘相雲達氏、敬一亭の右屋に書す。

【語釈】

　○言子…言偃、春秋呉の人。一に魯の人という。字は子游。孔子の弟子。文学を以て知られる。陳良…戦国時代の魯の人。周公孔子の道を喜び、北、中原に学ぶ。後、神農の説を修める。○鄒魯…鄒は孟子の、魯は孔子の出身地。いずれも今の山東省にある。転じて、孔子、孟子、及びその教え。儒教のこと。○方駕…２つのものが肩を並べて優劣のないこと。○上國…都に近い国。夷狄と区別して。中国。○彪炳…きらびやかで美しい。○蒸蒸然…物のさかんになるさま。○大司樂…周代の官名。音楽官の長。○韎師…周官の名。春官の属。東夷の楽及びその舞のことを掌る。○旄人…周官の名。春官の属。舞を教えることを掌る。○鞮鞻…周官の名。音楽の官。四夷の楽を掌る。○東眛…東夷の楽曲の名。○西任…南蛮の音楽の名。○來王…四方の蛮族の王が新たに即位した時、中国に来て天子にお目通りすること。蛮族が朝廷になつき従う（書経・大禹謨）。○分野…春秋時代、天の二

— 279 —

『琉球入学見聞録』巻4

十八宿（星座）に相応するように中国全土を分けた地域。○廣之瓊州…広東省の瓊州。○福之臺灣…福建省の台湾。○類班班…あきらかではっきりしているさま。○端明殿學士　官名。宋の明道2年、承明殿を端明殿と改めて学士を置き、翰林学士の下に位せしめ、久しく学士の官にあるものを以てこれに充てた。○君謨…宋の蔡襄の字。福建仙遊の人。開封府の知、福州、泉州の知事となる。泉州の洛陽橋を建てた。文章家、書家として知られる。○六世孫…蔡襄から6代の子孫、蔡崇のこと。琉球における蔡氏の始祖。○澹園法司…蔡温のこと。澹園は、蔡温が尚敬王から賜った邸宅。法司は三司官のこと。○洛閩之學…程朱の学。程顥・程頤は洛陽の人。朱子は福建省（閩）の建陽で学を講じたので、この両者の学を言う。○目濡耳染…目がぬれ耳が染まる。だんだんに理解すること。韓愈の「清河郡公房公墓碑銘」に「目擩耳染、不學以能」とある。○錚錚…金属性のかたく高い音のひびき。また、凡人の中で少し優れた者。○端趨向・変習尚…それぞれ、「答問四条」の1つ。後の2つは弁正偽、厳課程（本書巻3・「答問」参照）。○稟承…上官の指図を受ける。かしこまる。○指授…指し示して教え授ける。○韓文…韓愈の文章。○儁傑…優れる。まさる。○廉悍…角立って元気が良い。○峭刻…きびしくむごい。○雄厲…「雄邁」と同じか。気象がすぐれて強い。性質がおおしく優れる。○柳州…唐の柳宗元のこと。字は子厚。柳州（広西省）に流された。○半山…宋の王安石の号。○唐宋八家…唐宋二時代にわたる8人の古文家。韓愈、柳宗元、欧陽脩、蘇洵、蘇軾、蘇轍、曾鞏、王安石の8人。○八代之衰…文章が衰えたとされる東漢、魏、晋、宋、斉、梁、陳、隋の八代。蘇軾「潮州韓文公廟碑」に「文起八代之衰」とある。○昌黎…韓愈のこと。湖南省昌黎の人なので昌黎先生と呼ばれ、文公とおくりなされた。○衡湘…衡山と湘水。衡山は五岳の1つ。湖南省衡山県の北西にある。南岳ともいう。湘水は、広西チワン族自治区に発し、北東に流れ、瀟水を合わせて、洞庭湖に注ぐ川（湘江ともいう）。○子厚…柳宗元のこと。○尸祝…崇拝する。○孟冬…冬の初め。旧暦の10月。○敬一亭之右屋…敬一亭は国子監にある建物。その右の建物の部屋。官生の使用していた部屋。

【口語訳】

　中国に居る者はその土地や人とのつながりを利用し、遠く離れた辺境に居る者は中国との違いを利用する。言子が呉に在り、陳良が楚に在って、いずれも北方に上って孔子や孟子を学んでその国の古いしきたりを変え、南方の雄々しいだけの風習を戒め、都の人と肩を並べて劣ることがないようにした。然るに漢唐の古い時代から、匈奴及び新羅・百済は皆なその国の子弟を派遣して学に入れ、史書を輝かしているが、彼らが中国に来て学んで、その成果が表れていることを見ないし、その国の風俗もまた日々盛んに進歩しているように見えないのはどうしてだろうか。

　虚文（内容のない文章）を大事にして、誠の心のある文章を大切にする精神が少ないから

ではないだろうか。

　そもそも古代の周官の大司楽（音楽を掌る大官）について考えてみると、東夷の音楽を掌る官吏は東夷の音楽を教え、夷の舞いを掌る者は夷の舞を教えるものである。鞮鞻氏は又た夷楽と其の声を掌っており、それぞれ東夷の楽曲である「東昧」や南蛮の楽曲である「南任」は、もともと遠方の王様が中国にやって来て、その地方が繁栄していることの証とするために演ずるもので、その地方から中国の学に入る者に、その国の服をそのまま着せ、その地方の舞を舞はせる。このような事から類推すれば、則ち漢唐の学を周囲の夷人に教える者は、また従来有るものを用いるだけで、十分な検討が尽されていないのである。

　琉球は遠く海南に処るけれども、それでも揚州・呉越と分野を同じくし、外藩においては、東のかた高麗国のようで、中国国内の郡においては広東省の瓊州、福建省の台湾のようなものである。またその地は南に位置し、南と言えば火星やそいぼし（さそり座の西北隅にある）のある方向で、人文に最も宜い所である。故に明の初めから琉球は王子日孜毎・澗八馬を国子監に入れ、今に至るまで凡そ19次を数え、次第に中華の文化に染り、孔子を祀り、学校（明倫堂）を建て、家に儒書を買い求め、人々は学を問うことを崇めるようになり、立派なことに、国の習俗は変わったのである。

　ここで19次の官生について振り返ってみるに、其の功徳を国に立てた者は、明らかで記録に残すべきものである。天章蔡君（蔡文溥）は『資本堂集』があって、冊封使の徐葆光に称賛されている。余　竊かにその詩集に載する所を観て思ったものである。この人物は琉球の風習を変えるのに大いに功績のあった者であって、後の時代の文人に良い影響を与える人物に違いないと。蔡生汝顕（蔡世昌）と2、3子（一緒に国子監で学ぶ官生）らの学生は、共に其の責任を負わねばならない。

　蔡生（蔡世昌）は天章の従孫であり、その先祖は宋の端明殿学士蔡襄から、文章政事を以て世に知られており、その六世孫（蔡崇拝）が明の太祖の命を受けて琉球に入り、10数世を伝え、子孫の中で著書を残している者数10人もおり、国子監に入学した者の過半は蔡氏の子弟である。蔡生（蔡世昌）の祖父や伯叔（伯父や叔父）は、皆な官は上大夫（上級官吏）であって、礼法を習い、中でも三司官蔡温は、もっとも礼法を窮めて向上しようとした人物で、洛閩の学（二程子や朱子の学）を熱心に学んだ。

　蔡生（蔡世昌）は、生まれながらに先祖の威光を内包して、成長するに従って何事も次第に理解できるようになり、早くからその優れた才能を認められてきた。先に琉球国王が国子監に派遣する官生を選ぶに当たり、多くの上級役人の中から試験で学生を選んだが蔡世昌もその中にいた。庚辰の年（乾隆25〈1760〉年）、鄭生紹衣（鄭孝徳）と共に私のもとで学ぶことになった。私は古の司楽が教えたような方法で彼らを教育しようとは思はなかった。それで「答問四条」を作り、第1に「端趨向」、第2に「変習尚」と言う。蔡世昌は熱心にこれを信じ、鄭生（鄭孝徳）と共に私の指導を受け、刻苦して学に努め、朝も夜も時間

『琉球入学見聞録』巻4

を惜しむようにして凡そ4年学習した。そこで課題として与えられたものに応えた作品から若干首を集めて、朝廷に献上し、家庭の師となし、国の模範としようとする。良いですね、前途が洋洋と広がるようで、それは誠に学を心とする者ではないか。それは、すでに国の風俗を変えるのに大いに力のあるものと言うべきものではないだろうか。

　生（蔡世昌）は好んで韓愈の文を読み、言は必ず韓愈を挙げて従うべき大切なものとしている。彼は誰よりも優れ、元気が良く、己にきびしく、気性がすぐれて強く、大雑把に言えば柳宗元や王安石に似ている。私はかつて唐宋八家について論じ、柳王（文章の王者柳宗元）は韓豪（文章の豪傑韓愈）を継ぐものであるが、韓愈は柳王（柳宗元）の長所がないものではない、と言った。生（蔡世昌）は韓愈と柳宗元を学んで、その性の近い所を得たのであり、そのために似たような境地になったのである。韓愈は漢以後魏晋南北朝期に衰えた文章を再興したが、生（蔡世昌）は異国してからも韓愈の文章を作る理由を挙げ守っていけば、その国の人を教育して、その国の気風を変えるだろう。そもそも、韓愈が潮州に住んでいるのを聞き、進士の趙德に命じて韓愈を師匠として学ばせ、こうして潮州の人は学を知るようになった。衡湘（衡山や湘水）以南は、柳宗元の講解指画を経て、文詞を作る者は皆な文章には法則があって必ずこれを見なければならないことを知った。今に到ってもこの両地の人たちは2人を称えている。蔡生（蔡世昌）よ努力しようではないか。琉球の人は、千年百年の後、楚越で韓愈・柳宗元両公が称えられているようにあなたを称えることだろう。時に乾隆癸未孟冬の吉、友生楚の南平の潘相雲逵氏、敬一亭の右屋に書す。

中山鄭紹言太學課藝序（中山鄭紹言太学課芸序）　潘相

【読み下し】

　今の天子の二十有四年、中山王　士を選びて太学に入る、鄭生紹言は唐栄の茂才なるを以てするも、額に限られて与にするを得ず。即ち笈を負い兄紹衣・蔡生汝顕に随って、鉅海を航し、水陸万里して、以て其れ私に予に従って遊ぶを請う。予　之に教うるに両官生と比べ、自ら敦品正書を読むの外、亟んで言と文を為す。顧うに諄諄然として惟だ篇章・段落・虚字・語助を是れ辨じ、尤も其れ語録・講章の派を為すを禁じ、世の所謂高且つ遠なる挙ぐる者は、概ね焉を置きて講ぜず、凡そ以て救と云うなるが若し。

　然るに昌黎全集は、大いに頽風を振るい、其の通解・択言・鄠人対の諸篇は、陳斉の謂う其の「之・乎・也・者」と倫ならず、指さして少作は、晩年の筆法と両手の若きと為す。即ち其れ「自序」に力を用い、惟だ「陳言務去」と曰い、剽賊を以て聖神と為すを狙伏し、詞は必ず己に出でて古と為るを以てし、苦渋して樊紹述の躅を為すが若きを以てす。其の要帰を究むれば、則ち曰く「文は従い字は順にして、各おの職を識るのみ。故に朱子の「考異」、其の権衡を乗り、片字隻語・文勢義理を正して厥の従違を定む。是くの若きならん

－282－

『琉球入学見聞録』巻 4

か、篇章・段落・虚字・語助の辨、固より上下に徹して、高遠を遺すに非ずして専ら卑邇
を言う者に比するなり。且つ夫れ上古の文を為すものは舌を以てし、秦漢より後の文を為
すものは腕を以てす、「六経」・「四子」、豈に嘗て筆を乗りて詞章を為らんや。而して道足
りて文生ずるは、天地に之れ日月・星辰・山川・河岳有るが若く、後の人の才分懸殊、即
ち操管営度、猶お往往にして古人に及ばざるがごとし、何ぞ況んや語録をや。故に「近思
録」の一書は、引く所は「太極通書」・「西銘」よりする外、往往にして多く諸公の門弟子
に口授するの語にして、雑うるに方言を以てす。之を学ぶ者は以て作聖の筏、経を窮むる
の階と為し、行文の根柢、則ち得たり。而して一に其貌を襲い、其の句を用て、以て文に
入れば、則ち腐陳なる俗を迂けて遠くへ行く可からず。故に曰く「人声の精なる者は言と
為し、文詞の言のおけるは又其の精なる者なり」と。語録は固より文詞に非ざるなり、
其の他は則ち又た何をか説んや。

　紹言は孝友に敦く、廉隅を属し、一に其の兄の如くして、兀兀として年を窮め、耕鋤経
畲し、工を用って更に苦めり。蓋し其の質較や魯なるも、而も竟に魯を以て力を得て、篤
く五子書を信ずること、性命と肌膚の離る可からざるが若く、其れ行文好く之を用ってす
るに、而も古の文法も亦た未だ深からず。既に縄尺を稟けること三年、しかる後乃ち曠然
として一變其の旧を一変せり。論は篤実にして雄暢に、表は流麗にして以て端荘、尤も碑
記に長じ、奇崛の概、毎に古人の三昧を得たり。都て計るに課芸若干首、其れ両官生に殆
んど伯仲の間たり。紹言の始めて来たる時を回憶するに何にか似たらん、而るに乃ち今此
に至れり。吾　嘗て学を為すこと海を渉るが如しと論ぜり、海は天地に於いて物の最も巨
なるものにして、気の怯ゆる者は洋を望みて反すのみ。強き力有る者は、長年に問い、厥
の舟手の一針を慎み、枏更沙漏し、颶の翻えり颺の吼ゆるを経るも震え驚かず、数日なら
ずして彼の岸に躍り、志定まりて而神王たり。紹言は海を渡りて来たり、海を観て帰る者
なり。其集に題し、即ち之に与えて海を論ず。

【語釈】
　○鄭紹言…鄭孝徳の弟、孝思。孝徳の跟伴として国子監に留学した。官生と一緒に帰国
する直前に、北京で死去。○唐榮…久米村のこと。初め唐営と言い、後唐栄と言う。○茂
才…才能の優れた人。秀才。○負笈…笈（本箱）を背負って遠くの地へ勉学に出る。遊学
する。○諄諄…丁寧に教えるさま。『詩経』大雅・抑に「誨爾諄諄」とある。また、まごこ
ろがあって慎み深いさま。○篇章…詩文の篇と章。文章。○虚字…文字を実字・虚字・助
字と三分するときは、動詞・形容詞を言う。実字・虚字と二分するときは、助字と同じく
副詞・否定詞・前置詞・句末詞等を言う。○語助…意味なく単に語勢を助けるために用い
られる文字。○語録…儒者や僧侶などの談話を筆記した書物で俗語で書いたもの。○頽風
…くずれた風俗。○昌黎全集…韓愈の全集。○不倫…同じ種類、同じ程度でない。○剗賊

－ 283 －

…他人の詩文を盗んで自作のようにする。○聖神…天子。知徳が優れて、霊妙不可思議の意。また、儒教で古代の聖人を言う。朱子「中庸章句序」に「上古聖神、継天立極」とある。○文從字順各識職…「中山鄭紹衣太學課藝序」の語釈参照。○權衡…ものの標準になるもの。ものを計り比べるもの。権ははかりのおもり。衡ははかりのさお。○六經…「中山鄭紹衣太學課藝序」の語釈参照。○四子…「四子書」のこと。四書の別称。大学・中庸・論語・孟子。○近思録…「中山鄭紹衣太學課藝序」の語釈参照。○太極通書…「中山鄭紹衣太學課藝序」の語釈参照。○西銘…「中山鄭紹衣太學課藝序」の語釈参照。○根柢…もの事の根本。○廉隅…折り目正しい。品行が正しく、節操が固い。○兀兀…一心不乱に努力するさま。韓愈「進学解」「恒兀兀以窮年」○五子書…五経四書に春秋を加えたもの。また。○繩尺…法則。規則。○曠然…ひろびろとしたさま。○篤實…親切で誠実なこと。○流麗…詩文や文字がのびのびとして美しいこと。○奇崛…山が険しく変化のあるさま。文章が奇抜で優れているさま。○古人三昧…古人の極致に達すること。○長年…長生きする、寿命を伸ばす。年寄り。老人。

【口語訳】

　今の天子の24〈1759〉年、琉球国王は学徳のある者を選んで国子監に入れた。鄭紹言（鄭孝思）は唐栄（久米村）の才能ゆたかな人物ではあるが、国子監に入る学生（官生）は、その定員に限りがあるため官生になることは出来なかった。それでもこうして遠くの地へ勉学しようとして、兄の紹衣（鄭孝思）・蔡汝顕（蔡世昌）に随って、大海を航行し、水陸の旅程万里を旅して北京へ来て、私について勉強したいと請うてきた。私はこれに教へるのに鄭孝思・蔡世昌の官生と同じように、丁寧にきちんとした書物を読む他、慎んで言と文を作らせた。振り返って思うと丁寧にただ篇章・段落・虚字・語助の使い方をきちんと弁別できるようにし、とくに語録・講章の流派は禁じ、世の所謂高且つ遠なるを挙げる者は、おおむね置いて講じなかった、それは初学者の学習の援助になればということからである。

　然るに韓愈の『昌黎全集』は、崩れた風俗を頽風を振るい興すのに大きく貢献し、その「通解」・「択言」・「鄂人対」の諸篇は、陳斉の言う「之・乎・也・者」のようなものの仲間ではなく、その若い時の作品は、晩年の表現方法と左右の手のようになっている。即ち「自序」に力を用い、ただ「陳腐な表現は務めて去る」と言って、他人の詩文を盗んで自分のものとして立派なものだとする態度を止め、詞は必ず自分の中から表出されて古人の精神通じるようにし、まるで表現に苦しんだ樊紹述が足踏みしもがいたのと同じような態度で臨むようにする。文章を作る上で大切な所を究めれば、「文は従い字は順にして、各おの職を識るのみ」ということになる。故に朱子の「考異」は、物事の標準になるものであり、1字1語・文勢やその意味を正して表現の異同を定めたものである。このようにあれば、篇章・段落・虚字・語助の区別がはっきりし、上の文章と下の文章がつながり、高遠な言

葉を残すのではなく卑近な言葉を使おうとする。さらに、上古の文を作る者は舌を以てし（語録の意味か）、秦漢より後の文を作る者は腕を以てす（筆記の意味か）。「六経」・「四子」は、どうして筆を執って詞章を作ったものであろうか。ひとの踏み行うべき道徳が十分行われて文章が生まれるのは、天地に太陽や月、空に星があり、山岳や河川があるように自然なもので、後世の人の才能や懸殊、即ち操管営度、が往往にして古人に及ばないようなもので、まして語録についてはいうまでもない。故に『近思録』の一書は、『太極通書』・『西銘』を引用するのをはじめとして、それ以外の書は、往往にして多く諸公がその門の弟子に口述して伝授する語りであって、方言を交えた講話である。このようにして学ぶ者にとってそれは聖人の筏となり、経書を窮めようとする者の足がかりとなり、文章作りの根本を、これによって得ることになる。このようにしてひたすらその文章の形を踏襲し、その句を用いて、文章の道に入れば、腐陳で俗な表現をしなくなり、文章作りの本道から遠く離れることがなくなる。故に言う「人声の精なる者は言と為し、文詞の言におけるは又た其の精なる者なり」と。語録は固より文詞ではない、其の他のことについてはあらためて言うまでもない。

　紹言は、親孝行で友情を大切にし、品行が正しく折り目正しい。それは全くその兄と同じようなものであって、この何年も一心不乱に努力してきた。それはまるで、農夫が田畑で耕作に勤しみ、匠がさらに工のために更に苦しむようなものであった。思うにその素質はやや鈍いが、しかもついにそのに魯を以て力を得て、篤く「五子書」を信ずること、性命と肌膚が離れることの無いかの如くである。その文章を作るのに経書の文を使用するにも、古の文法についてもその理解は深くなかったが、既に文章の基本的法則について教育をうけること３年にして、その効果は広々と表れて、昔の状況は一変した。その論は誠実で雄大でのびやかであり、表は伸び伸びとして美しくて、そしてきちんとしている。なかでも碑記をもっとも得意とし、その文章は奇抜で優れており、いづれの文章も古人の極致を体得している。それらの文章は全体で課芸若干首である、その内容は２人の官生とほとんど優劣付け難く伯仲している。紹言が始めて来た時の状況を回憶すると、今のこの状況は何に比べたら良いのだろうか、彼は今やこのような境地に達したのだ。私はかつて学問をすることを海を渉るようなものだと言ったことがある。海は天地に中で最も大きなもので、気の弱い怖じ気者は、その大洋を見て引き返すだけである。強い力のある者は、年長者に問い、舟を操縦するのに針路を示す針を慎重に見て、その航海の距離と時間を計り、大風が舟や海を翻し嵐が吼えても震え驚かず、数日しない内に目的の港に着く、それは志がしっかりと定まって神王のように動かないからである。紹言は海を渡って北京へ来て、海を観て帰国する者である。それで、その文集に題して、彼に与えるのに海を論じたのである。

『琉球入学見聞録』巻4

記

瑞泉記（瑞泉記）　鄭孝徳

【読み下し】

　王城の中に泉有りて瑞泉と曰う。鉄龍を泉眼に嵌め、水　龍口従り噴出す。故に一名龍泉なり。泉の側に石巌有り、峭屹すること丈余、巌上に鉄樹多く、鬱葱として叢り茂る。其の勢い蒼龍の青雲の中に隠れ、蜿蟉として騰らんと欲するを彷彿す。

　是の泉たるや、碧澄甘醴にして、旱と雖も竭きず。茗を烹れば茗は清香にして、酒を醸せば酒は清冽なり。宗廟朝廷、需めざるは莫し。前後の冊封天使、飲みて之れを嘉し、碣を勒すること二なり、一に曰く「中山第一」、一に曰く「雲根石髄」、瑞を志すなり。凡そ官吏登朝の道、必ず斯の泉の旁に由る。遠くして之を聞けば、其の声錚琮然として、瑟を鼓し絃を弄するが如く、城郭の外に聞こゆ。近づきて之を観れば、其の眅瀺溜然として、跳珠飛雪の若く、金溝の中に灌ぎて、誠に清塵を以てするのみにして、詩脾に沁みるに足るなり。乃ち円覚寺・観蓮橋を径て、直ちに龍潭に滙まるが如し。民間は頼りて以て灌圃に灌し、屢しば歳豊の楽を享く、其れ又た瑞の由る所薄からんか。

　是れ維だ我王の徳隆んに道茂くして、政は人の誠に通じ、国家を弁嶽の寧きに措き、邇くは三山より、遐くは三十六洲に及ぶまで、鴻沢に沐浴せざるは靡し。敬しんで盛化を宣べ、是に繇りて其の泉は滃然として清く、永く瑞を億千万葉に表すのみ。微臣欣びて斯の泉の溥博無窮なるを観て、竊かに至誠の息まざるを歎ずるなり。爰に文を綴りて以て之を記す。

【語釈】

　○瑞泉…首里城第2の門「瑞泉門」の崖の下に湧いている泉。1523年（嘉靖2・尚真47）に沢岻盛里が中国から持ち帰った吐水石龍頭が取り付けられており、その口から水を吐くようにしたため「龍樋」とも呼ばれる。水は清く琉球第1と称されていた。冊封使節滞在中は、ここの水を汲み使節に供していた。その周囲には、ここの水を賞讃した冊封使の題字を刻した石碑が建てられている（沖縄タイムス社『沖縄大百科事典』）。○泉眼…「眼」は穴のこと、泉の水が湧き出ててくる穴のこと。○峭屹…「峭」は、険しく高いさま。「屹」は、山がそばだっていかめしいさま。○鐵樹…ソテツのこと。鳳尾蕉、海棕櫚とも言う。○蜿蟉…うねりくるさま。龍の行く様子。○彷彿…よく似ている様子。さながら。そっくり。○甘醴…あまざけ。○烹茗…煮つめたお茶。○清冽…水が清く澄んですずしそうなこと。○宗廟…先祖の御霊をしずめまつる所。○勒碣…石碑に刻みつける。「碣」は、いしぶみ。

－286－

『琉球入学見聞録』巻4

○「中山第一」は、1719年に尚敬王の冊封副使として渡来した徐葆光の、「雲根石髄」は、1756年に尚穆王の冊封正使として渡来した全槐の題したもの。○朝道…宮中に参内して、天子や身分の高い人にお目にかかること。○鏦琮…玉石のふれあって発する音。○瀺灂…水の落ちるさま。水の音。○跳珠…水や雨の飛沫のこと。○清塵…立派な遺風（後世に残っている昔の風習・習慣、先人の教え。また、天子の行幸の先払い。○圓覺寺…第二尚氏王家の菩提寺で、首里城の北側に位置する。○觀蓮橋…首里城北側、円覚寺の向かいの円鑑池に架かる橋で、天女橋のこと。○龍潭…首里城外苑部にある人口の池。魚小堀（イユグムイ）とも呼ばれる。○辨嶽…弁ヶ嶽（べんがたけ）、首里汀良町にある丘陵。方言「ビンヌタキ」。首里の東端のあたり西原町と接する。那覇市の最高所（165.7メートル）。御嶽でもあり、園比屋武御嶽と同年〈1519〉に、同一人物（西塘）によって建てられたと思われる大嶽（戦前は国宝指定）と、小嶽の二嶽がある。いずれも国王の祈願所で、大嶽は久高島への、小嶽は斎場御嶽への遥拝所。大嶽の建築様式は園屋武御嶽とほとんど同じで、それよりやや小さい。その石門は戦前は国宝指定。参道は尚清王代〈1527—55〉の整備。かつては松など鬱蒼と茂る森だったが、沖縄戦ですべて焼失。大嶽などは戦後〈1954〉復元。（沖縄タイムス『沖縄大百科事典　下』）。○三山…三山の「山」は「島」の意で、沖縄本島を3つに分けて、中央部を中山、南部を山南（または南山）、北部を山北（または北山）と称した。宣徳4〈1429〉年、中山王尚巴志によって三山統一が成し遂げられた。○三十六洲…洲は大陸、島の意。三十六島とは、琉球属島の修辞。○鴻澤…大きな恵み。○瀜然…泉の湧き出るさま。盛んなさま。○溥博…広く大きい。○至誠…この上ない真心。この上なく誠実なこと。

【口語訳】

　王城（首里城）の中に泉があり、瑞泉と言う。泉が湧き出てくるところに鉄の龍をはめこんでおり、水は、その龍の口から噴出している。それで、一名「龍泉」という。泉の側に巖の崖があり、1丈あまりの高さで険しくそびえ立っている。巖の上にはソテツが多く生えており、鬱葱とむらがり茂っている。そのありさまは、さながら、蒼龍が青雲の中に隠れ、身体をくねらせて天に昇っていこうとするかのようである。

　この泉といえば、青く澄んで甘酒のようで、日照りのときでも水のかれることがない。この泉の水でお茶を入れると、お茶はさっぱりとした良い香がし、酒を醸せば酒は澄んで冷たい感じがする。先祖の御霊に供えようとする者や王宮では、この泉の水を求めないものはない。前後して渡来した冊封使は、この泉の水を飲んでこれを良しとし、石碑にそれぞれ称える文字を刻んでいる。2つあって、1つは「中山第一」と言い、もう1つは「雲根石髄」と言う、2つとも泉のめでたい様子を記録している。だいたいの役人が王府に出勤するときの道は、必ずこの泉のかたわらを通る。遠くから聞くと、その音は玉石がふれ

あって発するような美しく、まるで琴を鼓し絃を奏でるように、城郭の外に聞こえてくる。近づいて見ると、その流れ落ちるさまは真珠が踊りはね雪が舞い散るようで、金のように美しい溝の中に注いで、それは真に昔から変わらぬ良い遺風を伝えており、人の詩脾に沁みて満足させるものである。その泉は流れて円覚寺・観蓮橋を経て、そのまま龍潭に集まるようである。民間はこの水に頼って、田畑に灌漑し、しばしば豊作の楽しみを受けており、それもまた目出度さのよって来る所が遍く広いものであるということではないか。

　これは我が王様の徳が立派だから人々の道徳心も良くなるということである。王様の政治は人の誠に通じ、国家を弁ヶ嶽の安らかな祈りの中に置き、近くは三山から、遠くは三十六島に及ぶまで、その大きな恩沢を受けない者はいない。敬しんでこの盛んで繁栄した世を称え、これによってこの泉（瑞泉）は盛んに湧き出て清く、千年、万年の後も永く瑞（めでたさ）を示すだけである。低い身分の者ではあるが、私はこの泉の広く窮まりないことを見て喜び、ひそかにこの上ない誠実な心の消えないことを称えるのである。それで、文章にして記録することにした。

那覇港記（那覇港記）　鄭孝徳

【読み下し】

　王城の西に江有り。潮汐震蕩し、浩浩湯湯として、源遠派別し、厥の利は疆無し。那覇南数十歩の近くに在り、故に那覇港と名づく。其の東北は唐栄・泉崎橋・泊江を経て以て城北山川村に通じ、其の東南は過豊城・真玉橋・国場を過ぎて、新城の下、津嘉山の前に極り、冥海を呑みて諸江に達す。凡そ天朝に入貢すると外島より入貢するの舶、賈貨の艘、茲に会せざる靡く、洵に中山の咽喉なり。

　港の左は屋良座と曰う。其の後に閣有りて住吉亭と曰う。右は見城と曰う。其の旁に院を構うるは臨海寺と曰う。見城に登りて西望すれば、則ち遙かに峯の聳えて翠に、雲霞の間に出没する者は、馬歯山なり。其の東に偏する平地数百畝、沙光り銀を耀し、滄瀛の中に浮く者は、奇洲なり。屋良座に登りて東眺すれば、則ち層巒嵯峩として、亭の飛甍する有りて、雲霄に隣して緑波を枕する者は、波上山なり。其の北に偏す青嶼十余里、碧瀾の内に横流する者は、読谷山崎なり。港の後一二里、古松鬱葱として中流に峙する者は、奥山なり。其の南の筆を峯の麓に架け、遙かに水声琤然たるを聞く、松林を出て、直ちに江に灌ぎて流る者は、落平の泉なり。朝嵐暮靄、一碧万頃、天高水濶、氣象万千、此れ固より覇港の奇観なり。

　若し港腹の中流に至れば、暗礁有りて舟を碍す砥の石表と為す、之を「馬喀牙」と謂う。江を夾むは皆な鉄板沙なり、嵌空嵯岈。馬喀牙自り直ちに大瀛に達す、波涛衝激し、怒号して澎湃す、万馬の空に騰するが如し。潮長ずれば則ち没し、舟誤ちて触るれば立ちどこ

『琉球入学見聞録』巻4

ろに砕かれざる者無し。港崖の左右に長堤を築き、両炮台を建つ。雉蝶翼の如く、龍の蟠り虎の踞まるの勢有り、其れ天の金湯を付する所以なり。我王の徳威をして溥博ならしめ、万万世、国祚を盤石の固きに奠せんか。徳不敏、竊かに大易設険の文に感ずる有り、遂に書して以て記と為す。

【語釈】

　○潮汐…「潮」は朝の、「汐」は夕方の満潮。○浩浩湯湯…水が広大に流れるさま。○派別…分岐する。○溟海…大海。○唐榮…久米村のこと。○泊江…安里川河口にある港のこと。○屋良座…那覇港口の南側に設けられた海上防衛の砲台で、北の砲台である三重城と向かいあっている。○見城…三重城のこと。那覇港口の北側のあり、南側の屋良座森グスクと対になって港の防御を担った。○馬歯山…慶良間諸島のこと。○奇洲…慶良間の東方にあるチービシのことか。○筆架峯…風水で「穴」の前に机のようにある山を案山と言い、その形からついた呼び名。「穴」は風水で龍脈のもっとも集まった所。その気を逃がさないように「穴」の前に山があるのが良いとされる。その山を案山（机の山）と呼ぶ。案山は、その形から天馬・蛾眉・玉印・筆架などと呼ばれる。○琤然…玉の触れ合う音の形容。ここでは水の流れの形容。○落平…ウティンダ。那覇港内の奥武山に向かう小禄の垣花にあった樋川。崖の中腹から流れ出て、小滝のように漫湖の水面に注ぐ。その周辺の丘陵の松林は漢詩や琉歌に詠まれるなど、那覇の名勝であった。○朝嵐…朝の山気。○暮靄…夕暮れの靄。○氣象萬千…景色が千変万化すること。○馬喀牙…徐葆光の『中山伝信録』や周煌の『琉球国志略』では「馬加」と記されている。「那覇の江港の口に、南北の砲台が向かいあっている。海門の近くには巨石があり、中流を守っていて、馬加と名づけられている」（原田禹雄『中山伝信録訳注』　榕樹書林）。原田氏は、これに注して「中三重城から臨海寺へ曲がるマガリ角のあたりをマガヤーとよんだ。岩盤が入りくんでいて港の出入り口を扼して、大船の出入りが困難であったため、マガヤーの名は福建の船員に良く知られており、馬加とか馬加鎮などとよばれた」と言っている（原田禹雄前掲書340頁）。「険石」ということもある。○嵌空…透き通ったような美しさ。○嵯岈…「嵯峨」と同じ意味にとる。山が険しく、石がごつごつしているさま。○澎湃…水や波のぶつかり合う音。水がわきたつさま。○騰空…大空に昇りゆく。○潮長…満潮。○雉蝶…城のひめがき。女垣。○溥博…広く大きいこと。○國祚…国のさいわい。国の栄。○大易設険…『周易』坎に、「象に曰く、天の険はのぼるべからざるなり。地の険は山川丘陵なり。王公は険を設けてその国を守る。険の時用、大いなるかな」とある。

【口語訳】

　王城（首里城）の西に江（大きな川）がある。潮汐が揺れ動き、浩浩湯湯として、源は遠

『琉球入学見聞録』巻 4

く枝分かれしており、それが人々にもたらす利益は限りがない。那覇の南数 10 歩の近くにあるため、那覇港と名づけられている。その東北は唐栄（久米村）・泉崎橋・泊江（安里川）を経て、城北の山川村に通じている。その東南は、豊城（豊見城）・真玉橋・国場を過ぎて、新城の下流の津嘉山の前につき当り、大海を呑んで多くの川と連なっている。およそ中国の皇帝に入貢する時と外島から首里に入貢する時の船や、商売のために来る船で、ここ（那覇港）に集まらないものはなく、誠に中山（首里王府）の咽喉である。

　港の左を屋良座といい、その後に閣があって住吉亭という。右は見城（三重城）といい、そのかたわらに寺院を構えているのを臨海寺という。三重城に登って西を望むと、遙か遠くに翠の峯がそびえ、雲や霞の間に見え隠れするのは、馬歯山（慶良間諸島）である。その東寄りに平地が数百畝あり、砂が光り銀色に輝いて、青海原の中に浮かんでいるのが奇洲（チービシ）である。屋良座に登って東を眺めると、重なり合った嶺がそびえたった所に、亭が空高く飛ぶように、雲と隣し、青い波を枕にしているのが、波上山である。その北寄りに青い丘が 10 余里あり、碧い波の中に横たわって流れているのが、読谷山崎である。港の後の 1 〜 2 里、古い松が鬱葱として川の中にそびえているのが、奥山である。その南の筆架峯の麓に、遙かに水の流れ落ちる音が聞こえ、松林を流れ出て、まっすぐに川（漫湖）に注いでいるのが、落平の泉である。朝の山の気、夕暮れの霞、青々とした水が広々と広がり、天は高く水は広く、気象は 1 日のうちに千変万化する。これは、もとより那覇港の素晴らしい景観である。

　もし港腹の中流に至ると、暗礁があって舟の航行をさえぎる積み上げたような石が目印のようになっており、これを「馬喀牙」（マガヤ―）という。江（那覇港）の両側は皆な鉄板沙で、穴だらけで衝き立っている。「馬喀牙」からまっすぐ大海に達すると、波涛が激しくぶつかり、怒号してわき立ち、万馬の空に昇るかのようである。潮が満ちると水にかくれ、舟が誤って触れると、たちどころに砕かれないものはない。港の崖の左右に長い堤を築き、その両方に向かいあって炮台を建て、姫垣が鳥の翼のようで、龍がわだかまり虎がうずくまっているかのような勢がある。それは、天が与えたきわめて強固な防御であり、我が国王の徳の立派な力を広く行きわたらせ、永遠に国の幸いを盤石で堅固なものにすることだろう。私は徳の薄い者ではあるが、ひそかに『周易』の「設険」の文に感ずる所があって、それで書いて記とする。

重修泉崎橋記（重修泉崎橋記）　鄭孝徳

【読み下し】

　先王　橋を泉崎の北に構へ、仁政を発し、群黎を済わんとす。代々年を遠くして湮れ、厥の橋頹壊す。我が新主之を重修し、以て旧制を恢さんとし、臣に命じて文を為り其の事

－290－

『琉球入学見聞録』巻4

を記せしむ。臣是の橋を観るに、学宮の前に在り、玉蝀を腰と為し、金鰲　背と作る。石を畳みて砌成し、仙工賛就す。高く聳ゆること磴の如く、双門　月を拱きく。直ちに唐栄の東南を跨ぎ、東は泊江に極まり、西は灞港に通ず。二水を呑噴し、仍お溟海に帰す。泉崎・湧田の官吏、籍りて以て朝に達し、山南諸島、都に貢し、市に買う者、由らざる罔く、洵に要津なり。

　且つ夫れ大嶼・小嶼、中河に屹し、毎に海潮の甫めて進むに当たれば、半ば水上に浮き、半ば波底に潜す、猶お龍馬の図を負いて游泳するがごとし。夫れ海潮の既に止まるに逮び、煙水悠悠として、一碧万頃、沙鷗晴渚に翔集し、錦鱗澄淵に瀺灂す。凡そ山北・馬歯の艘、船蔵を中洲に維ぐ者は、或は風に臨みて笛を吹き、或は酒を把りて以て絃を弄し、信宿の漁火、歌謡　互いに答う。斯の橋に登るや、固より塵慮を頓に消す有り、詩思清遠にして、其の楽しみ極まり無き者なり。前の冊封天使徐先生遊びて之を奇とし、詩を題して曰く「明月　送潮を送りて来たる、橋上　暮るるを知らず、遥かに見る渡頭の人、紛紛として廠西に去る」蓋し実を志すなり。臣徳識浅才疎にして、固より以て之を述ぶるに足らず、吾が君の徳盛んに化すること遠きに感じ、即ち一に橋の見る可き者有れば、因りて蕪篇を綴りて以て拝して休命を揚ぐと云う。

【語釈】

　○泉崎橋…那覇市の久茂地川河口近く、泉崎・久米間に架けられた石橋。最初は木造橋であったが、架設年代は不明。尚敬5〈1717〉年に石造拱橋として改造された（麻姓家譜）。駝背橋形式で中央部がらくだの背のように盛り上がっている。三連のアーチ橋で橋脚には楕円形の防水基（潮切り）がある（沖縄タイムス『沖縄大百科事典』参照）。○仁政…情け深い政治。仁徳に基づく政治。○群黎…多くの人民。民衆。○新王…尚敬王のこと。○玉蝀…玉のような虹。○金鰲…金の大亀。○要津…重要な港。ここでは、交通の要衝。○龍馬負圖…中国古代の伝説で、龍馬は黄河から八卦の図を背負って来たという。瑞兆のこと。○一碧萬頃　宋の范仲淹の「岳陽楼記」に見える。見渡すかぎり、コバルト一色のこと。頃は田の広さの単位で、1頃は百畝。○沙鷗晴渚　鴎が飛び集まる。范仲淹の「岳陽楼記」に「一碧萬頃」に続いている文をそのまま使用した。○瀺灂…魚や鳥が水に浮き沈みするさま。○信宿…2晩宿泊すること。○歌謡互答…これも范仲淹の「岳陽楼記」の「漁歌互答」をふまえたもの。○徐先生…尚敬王の冊封副使徐葆光のこと。○休命…天子の命令。立派な命令。

【口語訳】

　先代の国王が、橋を泉崎の北に架けて、良い政治を行い、民衆の役にたてようとした。それか年代を重ねて廃れ、橋は壊れてしまった。それで、我が新主（尚敬王）はこの橋を重

修して、旧制を復活させようとし、下臣の私に命じて文を作ってその経緯を記録させた。私がこの橋を観るに、学宮（孔子廟と明倫堂）の前に在り、玉蝀を腰として、金鰲（金の大亀）を背にしている。石を畳んで砌のようにきれいに敷きつめ、仙人の手になるもののようにすばらしい。高く聳えて石の階段のようで、2つの橋門は月を抱き抱えるかのようである。まっすぐに唐栄（久米村）の東南に跨り、東は泊の港に突き当り、西は那覇港に通じている。2つの川を呑みこんで、大海原に流れ出ている。泉崎や湧田の役人は、この橋を渡って首里に達し、山南諸島の者で、首里の都に貢物を送ったり、市場で商売をする者で、この橋を通らない者はなく、まことに交通の要衝と言える。

　また、この橋から眺めると、大小の島が川の中流にそびえたち、海の潮が満ちたり引いたりするごとに、半ば水上に浮いたり、半ば波底に沈んだりして、まるで龍馬が図を背負って泳いでいるかのようである。海の潮が満ちてくると、靄に包まれた水がゆったりと、一面に青く広がり、沙鴎が晴れた渚に飛び集り、きれいな魚が澄んだ淵に未見え隠れする。凡そ山北（沖縄島の北部）や馬歯（慶良間諸島）から来た船員が、その船を中洲に維ぐと、或者は風に吹かれて笛を吹き、或者は酒を取って三味線を弾き、漁火をたよりに漁をする漁師と、互いに歌を交わしあう。この橋に登ると、心の汚れやけがれはすぐに消え、清らかな詩心が湧き起って、のの楽しみは極まることがない。前の冊封天使徐先生（徐葆光）は、ここに遊んでこの橋の眺めを素晴らしいものとして、詩を作って次のように言った。「明月送潮を送りて来たる、橋上　暮るるを知らず、遙かに見る渡頭の人、紛紛として廠西に去る」。思うにこれは、徐葆光の実体験を記録したものである。私は、徳も知識も浅薄な者で、もともとこの事を記録するには力が足りないが、吾が国王の徳が立派で民を教化することの遠大なことに感激し、新しく重修されたこの橋が本当に素晴らしいので、それでつまらない文章を書いて国王の大いなる功績を称えようとするものである。

久米村記（久米村記）　蔡世昌

【読み下し】

　久米村、一名唐栄、即ち古の普門地なり。明の太祖唐人三十六姓を賜り、族を此に聚む、故に唐営という。又た顕栄なる者多きを以て、故に改めて唐栄という。国王其の裔を厚くし、世々其れ糈す、故に世禄の義を取りて久米という。村の中に長道有り、紆回すること数里、蜿蜿蜒蜒たり。其の南口は港堤突出し、円く広く唇の如く、泉崎の水は其の間に縈帯し、中島の石は卓立して印の如く、泂に所謂天馬空を行き、鬼楽相生ずる者なり。故に是の村に文明の象有りて、俊髦輩出し、嶄然として頭角を見わすなり。

　村の東に文廟有り、紫金大夫金正春、王に請いて之を建つ、厥の宇は林を背にし、厥の位は陽に面し、殿堂の墻扉、黝き堊丹き漆にして、皆法の如し。殿外は露台と為し、殿内

は後楹を割きて神座と為し、王者を塑る像は、旒を垂し圭を搢み、而して其主に署して曰く「至聖先師孔子神位」と。左右に二龕あり、四配各々一巻を手にす、則ち詩・書・易・春秋の四経なり。

廟の左に明倫堂有り、紫金大夫程順則啓きて之を建つ。堂中の北壁は、小龕に分け、啓聖王及び四氏の神主を奉じ、両廡に学を設け、選びて二師を立て、一は講解師と曰い、一は訓詁師と曰う。村中の通事・秀才及び童幼、皆業に従う。焉に於いて師生舎有り、包廩次に有り。入学に嚮うを知り、争いて自ら灌磨し、粗鄙の俗を改めて、儒雅の風と為るは、皆廟学の賜にして、吾が村の盛跡なり。

村の口より入りて、行くこと数十歩、神廟有りて上天妃宮と曰う。嘉靖中、冊使郭汝霖の建つ所なり。寛さは数畝に過ぎず、周囲に繚垣あり、殿宇宏廠にして、其の正中は天妃神堂と為し、其の右は関帝の位座と為し、其の左は久米公議の地と為す。凡そ中朝の冊使及び一切の渡海の官民、天妃の霊佑に頼らざるもの莫し。故に累朝の天使、皆廟に謁して行香し、匾を豎て聯を掛けて以て之を酬う。廟の東門の内に小院有り、龍神廟と曰う、徐太史の聯有りて云う、「朝宗を受けて海に宅し、雨露を敷きて以て天を行く」と。

左の小扉の外、東北半里許りに、松林有り。吾が蔡氏の祖祠と為す、広さ数十畝、堂の作、華飾を用いず、牆垣を列せず、万松を以て藩籬と為し、小山を屏風と為す。其の始は浮屠之に居す、名づけて清泰寺と曰う。其の後、澹園公と我が伯祖、価して之を售い、其の旧園囿を毀して、漢松・福木を之れに植えて、四隅に周し、嘉葩美石、又た之を経緯し、乃ち門堂・寝室を作り、顔して忠蓋堂と曰う。毎歳の春秋に時享し、長幼咸な集し、孝を移し忠を作す。蓋し世世替る罔きなり。

首を奥山に対し、尾を大瀛に注ぐ。大門（村の別名）を出て山翠を望み、波の上に登りて海瀾を観れば、則ち遊人の情に適う者にして、吟詠多し。其れ天秀を茲に鍾め、以て唐人の居するを俟ち、百世の盛を開く者ならんか。由る所を書せざれば、勝跡をして鬱埋せしめん。是れ唐栄の愧を貽すなり、故に之を記す。

【語釈】
○普門地…久茂地村の一部。「もとは普門寺村と称し、普文寺村とも記された（琉球国由来記）。もとは久米村の東側に位置する那覇役人の管轄しる地域で、わずかに久米村に属する内金宮周辺に数軒の家がある荒野であったという。康熙6〈1667〉年、久米村の紫金大夫金正春城間親方が王命により宅地として整備、その際に普門寺の名を取って村名にし、この時から久米村の所属となったという（球陽）。『中山伝信録』には普門寺があったところから普門地というとある。久米村の丘陵に近い地域を上の平といい、普門寺村はこの地域にあたるという（南島風土記）」（日本歴史地名大系48　沖縄県の地名　平凡社参照）。○顕榮…身分が高くなり、栄えること。○糈…糧。米粒。○世祿…代々、その家の継承者が受け

る俸禄。世襲の家禄。○蜿蜿蜒蜒…「蜿蜒」のこと。うねうねと屈曲しているさま。また、うねうね屈曲して動いたり進んだりするさま。○縈帶…めぐり取り巻く。○中島卓立如印…風水で、中島の大石を「玉印」（案山の呼び名）に見立てたもの。前出「那覇港記」の「筆架峯」の注山参照。○天馬行空…天馬が大空を駆けめぐる。文勢・筆勢などの秀でている形容。また、思想・行動などの束縛なく自由なさま。○鬼樂…不思議な魅力のある美しい音楽の意か。○文明…文采があり、光り輝くこと。徳や教養があって、立派なこと。○俊髦…衆に秀でた士。○嶄然見頭角…同輩の中でひときわ目立って優れているさま。○文廟…孔子廟。○黝…まゆずみ。おきずみ。○堊…いろつち。色のついた土。下塗りだけの壁。○丹漆…赤いうるし。○旒…はたあし。旗のたれなびく部分。○龕…厨子。神仏を安置する小箱。○廡…ひさし。のき。廊下。○明倫堂…程順則が請願して建てた学校。○天妃宮…宣徳～正統年間〈1426—49〉の創建。今の那覇市久米1丁目の天妃小学校の敷地内にあった。天妃は、航海安全の神である媽祖。1628年、ここに龍王殿を移設、1691年に関帝廟を宮の内部に設けた。○郭汝霖…明、江西永豊の人。字は時望、号は一厓。嘉靖の進士。1563年、刑科給事中の時、冊封正使として琉球に渡来。『重編使琉球録』がある。○繚垣…周囲にめぐらした垣。そとがき。○關帝…中国の三国時代に蜀の武将として活躍した関羽の神号。○龍神廟…龍王殿。雨乞いの神さま。初め仲三重城にあったが、後に上天妃宮の境内に移設された。明治22年、天妃小学校設立のため、天尊廟に移された。○徐太史…徐葆光のこと。1719年、尚敬王の冊封副使として琉球に渡来。『中山伝信録』、『奉使琉球詩』などの著作がある。○蔡氏祖祠…蔡氏門中の宗廟。東禅寺の北側にあり、蔡氏の男子の位牌が祀られていた。清泰寺・蔡氏堂ともいう。○清泰寺…蔡氏堂のこと。初め堂番に僧侶を頼んでいたのでいう。○澹園公…蔡温のこと。尚敬王の国師となり、また、長子翼が尚敬王の長女と婚姻が整い、首里赤平に邸宅を賜った。これを澹園という。○忠藎堂…清泰寺・蔡氏堂のこと。僧侶に堂番を頼んでいたが、しだいに堂番の勤めが粗略になったので、雍正10〈1732〉年、一門中から堂番を出して忠藎堂と呼んだ。堂の正面に忠藎の扁額が掛けてあったことによる。

【口語訳】

　久米村は一名唐栄とも呼び、昔の普門地である。明の太祖（朱元璋・洪武帝）が唐人三十六姓を賜り、族をここに集めたので、それで「唐営」と言った。国王は、その子孫を重用し、代々禄を賜ったので、世禄の意味から久米とよんだ。

　村の中には、長い道があって迂回すること数里、その南の口には港の堤が突き出ており、円くて広く、唇のようである。泉崎は水がとりまき、その間に仲島の石が群を抜いて高く立っていて、「玉印」のようである。まことに、いわゆる天馬が大空をかけめぐり、不思議な魅力のある音楽が生まれるにふさわしい所である。それゆえ、この村には文明の象があ

って、才智のすぐれた人々が輩出し、ひときわ目立って頭角を現している。

村の東に文廟がある。紫金大夫の金正春が、王に請うてこれを建てた。その建物は林を背にしており、その位置は南に向いており、殿堂の壁や扉は、粗塗りの土壁に朱い漆を塗り重ねたもので、すべて決まりにしたがっている（中国の孔子廟に倣って作られている）。殿堂の外には露台が設けられており、殿堂の内部は、後ろの部屋を分けて神像を祀る場としており、王者を象った像は、布を垂らし、冠には玉飾りをほどこし、その神主には「至聖先師孔子神位」と記されている。その左右に２つの厨子があり、四配（顔子・曽子・子思・孟子）の像が安置されており、それぞれ一つの書物を手にしている。それは則ち、『詩経』『書経』『易経』『春秋』の四経である。

廟の左に明倫堂がある。紫金大夫の程順則が創建した。堂内の北壁には３つの厨子があり、啓聖王と四氏の位牌が安置されている。その両廡には学を設け、選抜して２人の先生を配置している。１人は講解師と言い、１人は訓詁師と言う。久米村の通事・秀才および幼い子供たちは、皆ここで勉学している。教師も生徒も居所があり、庖廩（厨房と米蔵）が続きにあって、人は学に向かい、争ってみずから精励して、粗野な俗を改め、立派な儒者のようになることを知っているのは、すべてこの孔子廟と明倫堂の賜物であり、わが村の盛んな足跡なのである。

村の入口から数10歩のところに神廟があり、上天妃宮という。嘉靖年間〈1522—66〉、の冊封正使の郭汝霖が建てたものである。広さは数畝にすぎず、周囲は石垣をめぐらせ、殿宇は広く、その正面中央は、天妃の神堂で、右は関帝の神座である。左は久米村の集会所である。およそ、中国の使者と一切の海を渡る役人や人民は、天妃の不思議な力に頼らないものはない。それゆえ、歴代の冊封使はすべて廟へ参詣して焼香をし、扁額を立て聯を掛けてお礼する。

廟の東門の中に小さな建物があり、龍神廟である。徐葆光の聯があって、それに言う「朝宗を受けて海に宅し、雨露を敷きて天を行く」と。左の小さな扉の外の東北半里くらいのところに松林がある。我が蔡氏の祖祠である。広さは数10畝、堂の作りは派手な飾りはなく、垣根も設けず、たくさんの松の木を籬とし、小さな山を屏風としている。

蔡氏祖祠は、はじめ僧侶を住まわせていたので清泰寺と呼んでいた。その後、蔡温と私の祖父の兄が、値打ちを相談してこれを売り、その古い寺を取り払って、その庭園をきれいに整えて、唐松や福木の木々を四隅にめぐらし、美しい花や庭石を置いた。また、この地を治め整えて、門堂や寝室を作り、その建物の扁額に「忠藎堂」と記した。毎年、季節ごとの祭祀の時には、老人から幼い者まで皆が集まり、世代替わりをしつつも孝行を尽くし、忠義を尽くすことは、先祖代々変わることはない。さらに、久米村の地勢（風水）を観るに、（龍は）首を奥（武）山に向け、尾は大海に注いでいる。

大門（村の別名）から出て、山の翠を眺め、波上に登って海の大波を観ると、趣味人とし

『琉球入学見聞録』巻4

てその趣が心にかなう人は、多くの詩歌を作っている。これは、天が秀たものをここに集めて、中国人が居住するのを待ち、百世の後までも繁栄する人々の基を開いたのであろうか。その由来を書かず、すぐれた土地柄を埋没させてしまうのは、これは唐栄の恥を後世に残すことになる。（それではいけないので）これを記した。

駢体

擬賀萬壽表（万寿を賀する表に擬す）　鄭孝徳

【読み下し】

　伏して以うに聖徳は日び新しく、三才を兼ねて立極し、皇仁は天覆し、万国を合して以て長春なり。楽は南薫を動かし、歌は舜日を重華し、尊を北斗に傾け、多寿は堯年を祝す。慶は氷点を洽し、歓は燠地に騰す。欽しみて惟うに皇帝陛下は、聡明睿智に、文武聖神にして、百代の心伝を継ぎ、惟れ精に惟れ一に、千秋の治鑑を綜し、丕顕丕承なり。祓穀は九如を頌え、日月升恒の始めを正し、觴を捧げて万寿を称え、乾坤策数の全に符す。純嘏緝熙し、至誠は息むこと無し。臣某、属国に備封せられ、叨くも東藩に列せらる。碧海は波恬らかに、遙かに聖人の道有りて、青雲の彩煥を仰ぎ、恭しく天子の万年を称う。伏して願わくは、祜を受くること益ます隆んに、綏猷彌いよ篤く、高明博厚にして、允に悠遠の徴に符し、易簡確隤、常に貞観の象を表す。将に宏開の寿宇を見、永く運会の盛隆を占い、敬しんで天休に答え、長く声名を中外に溢れしめんことを。臣某、瞻天仰聖して、踊躍懽忭の至に任うる無し。謹しんで表を奉り賀を称し以て聞す。

【語釈】

　○擬…なぞらえる。まねる。○表…文体の１種。君主や役所などにたてまつる文書。○聖徳…すぐれた徳。天子の徳。○日新…日ごとに新しくなる、また、新しくする。○三才…天・地・人。○立極…中正の道を定めて示す。朱熹「中庸章句序」に「天を継ぎ極を立つ」とある。○南薫…南風。温和で生物を育てる南の風。天子の恵みで天下が治まり、民が栄えることを歌った詩。○重華…太古の天子の舜の徳を称えた言葉。舜が堯の位を継いで、その文徳の輝きを重ねたという意味。『書経』舜典に「重華　帝に協う」とある。○舜日堯年…天下泰平の日。太平の盛世。舜も堯も古代の理想の帝王。舜は堯から位を譲られて帝位についた。○燠地…かわいた土地。○睿智…すぐれて賢い。『易』繋辞に「聡明、叡智、神武にして殺さず」とある。○聖神…天子。知徳がすぐれて、霊妙不可思議の意。朱熹「中庸章句序」に「上古聖神、天を継ぎ極を立つ」とある。○丕顕…大きく明らか。りっぱ。丕は、大いにの意。○丕承…立派に受け継ぐ。○祓穀…福禄をいう。○九如…祝頌

－296－

の詞。『詩経』小雅・天保に九個の「如」の字があるからいう。○日月升恒…人の長寿を祝する詞。升は、日が昇って明るくなること。恒は、上弦の月が盈ちてくること。○策數…計数。計る。○純蝦…大きい幸せ。『詩経』小雅・賓之初筵に、「爾に純蝦を錫る」とある。○緝熙…徳が光り輝く。『詩経』大雅・文王に、「穆穆たる文王は　ああ緝熙にして敬止す」とある。○東藩…東方の藩属国。琉球のこと。○受祜…幸い。神の下す厚い幸福。○綏猷…安んじる。○高明…高く明るい場所。地位が高くて人目につくこと。高貴な人。○易簡…手軽なこと。簡易。○貞觀…唐の太宗の年号〈627―649〉。太宗は英明な君主で房玄齢・杜如晦・魏徴・李靖らの助けで太平を招いたので、その世を貞観の治という。○運會…世のめぐり合せ。時運の際会。○天休…天の賞誉。天の立派な道。『書経』湯誥に「各　爾の典を守り、以て天休を承く」とある。○蹈躍懽忭…踊り上がり、喜び楽しむ。○以聞…天子に申し上げる。

【口語訳】

　ひれ伏して思うに、皇帝の徳は日び新しく、天・地・人の徳を備えてその位を定められ、皇帝の慈しみは広く覆い、万国を合せていつまでも春の暖かい日のように降り注いでおります。音楽は舜が作った南風の詩（南の薫風）が吹いているようであり、歌は舜日（太平の世）を讃えて、尊（酒の入った樽）を北斗星に傾け、皇帝の長命なることは堯年（太平の世）のようであることを祝う。慶びは北の寒い所をうるおし、歓びは南の暑い乾いた土地燠地にまで届いています。欽しんで惟うに皇帝陛下は、聡明で、学問と武芸に優れ、百代の精神を受け継がれ、心に混じり気のない純粋さは、永遠の政治の手本であり、その徳は明らかでないことはなく、またよく先祖の栄光を承けつがないことはない。その福禄は『詩経』天保の「九如」で称えるようであり、その御長命を祝するのは、やはり『詩経』天保のようであり、觴を捧げて万寿を称えるのは、天地の計数に符合しています。皇帝の大きな幸せと徳が光り輝き、皇帝のこの上ない誠は息むことがありません。臣下である某は、属国に封ぜられ、かたじけなくも東方の藩属国に列せられております。青海原の波は恬らかで、遥か遠くの琉球まで皇帝の教えは届いており、めでたい色に染まった青雲を仰ぎ、恭しく天子の万年を称えております。伏して願うのは、幸いを受けること益ます隆んで、安らかな道がいよいよ篤く、その優れた地位が広く厚く、悠遠の徴に合い、容易に崩れることなく、常に唐の太宗の多い貞観の治のように太平の世が続きますように。さらに、広く開けてよく治まった世の中を見、永遠に良い時運に恵まれ、天の立派な道に答えられ、いつまでも長くその声名を中国の内外に溢れさせられますように。皇帝の臣下である某は、天を見て皇帝を仰ぎ、蹈躍懽忭の至に堪えません。ここに謹んで表を奉りお喜び申し上げます。

『琉球入学見聞録』巻4

擬恭謝天恩賞賜緞三疋貂四張表
（恭しく天恩もて緞三疋・貂四張を賞賜せらるに謝す表に擬す）　鄭孝徳

【読み下し】

　伏して以うに聖沢旁流し、喜びて恩の有ること永からんことを推し、皇仁広被し、錫類の以て無疆なるを慶ぶ。文綺を九天より頒ち、雞林の彩煥、豊貂を三殿より錫り、虎観に春回える。喜気は騰霄し、歓声は地を動かす。欽しんで惟うに皇帝陛下、徳は窮昊に孚り、誠は神明を貫く。符瑞は四方に集まり、歌頌は尭民の衢壌に徧し、妖気は万里に平らに、和揮は舜陛の薫絃に祥す。景運の日中、昌期の天保、茲れ蓋し恭しく皇太后陛下、坤道長く寧かに、天慈覃被せらるに逢わん。億年祜を受け、息まざるの休徴を著け、万国来王し、無垠の景命を頌う。天に則して地に因り、大沢既に沛して加うる無く、育物誠民、鴻恩更に靡外に覃ぶ。陪臣孝徳、遠く島嶼よりして近く辟雍に側し、久しく栄光を被り、欣びて盛会に逢う。叨くも虎拝に随い、紫闥の鴻禧を祝し、欽しんで鑾輿を迓え、天顔の燕喜を仰ぐは、千秋の罕覯にして、万古の希聞なり。矧んや厚徳之れ天よりし、荷なくも深恩の海の如くなるを以て、珍を内府より頒ち、篚を外藩に錫われり。絹鶴図雲は、寧ぞ挟纊に同じからん、堆金珥玉は、奚ぞ但に裘を披かん。真に銅仙を負用し、覬重に勝へ難からしめ、玉尺を量り来たらしむと雖も、馨恩の長なる莫し。鳳闕を望みて以て山呼し、敬しんで葵悃を伸べ、鵷班に随いて獣舞し、恭しく天恩に謝す。伏して願わくは純嘏緝熙し、至誠息むこと無し。車書一統し、弥々九有の文明を恢げ、玉帛万方、常に八紘の清晏を頌え、則ち三光に後れて老いず、長く太平を享け、万物と与に以て皆な春にして、永く寿域に躋らんことを。陪臣孝徳、瞻天仰聖し激切屛営の至りに任うる無く、謹しんで表を奉りて称謝し以て聞す。

【語釈】

　○緞…練り糸で織った上等の絹織物、厚手で光沢がある。○貂…いたち。毛皮は黄色、または黒紫色で、皮衣に用い、尾は冠の飾りに用いられた。○旁流…あまねく流れうるおす。『范仲淹』「諫に従うは流れるが如し」に、「威王三たび賞し屢しば行う、恩波下施す、晏子の一言用いられ、徳沢旁流す」とある。○錫類…善い仲間をたまう。子孫に善良な者があるようにしてやる。『詩経』大雅・既酔に「孝子匱ならず、永は爾の類に錫う」とある。○文綺…彩色ある帛。飾り。『六韜』文韜・盈室に「帝王天下に王たりし時、云々、錦繡文綺を衣せず」とある。○九天…空を方角によって9つに区分したもの。天のもっとも高い所。九霄。九重天。李白「廬山の瀑布を望む」に「飛流　直下　三千尺、疑うらくは是れ銀河の九天より落つるかと」とある。○鶏林…もと新羅の国の別名。後には朝鮮全体の呼称。○三殿…清代の故宮の保和殿・中和殿・太和殿をいう。○虎観…白虎観のこと。

－298－

『琉球入学見聞録』巻4

後漢の章帝の時、博士・議郎・諸生等を会して五経の異同を議せしめた所。○神明…神、人の心。○附瑞…めでたいしるし。吉兆。○堯民…善良な民。『新語』に「堯舜の民は比屋して封ずべし、桀紂の民は比屋して誅すべし」とある。○衢壤…ちまた。○妖氛…怪しい気配。○昌期…盛んな時期。○天保…天が安らかにしてくれる。天が天子の地位を安定させてくれる。『詩経』小雅・天保「天爾を保定す」とある。○坤道…地の道。大地の原理。夫人の守るべき従順の道。○休徵…めでたいしるし。休兆。吉兆。○來王…四方の蛮族の王が新たに即位した時、中国に来て天子にお目通りする。『書経』大禹謨に「四夷來王」とある。○景命…大命。大きな運命。『詩経』大雅・既醉に「君子万年、景命　僕有り」とある。○則天…天を手本とする。『論語』泰伯に「巍巍乎、唯天を大と為す、唯堯之に則る」とある。○鴻恩…大きなめぐみ。○盛會…さかんな寄合い。盛んな宴会。○虎拝…臣下が天子にお目通りする。『詩経』大雅・江漢に「虎拝稽首」とある。○紫罽…紫色の毛織物。○鴻禧…大きい幸せ。○鑾輿…天子の乗る馬車。○燕喜…酒盛りをして楽しみ喜ぶ。○罕覯…まれにあう。思いがけなく逢う。○絏鶴圖雲　「圖雲絏鶴」雲を描き、鶴を縫い取りする。庾肩吾「武陵王白綺綾を齎らすに謝す啓」に「雲を図し鶴を絏す」とある。○挾纊…わたを身につける。身の暖かいこと。○堆金…うず高く積んだ黄金。韓愈「華山女」に「抽釵脱環珮を解き、堆金畳玉　光清煢たり」とある。○珥玉…「玉珥」玉の耳かざり。『韓非子』外儲説右上に「靖郭君之きて斉の相となる。王后死す。未だ置く所を知らず、乃ち玉珥を献じて以て之を知る」とある。○披裘…皮衣を着ること。『新序』雑事五に「裘を披き索を帯ぶ」とある。○玉尺…玉で作った物差し。転じて、典試の意に用いる。○鳳闕…宮城の御門。両観の上に銅製の鳳凰を飾りつけているからいう。転じて、宮城をいう。李白「時に感じて従兄徐王延年・従弟延陵に留別す」に「冠剣　鳳闕に朝し、楼船　龍池に侍す」とある。○山呼…臣民が万歳と呼んで天子を祝すること。漢の武帝が華山から中嶽（嵩山）に至って親しく山を祭るや、臣民一同、万歳を叫んだことから出た語。三呼。（漢書・武帝紀）。○葵傾…葵の花が日光に傾き向かう。転じて、君主または、頂上を尊敬し、これにまごころを尽くすこと。○鵷班…朝廷に並ぶ身分の高い官吏の行列。○純嘏…大きい幸せ。『詩経』小雅・賓之初宴に「爾に純嘏を錫う、子孫其れたのしむ」とある。○緝熙…ひかり。ひかりが明るい。『詩経』大雅・文王に「穆穆たる文王、緝熙　敬止す」とある。○車書一統…車と書籍。車と文字。「車書は合に混同すべし」。天下は統一されるべきであるという意。統一された世では、天下中が同じ軌幅に車を用い、同じ文字を用いる。○九有…九州。中国の古代に中国を分けて9つの州にしたもの。『詩経』商頌・玄鳥に「九有を奄有す」とある。○玉帛…玉と絹。○八紘…天地の八方のすみ。紘は、つな。天地をつなぐ意。全世界。『淮南子』地形に「八殯の外、八紘有り」とある。○清晏…清く安らかなこと。○三光…日・月・星のこと。○壽域…よく治まった世。○瞻天仰聖…聖天子を仰ぎ見る。○激切屏營…こころから励み恐れること。

『琉球入学見聞録』巻4

【口語訳】

　ひれ伏して思うに、皇帝の恩沢はあまねく流れうるおし、その恩恵が長くあるだろうことを喜び、皇帝の思いやりはこの世界を広く覆い、いつも善良な者があるようにしてくださることが極りないことを喜んでいます。高い空からおりてきたような美しい帛を分かち与えられ、朝鮮の輝くような、立派な貂（いたちの毛織物）を宮中から分かち与えられ、温かくて国子監に春が回えってきたかのようです。その喜びは空高く上がり、歓声は地を動かしています。欽しんで惟うに、皇帝陛下の徳は空に届き、誠は心を貫ぬいています。めでたい印はあたり一面に集まり、人々の太平を頌える歌がちまたに満ちあふれ、妖しい気配は平らげられて、和やかな音楽が古代の聖なる帝王舜の琴のようです。日差しは柔らで、「天保」に歌われるように、今の世は良く治まり栄えております。思うにこれは、皇太后陛下の婦人の道が長く安らかで、天の恵みのように広く行き渡っている世であることによるだろう。永遠に神の幸いをお受けになり、このめでたいしるしが永遠にやむことがなく、周辺の国々の王様が挨拶のため中国を訪問し、極まりのない大命を頌えよう祈ります。皇帝は天に則して地に因り、その大きな恩沢はすでに広く行き渡ってこれ以上加えることがないほどであり、万物は育ち人々の心は誠で、皇帝の大きな恩はさらに広く及んでいます。またの家来である孝徳は、遠くの島嶼から海を越えて、皇帝のお側近くの国子監に来て、長らく栄光を被り、この盛大な祝宴に侍る喜びを得ました。もったいないことに、皇帝にお目通りし、紫色のすばらしい織物を戴いてその幸せを申し述べ、慎んでその車をお迎えし、そのお顔を仰ぐ喜びを得たのは、めったにない機会であり、珍しいことです。まして、皇帝の厚い徳が高い所から下され、かたじけなくも海のように深い恩沢をもって、貴重な品物を宮中の藏から分かち与えられ、立派な箱に入れて外藩（琉球）の我々に下された。絹鶴図雲のような立派なものでも、どうしてこの身を包む温かい毛織物と同じことがろうか。うず高く積まれた黄金や耳飾りの玉もこの皮衣に比べられようか。真に銅の仙人に負わせても、その貴重な下賜品に当たるものはないほどであり、玉の物差しで測ろうにも量り知れず、その深い恩恵は永遠に尽きることがない。宮殿を望んで皇帝のために万歳を唱え、慎んでまごころを申し述べ、お役人の行列に随行して踊り、恭しく皇帝の恩沢に感謝を示す。ひれ伏して願うことは、大きな幸せが光り輝き、至誠が止むことがないように。また、天下が統一されて、ますます国中に文明が広がり、玉や帛が周囲を満たし、常に世界が清らかで安らかなことを讃え、天地人の大自然よりも老いることなく、永遠に太平を受けられ、万物とともに春のように暖かで、永遠に良く治まった世であらんことを。また家来の孝徳は、聖なる天子を仰ぎ見て、激しく励み恐れることにたえず、謹んで表を奉って感謝を申し上げます。

『琉球入学見聞録』巻4

擬賀萬壽表（万寿を賀する表に擬す）　蔡世昌

【読み下し】

　伏して以うに鼎業は霊長にして、隆運は乾坤の交泰を占め、璇図は永く茂り、瑞符は天地の貞観に比す。聖徳の日び新たなるを慶び、山は万歳を称し、皇仁の天覆を歌い、水は千年を建つ。喜は人区に溢れ、歓は海表に騰す。欽しんで惟うに皇帝陛下、綵猷は咸な五にして、極を建つは三に登る。文徳覃敷し、前代の通じ難き土宇を啓き、武功赫濯として、累朝の未だ服せざるの蒼黎を綏んずるは、悠久無疆にして、令聞已まず。臣穆は新たに寵命を承け、世々隆恩を受くるは、欣びは西戎の即叙の年に値たり、恭しく万寿無期の会に逢う。遙かに舜日を瞻、惟れ復旦の歌を賡、遠く尭天を望み、竊かに三多の頌に効う。伏して願わくは鴻麻益々懋にして、純嘏弥々崇く、日初めて升るが如く、永く億年の祜を集め、川の方に至るに似て、長く恒月の輝きを昭らかにす。将に寿宇の八荒に広開するを見んとし、羲・黄の紀歳を数ならず、声名は万国に洋溢し、覆載長春を同にするに直る。臣某は、瞻天仰聖し踴躍懽忭の至に任うる無し、謹しんで表を奉りて賀を称し以て聞す。

【語釈】

　○鼎業…皇帝の大事業。○靈長…不思議な力をもったいちばんすぐれたもの。郭璞「江賦」に「寔に水徳の霊長なり」とある。○交泰…二者がこもごも通ずる。泰は、物が大いに通ずる際をいう。『易』泰に「天地交泰す」とある。○璇圖…「璇璣」のこと。北斗七星の第1星より第4星までを指す。○貞觀…鄭孝徳の「擬賀萬壽表」の語釈参照。○日新…鄭孝徳の「擬賀萬壽表」の語釈参照。○人區…人の住んでいる所。人間の世界。○海表…海の外。海外。『書経』立政に「方に天下を行けば、海表に至る。云々、服せざる有るなし」とある。○咸五登三…その徳が五帝に等しく、夏・殷・周の三王以上であること。『史記』司馬相如伝に「上は五に咸じく、下は三に登る」とある。○建極…民のよるべき根本の道をたてる。道徳の根本法則を定める。○土宇…土地や住居。『詩経』大雅・巻阿に「爾の土宇昄に章かに、亦孔だ之れ厚し」とある。○蒼黎…庶民のこと。○寵命…天子のめぐみ深い思し召し。○臣穆…尚穆王〈在位 1752―1794〉のこと。○西戎…古の中国から見て、西方の未開野蛮な国。また、その住民。○卽敍…秩序正しくなる。即序に同じ。『書経』禹貢に「西戎即敍す」とある。○復旦…再び朝となる。○三多之頌…「三多」は、文章の上達に必要な3条件。多く読む、多く作る、多く推敲する。○川方至…川の方に至るが如く。『詩経』小雅・天保に、「山の如く阜の如く、岡の如く陵の如し、川の方に至るが如く、以て増さざる莫し」とある。○羲黄紀歳…羲和と黄帝。羲和は、太陽を運行させる御者。太陽に産湯を使わせるみこ。黄帝は、太古の伝説上の帝王の名。軒轅氏ともいう。暦算、音楽、文字、医薬等を創始した。○覆載…天が万物をおおい、地が載せる。おおい

－ 301 －

『琉球入学見聞録』巻4

包む。

【口語訳】

　ひれ伏して思うに、天を治めるという皇帝の大事業は、不思議な力を持ったもので、その盛んな運は天地の霊力がそれぞれ交わり通じ、北斗星のように永遠に栄え、瑞兆は天地の良く治まっているのに比べられる。皇帝の徳が日び新たになるのを慶び、山は万歳を称し（人々が皇帝の治世の太平を祝って万歳を唱える）、皇帝の慈しみが天が万物を覆い守るように行き渡ることを讃え、川の流れが尽きないように永遠に栄える。太平の治世の喜びが世界に溢れ、民の歓びは海外にまで届くようだ。欽しんで思うに、皇帝陛下の民を安んじる徳は、古代の五帝（黄帝・顓頊・帝嚳・尭・舜・禹、これ以外にも諸説有り）に等しく、また、民のよるべき根本の道を定めておられることは、三王（夏・殷・周の王）の上に出るほどである。文教によって治める徳は天下に広く行き渡り、前代には互いに通行が難しかった土地との通行を開かれ、その武功は輝かしく、歴代の王朝の支配が及ばなかった土地の人々を懐け安んじる力は、永遠に窮まることが無く、その誉れは尽きることがない。臣穆は新たに皇帝の深い思し召しを承け、代々変わらぬ厚い恩を受けており、その欣びは西戎の秩序が正しくなるようなものであり、皇帝が御長命であられる素晴らしい時代に逢った幸せ者である。遠く海の向こうから舜日（天下泰平）を仰ぎ見て、再び朝日が昇ってくる生気を謡う。遥か遠くから尭天（天下泰平）を望み、密かにこの繁栄を讃える文章を作る心得を倣おうとする。ひれ伏して願うことは、この大いなる幸いが益々盛んになり、大きな幸福がいよいよ大きく、日が初めて昇るように生き生きとして、永遠の幸いを集め、川の流れが尽きないのに似て、永遠に満ちて来る月の輝きのように明るく照りつづけますように。また、この太平の世が世界の隅々まで広く行き渡り、太古の羲和や黄帝の時代を越えて、皇帝の令名が万国に知れ渡り、その恩沢が万物を覆い包む春の暖かさと同じようになりますように。臣某（臣穆）は、聖天子を仰ぎ見て、踊躍懽忭の至に堪えず、謹んで表を奉って喜びを申し上げます。

擬恭謝天恩賞賜緞三疋貂四張表

（恭しく天恩もて緞三疋・貂四張を賞賜せらるに謝す表に擬す）　蔡世昌

【読み下し】

　伏して以うに聖孝は天に格り、無疆の運会を啓き、皇仁は地に遍く、有截の臣民を治おす。万国慈暉を仰ぎ、介禧を溥するに錫類を以てす。八荒に寿宇を開き、徽訓を宣べて以て恩を推す。歓びは寰区を洽し、慶びは中外に流る。欽しんで惟うに皇帝陛下の心は虞舜に同じく、道は周文に邁る。九有を合して以て来王し、彌々照臨の徳を広くし、三無を奉

-302-

『琉球入学見聞録』巻4

じて出治し、益々亭育の仁を宏む。故に教化は海隅に浹くして、声霊は月窟に震う。欣び
て聖母の七旬の万寿に届くに逢い、恭しく惟うに聖人は、万国の歓心を合すること、日の
升るが如く、詩は南山の頌を進め、以て天下を養い、晏んじて開北斗の樽を開く。率土　恩
に露おい、欣欣を挙げて有び有り、穹天は徳を載せ、実に蕩蕩として以て名づけ難し。陪
臣虎闈に従学し、金闕を仰瞻し、欣びて昌会に逢い、末班に厠るを喜ぶ。鳳輦の璿暉を仰
ぎ、山呼して以て拝し、鑾輿の仙仗を瞻て、魚貫して前む。既に就日の栄を叨くし、更に
天より寵を荷け、豊貂を内府より賜り、春鮫人を煖ため、文綺を尚方より頒たれ、月の蛮
島に輝くは、洵に万古逢い難きの曠典にして、実に千秋未だ之れ有らざるの栄光なり。闕
を望みて三呼し、恩を拝して九叩す。伏して願わくは鴻麻の天保、景運日々新たにして。
福は海の如くして涯無く、永く繁祉を綏んじ、寿は天に斉しくして老いず、長く太平を享
けんことを。将に囿に文麟を致すを見んとし、復た軒皇の嘉瑞を観て、階に神莢生じ、重
ねて唐帝の休祥を開かれんことを。

【語釈】

　○格天…天に至る。天下の乱を治めて太平を致した功の典に聞こえるをいう。○有截…
斉一のさま。整っているさま。『詩経』商頌・長発に「相士烈烈として、海外截たること有
り」とある。○錫類…良い仲間をたまう。子孫に善良な者があるようにしてやる。『詩経』
大雅・既酔に「孝子匱ぜず、永く爾に類を錫う」とある。○八荒…既出。鄭孝徳の同題の
表の語釈参照。○寰區…天子の治める土地全体。○虞舜…「有虞氏」。中国古代の帝王舜
のこと。もと虞（山西省・平陸県）にいたので虞舜ともいう。○周文…周の文王。○九有…既
出。鄭孝徳の同題の表の語釈参照。○來王…既出。鄭孝徳の同題の表の語釈参照。○照臨
…高所から四方を照らす。天子が天下を治めるにいう。君として天下に臨み、明察して治
め賜うこと。『詩経』小雅・小明に「明明たる上天、下土を照臨す」とある。○三無…無声
の楽と無体の礼と無服の喪。すなわち、形体が無くて精神のあること。『礼記』孔子閒居に
「子夏曰く、五至既に得て之を聞けり。敢えて問う。何をか三無と謂う。孔子曰く、無声の
楽、無体の礼、無服の喪、此れを之れ三無と謂う」とある。○亭育之仁…造物主が万物を
生育すること。『老子』に「之を長ぜしめ之を育て、之を亭し之を毒す」とある。○浹…あ
まねし。広くゆきわたる。○月窟…月の出る所。西の果ての地。西域の月氏国をいう。○
如日之升…太陽が次第に中天に向かって升ってゆくこと。『詩経』小雅・天保に見える句。
○南山之頌…「如南山之壽」のこと。南山が崩れないように、その業の長く久しく且つ堅
固なこと。『詩経』小雅・天保に「南山の寿の如く、騫けず崩れず」とある。○北斗之樽…
北斗星を讃えて杯を上げる。北斗星は天の中心にあるからいう。また、衆に勝れてきわめ
て貴いことの喩。○率土…「卒土之濱」のこと。陸地にそって行ったところの果てまでも。
天下じゅう。濱は、涯で果ての意。○穹天…おおぞら。○虎闈…公卿大夫の子弟を教授す

−303−

る所。古の国子監。○仰瞻…あおぎ見る。○鳳輦…鳳車。天子の乗る車。その屋根の上に黄金の鳳凰の飾りがあるのでいう。○鑾輿…天子の乗る車。○仙仗…天子の儀仗。○魚貫…魚を連ねて串にしたように、烈をなして行くこと。『魏志』鄧艾伝に「将士皆木に攀じ崖に縁り、魚貫して進む」とある。○就日…天子の側にいる。天子の近くに侍る。『史記』堯紀に「之に就けば日の如く、之を望めば雲の如し」とある。○春煖…「春暖」と同じ。春の暖かさ。白居易「和答詩、答桐花」に「是れ時は三月の天、春暖之を望めば雲の如し」とある。○鮫人…水中に居るという怪しい人魚。海人の類。○尚方…官名。漢代に置かれた、天子の刀剣や愛用の器物を作ることを担当する。○蜃島…蜃はおおはまぐり（大蛤）。また、みずち。竜に似た想像上の動物。気を吐くと蜃気楼を起こすといわれる。これらの生物の棲む島。ここでは琉球のこと。○曠典…久しく挙行しない典礼。世にまれな大典。○三呼…三度叫ぶ。三度、万歳と叫ぶこと。○九叩…「三跪九叩」のこと。清朝の敬礼法。三度跪き、九たび頭を地に着けて拝する礼。○天保…既出。鄭孝徳の同題の表の語釈参照。○繁祉…多い幸い。多福。『詩経』周頌・雝に「我が美寿を綏んじ、介するに繁祉を以てす」とある。○囿…庭。園。垣をめぐらした園。○軒皇…黄帝、古の帝王のこと。姓は公孫。軒轅の丘に生まれたので、軒轅氏という。有熊に国したので、有熊氏という。○嘉瑞…めでたいしるし。吉瑞。○神莢…瑞草の名。帝堯の庭に生じ、月の1日より15日までは日に一葉を生じ、以後は日に一葉を落とし、これによって晦朔を知るを得たという。梁簡文帝「菩提樹頌」に「舜厨霊蓮、堯帝神莢」とある。○休祥…幸い。『書経』秦誓に「朕の夢　朕の卜いに協い、休祥を襲う」とある。

【口語訳】

ひれ伏して思うに、皇帝が父母を大切にする心は天に至り、世界の果てまで良い世のめぐり合わせを開き、民をいつくしむ真心はあまねく行き渡っており、斉しく臣民をうるおしている。万国の臣民はその輝くような慈悲を仰ぎ、大きな幸せは世の中に及んでいる。八方の地の果ての遠い所までも皇帝の支配が及び、天子の良い教えの恩恵がもたらされているようだ。人々の喜びは天子の治める土地全体をうるおし、慶びは中国の内外に行き渡っている。謹んで思うに、皇帝陛下の心は古代の聖人である舜帝と同じく、その道徳は周の文王に勝るほどである。中国のいたる所と周辺の国々から王様が天子にお目通りし、いよいよ、天子の天下を治められる徳を広くし、形式よりも精神を大切にして政治を行われ、ますます万物を生育する慈しみの心を広げられる。そのため、皇帝の教化は海の果てにまで及び、皇帝の評判と勢は西域の月氏国にまで聞こえている。人々は皇太后の70歳の御長寿を迎えられるに逢い、恭しく惟うには皇帝が、万国の人々と喜びの心を合わせておられるのは、昇って来る太陽のように生気があり、御長寿を頌える歌を進め、こうして天下を養われ、天下の安らかな中で北斗星のように変わらぬ姿を讃えて杯を上げる。天下は地

のはてまでも、皇帝の恩恵にうるおい、人々は楽しげに喜びの声をあげ、天の下は徳に満たされ、その盛んなことは言葉にするのも難しいほどである。陪臣（また家来）の私（蔡世昌）は国子監で学ぶ機会を得て、北京の紫禁城を仰ぎ見て、この素晴らしい祝いの機会に逢い、その末席に侍ることが出来て喜びにたえない。玉のように光る天子の乗っておられる車を仰ぎ、万歳を叫んで拝礼し、その車のそばに儀式用の武器を持った兵士が参列し、きちんと列を成して進んで行くのを仰ぎ見る。このように、かたじけなくも天子を近くで拝謁する栄誉を受け、その上、天子のお恵みを受けて、美しい貂（いたちの毛織物）を宮中の蔵より下賜され、春の暖かい日のようなお恵みは鮫人を温め、美しい模様のある織物を宮中から分かち与えられ、月は海の果ての琉球を輝かす、これはめったに逢えない大きな典礼であり、千年たっても経験できない素晴らしい栄光である。それで、宮殿を望んで万歳を三唱し、深い恩恵に感謝して三跪九叩頭の拝礼をする。ひれ伏して願うことは、この御高庇を賜る天子の地位が安定し、大きな幸いが日々新たにして、幸いは海のように果てしなく、永く幸せで安らかで、天と同じく御長命で老いることなく、永遠に太平を享受せられんことを。まさに宮中の園には繁栄の前兆である美しい綾のある麒麟が現われるのを見、さらに太古の黄帝の世のような瑞兆を見て、宮殿の階に瑞草の神莢が生え、唐の太宗の貞観の治のような幸いを開かれんことを、ということである。

恩賜衣帽謝表（衣帽を恩賜せらるるの謝表）　蔡世昌

［読み下し］

　伏して聖恩を蒙り、特に貂帽・羔裘等の項を賜る者、章服もて飾容し、儒冠の炳煥を仰ぐ、毳裘もて体を蔽い、法服の光華を欣ぶ。自ら顧るに何人か亦た盛典に逢わん。天を瞻て俯僂し、闕を望みて拝屬せり。伏して念うに陪臣は絶徼の愚氓、荒陬の寒士にして、原より思うに肘を露わし、俄に綺旭の輝を成し、季路の縕袍なるに、忽ち彤霞の彩を現わせり。茲れ蓋し伏して皇帝陛下の中外を栽成し、華夷を覆被するに遇うにあらん。念うに南島の樗材、北都の槐市に入り、之れに施すに霈沢を以てし、之れに教うるに鴻文を以てす。鶴氅の寒を憐むに因り、特に貂狐の煖を賜れり。之れを服して斁う無く、深く衣錦の栄を知る、文にして中を得、更に被恩の重きを覚ゆ。

【語釈】

　○羔裘…黒羊の皮衣。大夫の礼服。『論語』郷党に「緇衣には羔裘、素衣には麑裘、黄衣には狐裘」とある。○文服…身分を表す模様や記号などのある服。○炳煥…明らかに輝く。○毳裘…皮衣。○法服…決められた正式の服装。礼法にかなった衣服。○俯僂…身を屈することと。○望闕…宮城を望む。天子をこいしたう。白居易「崇文に与うる詔」に、「望闕の

恋、深く固くして志を奪うこと難し」とある。○拜颺…拝礼して宣言する。○絶徼…遠く離れた土地。「絶域」と同じ。○愚氓…愚かな民。○荒陬…遠い国の果て。荒辺。○寒士…卑賤な士。貧しい人。○季路縕袍…季路は、孔子の弟子。縕袍は貧賤者の着る粗悪な服。『論語』子罕に「敝れたる縕袍を衣、狐裘を衣たる者と立て恥じざる者は、其れ由なるか」とある。○彤霞之彩…日の旁の赤色の雲気。○裁成…程よくきりもりして成就する。○覆被…おおう。○樗材…役に立たないしろもの。自分を謙遜していう。○槐市…大学の異名。○霈澤…霈は大雨。沢は雨の恵み。○鴻文…雁の列が文字の形をしていること。また、大文章をいう。○鶴氅之寒…鳥の羽で織った羽衣。転じて、雪を負った衣。○貂狐…てんときつね。○無斁…厭うことがない。○衣錦之榮…錦を着て故郷の帰る名誉。立身出世して故郷に帰ること。欧陽脩「昼錦堂記」に、「此れ一介の士、志を得る当時、意気の盛んなること、昔人、之れを衣錦の栄に比すなり」とある。

【口語訳】

　ひれ伏して皇帝の恩恵を蒙り、特に貂（いたちの毛織）の帽子と黒羊の皮衣等をいただいて、国王の位を示す模様を縫い取りした服で着飾り、儒者の冠を付けて輝くような官吏を仰ぎ見て、私も、立派な皮衣で体を覆って、正式な礼法にかなった衣服の輝きを喜ぶ。自ら顧るにいったい何人が、このような盛典に逢えるだろうか。身を屈して天子を仰ぎ見てかしかまって身をかがめ、宮殿を望んで拝礼する。伏して思うに陪臣（また家来）の私は、中国から遠く離れた土地の愚かな民であり、遙か遠い辺境に住む貧賎な身であり、もともと肘をあらわにした貧しい身なりの者が、にわかに朝日に煌めくような装いをし、本来は季路のように破れた縕袍を着けていた者が、たちまち赤いかすみのような美しい彩の装束となった。これは思うに、皇帝陛下が中国の内と外の区別なく、程よくその恩恵を賜り、中国と周辺の蛮族を温かく覆っておられるからであろう。思えば南国の役立たずの愚か者でありながら、北京の国子監に入学を許され、皇帝は、この愚か者に恩沢を施され、教えるのに偉大な文人の文章を使用された。雪をかぶったような白い着物で寒い思いをしているのを憐れんで、特に貂（いたちの毛織）や狐（きつねの毛織）の暖かい衣服を与えられた。これらの衣服をきて、当然いやになることはなく、錦を着て故郷へ帰るような栄誉を覚えるものである、美しい文のある装いだが華美ではなくちょうど良いものであり、これを着るとさらに受けた恩の重さが伝わってくるのを覚える。

大學課藝題辭（大学課芸題辞）　蔡世昌

【読み下し】

　恭しく王命を承け、敬しんで聖経を執り、遙かより海国の朋と偕に、側に都の誨を聴け

『琉球入学見聞録』巻4

り。九衢に来往し、雲日の光輝を瞻て、三載歩趨し、斗山の模範を仰ぐ。化雨に霑うを喜び、歓びて春風に坐す。況んや夫れ夏葛冬裘、玄黄を内府より賜り、朝饔夕飧、米粟を天倉より頒たる。聖徳は宏深にして、栽培の偏きを紀し難く、皇恩は浩蕩たれば、詎んぞ楽育の隆んなるを忘れん。爰に乃ち徐庾の詞華を採りては、常に綆短を慚じ、洛閩の流派を尋ねては、屢しば途に迷うを恨めり。然れども遠きは邇きよりし、高きは卑きよりし、階に循いて布武するを惟い、其の善を長くし、其の失を救い、漸に故を去りて以て新を生む。是を以て聊か雕蟲に比し、強いて鳴缶を同じくす。石経を追いて玉と成す、功は先生に在り、砂は揀に由りて以て金を得、感ずること弟子に深し。偶々咏有れば必ず録すべし、期するは積久して以て忘る無からんことなり。

【語釈】

○聖經…聖人の著わした書物。経典。○海國之朋…共に国子監に来た鄭孝徳ら琉球の官生。○天都之誨…天子のいる北京の国子監の教育。○九衢…都にある9つの大路。衢は四達の道。○雲日…雲や太陽。高い所の喩。○歩趨…普通に歩くことと、小走りに歩くこと。『荘子』田子方に「顔淵、仲尼に問うて曰く、夫子歩めば亦た歩み、夫子趨れば亦た趨り」とある。師の教えに従い、師の言葉に従うこと。○斗山之模範…「斗山」は北斗と泰山。徳が高く衆より抜きんでて尊敬されている人。○化雨…教化が人に及ぶことを時雨に喩えていう。『孟子』尽心上に「君子の教る所以は五あり、時雨の之を化するが如き者有り」とある。○夏葛冬裘…夏に着る葛の衣と冬に着る皮衣。韓愈「原道」に、「夏は葛にして、冬は裘し、渇しては飲み飢えては食らう」とある。○玄黄…い天の色と黄色い地の色。天地。宇宙。『易』文言に「夫れ玄黄なる者は、天地の雑うるなり。天は玄にして地は黄なり」とある。ここでは、黒や黄色の衣類の意に取る。具体的にどのような物かは分からない。○内府…兵器や貢物などを入れる宮中の藏。○朝饔夕飧…朝夕に食う。○栽培之偏…植え培うこと。転じて、人材の養成をいう。『中庸』に「栽は之を培うなり」とある。○浩蕩…広く大きいこと。恵みの大きいこと。○樂育…教育を楽しむ。『詩経』小雅・菁菁者莪に、「菁菁たる莪は、彼の中阿に在り、既に君子を見れば、楽しみ且つ儀有り」とある。○徐庾之詞華…「徐庾体育」は北周の徐陵と庾信との文体。その文は綺麗を以て知られる。『滄浪詩話』詩体に「徐庾体、徐陵庾信なり」とある。○綆短…短いつるべ縄では、深水を汲むことが出来ない。任が重くて才の足らない喩。『荘子』至楽に「褚の小なる者は以て大を懐く可からず、綆の短きなるもの者は以て深きを汲む可からず」とある。○洛閩之流派…程顥・程頤は洛陽の人。朱子は建陽、すなわち閩の地で学を講じていたので、この両者の学を「洛閩学」という。○循階…順序によって位階が昇ること。○布武…小股でしかも両の足跡が互いにつかぬように歩む。『礼記』曲礼上に「堂上　武を接し、堂下　武を布く」とある。○雕蟲…細かい細工を施す。詩文を作るに字句を鏤飾すること。小技術のたとえ。『顔氏家

－307－

訓』文章に「童子は雕蟲篆刻し、壮夫は為さず」とある。○鳴缶…ほとぎを鳴らす。缶は水や酒などを入れる甕。秦代には、これを打楽器として用いた。『史記』趙世家に「復た秦王缶を撃ち秦声を為さんことを請う」とある。○石經…石刻の経文で、幾種類かある。清の高宗の乾隆58〈1793〉年、詔して「十三経」を国子監に刻したのは開成石経に基づき善本を参考にして成ったもので、ただ、「尚書」のみは嘉慶8〈1803〉年に重修して完結した。江蘇省長州の出身の蒋衡の書である。

【口語訳】

　恭しく琉球国王の命を承け、敬しんで聖人の著わした書物（経典）を持って、遙か海の彼方にある国の朋と共に、皇帝の御側の国子監で教えを受けることになった。都の四方に通じる大道を往来し、雲や太陽のように空高くに光り輝く皇帝の御姿を仰ぎ見て、3年の間国子監の教えに従い、北斗星や泰山のような立派な教えを模範として仰ぎ見てきた。皇帝の教えが広く及ぶのを喜び、その歓びは暖かで和やかな春風に坐しているかのようだ。まして、夏に着る葛や冬の皮衣、黒や黄色の衣類を宮中の藏より賜り、また、朝夕の食事用の穀物を天子の蔵より支給された。皇帝の恩徳は広くて深く、人材育成の周到さについては表現のしようも無いほどで、皇帝の恩恵は広く大きいものなので、どうして教育を楽しむことの立派なことを忘れることがあろうか。そこで、南北朝の北周の徐陵と庾信の綺麗な詞華を見ては、いつもその深さを汲むには短かすぎるつるべ縄のように、自分の力の足りないことを恥じ、程顥や程頤・朱子などの儒学の流派の学問を尋ねては、しばしば、どう理解すれば良いか分からずに迷うことが多いことを恨んだものである。しかし、遠くへ行くには近い所から始め、高い所へ登るには低い所からして、順々に階に従って一歩ずつ登って行くものだと思い至り、自己の善い所を伸ばし、失敗した所を救い、そのようにして次第に古い所を棄てて新しいものを生みだすのだと気が付いた。それで、いささか字句の表現をいじり、無理に水や酒を入れる甕を打楽器にした秦王（始皇帝）の精神を共有しようとする。国子監にある石刻を追慕して、石を磨いて玉と成そうとするが、もしそれが成ったとしたら、その功は指導して下さった教習（潘相）にあり、砂の中から選びだして金を得るが、その選び出す苦労がどれほど大きなものであるか、弟子である者として感ずるところ深いものがある。たまたま、教習の教えを受けて詠んだ作品があり、それは記録に残しておくべきものである。期待するのは、日が経って忘れてしまわないようにしたいことである。

あとがき

　本訳注は、瀬戸口律子氏を研究代表者として行った日本学術振興会科学研究費補助金「琉球・中国言語文化交流史の研究―『琉球官話課本』と『琉球入学見聞録』の比較考証」（基盤研究（B）、研究番号：25284073、2013～2015年度）の成果として計画・出版されたものであり、平成29年度大東文化大学特別研究費出版物助成金による成果でもある。

　私は上記科学研究費の研究分担者として参加し、平成27年度をもって大東文化大学を退休された瀬戸口氏より出版物助成金への申請及びとりまとめを託された。一連の編集作業は私にとって初めての経験であり、至らぬ点も多々あろう。また、『琉球入学見聞録』の訳注としては本邦初の試みであり、間違いも多いことであろう。しかしこれを一つのたたき台として、この領域の研究がより深みを増す事に僅かでも寄与出来れば幸いである。諸氏のご指摘、ご鞭撻を賜れば幸いである。

　なお、訳注の担当および各担当箇所は以下の通りである。

赤嶺　守　　星槎（巻2）・謹度（巻2）・芸文（巻4）
上里　賢一　芸文（巻4）
金城ひろみ　官生（巻3）・教規（巻3）・芸文（巻4）
小塚　由博　序文・凡例・採用書目・風俗（巻2）・書籍（巻2）
　　　　　　・奏疏（巻3「雍正8年」の前まで）
瀬戸口律子　星土（巻1）・祀法（巻2）・賢王（巻2）・師生（巻3）
　　　　　　・答問（巻3）
丁　　鋒　　封爵（巻1）・土音（巻2）・字母（巻2）・誦声（巻2）
　　　　　　・奏疏（巻3「雍正8年」以降）
原瀬　隆司　錫賚（巻1）・爵禄（巻2）・田賦（巻2）・制度（巻2）
　　　　　　兵刑（巻2）・稟給（巻3）

　　2018年2月

　　　　　　　　　　　　　　　　　　　　　　　　小塚　由博

参考文献

沖縄大百科事典刊行事務局編『沖縄大百科事典』（沖縄タイムス、1983 年）

原田禹雄訳『陳侃　使琉球録』（榕樹書林、1995 年）

原田禹雄訳『郭汝霖　重編使琉球録』（榕樹書林、2000 年）

原田禹雄訳『蕭崇業・謝杰　使琉球録』（榕樹書林、2011 年）

原田禹雄訳『夏子陽　使琉球録』（榕樹書林、2001 年）

原田禹雄訳『張学礼　使琉球紀・中山紀略』（榕樹書林、1998 年）

原田禹雄訳『汪楫　封琉球使録 三篇』（榕樹書林、1997 年）

原田禹雄訳『徐葆光　中山伝信録』（榕樹書林、1999 年）

原田禹雄訳『周煌　琉球国志略』（榕樹書林、2003 年）

原田禹雄訳『李鼎元　使琉球記』（榕樹書林、2007 年）

原田禹雄『冊封使録からみた琉球』（琉球弧叢書 7・榕樹書林、2000 年）

原田禹雄『琉球と中国』（吉川弘文館、2003 年）

上里賢一『琉球漢詩選』（ひるぎ社・おきなわ文庫、1990 年）

瀬戸口律子『琉球官話課本の研究』（榕樹書林、2011 年）

渡辺美季『近世琉球と中日関係』（吉川弘文館・2012 年）

島村幸一『琉球　交差する歴史と文化』（勉誠出版、2014 年）

夫馬進編『増訂使琉球録解題及び研究』（榕樹書林、1999 年）

徐恭生著／上里賢一・西里善行訳『中国・琉球交流史』（ひるぎ社・おきなわ文庫、1991 年）

多和田真一郎『沖縄語漢字資料の研究』（溪水社、1998 年）

国立国語研究所『沖縄語辞典』（大蔵省印刷局、1975 年）

亀井孝解説『クリフォート　琉球語彙』（勉誠社、1979 年）

知名定寛『琉球仏教史の研究』（琉球孤叢書 17・榕樹書林、2008 年）

丁鋒「〈琉球入学見聞録〉における寄語の対音」（《琉球の方言》22 号・法政大学沖縄文化研究
　　所、1998 年、51-92 頁）

丁鋒『日漢琉漢對音與明清官話音研究』（中華書局、2008 年）

小塚由博「清代文人の琉球に関する記録―王士禎『紀琉球入太学始末』及びその周辺―」
　　（『東洋研究』202 号・大東文化大学東洋研究所、2016 年 12 月、37-66 頁）

上里賢一『東アジア漢字文化圏の中における琉球漢詩文の位置』（平成 16・17・18 年度科学
　　究補助金（基盤研究（C））報告書、2007 年 3 月）

朱保烱・謝沛霖『明清進士題名碑録索引』（上海古籍出版社、1980 年）

参考文献

黄潤華・薛英編『國家圖書館藏琉球資料匯編（上中下三冊）』（北京圖書館出版社、2000 年）
伝世漢文琉球文献輯稿編委会編『伝世漢文琉球文献輯稿』（鷺江出版社、2012 年）
方宝川・謝必震編『琉球文献資料彙編（清代巻)』（海洋出版社、2014 年）

訳注者一覧

（五十音順）

①生年・出身、②学歴（大学・大学院）、③現職（平成30年1月現在）、④専門分野、⑤主要著書（3点）、⑥主要論文（3点）

赤嶺守（あかみね まもる）
① 1953年、沖縄那覇市生。②明治大学卒、台湾大学大学院博士課程修了、文学博士。③琉球大学法文学部国際言語文化学科教授。④中琉関係史。⑤『清代琉球の諸問題』（山川出版社）、『琉球王国』（講談社選書メチエ297・講談社）、『中国と琉球―人の移動を探る』（彩流社）他。⑥「清時代の琉球漂流民送還体制について―乾隆25年の山陽西表船の漂着事例を中心に」（『東洋史研究』第58巻第3号）、「清代の琉球漂着民の船舶・貨物の変売について」（『第十届中琉歴史関係学術会議論文集』）、「戦後中華民国における対琉球政策―1945年～1972年の琉球帰属問題を中心に」（『日本東洋文化論集』琉球大学法文学部紀要19号）他。

上里賢一（うえざと けんいち）
① 1944年、沖縄県宮古島生。②琉球大学文理学部国語国文学科卒、東北大学大学院修士課程中国文学専攻博士課程中退。③琉球大学名誉教授。⑤『東アジアの文化と琉球・沖縄―琉球　沖縄・日本・中国・越南（琉球大学 人の移動と21世紀のグローバル社会）』（彩流社）、『琉球漢詩選』（おきなわ文庫）、『中国・琉球交流史』（共著。おきなわ文庫）他。⑥「華夷秩序と琉球の自己認識」（『第十回琉球・中国交渉史に関するシンポジウム論文集』）、「久米三十六姓と明倫堂」（『チーシンプー』7号）、「琉球漢詩を読む」（『国文学 解釈と鑑賞』第71巻第10号）他。

金城ひろみ（きんじょう ひろみ）
① 1977年、沖縄県豊見城市生。②大東文化大学文学部中国文学科卒、大東文化大学大学院外国語学研究科博士前期課程修了、修士（中国語学）。③琉球大学法文学部国際言語文化学科准教授。④中国語学、中国語教育。⑥「近づいて見えたもの、離れて気がついたこと」（『沖縄からの眼差し・沖縄への眼差し―〈シリーズ・知の津梁〉琉球大学ブックレット3』）、「琉球官話課本的詞滙分類―以『琉球官話集』為例」（『現代漢語的歴史研究』）、「台湾「対外華語教学」における現状と課題」（『トランスナショナルな文化伝播―東アジア文化交流の学際的研究』）他。

執筆者紹介

小塚由博（こづか よしひろ）
① 1973 年、東京生。②大東文化大学文学部中国文学科卒、大東文化大学大学院文学研究科中国学専攻博士課程修了、博士（中国学）。③大東文化大学文学部中国文学科特任准教授。④中国文学、明清文人研究。⑤『剪燈新話』（共訳。中国古典小説選 8。明治書院）、『唐寅』（共著。白帝社）、『芸文類聚（巻四十五）訓讀付索引』（共著。大東文化大学東洋研究所）他。⑥「『板橋雜記』成立小考－晩年の余懐の交遊関係を中心に―」（『日本中国学会報』55 号）、「張潮と江南文人の交流―書簡を手がかりに―」（『中国古典小説研究』18 号）、「清代文人の琉球に関する記録―王士禎『紀琉球入太学始末』及びその周辺―」（『東洋研究』202 号）他。

瀬戸口律子（せとぐち りつこ）
① 1945 年、沖縄県久高島生。②大東文化大学文学部日本文学科卒、台湾師範大学国文研究所卒、琉球大学大学院人文社会科学研究科比較地域文化専攻後期課程修了、博士（学術）。③大東文化大学名誉教授、東京国際大学客員教授　④中国語学　⑤『新中国語はじめました』（駿河台出版社）、『改訂版 完全マスター　中国語の文法』（語研）、『琉球官話課本の研究』（榕樹書林）他。⑥「琉球官話課本《白姓官話》的比較」（大東文化大学『外国語学研究』15 号）、「琉球国的漢文教育」（『民俗典籍文字研究』15 輯）、「《廣應官話》的編者以及若干相關問題」（『語学教育研究論叢』32 号）他。

丁鋒（てい ほう）
①中華人民共和国生。②江西省宜春師専中国語学文学学部卒、中国社会科学研究院大学院言語研究科博士課程修了、文学博士。③大東文化大学外国語学部中国語学科教授。④中国語学、音韻学。⑤『琉漢對音與明代官話音研究』（中国社会科学出版社）、『近世方言辞書第六輯「琉球館訳語」／「琉球訳」（翻字と音訳）』（港の人出版）、『日漢琉漢對音與明清官話音研究』（中華書局）他。⑥「琉球語研究の新資料―故宮博物院図書館所蔵「琉球土語」の解読試案」（『近思学報・史料と研究　第 2 輯　片山晴賢教授学術奨励記念』）、「『琉球入學見聞録』對『中山傳信録』所載琉球語記録的繼承和修訂」（『語学教育研究論叢』32 号）、「北京話的代表韻書及其語音関聯研究」（『中国言語文化学』6 号）他。

原瀬隆司（はらせ たかし）
① 1948 年、岐阜県生。②北九州市立大学外国語学部卒、大阪市立大学大学院文学研究科中国文学専攻博士課程中途退学。③大東文化大学外国語学部中国語学科准教授。④中国語学。⑤『呉方言詞語匯釋』（共著。大東文化大学中国語大辞典編纂室）、『中国語 12 シーン会話と表現』（共著、光生館）、『方言と中国文化』（共訳、光生館）他。⑥「『趙州禅師語録』にみられる「動詞＋箇＋名刺」の“箇”について」（『九州中国学会報』43 号）、「蘇州方言の 2 音

執筆者紹介

節単語における連読変調について」（『語学教育研究論叢』29 号）、「蘇州方言の 3 音節単語における連読変調について」（『語学教育研究論叢』31 号）他。

監修　瀬戸口律子（大東文化大学名誉教授）
　　　上里　賢一（琉球大学名誉教授）

編者　小塚　由博（大東文化大学文学部中国文学科特任准教授）

訳注　赤嶺　守　（琉球大学法文学部国際言語文化学科教授）
　　　上里　賢一（琉球大学名誉教授）
　　　金城ひろみ（琉球大学法文学部国際言語文化学科准教授）
　　　小塚　由博（大東文化大学文学部中国文学科特任准教授）
　　　瀬戸口律子（大東文化大学名誉教授）
　　　丁　　鋒　（大東文化大学外国語学部中国語学科教授）
　　　原瀬　隆司（大東文化大学外国語学部中国語学科准教授）

訳注『琉球入学見聞録』

ISBN 978-4-89805-199-3 C3022

2018 年 2 月 15 日　印刷
2018 年 2 月 28 日　発行

監　修　　瀬戸口律子・上里賢一
編　者　　小塚由博
発行者　　武石和実
発行所　　㈲ 榕樹書林
　　　　　〒 901-2211　沖縄県宜野湾市宜野湾 3-2-2
　　　　　TEL 098 (893) 4076　FAX 098 (893) 6708
　　　　　http://www.gajumaru.org/
　　　　　e-mail:gajumaru@chive.ocn.ne.jp
　　　　　郵便振替　00170-1-362904

印刷 ㈱ エーヴィスシステムズ　製本 ㈱ 積信堂
©KOZUKA YOSHIHIRO 2018 Printed in Japan